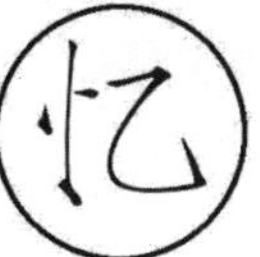

章海宁 主编

黑龍江大學出版社

图书在版编目（CIP）数据

萧红印象·记忆 / 章海宁主编. -- 哈尔滨 : 黑龙江大学出版社，2011.12（2021.8 重印）
（萧红印象丛书 / 章海宁主编）
ISBN 978-7-81129-438-5

Ⅰ. ①萧… Ⅱ. ①章… Ⅲ. ①萧红（1911～1942）—回忆录 Ⅳ. ①K825.6

中国版本图书馆 CIP 数据核字（2011）第 148469 号

萧红印象·记忆
XIAOHONG YINXIANG · JIYI
章海宁　主编

责任编辑　安宏涛　王剑慧
出版发行　黑龙江大学出版社
地　　址　哈尔滨市南岗区学府三道街 36 号
印　　刷　三河市春园印刷有限公司
开　　本　787 毫米 ×1092 毫米　1/16
印　　张　30
字　　数　520 千
版　　次　2011 年 12 月第 1 版
印　　次　2022 年 1 月第 2 次印刷
书　　号　ISBN 978-7-81129-438-5
定　　价　78.00 元

《萧红印象》丛书序

林贤治

今年，距萧红诞生恰好一百周年。

在中国这块为她所深爱着的土地上，萧红仅仅生活了三十一个年头。在短暂的一生中，为了追求爱与自由，这位年轻女性背叛了自己的家庭，抛弃了早经布置的可能的安逸地位，告别了世俗的幸福而选择流亡的道路。在那里，她和广大底层的人们一起经历了各种不幸和痛苦，终至为黑暗所吞噬。对于命运所加于她的一切，她坦然接受，又起而作不屈的反抗。她以文学的最富于个人性的形式表达作为弱势者的立场，在悲悯和抚慰同类的同时，控诉社会的不公。十年间，她在贫困、疾病和辗转流徙中写下一百多万字的作品；其中，《生死场》、《呼兰河传》突出地表现了一个文学天才的创造力，在展开的生活和斗争的无比真实的图景中，闪耀着伟大的人性艺术的光辉。

常常以“自由主义”相标榜的精英批评家，在萧红的作品面前，往往表现出相当的傲慢，而被中国新一代文科学者奉为圭臬的《中国现代小说史》，洋洋几十万言，仅用寥寥数语就把萧红给解决了。几十年来，正统的文学教科书虽然给了萧红一个“左翼作家”、“抗战作家”的头衔，但是，它们重视的唯是群众集体，却轻视了作者个人；聚焦于阶级斗争和民族斗争的主题，却忽略了人性的内面世界。于是萧红作品的多义性和丰富性，被长期遮蔽在学术的阴影之中。

需要反教条主义的阅读。教条主义不但产生于意识形态灌输，某种强制式服从，而且来自迷信，甘愿接受所谓“权威”的引领。阅读萧红，必须先行去除所有这些眼罩。“弱势文学”的阅读者，如果不能回到弱势者的立场，不能接近被压迫、被损害的心灵，根本不可能获得真正的理解。除此之外，对于萧红的作品，倘要细读，还需了解流亡者萧红和写作者萧红的关系，质而言之，就是实际生活与文学创作的关系。我们知道，萧红是一个现实主义者，她为我们叙述了许多发生在 20 世纪二三十年代的中国乡村的故事，描写了许多受难的人们；假如能够了解萧红的个人经历，人际关系和生活场景，无疑将有助于我们倾听她唱给中国大地的哀歌。同时，萧红又是一个勇于自我表现的、内倾的作家，一个天生的先锋派，她的所有作品几乎都带有自序传的性质，都留有她的影子，且为她不安分的情感所支配，所以了解真实生活中的萧红，是解读萧红作品所不可或缺的。

章海宁先生主编的《萧红印象》丛书，正好为我们提供了这种阅读的必需，不仅仅是纪念萧红百年诞辰的一份纪念品而已。

由于文界的实质性的轻忽，研究萧红的文章不是很多，回忆录一样性质的文字也相当零散。这套丛书，可以说是集大成者。丛书共六卷，仅文字就有四卷，以编选的眼光看，各卷内容或有重叠的地方，但脉络是清楚的。首卷为《记忆》，次卷为《研究》，三卷为《序跋》，四卷为《故家》，其余两卷为《影像》、《书衣》之属；人与书，则是贯穿丛书的两条线索。“人”，是对于萧红个人的忆述。叙述者有同时代人，也有晚生的作家；有萧红的情人、亲属、朋友、同学，不同的眼光看同一个人，层次感和丰富性就显现出来了。收入当代作家的追忆，可以看出萧红的影响力；扩大一点说，还可以从中辨识某种文学精神的谱系。至于“书”，即文本研究，其中若干带有比较文学性质的文字不乏创见，对《生死场》的解读亦颇具新意。此外，关于萧红研究在国外的综述，很可以开拓我们的眼界。丛书收录的文字，有一些散落已久，如孙陵等人的记述；特别是萧红早年同学的回忆，可谓吉光片羽，值得珍视。

可观察，可想象，可思考。把所有这些文字和图像合起来，结合萧红文集，就构成了萧红完整的形象。其实，该丛书的价值并不止此，我们还可以从中看到萧红之外的文坛人物的影像，寻绎他们之间的关系；通过两代人的比较，了解中国现代文化和文学的变迁。

主编章海宁先生到香港搜集萧红遗稿，路经广州时，和我有过一次晤谈；此前，为编辑《萧红全集》还曾通过几回电话。我知道，他一直在研究萧红文集的版本，功夫的扎实、细致自不必说，最使我感动的是他话间流露出来的对萧红的一份深情。关于学术，我从来反对所谓的“价值中立”，尤其在人文科学、文化艺术的范围之内。章先生热爱萧红，所以有此持续的研究，我以为这是有别于一般的学者的。

今天，很高兴看到《萧红印象》丛书皇皇数卷行将面世。章先生和他的朋友们做了一件有意义的工作。在此，希望读者凭借这样一套书，犹如凭借一张可靠的地图，去寻找萧红，寻找自由的乡土。

2011 年 5 月 20 日

目 录 *contents*

第一编

第二编

第三编

第一编

忆萧红

许广平

中等身材，白皙，相当健康的体格，具有满洲姑娘特殊的稍稍扁平的后脑，爱笑，无邪的天真，是她的特色。……她的身世，经过，从不大谈起的，只简略的知道是从家庭奋斗出来，这更坚强了我们的友谊。何必多问，不相称的过早的白发衬着年轻的面庞，不用说就想到其中一定还有许多曲折的人生的旅程。

——许广平

本文载《大公报·文艺》1945年11月28日，署名景宋。题图照片为萧红与许广平(右)。许广平：鲁迅夫人，社会活动家，笔名景宋，曾任中国文联副主席。

我们在上海定居之后，最初安稳地度过了一些时，后来被环境所迫，不得不度着隐晦的生活，朋友来的已经不多，女的更是少有。我虽然有不少本家之流住在近旁，也断绝了往来。可以说，除了理家，除了和鲁迅先生对谈，此外我自己是非常孤寂的。不时在鲁迅先生出外赴什么约会的时候，冷清清的独自镇守在家里，幻想之中，像是想驾一叶扁舟来压下心里汹涌的洪涛，又生怕这波涛会把鲁迅先生卷去，而我还在船上毫无警觉。这时，总时常会萌发一些希冀，企望户外声音的到来。

大约1934年的某天，阴霾的天空吹送着冷寂的歌调，在一个咖啡室里我们初次会着两个北方来的不甘做奴隶者。他们爽朗的话声把阴霾吹散了，生之执着，战，喜悦，时常写在脸面和音响中，是那么自然，随便，毫不费力，像用手轻轻拉开窗幔，接受可爱的阳光进来。

从此我们多了两个朋友：萧红和萧军。

流亡到来的两颗倔强的心，生疏，落漠，用作欢迎。热情，希望，换不来宿食。这境遇，如果延长得过久，是可怕地必然会销蚀了他们的。因此，为了给他们介绍可以接谈的朋友，在鲁迅先生邀请的一个宴会里，我们又相见了。

亲手赶做出来，用方格子布缝就的直襟短衣穿在萧军先生身上，天真无邪的喜悦夸示着式样。——那哥萨克式,在哈尔滨见惯的——穿的和缝的都感到骄傲,满足,而欢欣。我们看见的也感到他们应该骄傲,满足,欢欣。

我看见两只核桃,那是不知经过多少年代用手滚弄的了,醉红色的,光滑滑的在闪动,好像是两只眼睛在招呼着每一个人,而自己却用色和光介绍了它在世的年代。

“这是我祖父留传下来的。”萧红女士说。

“还有一对小棒槌,也是我带来在身边的玩艺,这是捣衣用的小模型,通通送给你。”萧红女士在宴席上交给了海婴。把这些患难中的随身伴侣,或传家宝见赠了。

中等身材,白皙,相当健康的体格,具有满洲姑娘特殊的稍稍扁平的后脑,爱笑,无邪的天真,是她的特色。但她自己不承认,她说我太率直,她没有我的坦白。也许是的吧,她的身世,经过,从不大谈起的,只简略的知道是从家庭奋斗出来,这更坚强了我们的友谊。何必多问,不相称的过早的白发衬着年轻的面庞,不用说就想到其中一定还有许多曲折的生的旅程。

我们用接待自己兄弟一样的感情招待了他们,公开了住处,任他们随时可以到来。

鲁迅先生不时在病,不能多见客人。他们搬到北四川路离我们不远的地方来住下。据萧军先生说:“靠近些,为的可以方便,多帮忙。”

但每天来一两次的不是他,而是萧红女士,因此我不得不用最大的努力留出时间在楼下客厅陪萧红女士长谈。她有时谈得很开心,更多的是勉强谈话而强烈的哀愁,时常侵袭上来,像用纸包着水,总没法不叫它渗出来。自然萧红女士也常用力克制,却转像加热在水壶上,反而在壶外面都是水点,一些也遮不住。

终于她到日本去了。直至鲁迅先生死后才回到上海来。

在鲁迅先生死后第五天,她曾给萧军先生(见《鲁迅先生纪念集》)说:

“可怕的是许女士的悲痛,想个法子,好好的安慰着她,最好是使她不要静下来,多多的和她来往。”这个动议大约是被采用了。所以鲁迅先生死了之后,萧军和黄源等先生来了,其他如聂绀弩夫妇,张天翼夫妇,更有胡风夫妇等许多人都时常来了。有一次,萧军和黄源等半劝半迫的叫我去看电影,没法子跟着去了,在开映的时候利用光线,我一直在暗中流泪。十年来,在上海每次踏入电影院都是和鲁迅先生一道的,看到会心的时候会彼此用臂膀推动一下,这生动的情境在电影院中更增加我的伤痛,但我怎能辜负他们的好意呢?他们那里会想到发生相反的结果呢?

战争的火焰烧蚀了无数有作为的人,萧红女士也是其中之一个。当我刚刚跳出监狱的虎口,相信活下来的时候,到家里不几天意外地收到端木蕻良先生的简单噩耗,大意说,萧红女士于某月日死了,葬于香港某花园的某处,并且叫我托内山完

造先生设法保护。末了又说,他预备离去,但到甚么地方还不大能够决定。

鲁迅先生逝世后,萧红女士想到叫人设法安慰我,但是她死了,我向甚么地方去安慰呢?不但没法安慰,连一封值得纪念的信也毁了,因为我不敢存留任何人的信。而且连她死的月日地点都在我脑中毁了,这不能推说“不敢存留”,只可承认是我的脑子的确不行了,是我的无可挽救的过失。更其对不住端木蕻良先生的是,我并没有把他的意思转向内山先生请求。因为我觉得萧红女士和上海人初次见面的礼物是:《生死场》。她是东北作家,而又是抗日份子,想来内山先生不会不清楚的。请他“保护”,也许非其权力所及。或者能设法了,也于他不便。在我这方面,也不甘于为此乞求他援助,我把这句话吞没了,直至现在才公开出来,算是自承不忠于友。

自责两句不就算完了良心的呵谴。我不知道萧红女士在香港埋葬的地方有没有变动,我也没法子去看望一下。我们往来见面了差不多三四年,她死了到现在也差不多三四年了,不能相抵,却是相成,在世界上少了一个友朋,在我的生命的记录簿上就多加几页黑纸。

乌黑的一片。久视了,眼珠子会有许多血红的火星在飘浮,我愿意这火星加多,增长,结成大红火球,把我包没,把我周围一切包没。

注:一九三四年十月九日夜鲁迅初次写回信。一九三四年十一月三十日第一次在北四川路的一咖啡室内鲁、许、萧军、萧红相见。一九三四年十二月十九日在广西路梁园请吃饭,介绍朋友如胡风、叶芷、聂绀弩与刘萧。一九三五年十一月六日初次约到大陆新村寓所吃夜饭。①

① 该注为初刊时作者所加。

追忆萧红

许广平

《生死场》似乎比《八月的乡村》更觉得成熟些。每逢和朋友谈起，总听到鲁迅先生的推荐，认为在写作前途上看起来，萧红先生是更有希望的。

——许广平

本文载《文艺复兴》1946 年 7 月 1 日，第 1 卷第 6 期。题图照片为许广平。

自从日本人占领了东北，成立伪满洲国之后，许多东北作家都陆续逃亡到山海关里来了。在1934年的10月，萧红和刘军两先生（那时的称呼，即萧军）到了人地生疏的上海，“就是还没有在这土里下根。”（见鲁迅给刘军信）非常之感觉寂寞和颓唐，开始和鲁迅先生通讯。在一个多月之后11月27日，由于他们的邀请，鲁迅先生和我们在北四川路底一间小小的咖啡店作第一次的会面了。

人每当患难的时候遇到具有正义感的人是很容易一见如故的。况以鲁迅先生的丰富的热情和对文人遭遇压迫的不幸，更加速两者间的融洽。为了使旅人减低些哀愁，自然鲁迅先生应该尽最大的力量使有为的人不致颓唐无助。所以除了拨出许多时间来和萧红先生等通讯之外，更多方设法给他们介绍出版，因此萧红先生等的稿子不但给介绍到当时由陈望道先生主编的《太白》，也还介绍给郑振铎先生编的《文学》，有时还代转到良友公司的赵家璧先生那里去。总之是千方百计给这些新来者以温暖，而且还尽其可能给介绍到外国。那时美国很有人欢迎中国新作家的作品，似乎是史沫特莱女士也是热心帮助者，鲁迅先生特地介绍他们相见了。在日本方面，刚巧鹿地亘先生初到上海，他是东京帝大汉文学系毕业的，对中国文学颇为了解，同时也为了生活，通过内山先生的介绍，鲁迅先生帮助他把中国作家的东西，译成日文，交给日本的改造社出版，因此萧红先生的作品，也曾经介绍过给鹿地先生的。从这里我们可以得知萧红先生的写作能力的确不错，而鲁迅先生的无分成名与否的对作家的一视同仁也是使得许多青年和他起着共鸣作用的重要因素。

作为东北人民向征服者抗议的里程碑的作品，是如众所知的《八月的乡村》和《生死场》。这两部作品的出现，无疑地给上海文坛一个不少的新奇与惊动，因为是那么雄厚和坚定，是血淋淋的现实缩影。而手法的生动，《生死场》似乎比《八月的乡村》更觉得成熟些。每逢和朋友谈起，总听到鲁迅先生的推荐，认为在写作前途上看起来，萧红先生是更有希望的。

在多时的习惯，养成我们不爱追求别人生活过程的小小经历，除非他们自己报道出来，否则我们绝不会探讨的，就是连住处也从不打听一下。就这样，我们和萧红先生成了时常见面的朋友了，也还是不甚了然的。不过也并非绝无所知，片段的谈话，陆续连起来也可能得一个大致的轮廓。譬如说：谈得高兴的时候，萧红先生会告诉我们她曾经在北平女师大的附属中学读过书。并且也知道她还有父亲，母亲是死了，家里有一位后母，家境很过得去。也许，她喜欢像鱼一样自由自在的吧，新的思潮浸透了一个寻求解放旧礼教的女孩子的脑海，开始向人生突击，把旧有的束缚解脱了，一切显现出一个人性的自由，因此惹起后母的歧视，原不足怪的。可怜的是从此和家庭脱离了，效娜拉的出走！从父亲的怀抱走向新的天地，不少奇形怪状五花八门的形形色色的天地，使娜拉张皇失措，经济一点也没有。在旅邸上，"秦琼卖马"，舞台上曾经感动过不少观众，然而有马可卖还是幸运的，到连马也没得卖的时候，也就是萧红先生遭遇困厄最惨痛的时候，这时意外地遇到刘军先生，也是一位豪爽侠情的青年，可以想象得出，这就是他们新生活的开始。他们在患难中相遇，这一段变故是值得歌颂的，直至最后，他们虽然彼此分离，但两方都从没有一句不满的话，作为向对手翻脸的理由，据我所听到，是值得提起的。

当然不能否认，萧红先生文章上表现相当英武，而实际多少还赋予女性的柔和，所以在处理一个问题时，也许感情胜过理智。有一个时期，烦闷，失望，哀愁笼罩了她整个的生命力，然而她还能振作一时，替刘军先生整理、抄写文稿。有时又诉说她头痛得厉害，身体也衰弱，面色苍白，一望而知是贫血的样子。这时过从很密，差不多鲁迅先生也时常生病，身体本来不大好。萧红先生无法摆脱她的伤感，每每整天的耽搁在我们寓里。为了减轻鲁迅先生整天陪客的辛劳，不得不由我独自和她在客室谈话，因而对鲁迅先生的照料就不能兼顾，往往弄得我不知所措。也是陪了萧红先生大半天之后走到楼上，那时是夏天，鲁迅先生告诉我刚睡醒，他是下半天有时会睡一下中觉的，这天全部窗子都没有关，风相当的大，而我在楼下又来不及知道他睡了而从旁照料，因此受凉了，发热，害了一场病。我们一直没敢把

病由说出来，现在萧红先生人也死了，没什么关系，作为追忆而顺便提到，倒没什么要紧的了。只不过是从这里看到一个人生活的失调，直接马上会影响到周围朋友的生活也失了步骤，社会上的人就是如此关连着的。

她和刘军先生对我们都很客气。在我们搬到施高塔路大陆新村里住下后，寓所里就时常有他俩的足迹。到的时候，有时是手里拿着一包黑面包及俄国香肠之类的东西。有一回而且挟着一包油腻腻的东西，打开一看，原来是一只烧鸭的骨头，大约是从菜馆里带来的；于是忙着配黄芽菜来烧汤，谈谈吃吃，也还有趣。萧红先生因为是东北人，做饺子，有特别的技巧，又快又好，从不会煮起来漏穿肉馅。其他像吃烧鸭时配用的两层薄薄的饽饽，她做得也很好。如果有一个安定的，相当合式的家庭，使萧红先生主持家政，我相信她会弄得很体贴的。听说在她旅居四川及香港的时候，就想过这样的一种日子，而且对于衣饰，后来听说也颇讲究了。过分压抑着使比较美好生活的不能享受，也许是少数人或短时间所能忍受的罢，然而究竟怎样是比较美好的生活呢？物质的享受？精神领域的不断向上追求？有人偏重一方，把其他方面疏忽了，也许是聪明，却也有人看作是傻子。总之，生活的磨折，转而使她走到文化领域里大踱步起来，然而也为了生活的磨折，摧残了她在文化领域的更广大的成就。就是无可补偿的损失！到现时为止，走出象牙之塔的写作，在女作家方面，像她的造诣，现在看来也还是不可多得的。如果不是在香港，在抗战炮火之下偷活的话，给她一个比较安定、舒适的生活，在写作上也许更有成功。或竟丢弃写作自然也不是绝不可能，这不必我们来作假定。不过如果不是为了战争，她也许不会到香港去，也许不会在这匆匆的人世急忙忙地走完她的旅程，那是可以断定的。

除了脸色苍白之外，萧红先生在和我们初次见面的时候就看到她花白的头发了。时常听见她诉说头痛，这是我有时也会有的，通常吃几次阿司匹灵就会好，但副作用是一定带来胃病。萧红先生告诉我有一种药名叫 Socoloff 的，在法国普世药房可以买到，价钱并不昂贵，服了不会引起胃病，试过之后果然不错，从此每逢头痛我就记起她的指导。可是到了战事紧张，日本人入租界之后，这药买不到了。现时不晓得恢复了没有。她同时还有一种宿疾，据说每个月经常有一次肚子痛，痛起来好几天不能起床，好像生大病一样，每次服《中将汤》也不见好。我告诉她一个故事，那是在“一·二八”上海作战的时候，我们全家逃难，和许多难民夹住在一起，因此海婴传染到痧子，病还没十分复元，我们就在战事一停之后就搬回北四川路底寓所了。没有人煮饭，得力的女工跑了去做女招待。我自己不是买菜就是领小孩。病后的小孩，刚三岁半，一不小心，又转为赤痢了，医了一年总不肯好。小孩长期吃流质，营养不足，动不动就又感冒生病，因此又患着气喘。这一年当中，不但小孩病,鲁迅先生和我都病了。我疲劳之极,患了妇人常遇到的“白带”,每天到医院治理,用药水洗子宫,据医生说是细菌在里面发炎,但是天天洗,洗了两个多月一点也没有好。气起来了,自作聪明的偷偷买了几粒白凤丸,早晚吃半粒,开水送下,吃到第二天,医生忽然说进步非常之快,可以歇一下看看再说。我心想既然白凤丸有效,或者广东药店出售的白带丸更有效,也买了几粒服下,再服几粒白凤丸善后,从此白带病好了,永远没有复发。鲁迅先生是总不相信中医的,我开头不敢告诉他,后来医生叫我停止不用去治疗才向他说。再看到我继续服了几粒白凤丸居然把患了几个月的宿疾医好,鲁迅先生对于中国的经验药品也打破成见,而且拿我这回的经验告诉一些朋友。他们的太太如法炮制,身体也好起来了。像讲故事似的把前后经过告诉了萧红先生,而且我还武断地说,白凤丸对妇科不无效力,何妨试试?过了一些时候,她告诉我的确不错,肚子每个月都不痛了,后来应该痛的时候比平常不痛的日子还觉得身体康强,她快活的不得了。等到“八一三”之后她撤退到内地,曾经收到她的来信,似埋怨似称谢的,说是依我的话服过药丸之后不但身体好起来,而且有孕了。战争时期生小孩是一种不容易的负担,是不是我害了她呢。后来果然听朋友说她生过一个孩子,不久又死去了。不晓得生孩子之后身体是否仍然康强,如果坏起来的话,那么,真是我害了她了。现在是人已经逝世了几年,我无从向她请求饶恕,我只是怀着一块病瘩似地放在自己心上,作为精神的谴责,然而果真如此简单就算了吗?

生命的火在地下奔腾,
让它突出来吧,
毁却这贪婪的世界,
和杀人不见血的吃人者。
从灰烬里再生,
就是一株小草也好;
只要有你的精力潜在。

追忆萧红先生,我还亲眼看到她的一件侠义行为,那是为了鹿地亘先生方面的。据我们简单的知道:鹿地先生在日本的时候,确曾为了左倾嫌疑而被捕过,后来终于保释,是因为的确有消过毒的把握,否则绝不可能被日本军阀政府释放的。如同送过传染病医院去的人,倘使身体还在发热,是绝对不可能出院的,必然一切都没有了问题了,这才放出。但是在日本政府的严密的不放心的监视之下,就是释放了也还是不容易生活的罢,因此迫得鹿地先生随着剧团,当一名杂役,四处走码

头流浪到上海来。究竟以大学毕业生而当剧团杂役是可惜的,被内山完造先生发见了,从剧团里拔出来,介绍他和鲁迅先生见面,由鲁迅先生代选些中国作家著作给他翻译,替他校正,再由内山先生给介绍到日本改造社出版。以此因缘,鹿地先生和萧红先生等认识了。及到鲁迅先生逝世,为了翻译"大鲁迅全集"日译本,在限定的短期内出书,需要随时请人校正的方便起见,鹿地先生夫妇由北四川路搬到法租界来往,那时大约是1937年的春天。到了同年的8月,两国间的关系非常紧张的时候,在"八一三"的前几天,鹿地先生夫妇又搬回北四川路去了,这是应当的,因为他还是日本人,在四周全是中国人的地方太显突出了。但是意外地,过了两天他们又到法租界我的寓里来,诉说回去之后自国人都向他们戒严,当做间谍看待,那是有性命之忧的,因此迫得又走出了。然而茫茫租界,房子退了,战争爆发了,写稿换米既不可能,食宿两途都无法解决,这是为翻译鲁迅先生著作而无意中受到的苦难,没有法子,尽我的微力罢,因此请鹿氏夫妇留住下来。以两国人的立场,一同领略无情的炮火飞扬,而鹿地先生们是同情我们的,却是整天潜伏在楼上的一角。战争的严重性一天天在增重,两国人的界限也一天天更分明,谣言我寓里是容留二三十人的一个机关,迫使我不得不把鹿地先生们送到旅舍。他们寸步不敢移动,周围全是监视的人们,没有一个中国的友人敢和他们见面。这时候,唯一敢于探视的就是萧红和刘军两先生,尤以萧红先生是女性,出入更较方便,这样使得鹿地先生们方便许多。也就是说,在患难生死临头之际,萧红先生是置之度外的为朋友奔走,超乎利害之外的正义感弥漫着她的心头,在这里我们看到她却并不软弱,而益见其坚毅不拔,是极端发扬中国固有道德,为朋友急难的弥足珍贵的精神。

忆萧红

梅林

最近八九年来,在中国女作家中比较勤谨写作的是萧红。她不断的以作品和读者对面,和历史对面,并在中国文艺园地上开放着还算健康美丽的花朵。……现在她死了,为贫病所逼,死在恐怖的香港。这是中国文艺界的损失。她正年轻,死得太早了。

——梅　林

选自《梅林文集》,上海春明书店1948年版。题图照片为萧红、萧军在青岛。

梅林:中国现代作家,原名张芝田,笔名梅林,曾任《抗战文艺》编辑,著有《婴》、《乔英》、《疯狂》、《自扰》、《敬老会》、《烟台烽火》等。梅林20世纪30年代在青岛、上海、武汉等地与二萧有密切的交往。

两个月以前,从朋友那儿看到鲁彦给他的信里有这样的一句:“闻萧红于香港陷落时病死。”

在战争时期,一个人的死,原是很平常的,尤其是病死。这颇像秋风狂吹落叶,不大使人注意——战争是把人的情感磨折得僵化了。然而,倘死者是你的亲人,朋友,你却不会这样无动于衷,总还是要感到悲哀的。当时我辞别了朋友,带了一颗沉重的心走回家来。我只能以“希望”安慰自己,就是希望这不幸的消息是讹传的。及后陷港友人相继脱险归来,直接证实了萧红的死讯,希望破灭,于是我为不幸而死去的友人低垂下头。

最近八九年来,在中国女作家中比较勤谨写作的是萧红。她不断的以作品和读者对面,和历史对面,并在中国文艺园地上开放着还算健康美丽的花朵。关于这一点,正直的读者,大概是不会否认的。现在她死了,为贫病所逼,死在恐怖的香港。这是中国文艺界的损失。她正年轻,死得太早了。

1934 年夏天,由于寂寞,我离开了烟台——那曾经生活了三年的东山葡萄园和渤海滨,到青岛去,参加友人刘君刚接办过来的一个日报(《青岛晨报》)的编辑工作。就在那个时候,我同三郎(萧军)、悄吟(萧红)、老李(舒群)认识了。他们从东北逃亡出来不久,和我们一道工作。也许因为我们都有着以文学为事业的野心,并且都正在下死劲写作着的缘故,在报馆里的同人中,我们相处的比别人更好,更投契。我是住在报馆里的,三郎和悄吟则另外租了一间房子,自己烧饭,日常我们一道去市场买菜,做俄式的大菜汤,悄吟用有柄的平底小锅烙油饼。我们吃得很满足。

三郎戴了一顶边沿很窄的毡帽,前边下垂,后边翘起,短裤、草鞋、一件淡黄色的俄式衬衫,加束了一条皮腰带,样子颇像洋车夫。而悄吟用一块天蓝色的绸子撕下粗糙的带子束在头发上,布旗袍,西式裤子,后跟磨去一半的破皮鞋,粗野得可以。于是,我们徜徉在葱郁的大学山,栈桥,海滨公园,中山公园,水族馆,唱着"太阳起来又落山哪";而在午后则把自己抛在汇泉海水浴场的蓝色大海里,大惊小怪的四处游泅着。悄吟在水淹到胸部的浅滩里,一手捏着鼻子,闭起眼睛,沉到水底下去,努力爬蹬了一阵,抬起头来,呛嗽着大声喊:

"是不是我已经泅得很远了?"

"一点儿也没有移动,"我说,"看,要像三郎那样,球一样滚动在水面上。"

悄吟看了一看正在用最大的努力游向水架去的三郎,摇头批评道:

"他那种样子也不行,毫无游泳法则,只任蛮劲,拖泥带水地瞎冲一阵而已……我还有我自己的游法。"

她又捏着鼻子沉到水底下去。

我第一次看到悄吟的作品,是在我们的报纸副刊(三郎编)上发表的一篇小说《进城》。清丽纤细,然而下笔大胆,如同一首抑郁的牧歌。由这篇小说作引子,我读着她和三郎合著的自费出版的《跋涉》。这是散文小品素描一类的东西(后来收入《商市街》里面)。属于悄吟部分的,其笔触清丽纤细大胆。我告诉她我的读后感,她睁着清澈润泽的大眼睛说:

"啊,是这样吗? 是不是女性气味很浓?"

"相当地。"我说,"但这有什么要紧? 女性有她独特的视觉与感觉,除开思想而外,应该和男性不同的,并且应该尽可能发展女性底特点的,在她的作品里。"

其时她和三郎都在写长篇,他们工作得很有规律,每天按时工作按时休息,因之成绩很好。10 月间,悄吟的长篇《生死场》全部完成;她朗诵一二节之后,我读着她的原稿。笔触还是清丽纤细大胆,好像一首牧歌。

"怎么样,阿张?"一天下午我将原稿交还她,她这样问。

"感想还好。只是全部结构缺少有机的联系。"

"我也这样感觉的。但现在为止,想不出其他方法了,就让它这样罢。"

三郎从书架上抽出一册硬纸封面的原稿册,拍着它,并且翻动页面,如同一个孩子似的,傲然说:

"哼! 瞧我的呢。"

“那么,拿来读它呀。”

“但是不忙,还没誊清呢。”他说着放回书架里去了。

这是《八月的乡村》。

报馆发生了问题,同人大体星散。我同三郎、悄吟一直将报纸维持到11月尾。我们穷得可以,吃不成烙饼、大菜汤了。将离开青岛那一天,悄吟同我将报馆里的两三副木板床带木凳,载在一架独轮车上去拍卖。我说:

“木床之类,我们还是不要吧?”

“怎么不要?这至少可卖它十块八块钱。”悄吟睁着大眼睛说:“就是门窗能拆下也好卖的。——管它呢。”

她大摇大摆地跟在独轮车后面,蹬着磨去一半后跟的破皮鞋。

12月初,我们坐上一只日本船(好像是共同丸)的货舱里,同咸鱼包粉条杂货一道,席地而坐,到上海去。

这是1934年末的事情。

我们到了人间的天堂同时又是人间地狱的上海。

我们住在一个廉价的客栈里,然后分头去找朋友和租房子。

第二天,我搬到少年时代的同学杨君的亭子间里去了。地点在“法租界”环龙路的花园别墅。所谓亭子间是长二丈多宽约丈余的小房子,只能放两张帆布床和一张写字台,三个人座谈就可以互相呼吸着从每个人嘴里呼出来的碳酸气。上海我是曾经短时期居住过好几次的。但每次都是住在较宽敞的旅馆里。现在住着这相同火柴盒子的亭子间,我这个在北方海洋地带生活惯了的人,好像一只从广垠的旷野被赶进牢笼里的野狼一样,烦躁而气闷,觉得一天也住不下去。

我安置好了行李,第二天回到客栈去,三郎和悄吟已经在拉都路尽头租到了房子,一早搬出去了。我一路问警察才找到了他们。这是近似郊外的贫民区域了,临窗有着菜园和篷寮。空气倒还清新。他们租的房子是新建筑的一排砖房子的楼上,有黑暗的楼梯和木窗。我探头向窗外一看,一派绿色的菜园映进眼帘。我赞美道:

“你们这里倒不错啊,有美丽的花园呢。”

悄吟手里拿了一块抹布,左手向腰里一撑,用着假装的庄严声调说:

“是不是还有点诗意?”

我看一看她的伪装的脸色和傲视的清澈大眼睛,又看一看三郎的闭着的嘴唇,那边沿几根相同汗毛的黄胡子在颤动着,终于三个人爆发出大笑声。

“眼前没有一些自然景色,”三郎说:“是很难写作的。”

“那么,你就对窗外的花园做诗罢。”

“这应该由先发现它的诗意的人去写一首诗。”

“你别以为我不会写诗!”悄吟站在三郎面前咆哮道,“过几天我就写两首给你看!”

“嘿,你好凶呀,”三郎侧着头忍住笑声,“早晨吃过几块油饼的关系吗?”

他们就是这样有生气的。

“我住的地方也不错的,”我说,“是‘花园别墅’,不远又是法国公园。”

“恐怕你那花园别墅是黑暗的小房吧?”悄吟立即就说,“法国公园你也只能从篱笆外面看进去吧?”

我的可怜的撒谎很快就给她指破了,我只好变撒谎为诉苦,对他们直说着花园别墅如何黑暗得像灶房,空气如何发霉,想写作是做梦,再住下去要发狂等等。

“你搬来这里住!”三郎用军人的口气坚决说。

“这里窗外还有诗意的花园!”悄吟指指窗外。

“不行,三个人会整天开座谈会的。”

“我们可以定下规则,军队一样工作起来。”

“不行。事实上一定整天开座谈会的。”

“你有布尔乔亚臭气习!”

悄吟这一枪击得我不能再说第三个“不行”,我受伤了。自己是一个农民的后裔,受点不伦不类的现代教育,又由于在“战斗的河边”溜了一转,惨败下来,生活在葡萄园里好几年,恐怕真也有所谓布尔乔亚臭气习。但在我的心里还是坚持着“不行”。

房子的地板是很粗糙的,那是未经过细刨的粗木拼缀起来的。一张木床,一张书桌,一张木椅,这是房东出借的。在墙壁上又挂起了那张黑炭画的三郎的背影画像,和另外一张一个穿长袍的人坐在高耸的建筑物下面对月台弹琴的八寸大照片。而在一个角落里,一袋面粉夸张的蹲着,几捆木柴和炭堆在一边,同时平常悄吟爱用的木柄平底小锅也坐在新购来的泥炉子上面了。

“好紧张,怎么一个上午,就将这些物件办齐全了?”

三郎鼻子里惯常的唔了一声,说道:

“这些物件一天也不能少,办齐了放心。那一袋面和炭,至少可支持半个多月。唔,现在袋子里还有十二块钱……”

悄吟在掏面粉,准备烙她拿手的葱油饼。我看看那一袋诱惑的面粉,有着从内心发出来的珍惜,就如同一个孩子珍惜糖果一样。我说:

“我们从青岛乔迁到这个人间天堂的上海来,还没喝一杯。走,我们到馆子里去。”

悄吟一面掏面粉，一面回过头来，皱着鼻子大声揶揄道：

“你算啦吧！”那意思很明白，就是等于责备的：你发财吗？

三郎郑郑重重的，沉着脸说：

“这是浪费！首先我们要把自己的战壕扎稳。这是上海！”

这是对的。结果买了一斤牛肉熬青菜汤送烙饼；而烙饼，完全无懈可击，天知道，有多么香！

我们在各马路欣赏风景，狭小的南京路，广阔的西藏路，秀丽的“霞飞路”，大致的走了一回。但所有的娱乐场是没有兴趣走进去的，只在永安公司的楼下去看了一通。那些豪华的“环球百货”，五色缤纷的陈列着。三郎指一指那高贵的巴黎香水，对悄吟睐着眼说：

“你买它三五瓶吧。”

“我一辈子也不会用那有臭味的水。”

我们静下来写作，悄吟和三郎工作得很有秩序，每天有一定的时间静静的执笔，同青岛时一样。上海这奇异的大都市，对他们是不会有诱惑的。我却完全相反，和上海通的杨君住在一道，无法安静下来，总是被拉到各马路上去闲游。我疲倦而厌恶，走到三郎、悄吟那里去。他们虽然工作得很好，而作品的出路却是没有的。那一袋子面粉一天一天的减低下去了。

“东西寄出去，连一点影子都没有。”悄吟说，“甚至连回信。”

“听说上海文坛就是这样的。”我说：“但是，那一袋子面粉再低下去怎么办呢？”

“有办法的，”三郎出力的摸了一下脸，“先到第一流的大菜馆去，点最好的菜，尽量吃一通，然后抹抹嘴走出来。”

“你自己开的大菜馆？”

三郎眯着一只眼睛，安详的说：

“拳头用来作什么的？挥了几拳之后，就有机会坐着吃不用钱的饭的。”

我看悄吟，她是神经质的，大眼睛在闪动着，润湿而激动，仿佛在想一件即将到来的事情。我对三郎说：

“你这是电影里的场面，不必表演。”

三郎背着手踱了几步，用他素来顽强的声调坚决的说：

“前途永远是乐观的！”

一时的阴影就在这样的坚强自信中，扫除得干干净净。

上海的文坛是千奇百怪的，而且黑暗；但在这黑暗中，有一盏灯照耀着有才能然而被损害的青年作家，这就是鲁迅先生。他是一面战斗的旗帜，一个正直的圆脚规，青年们，尤其青年文艺工作者，倾向他，爱慕他，走着艰辛的路。在青岛的时候，三郎、悄吟就和这位老人开始了通信，并将作品寄给他。到了上海，继续通信。直接谈话，则因为那时情形特殊，暂时没有机会。

《生死场》、《八月的乡村》，虽还是原稿，但这是两朵即要开放的花朵；"前途永远是乐观的"，我有同样的感觉和信任。

1935 年初，我回烟台去了。悄吟、三郎则仍留在上海。在夏天，他们开始在《中学生》、《文学》、《太白》等刊物发表作品。

而在秋天，悄吟以萧红的笔名在"奴隶社"出版了长篇《生死场》，三郎以田军的笔名出版了长篇《八月的乡村》。

从此他们的名字为读者所熟悉。

"七七"抗战那年——1937 年冬天，我们在武汉会见了。那时他们住在武昌的小金龙巷，和锡金住在一起，占有着洋式的一间房子。萧红的脸色似乎比以前白净和丰满些了。她用一种"西洋女性握手式"跟我握手：侧着头，微笑着，伸出软垂的手。这好像是一点改变，在以前她和人家握手，是把她的右手"老粗式"的有力地伸出来的。后来曾谈起她的西洋女性握手式，她大声的笑起来，说那是故意装出来的。

到他们那里去谈天的人大抵是文艺工作者，有一次，一个长头发，脸色苍白，背微驼，有着嘶哑声带，穿着流行的一字肩的西服的人走进来；他从瘦细的手上除下棕色的鹿皮手套，笑着对萧红说：

"我说手套还不错吧？"

萧红试着带上那手套，那末坦直的大声说道：

"哎呀，××的手真细呀。他的手套我带正合适哩。"

萧军坐在一张木椅上，同样坦直的笑着。

不久他搬去小金龙巷住在锡金的房子里，和两萧的房子毗邻，有内门可以通达；于是，在房门上钉着写上他们三个人的名字的卡片了。

在武昌，我们常去蛇山散步，或者站在黄鹤楼附近看长江落日。有一天下午，我们一同去抱冰堂，在路上，萧红去买花生米，萧军没有陪她，先走了几十步。她买好花生米，一看竟没有等她，立即转身冲向回家的路。经过赶去解释，这才走回来。

1938 年 1 月，萧军、萧红、艾青、田间，去山西临汾民大，4 月间，我听到两萧分开的消息，萧军去兰州，萧红回到武汉来，同她的朋友在一道，住在武昌小金龙巷——从前两萧住的那间房子。

我不常去看她，对于那间房子我有着不必要的联想，大半是她同朋来我那里闲谈，或者偶然地一同去蛇山散步。

“是因为我对自己的生活处理不好么?”有一次她自己看见我时,如此突兀的说。

“这是你自己个人的事。”

“那么,你为什么用那种眼色看我?”

“什么眼色?”

“那种不坦直的,大有含蓄的眼色。”

我默然。

“其实,我是不爱回顾的,”她说,“你是晓得的,人不能在一个方式里面生活,也不能在一种单纯的关系中生活。现在我痛苦的,是我的病……”

7月间,武汉开始紧急,萧红的“病”越发沉重,我们相约一同去重庆。但在8月初旬将上船那天,萧红因了有直达的船落后了,我同罗烽和未实现充当某报战地记者的愿望的端木蕻良先到了重庆。

9月中旬,她才自己一个人冒着危险到重庆来。她说:

“我总是一个人走路,以前在东北,到了上海后去日本,现在的到重庆,都是我自己一个人走路。我好像命定要一个人走路似的……”

她来到重庆后住在歌乐山养“病”,1939年春病愈,即同她的朋友住在北碚黄桷树,第二年(1940年)春天,在临江门看见她,对我说:

“过几天,我要去香港。”

“你自己?”

“两个人。你别告诉别人。”

过了几天她乘机飞去香港了,同她的朋友一道。

她的飞港颇引起一些熟人的谈论,后来她来信说明飞港原因,不外想安静的写点比较长些的作品。抗战以后她是只写了点散文之类的。其次,也是为了避开讨厌的警报吧。但在1940年下半年正是国际问题专家们拚命讨论:“日本南进乎?北进乎?”的时候,因之香港的空气是疟疾式的。每次空气紧张,萧红即来信说正在购飞机票回重庆,希望能给先找便宜房子。但紧张空气一过,她又延宕下来,以长篇《马伯乐》未完成和有病为理由。

她到了香港将近两年的样子,写了两个长篇小说:一为《呼兰河传》,一为《马伯乐》。

港战发生,她那么无助和悲惨的病死在恐怖的炮火里。

对于这位女作家的死,在后方除看到几篇悼念她的文字而外,只有在某处开过追悼会。据来自桂林的友人谈,桂林作家本打算为萧红开个纪念会,但后来有人收到一张近似“走江湖式”的“萧红纪念委员会”的草稿,大有招摇嫌疑。大家传观一番后灰心下来。

写这张草稿的人是借死人招摇,死者的悲哀到了这里已经是极度了。

1942年春　渝

『爱』的悲剧
——忆萧红

梅 志

这当然是萧红的不幸！但她绝对不是不愿做母亲，她是爱孩子的。是谁剥夺了她做母亲的权利、爱自己孩子的权利？难道一个女作家还不能养活一个孩子吗？我无法理解。不过我对她在“爱”的这方面更看出了她的一些弱点。

——梅 志

本文摘自梅志著《花椒红了》，中国华侨出版社 1995 年版。题图照片为萧红与梅志（左）。

梅志：胡风夫人，中国现代儿童文学作家、传记作家，本名屠玘华，又名屠琪（或屠棘）。著有童话长诗《小面人求仙记》、《小红帽脱险记》、散文集《花椒红了》、《胡风传》等。

萧红逝世已四十多年，我与她第一次见面到现在，也已有五十年了。但她的音容笑貌仍不时地在我脑中回旋，尤其是她作品中的人物，更久久的使我不能忘怀。

读了许多回忆她的和评论她的文章，总感到我所接触到的这个角落，还没有人触及。同时，我这一个普通女人见到的这些侧面，鲜为人知，就越发觉得应该趁我记忆清晰时将它们写出来。

第一次见面

一九三四年十一月鲁迅先生在上海小花园梁园菜馆请客。因为代我们转信的妹妹将请柬送迟了，害得我们没能如期赴宴，那天失去了和萧红夫妇见面的机会。

直到第二年春天，萧红夫妇住到了当时的法租界萨坡赛路唐豪律师家，我才见到他们。这房子在法租界属于中等以上的英国式建筑，后门临街，正间宽大，他们好像住在二楼。这次是他们邀请我们去吃晚饭。我们到时客人已来了很多，都是北方人。幸好我能说普通话，就随便和他们谈起来了。记得那天罗烽和白朗夫妇也已到上海，大家围在一张长桌旁边包饺子，萧红擀皮儿，大家一块儿包。

这场面我这南方人从来没见过。他们说，来吧，大

家动手。我居然仍像学生时代一样大胆地就动手了。我只包过上海的菜肉馄饨，对包饺子一窍不通，花了好大的劲还没能包好一个，我可能都出汗了。萧红在一旁看着说了：

“得了，你不会包，在一旁歇着吧！”

她是想为我解围。但我蠢得很，还一味的不服气，觉得并不难，看了看他们的样儿，又试着包了几个，结果都成了四不像的怪物，这样自己才不好意思地放下手。我哪儿知道他们都是从小练就了的包饺子能手呢！

后来喝酒的时候，我又自不量力的和他们干杯，还胡说什么这酒我不会吃，会醉的，我要喝香槟。其实对酒我一点知识都没有，我家只吃绍兴老酒和白干，别的酒名我是在书上看到的，这次为表示自己的豪迈，就信口开河胡说八道起来。这时坐在我身旁的白朗说了一句，香槟酒也会喝醉人的。我不敢争辩了。

总之，当时我感到能见到他们很高兴，很兴奋，有点忘乎所以了。因为这一向从F[①]对他们的友好往来和对他们作品的赞许，我感到和他们很亲近，早就是朋友了。他们是豪爽的北国英雄式的不拘小节的慷慨之士，所以我也就冒充起好汉来了。我看萧红和我年龄差不了多少，我就像过去在同学家玩似的，毫无顾忌。F虽坐在我身旁，而他只和萧军他们男人家喝酒谈天。没等到散席就站了起来，对我说：

“我们该走了。到喂奶的时候了。”

我一看手表，才吃一惊，时间过得真快，真到喂奶的时候了。他们不好留我了，就都很热情地送我们到后门口。

我这一向都是在家里带孩子忙家务，很少参加这种热闹场面，临别时真有点依依不舍呢！

一路上F没有和我说话，只是大步地向前走，我也只好大步的跟着。

到家后他说话了。

“你呀，真是太幼稚了，说这么些话，你可知道人家是小说家呀，会笑话你的……”

我一想可不是吗？他们一定把我看做无知的傻女人了……。

为此，我很懊丧，至今我都还记得这次的会见，可见它给我的印象和教育之深了。

我第一次见萧红完全把她当作一个普通的但很能干的家庭主妇。瘦高的身材，长长的白皙的脸，扎两条粗粗的小辫，一对有点外突的大眼睛，说话时声音平

① F：指梅志的丈夫胡风。

和，很有韵味，很有感情，处处地方都表现出她是一个好主妇。

一两个月后的一天上午，F又带我去看他们。萧红扎着花围裙正在收拾房间，擦地板。我们推门进去，她才直起腰来，似乎有点气喘吁吁，很吃力的样儿。F问：

"怎么你一个人？三郎①呢？"

她一边请我们坐，一边说：

"人家一早到法国公园看书用功去了，等回来你看吧，一定怪我不看书。"停了一会儿，似乎忍不住了又说：

"你看这地板，烟头、脏脚印，不擦行吗？脏死了，我看不惯。"

这时我发现这房间很大，比那天晚上我看的显得又大又阴暗。房里从地板到窗框的颜色都是棕色的，更显得阴沉。萧红也没有那天精神好，兴致好。有点疲乏的样儿，脸色也不好，带点不健康的苍白。她向我们抱怨南方天气不好，冷得难受。我感到很奇怪，忍不住问了：

"北方冰天雪地的，还会比南方好？"

她笑了说："你可不知道东北了，那里是冰冻三尺，有时雪也高三尺。但屋里可暖和，不穿棉衣都行。它有厚墙、厚房顶，窗子是双层的，哪像这里的窗子，你看多大的一条缝，直灌风，冷死人了。"说着时还故意夸张地做着冷得不得了的样儿。又说："有的屋里还有火墙、热炕，简直温暖如春，哪像这里四面进风，连空气都是潮幽幽的，你连个躲处都没有。"

F和她谈她的小说，她听得很认真，很仔细。她的回答也很使F满意，他们谈得很投机。我坐在一旁细心地听着。

不久萧军回来了，胁下夹了几本书，方形的脸，被风吹得红彤彤的，五短身材，穿一件短大衣，戴的是当时很时兴的无沿法国式便帽。不像是用脑的作家，倒像体育学校或是美专的学生。他精神充沛，容光焕发，一进屋就给带来了一股阳气和热力。

他热情的和我们打招呼，就谈他看的书了，说得那么兴高采烈而又自信。他说着说着，果然用一种带夸耀又带谴责的口吻说萧红了：

"你就是不用功，不肯多读点书，你看我，一早晨大半本。"说时还用手拍着书。

这下萧红可不干了，冷冷地说：

"喝，人家一早去公园用功，我们可得擦地板，还好意思说呢！"

萧军感到有点理亏，就哈哈的一阵大笑，笑得那么天真，萧红忍不住也笑了，我们大家都笑了。

---

① 三郎：指萧军。

他们邀约我们一道去俄国餐馆吃饭,我们回绝了。

成名带来的苦恼

她用悄吟的笔名发表了许多短篇小说和散文,又用萧红的名字自筹经费出版了《生死场》。萧军出版了《八月的乡村》和发表了许多小说。这一对夫妇作家,在当时的上海文坛不但站住了,还成了有名的新秀。他们为东北广大的不愿做亡国奴的人民请命,写出了他们为民族生存而进行的斗争,声张了民族正气。尤其萧红写的一些散文式的短作品,那些栩栩如生的小人物,那些浓郁的地方色彩,都极令人感动,引得读者的同情,对作家也产生了喜爱。于是他们都各各带着自己的风格特色在上海滩上站住了。

F对她的《生死场》写了一篇"后记",书出来后,他要我多看看,说:

"这是有着天才闪光的作品,你看看吧,可以得到不少益处。"

我读了,有些地方很使我感动,也很喜欢。我在F面前说话是毫无顾虑的,我发问了:

"怎么这样写呀?忽然这样,一下子又那样,一点不连贯,也不完整,简直把人搞糊涂了,不像小说。'小说作法'上一定没有这样写法。"

F听后还是嘲笑了我:

"你呀,你呀,真是被旧小说害得不浅,什么'小说作法',那些框框害你不浅,你要好好地读读她的作品。它虽然有缺点,你看她的感觉多敏锐,写人物自然风景不受旧的形式束缚,这正是她独特的风格,这是近年来不可多见的作家!"

我没有理由能驳倒他,因为我也爱上了她的作品,许多地方虽然看起来不习惯,但是看了又放不下,有的地方还使我感动得掉下眼泪,我成了她的一名忠实的读者。

有好长一段时间,我没有能见到她,只是从F的口中知道他们搬到北四川路一带去住了。我们的住处没有告诉过他们,所以就不易见到他们了。有一次F忽然说起在霞飞路上遇见了萧红,她一个人去俄国大菜馆吃两角钱一客的便宜饭,还不止一次。

我奇怪了,他们俩人的稿费收入已经不少,去逛过一次杭州——那是他们送鲁迅先生一罐白菊花茶,鲁迅先生又转送给F时,我们才知道的。但是像他们这样在上海已吃得开的夫妇作家,很可以过上像样的生活,请个娘姨(保姆)做饭,何必一个人游游荡荡去吃便宜饭?是怕麻烦?怕干扰?还是……

一九三六年夏天,F常带我去虹口鲁迅先生家。这时F正在帮助一个不懂中文的日本人翻译鲁迅先生的著作,因为是先生亲自委托的,他不好推托,这样就常到先生那里。不久冯雪峰由陕北回了上海,那他就差不多天天都要到那边去。在我的请求下,他有时就带我去,有时是F要我送东西去。

但是去前F总嘱咐我,不要随他上楼去,在楼下和许先生谈谈。能见到许广平先生,我也是很高兴的。许先生那样忠诚细心的照看鲁迅先生,为这一家老小操尽了心,又那么亲切热情地招待客人,我是十分敬佩的。常常是我自己厌于琐碎的家务,情绪低落时,一到鲁迅先生家,那种安详的肃穆的气氛,和许先生和蔼可亲的面容,就使我感到鼓舞,心情轻松愉快了。

经常都遇到萧红在下面。F悄悄的从后门直接上楼去了。许先生亲自来引我到大厅里,并且低声地对我说:

"萧红在那里,我要海婴陪她玩,你们就一起谈谈吧。"之后她就去忙她的事了。

萧红形容憔悴,脸都像拉长了,颜色也苍白得发青。她对我很冷淡,有点心不在焉的样儿。倒是海婴很活跃,搬出了他的玩具和书本,要萧红和他一起搭积木,我也就参加了。海婴嘴不停地问这问那,萧红慢慢地兴致也好了起来。这时她才和我拉拉家常似的,问我孩子长得怎么样?海婴也接着说:

"侬格小弟弟好白相勒!"

我们大家都笑了,气氛也就变得和谐愉快了。

有一次许先生在楼梯口迎着我,还是和我诉苦了。

"萧红又在前厅……她天天来一坐就是半天,我哪来时间陪她,只好叫海婴去陪她,我知道,她也苦恼得很……她痛苦,她寂寞,没地方去就跑这儿来,我能向她表示不高兴、不欢迎吗?唉!真没办法。"

详细情况我也不好多问,我就尽量地陪他们玩着,使他们高兴。一直到F在楼梯口出现,我才向他们告辞。

是天气正热的时候,萧红到我们住处附近来做西服,说是要到日本学习去。这时我想她已经从爱的纠纷中摆脱了,我为她高兴。

可能是为她饯行,还是别的场合,我又见到过她。这时她不但穿上了新衣服,还烫上了蓬蓬松松的头发。西服是便宜料子,又是小店做的,穿在她身上我感到反而失去了她过去的平淡朴实,那一头烫发也没有两条粗辫显得大方。我想她可能想彻底改变一下旧容貌了,不但是想换个生活环境,连形象都想改换一下吧。但是依我看,她这一改,倒有点不伦不类,很像当时的朝鲜妇女了。

她去日本不久,鲁迅先生逝世了,这在她是一个不小的精神上的打击。听和她

一起到日本的朋友的爱人后来说，她似乎在日本也没能安下心来好好学习，又加之生病，就老想家、想祖国，没到这年冬天就又回来了。

他们搬到法租界住，许广平先生也从大陆新邨搬到霞飞坊住了。在许先生家我又有机会常常见到萧红。她恢复了过去的样儿，穿着简单朴素，头发也是平顺的短发，使我感到她又平易可亲了。

这时上海文坛向他们敞开了大门，不但许多刊物向他们约稿，有的还拉他们做台柱儿。所以在名誉和金钱方面他们是双丰收的。萧红心情非常好，比他们刚到上海时还好。

有一次在一个新创刊的刊物主编邀请撰稿人的小宴会上我见到萧红，她是那么情绪高昂。她说出自己的主张和想法，我才发现她是那么热爱她的文学事业，她真是想在文学方面干一番大事啊！这一段时期她可以说过得既丰富又热烈，有许多新朋友像捧角儿似地捧着他们，使他们都有点飘飘然了。

可惜这时间太短暂了。一个日本的进步作家来上海游历，特别想见见许广平先生和我们大家。在一间小咖啡室里，萧氏夫妇来了，还有另外几位。但是大家最奇怪和最关心的是萧红的眼睛，她的左眼睛青紫了很大一块，我们都不约而同地背着客人走到她身边轻声地询问：

“你怎么了，碰伤了眼睛？”

“好险呀！幸好没伤到眼球，痛不痛？”

“怎么搞的？以后可得小心呀！”

对这些好心的问话，她平淡地回答：

“没什么，自己不好，碰到了硬东西上。”她又补充一句：“是黑夜看不见，没关系……”

回答得虽然有点吞吞吐吐，但我们谁也没有不相信。

送走了客人，大家都一起在街上溜马路时，女太太们又好心地提起这事，主要是希望萧红以后要小心，萧红也一再点头答应我们。可是走在一旁的萧军忍不住了，他表现了男子汉丈夫一人做事一人当的气派，说：

“干吗要替我隐瞒，是我打的……”

萧红仅淡淡地一笑：

“别听他的，不是他故意打的，他喝醉了酒，我在劝他，他一举手把我一推，就打到眼睛上了。”同时她还细声地告诉我“他喝多了酒要发病的”。

“不要为我辩护，……我喝我的酒，……”

我们不好说什么，就这样各自走散了。

他们夫妇同一位编辑成了好朋友，常到他们家去。F 和我抱着两岁多的儿子也去看望他们，正好他们都去了。萧红对我的孩子表示出特别的喜爱，F 要他叫“姑姑”，叫“叔叔”，他都叫了，大家顶高兴，就问他叫什么名字？我说：

“小弟，我们都叫他小弟弟。”

“哈，哈，哈”萧军大笑，“总不能老是你们的小弟弟呀，应该有个名字。”

F 说：“我本想用周先生最后用的那个笔名‘晓角’。”

“呵，晓角，很不错。”大家一致同意。

可是萧军又叫了起来：

“不行，晓角，晓角？我们北方音就是小脚，不好，不好，小脚，不好……。”

我们一捉摸，误会成“小脚”倒真是不好，只能不用这有纪念意义的名字了。

萧红这时可向萧军发命令了：

“去，你这叔叔，去给小家伙买个小玩意。”

编辑先生也说：“是呀，叔叔可不是好当的。”

编辑太太没开口说话，显出不相干的样儿。

萧军还是去了，不一会儿就上楼来了。

他到弄口俄式面包店买了几个面包圈，用绳子穿着提了上来，口里大叫着：

“列巴，列巴圈，好不好？”还将它在我儿子面前晃着。我儿子可能被这声音吓着了，就一个劲儿扑向我怀里。

我说：“你看，叔叔给你买面包来了。”

萧红表示出很不满意：

“嘿，叫你买玩意儿，给买几个列巴圈。”

“怎么？列巴圈不好？”

我一看萧军眼睛瞪着，赶快说：

“这就顶好，又能吃又能玩嘛。”

萧红的心理我是理解的，她想给孩子买一件真正的玩具，这也可说是她母性加女性的表现，谁知萧军没把它当回事，还故意显露出不听她摆布的样儿，我看得出萧红很难过。真的买件能保留下来的玩具，可能我们会保留到现在呢！

萧红的生活的风浪刚平静下来，又遭到了暴风雨似的迎头的袭击。她的心波涛翻腾，感受着屈辱，不得安宁！

此时，萧红又常一个人到许先生那里去，一坐就是半天，看得出心里有什么不愉快的事。

我从来不喜欢打听别人的隐私，尤其一方在气头上，在痛苦中，用话去诱出或

套出对方的内情来,我觉得是不道德的。所以我即使听到她说什么也只好安慰几句,希望她珍惜身体。

这时的痛苦她也只有向许先生去倾诉,许先生就代替了她的妈妈,她想在这里舔伤,在这里得到慰藉。

由于我常去许先生那里,有时她正在诉苦发牢骚时,也就不回避我。她那时身体很坏,常常失眠和肚子痛。当然更难忍受的是精神上的痛苦。许先生和我商量过,我们不好规劝对方,只能安慰她几句。但都惋惜这一对作家夫妇,怎么会生活中出现这种不协调的现象?他们不是很懂得人生疾苦、很有感情的人吗?为什么要使对方受苦呢!

后来知道萧红还是力求摆脱这精神上的屈辱和痛苦,离开了萧军一段时间。

这次突变,给她打击很重,种下了无法医治的精神创伤,可能是后来分手的原因。

抗战时期在武汉

抗战爆发了,我们一家三口,离开了沦陷的上海,回到了 F 的故乡湖北。由于 F 一直没有职业,就只好让我带孩子住在乡下老家,一直到秋末冬初,他的工作基本上稳定了,我才到武汉来,住在他寄住的朋友家里。

这是一幢花园洋房,我们住的是花园前面的两间小屋,在花园的一角。一旁是养花的暖房,房门外面是两个大铁丝笼,里面还喂着一对漂亮的雉鸡和一笼鸽子,和雉鸡一起的还有几只名种鸡。很有点小动物园的味儿,就是已经零落了,我们只能见到这几样。花园有竹编拦成的曲径一直通到我们住处,上面爬满了蔷薇花藤,院子里种有松柏和各种树木,虽未成荫,就这样,已是一个美丽幽静的好地方了。

《七月》杂志常借他家的客厅开座谈会,主人见到这些作家们都十分热情地打招呼。这儿就是《七月》的摇篮——武昌小朝街。

萧红他们住得离这里不远,是常来的客人。来时只要一过正楼,走上花园的小径,我们就能听到他们的嚷嚷声。除萧红、萧军夫妇外,多了一个人。这人我在上海时曾见过,他是带了稿子从北平到上海来的。他的长篇小说鲁迅先生交给了 F 看,所以鲁迅先生逝世后,他找到 F,他们也成了朋友,他就是端木蕻良。后来 F 也介绍他与萧氏夫妇认识了,因为他们同是东北人,现在他们住在一起,常同来同往的,显得十分亲切和热闹。萧军虽然个子不高,倒是精力充沛,说话嗓门又大,争论起来更是滔滔不绝,他们争论什么?我弄不太清,但我多半被萧军的谈风所征服,总认为他是对的。而萧红只是显得不耐烦,不愿听他们这种争吵不休的谈话,不是坐在一旁翻翻书报看，就是和F聊天，有时也同我和孩子聊聊。更多的时间我是带着孩子走开，因为小屋被几支香烟熏得烟雾袅袅，简直使人睁不开眼，要头昏的。F是烟不离手的；而萧红也不少抽，那抽烟的气派、手势，看来也是一个老烟客；萧军抽得也不少，但是他只顾说话就少抽了。

这次我感到萧红起了很大的变化，身体比过去结实多了，脸色也不是青白的而是白里透出红润。好像七七事变的炮声一响倒把她的噩梦打醒了，她又像过去初到上海时一样，睁着两只大眼睛到处张望，发现人们对她不仅是善意的，而且是尊重的，于是她昂起头，眼睛也发亮了，精神飒爽且带着自信和豪迈。

我心里想这才是真正的萧红。

这是我第一次在家里接待他们。他们坐在这小屋里，萧红首先对我们的儿子表示关心，又问叫什么名字，萧军就喊了起来“小脚”、“小脚”。F告诉他们：

“现在他有名字了，是晓谷。天刚晓的晓，山谷的谷，再也不是能讹成‘小脚’了。”

“晓谷这名字好，拂晓的山谷，真美。”

大家都赞同这名字。

他们常常是在外面吃了早饭，就顺路到我们这里小坐一会儿。慢慢地我知道萧军和那位朋友为什么争吵了。一个自比托尔斯泰，一个就以巴尔扎克自诩。这样两位中国的“大师”就争论不休。一个说你描写的自然景色哪像托尔斯泰；一个就反唇相讥：你的人物一点也没有巴尔扎克味儿。就这样互相争执，又互相讨论，我们就都做旁听者，谁也不愿插嘴。最后是萧红出来说：

“你们两位大师，可以休息休息了，大师还是要吃饭的，我们到哪儿去呀？回家？还是过江去？”

这很灵验，他们住口了。有时是决定去黄鹤楼游蛇山，萧红总问我去不去？我记得似乎一次也没同他们去过。都说孩子走不了，谢绝了。

他们三个人老在一起，萧红活泼多了，如果和萧军发生争吵，那位朋友就以义士自居出来卫护她。他们在一起，多半还是吵吵闹闹玩玩，没听他们说准备写什么作品，好像这抗战后方的小小自由是该尽情享受的。

事实并不如此，敌人是在伺机相扑的。一天下午F正午睡时，萧红一个人气急败坏地跑了进来，连话都说不清：

“有三个流氓……样的人，跑来逼着萧军要跟他们走……萧军……还要我们都到警察局去。”

顺了一下气才说清楚：萧军被他们带走了，她赶快溜出来报信。

F立即去行营找曾见过面的某处长，答应调查、交涉。又托房主人找人打听情况，后来知道是省党部特务组干的，F 就求房主金老伯去找特派员。那是他过去的学生。不久萧军就出来了。时间虽然只有几个小时，却给了我们很大的一个警告。因为他们想秘密捕人，那是确切的。这次只因为萧红跑出来报了信，我们营救得快，他们无法隐瞒这鬼域伎俩，只好悄悄的放人，故意借口说是因为他们没报户口。

从这件事上，可以看出萧红是机智勇敢的，她对萧军的安危是关心的、挚爱的。此后，她简直对萧军一人行走都放不下心了。

出了这事后的几天，萧红送 F 一方小图章，说是她亲自刻的，是阴文，F 的名字也是她亲自写的。印出来倒也别致好看。F 用过几次，后来从武汉撤退时丢失了。我知道萧红能画，《生死场》的封面就是她亲自设计的；能刻图章，这是我第一次知道。

一次我在 F 书桌上发现了两本女作家的长篇小说：一本是史沫特莱的《大地的女儿》，一本是德国丽丝琳克的《动乱时代》。我正在翻看其中的一本时，萧红一人来了，F 不在家，她坐下来陪我聊天。

“你看过这两本书了？”她见了桌上的书问我。

我点点头。

“喜欢吗？喜欢哪本？”

我瞪大眼睛望着她，好像是在受老师的考问，犹豫了半天才说：

“喜欢《大地的女儿》，读了它使人感到应该追求理想，为理想而斗争……”我说不下去了，觉得说得太大太空。但看见她望我微笑着，就给了我勇气，这才又说：

“她坚强勇敢，从小就反抗旧社会的不平等，尤其是男女不平等。你看她后来就敢同一个亡国奴印度人结婚。”

“是这样，还有呢？”

“总之我读了很感动，她是一个勇敢的人，同情弱小民族的人，同情被压迫者，对吗？”

她点点头，没表示可否，而问：“那一本呢？”

“它当然也很不错，有许多地方也使我感动，如她的童年生活就比《大地的女儿》写得生动。但我怕它，它使我知道第一次世界大战德国人民的受苦，逃难、没吃、没穿，还怕随时被炸死。这不就是我们今天的生活吗？它使我憎恨战争，但它写得太真实了，使我害怕，使我为孩子们担心。”

我的体会是很不完全很不深刻的。后来我在《七月》上读到了萧红对这两本书的读后记，可惜她也没有作什么深刻的评介。看来她不适合写评论文章。她用的是散文笔法，我看得出她也是更喜欢《大地的女儿》的。写得更多的是她自己的生活，和她对小巷中那个受战争的影响逃到他乡、饥寒交迫的老汉的怜悯和同情。

不过她说了心里话,可能是她生活的实感。

一九三七年快过完了,抗战已经好几个月了,前方除了失利还是失利。作为大后方的武汉看来也将变为前线了。现在是紧张混乱,敌机常常飞临头顶,并且就在头顶上空战。探照灯交叉地盯着敌机,高射炮发着一串串的白光,彭、彭、彭地响着,有时敌机着火了,就像红金鱼似地在天空翻腾,最后跌落下来。开始看看是鼓舞人心的,一次打下三五架是经常的,有一次打下二十一架。但是被它炸死炸伤的人数可没有报道过。

人心惶惶,从四面八方拥来大批难民,又各自谋求生路奔走四方。生活的困难,交通的不便,使得人们的心情既焦燥又愤怒。

萧红他们三人也开始心神不定,有点坐立不安了。来时就谈到逃难,怎样离开武汉,想找个安全的地方。

这时山西办了个民族革命大学,是李公朴的校长,派人来邀请教授,并招收学生。来邀请的人想邀萧军夫妇和F都去,萧军很想去,还希望大家都去,只有那位朋友端木在一旁做无可奈何状,看来只得跟着走了。F因为《七月》,一时走不了,只好暂且留下。

在行前,F同《七月》最早的出版者熊君商量,因为试刊时从未发过稿费,F本人也没有拿过分文的编辑费。现在大家要分手了,又是到遥远的北方去,F提出应该给每人送点钱,添置行装,他答应了。但是由于《七月》虽然销路不错,可是请各书店代销折扣打下来剩得就不多了,所以每人也就只能送几十元钱。

这一群北上的朋友中,最使我感动的是诗人艾青的一家,他的那位一向不在人前多说话的、美丽端庄的妻子抱着刚一岁多的女儿小“七月”(她是卢沟桥一声炮响时那个月生的),她无忧无虑地偎在妈妈的怀里。后来她也随着父母,顶着严寒大风奔赴大西北的前方。可敬的妈妈没有表示一点犹豫,因为她是全心全意的跟随着自己的丈夫,把艰难困苦和可能遭到的危险都置之不顾了。多真诚善良的女人呵!我望着他们上路,心里是难受的,祝福他们一路平安!

萧红情绪很好,大约是她喜欢北方,想到又能见到满天的飞雪和温暖的热炕,她一直很兴奋,披着她的毛领呢大衣,矫健地走着。只有后来出发坐上车时,发现那是货车,才有点惊讶。是呀,怎么能请教授们坐货车呢?幸好她并没计较,因为这是战争时期呀!

她被大风沙刮回来了

他们都走了,留下F一个人支撑《七月》的全部工作。过去,两位诗人艾青和田间把《七月》的出版看做自己的工作,连一些跑印刷厂,校对等杂务,都帮着F做,现在他们走了,得靠F一人在众多的来稿中发掘出新的生命力,继续健康的成长,他两眼都熬红了,我没法帮助,最多帮他做些打杂的事务活。

他们到了北方后有信来了,看来前方情况不妙,无法上课。不久听到临汾已兵临城下了,幸好收到了他们已脱险平安到达西安的信,似乎萧军分道到陕北去了。四月中旬诗人一家回到了武汉,带来了萧红的信,说是已怀孕,和萧军分开了。诗人告诉F她已和那位友人D君①在一起。呵,明白了,原来如此。

这是第三者的闯入,使他们本来有裂痕的共同生活,彻底破裂了,这只能是萧红精神上的一种对抗,现在这能是真正的爱情吗?也许仅是想转换一下生活对象罢了,做得似乎是太冒险了,我为萧红担心!不久他们两个也回到了武汉。

几天后,他们可能是来找F谈谈的。那位朋友有意地站在蔷薇花丛的阴影下,我们随便地坐着。

萧红谈了她在西安的那段情况,她见到了另一位女作家,对她的解放的思想和生活,她表示了吃惊和不习惯。最后她宣告,同萧军闹开了,人家到前线打游击去了,我现在同他(用嘴向蔷薇花丛那方向努了一努)在一起过了。

而那个他只冷冷地似笑非笑表示了一下。我们不能有任何表示,也并不感到突然,连对他们说句祝贺的话,都无法说出口,这点恐怕很出于他们意外吧!

也算是萧红的女友日本人池田幸子女士来我们家,可发起牢骚来了。

“我请她住在我家,有一间很好的房子,她也愿意。谁知晚上窗外有人一叫,她跳窗逃走了。”之后她又气恼地补上一句“喝,像夜猫子一样,真没办法!我真的没办法!”

她双手一摊,可能对这“夜猫子”一词很欣赏,以为在中国话里找到了好的形容词,还咯咯咯的一个人笑了起来。

我心想这可能是爱得狂热了效文君的私奔?还是真的被爱着呢?或者正因为他的一副胆怯相,一副温和的绅士派头,使她离开了粗犷的萧军?总之,我以为她这是一个任性的反拨,走向另一极端的选择。我们是说不出什么话的。

他们两个并不经常走在一起,萧红常是一个人来看我们。遇到F不在家时也

① D君:指端木蕻良。

留下来坐一会儿,可能是她怀孕了更愿意和女人接近,这样,我和她有了更多的谈话机会。她和我说到她出生的遥远的北方家乡,那里是天寒地冻,但室内温暖如春。她形容那里的冰冻,曾很形象的告诉我,她小时候刚上小学时,不敢举手说要小便,结果尿了裤子,等回家时,将裤子脱下来,那棉裤冻得都可以立着不倒。我就像听海外奇谈似的听着,而她自己却哈哈大笑了,好像笑别的孩子似的。

有一次她来了,我和孩子正在花园里玩。当时是初夏,这花园显得很美丽,通向我们小屋的竹长廊正被蔷薇爬满了,一骨朵一骨朵的蔷薇,真像十姐妹拥抱在一起,院中的小松柏笔直地站着,垂柳就低倒着头。那小小花房此时正盛开着石竹花,红的、白的,还有外国红的十分漂亮,月季花正含苞待放,十样锦更是成片的铺满在花畦里。萧红很喜欢花,我们就在花房前坐着。这时我的孩子在草地上挖着什么,可能是捉蚂蚁,她高兴地蹲下来和他一起玩着。随便和我谈话。

她说:“孩子顶可爱的,尤其是三四岁,似懂非懂顶好玩。”

孩子也喜欢她,老是萧姑姑地叫着。过去孩子见着他们,也叫的,但多半贴在我身旁,不敢对她表示亲热。

我说:“看得出你喜欢孩子,将来你一定能把孩子带好。”

“我?孩子?那太缠人了,麻烦……”最后她叹了一口气,没有说什么。

这一次的花园聊天,不知是谁给我们照了一张像,我经过多次的抄家迁徙,这照片还在,就越发觉得它的可贵了!

孩子是可爱,是好玩,但在这兵荒马乱时,实在不宜拖儿带女的。我发现自己好像怀孕了,反应特别厉害,在街上昏倒过。这样我就同房主人的夫人一起去找医生准备打胎,萧红知道后要和我们一道去。检查的结果当然是有孩子了,她的已有三个多月了,打胎可以,要一百四十元,她吓了一跳,出不起,我们也出不起,就这样无可奈何的离开了医院。

一次愉快的重逢

我逃难到鄂西住了几个月,后来又辗转抢搭轮船,几经艰险才于1938年底到了山城重庆。找不到房子,就住在朋友让出来的小旅馆里。半个月后我提前生下了我的女儿,我们一家就住在仅有六七平米的小屋里。

生第一个孩子时有我母亲和妹妹在一旁照料,现在她们远隔万里,一切都得靠我自己了。小衣服还只做好了一件,三天后我就下床赶做衣服好给孩子洗澡换。我的眼睛正枯涩得要命,忽然房门开了,我眼前一亮,随着一阵清香扑鼻而来,我几疑是回到了我童年时寄居的梅花馆呢!一株尺多长的红梅出现在我眼前,手执梅

花的正是萧红。

她亭亭玉立地站在我面前，身穿一件黑丝绒的十分合体的长旗袍，显得十分高贵清雅，脸色也像梅花白里透出点淡淡的红色，这时我感到她真美。忘了普通的应酬，就丢开手里的活，拉着她的手，好像他乡遇故人似地亲热。看来她也很高兴，就坐在我床边上，并且还看了看一团血红的小婴孩。

F拿着这花没地方插，就将它捆在我的床头。他有事出去了。

"你的孩子呢？一定很大了吧？"我关心地问她。

"死了，生下三天就死了！"她有点凄然地回答我。

我大吃一惊："怎么会死的？是男孩还是女孩？"

"是男孩，唉！死了也好，我怎拖得起呀……"停了一会儿她又接着说："我一个人到码头上赶船就跌了一跤，当时我心想，孩子呀，孩子呀！你就跌出来吧！我实在拖不起了，我一个人怎么把你拖大！可是他啥事也没有，……"

是呀，一个人怎么拖得起一个孩子？但是她不是还有另一个人吗？我不好问了。就顺着她说："一点不错，做女人太不幸了，我为了生这女儿，坐着滑竿跑了大半个城，也没有医院肯收我，都回绝说没床位，我们说自己买帆布床来，也不答应。还是江苏医院是同乡人，同情我，叫我回旅馆，她来接生。你看这还不是顺利生下了，三天了，谁知将来会怎样？但是吃再大的苦，我得把他们带大！"

我们俩都在为做一个女人而叹息，我的大孩子玩得满头大汗地进来了。他高兴地叫着萧姑姑。萧红说：

"他长高了，可是瘦了。"

我再一次的仔细的望望她说：

"你倒比过去胖了，精神也好，穿上这衣服可真漂亮。"

她高兴地笑了："是我自己做的，这衣料、这金线、还有这铜扣子，都是我在地摊上买的，这么一凑合不是成了一件上等的衣服了吗？"

是的，她将金线沿边钉成藕节花纹，那有凹凸花纹的铜扣被她擦得锃亮，使这衣服显得光彩夺目，穿衣人也就颇有神采了。我还看到过她穿的另一件她自己亲手缝制的毛蓝布旗袍，她用白丝线绣上人字形的花纹，虽是粗布料，穿上它可显得雅致大方。我心想原来她是爱美的，也很有审美力，过去是没时间？没心情打扮自己？在武汉她将她的女友S① 的西服上衣和花裙子穿着倒也潇洒。这次可自己动手精心打扮了。

F回来后他们就带着大孩子一同出去了。

---

① S：指鹿地亘夫人池田幸子。

好容易找到了住处，在这山城算是安了家。这样从各地来的新朋旧友就不辞辛苦地爬上我们住的三层阁楼上来。

我有机会见到两位萧红故乡的老朋友，P 女士（即白朗，后来我知道她同萧红的关系是很深的，这已见之后有关她的回忆文章）来看我，并同我谈到萧红是住在她家生孩子的。她告诉我萧红在产前心情是很好的，不但细心地做了自己的衣服，还给孩子做了小衣服，她是沉醉在做妈妈的幸福中。孩子生得很顺利，低额头四方脸，看去就像萧军。谁知产后三天我们傍晚从医院看了她出来，第二天再去她就告诉我们，孩子死了！医生、护士和我们都很吃惊，都说要追查原因，她本人倒反而表示冷淡，没多大的悲伤，只说死了就死了吧！这么小一个孩子要活下去也真不容易！

就这样，她结束了做母亲的责任，和对孩子的爱！

后来又来过一位东北作家的夫人，她是萧红中学时代的同学。她和我一样是文学爱好者，所以对她的成了作家的同学谈得很多。从她那里我们才更多知道一些萧红的身世和遭遇。她没有读完高中，就被父亲作为交际的礼物将她许配给一个官僚地主的儿子。她不愿意，从家中逃了出来，这样就同她那狠心的父亲决裂了，在哈尔滨街头成了一个挨饿受冻的流浪者。后来她得好心人的资助到北平读书，可是她的未婚夫找上门来用花言巧语和伪装的爱情欺骗她，将她带回哈市。在旅馆里过着盲目的享受生活，钱用完了，她的肚子也一天天的大起来了，那坏蛋就骗她说回去取钱，结果逃之夭夭，旅馆留下她做了人质，要让她归还两个人的店饭钱，一直到萧军他们来将她救出。

她和萧军同居了，孩子也生了，但是付不出住院费，那时他们都无收入，孩子只好送了人，逃也似地离开了医院。当她与我说到萧红这段往事时，她动了感情，不无感慨地说：

“她好像不是生来做母亲的，没有做妈妈的命！第一个坏蛋在她怀孕时，抛弃了她，第二个呢，他们两个又分开了。要不是一家三口多美好呀！”

这当然是萧红的不幸！但她绝对不是不愿做母亲，她是爱孩子的。是谁剥夺了她做母亲的权利、爱自己孩子的权利？难道一个女作家还不能养活一个孩子吗？我无法理解。不过我对她在“爱”的这方面更看出了她的一些弱点。

我常在 S 女士那儿看见她，这时 S 刚生下一个女儿，夫妇两人都视若掌上明珠，宝贵得很，因此生活上不愿有一点干扰，已经不是上海滩上流亡的时候了，人家现在双双都是政府官员。但萧红太相信过去的关系了，常带着 D 去打扰他们。S 发牢骚了，甚至可以说生气了。脸红耳赤地向我们说：“真没办法，你的饭做好了他们来了，不够吃的，阿妈不高兴。他们要住下了，就在阿妈住的大厅里打地铺，阿妈更不高兴，就要不干了，那不行的，我没有阿妈不行的。”（潜台词是没有朋友倒行的。)

我们不好回答,我们也不好去向萧红说,后来终于不见他们来了。

默默无言的余情

我们忽然得到萧军从兰州寄来的信,信中还有一张照片,原来他已经和一位姑娘结婚了。双双坐在一处山石上,身边还有一只狗,从照片上可以看出姑娘很年轻、很健康也很漂亮。萧军信里忍不住宣泄了自己充满幸福的心情。

我们衷心祝愿这一对新婚夫妇,天长地久,永远幸福!

我正在为萧军高兴,萧红一个人爬上三层阁楼来看我们了。F 不在家,她留下来,在竹制的圈椅里坐下,半天气才顺下来,她抱怨这山城行路真难,爬高上低走不完的梯坎,真是要人命!

我为她倒了茶,眼看着她满脸红潮,气紧得很,真为她担心。这山城的路是没有上海和武汉的马路好走,我这阁楼又是山上的第三层,还得走一段没光的扶梯,只好摸着上来。它本是朋友家的贮藏杂物的房间,承蒙主人借给我们安身,已是很大的幸运了。我们就将杂物归在一边,用一块布遮拦住,倒也空出十来米的地方,这就是我们的卧房、书房、“客厅”、“餐厅”了。这么高,又是这么一个拥挤的地方,一旦有朋友来我是很感抱歉的。而她不辞辛苦地来看我们,我更感不安,我高兴地亲切地和她闲谈着。

闲谈中,我忽然想到萧军的来信,就不假思索地从抽屉里取出来给她看。

她仔细地看了信,也看了照片,看了正面又看反面。反面写着:“这是我们从兰州临行前一天在黄河边‘圣地’上照的。那只狗也是我们底朋友……”她手里拿着照片一声不响,脸上也毫无表情,刚才的红潮早已退了,现在白里透青的颜色,像石雕似地呆坐着。

我发慌了,后悔了。想不到她对萧军还有这么深的余情!看得出她心里是痛苦、失望、伤心的。这张照片对她该是一个不小的打击,但又是必然要来的一个打击。

后来她像是醒过来了,仍旧没有做任何表示,只是说:

“那我走了,同 F 说我来过了。”

就这样像逃避什么似的匆匆地走了。

在乡下赶场

随着重庆的五三、五四大轰炸，我们又拖儿带女地逃到复旦大学所在地黄桷镇去住。因为F在那所大学有两门课，本来每周都要去一次，现在我们索性就移住到那里去了。

我们的住处离镇上有好几里，买蔬菜和粮食（尤其是拿信拿报）都得到镇上去。大学借用了一座庙宇办公，传达室可能是过去的旁门，但它面向镇上大街。

这里是二、五、八场期，我是每场都赶的。在人头挤挤的“场”上常常会遇见熟人或认识的教授太太们，有时仅仅打个招呼，有时也谈谈物价和交换外面的消息。从靳以先生那里我知道萧红已经住到镇上来了。那位D君在学校有两点钟的课，萧红就和他住在一起。那是这镇上唯一的新式楼房，另有好几家教授也住在那里。

在一次赶场时，我遇见了萧红。她不是在菜摊上挑选蔬菜，而是随伴一个大娘（保姆）在杂货摊那边选购日用品，只见那大娘手里提着砂锅、铁锅之类，她空着手，大娘要什么她就打开皮包付钱，连一点意见都没有，就这么匆匆忙忙的买着，只想赶快离开。见这情景我不便上前去和她打招呼。

这次搬家当然不像几年前她文章里写的“搬家”了，也不会再像商市街那样生活了，这是高贵的教授生活，但她没有兴致。可能是想到了过去，那时可不是她一个人安家，一个人奔波操劳，那时她得到作为一个女人的照顾和爱护，而今天她成了保姆的主人，保姆头头罢了。

过去F带我到靳以家去过，我能找到萧红的住处，但我想还是不去拜访她为好。

一个月后，我去小学校接大孩子。那要经过一段小溪沟，下坡再上坡，爬到上面正好是大学的操场。这时在篮球架旁站着一个女人，不像是女同学，穿着蓝底白花旗袍，我一下就认出来了，是萧红。她一个人站在那里望着远处的青山和将消失的红霞，似乎在沉思，我想她大约被这美丽的景色打动了，正在作诗吧。我不想惊动她，想从她身旁斜穿过去，她可掉转了头，和我打了个照面，我只好停住了脚。

“你住在这里么?”她表示亲切地问。

“我就住在溪沟那边的坝子上的老乡家，怎么样? 你稍等一会，我上街去接孩子，回来领你一道去我家坐坐。”我高兴地邀请她。

她犹豫了一下说：“不了，下次吧，下次我会去看你们的。”

就这样我只好走了，等我回来时她已经不见了，但是F可一直都关心着她。我隐隐的知道她不会来看我们。

我还是能经常见着她，多半在下午我去传达室取报的时候，当许多学生、教授走出校门经过镇上大街，这里面会有他们两个。他们有时可能是出来散步或是到对岸北碚去。时间已是深秋了，男的穿着他常穿的咖啡色夹克，像过去一样斜着肩低着脑袋在街上走着，相隔两米远的后面萧红也低着头尾随着。不知道他们关系的人，只当是两个路人呢。知道的也可以认为他们不和刚吵了架哩！都低着头不高兴和人打招呼。别人也就不去和他们点头招呼了。萧红在她的旗袍上有时加一件红毛衣，从背影看显得瘦多了，两肩也比过去耸得更高，抬着肩缩着脖，背还有点佝偻，真不像一个还不到三十岁的少妇的背影。再也看不出过去那个在上海昂着头挺着胸，用劲地响着皮鞋在马路上赛跑的年轻的北方姑娘了！

我虽然多次看见他们，就从来没看到过他们有说有笑地并肩走在一起。来我家看F的同学们谈到他们，也表示很奇怪。女同学都很尊敬和喜欢萧红。内中有一位女同学是东北流亡学生，她对萧红更有着特别的感情，她们成了知心朋友，她说萧红并不快乐，常找她发牢骚诉苦，对目前的生活看来不是十分如意的。我不好询问她具体情况。想到萧红下决心和萧军分离，得到的……我心里很是难过。

我的邻居是学校的会计主任，一个美国留学生。外表长得矮小，一口江西土话更像个土老头。为了怕镇上遭轰炸，在我的住处附近租了一间正房让他的老娘和四五岁的独生子住。他貌似孝子，常来看望母亲，但是七十多岁的老娘要照顾她的孙子，为他做饭洗衣，有时还要做好菜给儿子吃，每次儿子走后，老太太直叫腰酸背疼。我讨厌这个邻居，觉得他有点伪君子的味儿。

果然他取下了假面，用着嘲笑的口吻和我说话：

“张太太，你们文学家可真行呀，丈夫打了人叫老婆去跑镇公所，听说他老婆也是文学家，真贤惠啊！”

一听这话我就知道是指谁。但是我真难相信。“你搞错了吧？”我板着脸回答了他。

“哈，哈，哈，”他发一阵开心的大笑。“哪会搞错，现在哪个不知、哪个不晓呵。”从会计主任的嘴里我知道萧红又遇到了不如意的事了。

我在去北碚的码头上，遇见了靳以先生，他也在等船。他和我谈起萧红，因为他们是邻居，对于一些生活细节他说得活灵活现，而且也充满着激情和气愤。一个有正义感，尤其是对女性十分崇拜十分关切的他，是不能不这样的，想着他对他的年轻美丽的妻子那份爱护备至，我更没有理由说他不应该责备那位和萧红一道生活的D君。后来靳以在悼念萧红的文章中所写的词句已经冷静而又冷静了。但当时他涨得脸红耳赤，一边愤怒着，一边不停地用手推着眼镜，我真为他担心，怕他上不了船，因为他太激动了。

这件不愉快的事发生后，我好久没有见到萧红他们。我想起来了，我曾在《新蜀报》上看到一个消息，说那D君将要出版一本大型文艺杂志，可能是趁寒假期，他们到重庆办杂志去了。

那之后，他们就真的到重庆去了。

等我知道他们飞往香港时，可能已好久之后了。还是靳以告诉我的，看来连他事先也都不知道的。他这次是大骂了。靳以说：不告诉朋友们倒也罢，怎么连大娘都不辞退。……走得这样神秘，这样匆忙，为什么？连我这个老朋友都不告诉？连我都不相信。在这点上他感到伤心，并为萧红担心："怎么会想到去香港哩?!"

是呀，所有的朋友听到这消息无不表示惊奇，怎么会想到离开抗战的祖国到香港去？后来我才约莫的懂得了她当时的心情，她是以屈就别人牺牲自己的精神去香港的。这里表现她为别人牺牲的伟大，也表现了她跳不出她已感到桎梏的小圈子的软弱。她只希望有一个强大的力量拉住她，不让她去。但她终于远离了抗战的祖国和人民，到那人地生疏、言语不通的亚热带的香港去了！

一九四一年春夏，我们因抗议国民党背信弃义制造皖南新四军的惨案，周恩来副主席决定我们离开重庆到香港去。到港后才知萧红已染肺病，当时我要带孩子回上海，没有能去看她。但在上海从许广平先生那里知道，萧红旅居香港，心情一直很寂寞，许先生也奇怪她为什么离开重庆，离开有那么多朋友的重庆？她为她的病体担心。

我去信F，要他抽空去看萧红，他去了，来信说："虽然躺在床上，看上去精神很好，见到老朋友显得很高兴，并且仍豪情满怀，说要办一个大型杂志，要把老朋友们都邀请到，还要找萧军来……。"可以看出她的心情是寂寞的，养病条件也不好。等我再到香港，想和F一同去看她，谁知第三天太平洋战争就爆发了。

一直到一九四二年夏季，见到了骆君，才知道萧红已在战争时，因得不到好的治疗和亲人的关心，含恨而逝世了！中国的一个很有才华但还未得到充分发挥，写出她的辉煌巨著的女作家，只三十一岁，就过早的逝世了！

萧红死前曾亲笔写过她的心情："半生尽遭白眼冷遇……身先死不甘，不甘。"

"不甘"，是的，她还只活到三十一岁呀！但要说"尽遭白眼冷遇"，那是有点夸大的感伤！其实在旧社会有谁能如她一样幸运，二十岁出头，挟着一本《生死场》原稿来到上海，就得到了鲁迅先生和许多朋友们的赞扬和爱护。在创作方面，在对

她个人的接待方面，我想当时谁也没有给她白眼冷遇。我似乎没有见到过一篇批评她的文章。反倒是她的家人，她的亲人，给过她冷酷的残害、奚落、白眼和冷语，甚至沉痛的打击！这是她无法摆脱的，也是当时旧意识尚未脱尽的女性的致命缺点吧？这样就使她演了一幕幕的“爱”的悲剧。而这悲剧终于与她三十一年的生命一同结束了！

她的一生是反封建的勇士，但在个人生活上她是一个弱者、失败者！如果她坚决地留在大陆，可能现在还活着。因为许多肺病比她严重的当时的贫病作家，不是有的到今天还健在吗？为此我为萧红不甘，她应该活到解放后的今天，但她现在只能活在我们的心里！

一九八四年十一月十日

悼萧红

胡风/口述 梅志/整理

我觉得萧红很坦率真诚，还未脱女学生气，头上扎两条小辫，穿着很朴素，脚上还穿的球鞋呢，没有那时上海滩上的姑娘们的那种装腔作势之态。因此虽是初次见面，我对他们就不讲客套，可以说是一见如故了。

——胡风

本文载自《艺谭》1982年第4期。题图照片为胡风与梅志。

胡风：现代文艺理论家、诗人、翻译家。著有诗集《为祖国而歌》，论文集《文艺笔谈》、《密云期风习小记》，杂文集《棘原草》等。

萧红死去已四十余年了，今年又逢她七十岁诞辰。国内外的有心人士都在研究她，纪念她，发表了很多纪念文章，内中定有许多卓越的见解。可惜我不能亲自阅读。

回想起三十年代初，萧氏夫妇初到上海的情况，还是清晰在目的。

第一次鲁迅先生为我们安排了会见，在四马路小花园弄的梁园（河南菜馆）请客，目的是介绍我和别的朋友们与他们见面。可惜约我们赴约的信，被我的小姨子耽误了，她第二天才送来。这使我失去了与他们见面畅谈的机会，还让他们失望久等，我现在想起还感到对不起当时鲁迅先生的一片精心安排，他是要我带着妻子和初生的婴儿一同赴宴的。

不久我们在别的情况下，见面了。见到了这一对在遭敌人侵略的土地上用笔参加了民族革命斗争的青年夫妇，是令我高兴的。尤其是当时叫悄吟的后来的萧红，我觉得她很坦率真诚，还未脱女学生气，头上扎两条小辫，穿着很朴素，脚上还穿的球鞋呢，没有那时上海滩上的姑娘们的那种装腔作势之态。因此虽是初次见面，我对他们就不讲客套，可以说是一见如故了。

后来她将她的中篇小说给我看了，还告诉我它还没有名字，又希望我能为它写序，我当时谢辞了，要他们仍请鲁迅先生写。但是鲁迅先生和我闲谈时，也叫我写，说他一人写两本书的序不太好，也实在没有什么好说的，你来一篇吧。我就答应了写一篇读后记。

读了这个中篇，我吃惊于作者对她所写的人物的敏锐感觉，用字的大胆和特殊的风格，这是一个有着发光的才华的未来女作家，我在后记里这样写了——

这是用钢戟向晴空一挥似的笔触，发着颤响，飘着光带，在女性作家里面不能不说是创见了。

然而，我并不是说作者没有她底短处或弱点。第一，对于题材的组织力不够，全篇显得是一些散漫的素描，感不到向着中心的发展，不能使读者得到应该能够得到的紧张的迫力。第二，在人物底描写里面，综合的想象的加工非常不够。个别地看来，她底人物都是活的，但每个人物底性格都不突出，不大普遍，不能明确地跳跃在读者底前面。第三，语法句法太特别了，有的是由于作者所表现的新鲜的意境，有的是由于被采用的方言，但多数却只是因为对于修辞的锤炼不够。我想，如果没有这几个弱点，这一篇不是以精致见长的史诗就会使读者感到更大的亲密，受到更强的感动罢。（《生死场》后记）

当时我这样写，并不是苛求。因为她是有能力克服这些短处和弱点的，作为一个朋友，我应尽的责任，就是向她说心里的真话。这在今天萧红热潮中，当然不合时宜了。

他们的两本书《八月的乡村》和《生死场》，为民族解放斗争增加了力量，也为我们左翼文艺工作带来了新的气息。由于是自费印的，发行很困难。我曾从鲁迅先生那里，十本二十本的拿去，由当时的左联工人文艺小组代为推销，将它们直接送到工人同志们的手里。说老实话，那时带着那么一大包不合法的书，如果遇上了巡捕（上海租界的警察）抄靶子（搜身），是有被捉将官里去的危险的。

萧红后来又写了许多短篇小说和散文，有些实在写得好，看得出在文字修辞和对人物性格的刻画方面，有很大的进步。我常常忍不住在萧军面前夸萧红。我说："她在创作才能上可比你高，她写的人物是从生活里提炼出来的，活生生的，不管是悲是喜都能使我们产生共鸣，好像我们都很熟悉似的。而你可能写得比她深刻，但常常是没有她的动人。你是以用功和刻苦，达到艺术的高度，而她可是凭个人感受和天才在创作……"一向非常骄傲专横的萧军，在这方面他是完全承认了的。只不好意思的笑笑说："我也是重视她的创作才能的，但她可少不了我的帮助。……"这时萧红多半很委屈地撇撇嘴。

这两本书出来后，销售很好，他们就成了名作家了。卖稿不成问题，还有人拉拢捧场。这时生活好了，不用发愁了，同时也滋生了高傲情绪。尤其是在他们夫妇

之间,我感到反而没有患难与共时那么融洽那么相爱了。

"八一三"上海沦陷后,我们相继到了武汉。当时我创办了《七月》文艺半月刊,他们很乐意帮助我,成为同仁之一。不过在这种火热的抗日斗争时期,他们一下子还无法投入进去似的,未能写出反映这一斗争的令人满意的作品。他们自己可能也感到了,就答应到山西临汾民族革命大学去教书和参加抗日救亡工作。我当时是十分希望并祝愿他们能获得双丰收,为革命文艺和抗日战争贡献出力量!

第二年初夏她回武汉了。而伴同她回来的可是和她并不相投,还很看不起的T①。当她告诉我已和萧军分离了,我不吃惊,认为她这样做是迟早的问题。我向她说:"作为一个女人,你在精神上受了屈辱,你有权这样做,这是你坚强的表现。我们做朋友的为你能摆脱精神上的痛苦是感到高兴的。但又何必这样快?你冷静一下不更好吗?"

我坦率的说出了我的意见,可能伤了她的自尊心,尤其使那个T不高兴。这样我们就显得疏远了。

在重庆我们又再见,她还常来看我们,如果是她一个人来,我们谈得很好,如果遇见的是他们两个人,就显得无话可说似的。可能是我不愿说,她不敢随便说。

有一次她一个人来家看我,我不在。我妻子将萧军新近寄来的新婚照片给她看了。她看后好半天没有说话,看去这在感情上对她是一个不小的打击。她没有等我,就匆匆的走了。后来我们虽同住在北碚乡下,我只听靳以告诉我她在生活方面的一些不愉快的情况,但她一直未来看过我。可能与这照片有关,她把我看做是萧军党了吧。

她忽然没有告诉任何人,随T乘飞机去香港了。她为什么要离开当时抗日的大后方?她为什么要离开这儿许多熟悉的朋友和人民群众,而要到一个她不熟悉的、陌生的、言语不通的地方去?我不知道,我想也没有人能知道他们的目的和打算吧?这样她就和内地远离了,她的情况我们也无法知道了。

一九四一年国民党背信弃义,阴谋制造皖南事变。为了对这一暴行表示抗议,我也到了香港。不久知道萧红的健康情况不佳,住在家里养病,我去看过她。

她比过去显得更瘦更苍白,虽然躺在床上,精神倒还好,很高兴地和我聊天。记得她很兴奋地说:"我们办一个大型杂志吧?把我们的老朋友都找来写稿子,把萧军也找来。"这时站在身旁的T,显出一付尴尬的不乐的样儿,她当做没看见。继续对我说:"如果萧军知道我病着,我去信要他来,只要他能来,他一定会来看我,帮助我的。"

---

① T:指端木蕻良。

她的这种怀旧的心情，我是能理解的，但是她可为什么这样感到寂寞和孤独呢？我只能劝慰她，希望她好好保重身体，安心养病，以后定能见着这些老朋友，还有许多工作等她去完成呢！

香港沦陷，我们逃离香港时，都不知道她的情况。一直到我们到了桂林，从骆君口中，才知道她已病死在香港医院，埋葬在香港了。

她到香港后写的作品，我没有能读到，不敢妄加评论。但这一代有才华的革命女作家，用现实主义创作方法，为民族解放战争，为控诉封建社会的暴行进行过斗争的女作家，未能完成历史赋予她的使命而带着一颗破碎的孤寂的心，只三十一岁的青春就含恨地与世长辞了，怎能不使我们感到痛心和惋惜！

人们并没有忘却她，给予了她生前未能得到的热烈的爱戴和荣誉，这可以告慰她于九泉之下！

于 1981 年除夕夜

附：

《胡风回忆录》片断①

一九三五年初，认识了萧军和萧红。

鲁迅告诉我，有一个东北青年叫刘军，从敌人压迫下逃到了青岛，又从青岛漂流到了上海，寄信和小说稿给他，要求介绍发表。并问我有没有办法多了解些他的具体情况。

不久，鲁迅请了一次饭，介绍他们和几个可信任的人见面认识，使他们生活里有朋友。记得有聂绀弩和叶紫。通知我的信因为转信处 M② 家里没有在约期前送来，所以我和 M 没有赴约。过后，鲁迅把他们的住址告诉了我，要我直接去认识他们。

和他们见面时，萧军的《八月的乡村》已经付印了，和叶紫的小说集《丰收》合在一起，取名《奴隶丛书》。《丰收》中有一篇《电网外》是以苏区的斗争为题材。萧红有个中篇小说由鲁迅介绍到《文学》，希望能连载，那时还没有消息。见面时，他们都使我觉得可亲。

① 附录摘自《胡风回忆录》，人民文学出版社 1993 年版。

② M：指胡风夫人梅志。

萧红的小说被退回来了,鲁迅交给我看。读着原稿,面前展开了东北穷苦人民受侵略受压榨的悲惨的生活实际,顽强地挣扎着的求生意志和悲壮不屈的反抗斗争。这在当时是少见的。我受到了感动。还没有确定书名,他们要我提,我就从书中的小标题取出了“生死场”为名。他们还要我写篇序,我毫不迟疑地写了点感想。但因为有鲁迅的序,我坚决要他们放在后面,当作后记。

……

一天,我们从鲁迅家出来后已经夜深了,电车已停,只好步行回法租界。总有十多里远吧,我们走着一路谈笑,毫无倦意。终于,萧红和我赛起跑来了,萧军在后面鼓掌助兴。完全没有想到这是危险的,万一巡捕拦住讯问身份和住址,那很可能惹出祸来。两三天后,鲁迅先生在给我的信里说,不要在马路上赛跑,就是指的这事。我们在兴奋中一点没有想到危险。

在西安

聂绀弩

你知道吗？我是个女性。女性的天空是低的，羽翼是稀薄的，而身边的累赘又是笨重的！……我要飞，但同时觉得……我会掉下来。

——萧　红

本文载重庆《新华日报》1946年1月22日。题图照片为聂绀弩。

聂绀弩：中国现代诗人、散文家，原名聂国棪，著有文集《风尘》、《夜戏》、《沉吟》、《追悼》、《海外奇谈》等。

何人绘得萧红影
望断青天一缕霞

——西青散记

“飞吧，萧红！你要像一只大鹏金翅鸟，飞得高，飞得远，在天空翱翔，自在，谁也捉不住你。你不是人间笼子里的食客，而且，你已经飞过了。”当你在黄昏的雪的市街上，缩瑟地走着的时候，你的弟弟跟在后面喊：

“姐姐，回去吧，这外面多么冷呵！”

“哦，你别送我了！”你说。

“是回去的时候了，家里人都在盼望你的音讯咧！”

“弟弟，你的学校要关门了！”

不管弟弟，不管家人，你飞过了！今天，你还要飞，要飞得更高、更远……

“你知道吗？我是个女性。女性的天空是低的，羽翼是稀薄的，而身边的累赘又是笨重的！而且多么讨厌呵，女性有着过多的自我牺牲精神。这不是勇敢，倒是怯懦，是在长期的无助的牺牲状态中养成的自甘牺牲的惰性。我知道，可是我还免不了想：我算什么呢？屈辱算什么呢？灾难算什么呢？甚至死算什么呢？我不明白，我究竟是一个人还是两个；是这样想的是我呢？还是那样想的是。不错，我要飞，但同时觉得……我会掉下来。”

朦胧的月色满着西安的正北路，萧红，穿着酱色的旧棉袄，外披着黑色小外套，毡帽歪在一边，夜风吹动帽外的长发。她一面走，一面说，一面用手里的小竹棍儿敲那路过的电线杆子和街树。她心里不宁静，说话似乎心不在焉的样子；走路也一跳一跳地。脸白得跟月色一样。她对我讲了许多话，她说：

"我爱萧军，今天还爱，他是个优秀的小说家，在思想上是个同志，又一同在患难中挣扎过来的！可是做他的妻子却太痛苦了！我不知道你们男子为什么那么大脾气，为什么要拿自己的妻子做出气包，为什么要对自己的妻子不忠实！忍受屈辱，已经太久了……"

接着又谈和萧军共同生活的一些实况，谈萧军在上海和别人恋爱的经过……这些，我虽一鳞片爪地早有所闻，却没有问过他们，今天她谈起，在我，还大半是新闻。

在临汾分手的时候，我不知道他们之间谈过一些什么话；表面上，都当作一种暂别，我们本来都说是到运城去玩玩的，萧军的兴趣不高，就让他留下了。一个夜晚，萧军送我、萧红、丁玲、塞克、D. M. ① 到车站，快开车的时候，萧军和我单独在月台上踱了好一会。

"时局紧张得很，"他说："临汾是守不住的，你们这回一去，大概不会回来了。爽兴就跟丁玲一道过河去吧！这学校（民大）太乱七八糟了，值不得留恋。"

"那么你呢？"

"我不要紧，我的身体比你们好，苦也吃得，仗也打得。我要到五台去。但是不要告诉萧红。"

"那么萧红呢？"

"哦，萧红和你最好，你要照顾她，她在处世方面，简直什么也不懂，很容易吃亏上当的。"

"以后你们……"

"她单纯、淳厚、倔强、有才能，我爱她。但她不是妻子，尤其不是我的！"

"怎么，你们要……"

"别大惊小怪！我说过，我爱她；就是说我可以迁就。不过还是痛苦的，她也会痛苦，但是如果她不先说和我分手，我们还永远是夫妻，我决不先抛弃她！"

我听了为之怃然了好久，我至少是希望他们的生活美满的。当时，还以为只有萧军蓄有离意；今天听见萧红诉述她的屈辱，才知道她也跟萧军一样，临汾之别，大概彼此都明白是永久的了。

---

① D. M.：指端木蕻良。

我们在马路上来回地走，随意的谈。她说的多，我说的少。最后，她说：

"我有一件事要拜托你！"

随即举起手里的小竹棍儿给我看："这，你以为好玩么？"那是一根二尺多长，二十几节的软棍儿，只有小指头那么粗。她说过，是在杭州买的，带着已经一两年了。"今天，D. M. 要我送给他，我答应明天再讲。明天，我打算放在箱子里，却对他说是送给你了，如果他问起，你就承认有这回事行么？"

我不假思索地答应了她。我知道她是讨厌 D. M. 的，她常说他是胆小鬼，势利鬼，马屁鬼，一天到晚在那里装腔作势的。可是马上想到，这几天，D. M. 似乎没有放松每一个接近她的机会，莫非他在向她进攻么？我想起萧军的嘱托。我说：

"飞吧，萧红！记得爱罗先诃童话里的几句话么：'不要往下看，下面是奴隶的死所！'……"

她的答话，似乎没有完全懂得我的意思。当然，也许是我没有完全懂她的意思。

在西安过的日子太久了，什么事都没有，完全是空白的日子！日寇占领了风陵渡，随时有过河的可能，又经常隔河用炮轰潼关，陇海路的交通断绝了，我们没有法子回武汉。这时候，丁玲约我同她到延安去打转。反正闲着无聊，就到延安去看看吧。一连几天都和丁玲在一块接洽关于车子的事情。没有机会与萧红谈什么。

临行的前一天傍晚，在马路上碰见萧红。

"你吃过晚饭没有？"她问。

"没有。我正想去吃。你呢？"

"我吃过了。但是我请客。"

"你又何必呢？"

"我要请你，今晚，我一定要请！"

进饭馆后，她替我要两样菜，都是我爱吃的。并且要了酒。她不吃，也不喝，隔着桌子望着我。

"萧红，一同到延安去吧！"

"我不想去。"

"为什么？说不定会在那里碰见萧军。"

"不会的。他的性格不会去，我猜他到别的什么地方打游击去了。"

吃饭的时候，我没有说话，她也不说话，只默默地望着，目不转睛地望着，好像窥伺她的久别了的兄弟姐妹是不是还和旧时一样健饭似的，在我的记忆里，这是她最后一次含情地望着我。我记得清清楚楚，好像她现在还那样望着我似的。我吃了满满三碗饭。

“要是我有事情对不住你，你肯原谅我么？”出了馆子后，她说。

“你怎么会有事对不住我呢？”

“我是说你肯么？”

“没有你的事，我不肯原谅的。”

“那个小竹棍儿的事，D. M. 没有问你吧？”

“没有。”

“刚才，我已经送给他了。”

“怎么，送给他了！”我感到一个不好的预兆，“你没有说已经送给我了么？”

“说过，他坏，他晓得我说谎。”

沉默了一会儿，我说：

“那小棍儿只是一根小棍儿，它不象征着旁的什么吧？”

“你想到哪里去了？”她把头望着别处，“早告诉过你，我怎样讨厌谁？”

“你说过，你有自我牺牲精神！”

“怎么谈得上呢？那是在谈萧军的时候。”

“萧军说你没有处事经验。”

“在要紧的事上我有！”

但是声音在发颤。

“萧红，你是《生死场》的作者，是《商市街》的作者，你要想到自己文学上的地位，你要向上飞，飞得越高越远越好……”

第二天启行，在人丛中，我向萧红做着飞的姿势，又用手指天空，她会心地笑着点头。

半月后，我和丁玲从延安转来，当中多了一个萧军。他在到五台山去的中途折到延安，我们碰着了。一到××中（我们的住处）的院子里，就有丁玲的团员喊：“主任回来了！”萧红和 D. M. 一同从丁玲的房里出来，一看见萧军，两人都愣住了一下。D. M. 就赶来和萧军拥抱，但神色一望而知，含着畏惧，惭愧，“啊，这一下可糟了！”等复杂的意义。我刚走进我的房。D. M. 连忙赶过来，拿起刷子跟我刷衣服上的尘土。他低着头说：“辛苦了！”我听见的却是，“如果闹什么事，你要帮帮忙！”我知道，比看见一切还要清楚地知道：那大鹏金翅鸟，被她的自我牺牲精神所累，从天空，一个筋斗，栽到“奴隶的死所”上了！

一九四六，一，二〇渝

萧红小传（节选）

骆宾基

十九日夜十二时，萧红见C君醒来，眼睛即现出："你睡得好么"的关切神情，又微微笑着，用手势要笔。萧红在拍纸簿子上写道："我将与蓝天碧水永处，留得那半部《红楼》给别人写了。"……又写："半生尽遭白眼冷遇，……身先死，不甘，不甘。"并掷笔微笑。

——骆宾基

本文节选自《萧红小传》，(1947年建文书店版)的十九、二十、二十一、二十七、二十八、三十二、三十三、三十四各章，并删去与本书其他文章重复的文字。

骆宾基：中国现代作家，东北作家群代表作家之一，著有《边陲线上》、《幼年》等。

萧红思想的成型

那一次,萧红一个人走到她的友人H[①]家宅里去。那友人是一个有名杂志的编辑。一上楼,萧红就欣喜着,在H的寝室里,有萧军和H以及H夫人的谈话声。但萧红一出现这谈话就突然停止了。萧红当时并不惊疑,这在妇女的生活上已经习惯了的。她向H夫人说:“这时候到公园去走走多好呀!”仿佛是H夫人躺在床上,而且窗子是开着。她说:“你这样不冷么!”要把大衣给她披上,就在这时候,H说话了:“请你不要管。”

萧红立刻从三个人的沉默而僵持的脸色上发觉存在这之间的不愉快是什么了。萧红悻悻地走出来。她当时想,这和我有什么关系呢?H是作为萧军的“弱”的地方,在她头上显示他的气愤。而在这里萧红的附属性是再明显不过了。这就是男人为社会中心的封建历史在作祟。我们谁不是和太太们的友谊建立在作丈夫的朋友身上呢?谁不是一旦和朋友决裂了,不是连同太太作为一体而摈弃了呢?而且友谊间拥抱的时候,不管是怎样厌恶他的友人的太太,同样闪着微笑;友谊决裂的时候,又是不管那太太是有着怎样洁白而光辉的心灵,同样被摈弃。在这里,夫妻是被社会看作一体的,然而妻的这一面,总是属于附属的一部分。

① H:指黄源。

这一感觉,在萧红,当时是超过了那爱的移动的阴影,她已经是和去日本时候的自己不同了。同时,她自信和萧军两人间的爱是不易被分裂的。虽然当时他确实是向H夫人“进攻”过①。那仍只是存在于两人之间的那个“空隙”在作祟。然而,现在她有着要求独立的意旨了。她还不知道这历史和这社会的传统力量是怎样强固,她要向历史挑战。

然而这也仅是一个赤诚灵魂的求真的酝酿,这将要成型的思想,还在这酝酿的培育里沉默着。

萧红开始沉默了。然而这沉默并没有为萧军过分的注意,“他太自信了”。这是她的感觉。她将从社会上得到谁的援助呢?这将是没有人来支持的。不管你是怎样的说,社会是甘于平庸的,社会是不愿意让不相融的爱情的形态分裂开来的,社会是要胆怯地来弥补。哪一对将要离婚的夫妇会从社会上得到:“你们离开好呀!早就该离开了”的支持呢?社会将会说:“何必呢!你们本来不是很好么?”社会仅能承认:“夫妻们嘛!总有些过不去,可是一会就好的!”而萧红不只是在爱情上失望,而更要在社会关系上的独立追求,然而这在社会上也将被看作天真的梦想。那是连注意都不值得的。现在,社会已经公认了这一“历史的缺陷”。那早已开始了这梦想的人,只有期望于未来。萧红是孤立的,在这世界上她将不会找到支持者。她沉默着,她准备着孤立地向社会挑战。

在新闻纸上,她注意到萨坡赛路附近有一个私立画院的招生广告。她打了一个电话去,问:“你们那里也有寄宿学生么?还有床位么?”她将要隐避,将要逃开朋友们的搜索,因为那些朋友都会站在萧军那一方面的。她将暂时隐避,直到建立起自己的社会关系。而且她亲自去那画院里探看了。一个犹太族的画家接待了她,那里是随时可以报名的。然而当萧红从那建筑陈旧的但还整洁的画院里走出来不久,在同一条路上,她碰见了萧军。萧军这个近来有时粗暴的青年人,并没有注意她。这和往常一样,她也没有向他打招呼,她就那么习惯地、平常地走回来了。她并没有报名。

但当这天晚上,她躺在床上,没有睡着的时候,听见了萧军和他的友人作家H夫妇、S诸人的谈话,她就不只是思考而是要行动了。萧军说的是:“她的散文有什么好呢?”他的朋友说:“结构却也不坚实!”这轻鄙的口气,在她看来,是表现着萧军和他的朋友结为一体而与她对立。萧红突然的出现,使他们餐后的愉快闲谈停顿了。

“你没有睡着呀!”

---

① 向H夫人进攻过:因萧军与许粤华发生恋爱,萧红与许发生了冲突。

“没有。”她和婉地说，但眼睛是冷峻的。

她想到，每天我家庭主妇一样地操劳，而你却到了吃饭的时候一坐，有时还悠然地喝两杯酒。在背后，还和朋友连结一起鄙薄我呀！真是笑话。

在夜深，当他们都各自在寝室里安睡了的时候，她悄悄走下床来。她发现提箱里只有十二元法币了。她给他们留下一半，作为日常不可缺少的菜场零用。随后，准备好所带的衣物，黎明时分，她悄然地出走了。

民族，开始受更大杀害的时候

第三天，她终于在那私立的画院楼上被找到了。来的是萧军的朋友S和F，他们已经打听过接近的朋友，而从萧军那一次路上相遇的记忆里，猜到了萧红的行迹。他们劝她回去。

“你原来有丈夫呀！”画院的主持者说，“那么你丈夫不允许，我们是不收的。”

萧红像被俘虏一样地被带回来了。猛烈的暴风雨暂时是过去了，但阳光并没有闪出来。这一次两萧间的谐和，只是形式上的，而两人所拥抱在一起的思想意识，却由于萧红思想的独特发展而分裂开来。实际上，这独特发展的萧红思想，仍然是社会以男人为中心的封建力促成的。自然这里也混合着对于萧军偶尔的强暴的仇视，仇视他爱的不贞。然而，最初这是作为次要的，附属于那以男人为中心的社会力的仇视里的。作为思想上战友的萧军，虽是和她同样面向大旗所指的同一个方向，然而在这反抗封建的性质上，他只是思考到它对妇女运动的压力，而没有直接感觉到它。同时他也并没发现，他自身就具有着这一种损伤人的“威力”。

在这里，就有着思想分裂的空隙，而这空隙是感情所不能弥补的。

从哈尔滨的逃亡到参加了当时上海中国民族前卫们的战斗，她所感到的是有所依持、有所凭藉，而分到她肩上的使命是不如以往孤军时的迫不容喘了。因之仍感到那本已存在着的历史的束缚，而现在，这一感觉，这一冲破束缚寻求自身解放的要求，又被那大的整个民族的被伤害、被诬蔑的魔影所挪移了。

两萧之间的阴霾散开了。明朗的真挚友情又在彼此身上像阳光一样显露出来。在周围的朋友们，同样是沉迷于为人民久已要求着的解放战争开始的大震撼与大兴奋之间了。我们已经知道，在这时候，两萧为着日本左翼作家鹿地夫妇的困窘处境，四处奔走，找房子；同时在艰险中天天到他们的旅舍去探视。那时候，只要有人知道他们在隐匿一个日本朋友，立即会给单纯的烧着高度的复仇火焰的人民包围着打死的。以后，萧红写了《记鹿地夫妇》。

十月，上海开始撤退。两萧到了汉口，住在武昌水路前街小金龙巷二十五号，

和诗人锡金成为同一寓所的毗邻。

这一精神上的裂口终是弥补不了的

当中国南北方的人民担负起这一民族解放的任务,而且显示出这抗得住的力量的时候,落在萧红身上的沉重感觉,不用说是减轻了,而另外那种感觉是并行地存在着。然而她在社会上寻找不到一个可以凭藉的力量。没有一个有力的支持,她是不能透露一点她的潜藏着的心魂。她谨慎地防卫着这一个秘密的外泄,她更加柔弱地伪装着自己了。

一九三八年九月,她同冯乃超夫人一起离开了汉口。在宜昌,她的同伴病了,她一个人在天还没有放亮的码头上,为纵横的绳索所绊倒。这是我们已经知道了的,她已怀着将足九个月的胎。她衰弱而且疲倦,手上还提着包裹。她倒下来了,但还想挣扎着爬起来,然而这是徒然的,她已经没有支持身体的臂力了。她平静地躺着了。据日后她对于这时的心境的述说,C君①作了以下的记忆:她躺在那里,那是她从来没有感到过的一种平静,四周围是没有什么人的,她坦静地望着天上的稀疏的星星。她想:“天就要亮了吧!会有一个警察走过来的吧!警察走过来一定有许多人围着,那像什么呢?还是挣扎起来吧!”然而她没有力量,手也懒得动,算了吧!死掉又有什么呢?生命又算什么呢!死掉了也未见得世界上就缺少我一个人吧……她向C君说:“然而就这样死掉,心里有些不甘似的,总像我和世界上还有一点什么牵连似的,我还有些东西没有拿出来。”说这话时,萧红的眼睛曾经有湿润的光泽透露出来。C君这样说。

在这里显示着萧红的心魂上的大坦白。然而也许正是由于纯善和宽恕吧!我们也许可能感受到一种力的空乏。在当时萧红的述说里,据L君说,对这世界确没有什么怨愤感。这怨恨也许在当时是潜伏着,事后无所记忆了吧!萧红幼年的生活,据说是在这时候又一次浮上来的;那么《呼兰河传》的写作的决心和最后的腹稿也许就在这时候形成的吧?……到底,她借着一个赶船人的扶助站了起来。九月中旬,她到了重庆。

一见面她就向M说:“我总是一个人走路。以前在东北,到了上海以后去日本,又从日本回来,现在到重庆,都是我自己一个人走;我好像命定要一个人走似的。……”

---

① C君:指骆宾基。

是的，她将退伍

据说，C君曾经问过萧红："你到重庆以后，曾经想过离开T[1]，另换一种生活方式么？"

"想是想的，可是我周围没有一个真挚的朋友，……因为我是女人，男人与男人之间是不是有一种友爱呢？"

"有是有的，不过也很少。不是古人也说过么，人生难逢一知己。这也许就是这个社会的冷酷性……——为什么必定要男人的友爱呢？"

"因为社会关系都是在男人身上……今天在哪里都是有封建这个坏力量存在的。……"

那么为什么萧红从她的另一个所追求的精神世界里脱出来，就是说放下她的写作《呼兰河传》的笔之后，还不摆脱她的这一种屈辱的处境呢？她是真的宽恕么？无视么？

T君给了她一个希望，这希望联系着她，那就是她可以到北平他三哥那里去养病，她可以不必愁苦搁笔之后的生活，她可以去恢复她身体的健康。世界上仿佛确实只有他关注着她的健康，而另外也仿佛真的没有人这样关注她。她是多么需要健康，需要安定，需要休息，需要暂时退伍，需要"找个深林去舐自己的伤口"。这伤口是满身都有的，不只是精神上的伤。她只是在"射击"中忘却了她的身上正在流着血，在精神的过度昂奋中，她也顾不及检视身上的伤口，然而现在她从梦幻般的状态中注意到自己体质的疲劳而且浑身潜伏着的病了。这北平的"深林"是可以庇护她的。萧红的依靠这一希望，是现出她的孤立，她在世界上只有这一个庇护的憧憬。然而，她另外还在进行于心不甘的试探……。

软　弱

她为了参加苏联大使馆在枇杷山举行的十月革命纪念节的庆祝活动，从北培到了重庆，住在一个旅舍里。

据说，曹靖华先生来看她，她向他打开了精神世界的窗子，她愉快地谈到她来自的道路和她受的屈辱。

"认识了你，我才认识了生活。"他感叹地说，"以后不要再过这种生活

① T：指端木蕻良。

了。……”

当萧红和T君一起去探访他的时候，他注意到T君原稿上却是萧红的字迹。那是《大江》。

“为什么像是你的字呢？”

“我抄的……”萧红说。

“你不能给他抄稿子，他怎么能让你给抄呢？不能再这样。”曹靖华先生坦率地说。

然而当萧红准备和T君去香港的时候，曹靖华先生没有肯定地说：“你不要去，想法在重庆住下来休养吧！”据C君说：“只要他这样说一句，萧红就会留下来的，这是萧红逝世前向他不止一次表示过的遗憾。”

萧红谈话录之一

当C君护送萧红到香港思豪酒店五楼之后，《大公报》记者杨刚先生来探望她。杨刚走后，C君告别，要到九龙抢救他的小说稿。那时候萧红已经半年不能走动了，她躺在床上说：“英国兵都在码头上戒严，你为什么冒险呢？”

“我要偷渡。”C君说。

“那么你就不管你的朋友了么？”

“还有什么呢？我已经帮你安排好了。”

“你朋友的生命要紧还是你的稿子要紧？”

“那——我的朋友和我一样，可是我的稿子比我的生命还要紧。”

“那——你就去！”

“那是自然的。”

然而C君发现萧红埋过脸去，在一段理论式的对话里，“崇高精神”和“作家向作家要求”之类的语句里，C君终于沉思着在萧红面前安定下来了。

萧红说：“对现在的灾难，我所需要的就是友情的慷慨！你不要以为我会在这个时候死了，我会好起来，我有自信。”

萧红说：“你的眼光就表示你把我怎么来看的，这是我从前第一回见到你的时候，就感觉到的了。你也曾经把我当作一个私生活是浪漫式的作家来看的吧！你是不是在没有和我见面以前就站在萧军那方面不同情我？我知道，和萧军的离开是一个问题的结束，和T又是另一个问题的开始。你不清楚真象，为什么就先以为是他对，是我不对呢？做人是不该这样对人粗莽。”

萧红说：“我早就该和T分开了，可是那时候我还不想回到家里去，现在我要在我父亲面前投降了,惨败了,丢盔弃甲的了。因为我的身体倒下来了,想不到我会有今天!"

萧红说:"T是准备和他们突围的。他从今天起,就不来了,他已经和我说了告别的话。我不是已经说得很清楚么?我要回到家乡去。你的责任是送我到上海。你是要去青岛么?送我到许广平先生那里,你就算是给了我很大的恩惠。我不会忘记。有一天,我还会健健康康地出来。我还有《呼兰河传》的第二部要写……"

萧红说:"他么?各人有各人的打算,谁知道这样的人在世界上是想追求些什么?我们不能共患难。"

萧红又说:"我为什么要向别人诉苦呢!有苦,你就自己用手掩盖起来,一个人不能生活得太可怜了。要生活得美,但对自己的人就例外。"

"我不理解,怎么和这样的人能在一块共同生活三四年呢?这不太痛苦么!"C君问。

萧红说:"筋骨若是痛得厉害了,皮肤流点血也就麻木不觉了。"

这时候T君走进来,还为萧红带来两个苹果。据C君说这是出乎意外的,因为从战争爆发的第二天(九日),他就一直没露面,也不知道躲到哪里去了。

"你不是准备突围吗?"

"小包都打起来了,等着消息呢!"T君这样说,并且为萧红刷洗痰盂,不久就走了。

夜晚,萧红给柳亚子先生打了一个电话。她愉快地笑着说:"我完全像好人似的了。我的精神很好。"她向C君愉快地说:"他听到我的声音,说:'你能打电话了呀!'他那个高兴的口气……在这样慌乱的时候,他还能注意到我的声音,说是从我的声音里就知道精神好了,这真是诗人的真挚。在这混乱的时候,谁还能注意一个友人的声音呢?"仿佛她是收到T君转来柳亚子先生送给她的四十元美金,这电话是道谢的。

萧红谈话录之二

一九四二年一月十三日黄昏,萧红躺在跑马地"养和医院"的病室里,C君和头天晚上带着行李来的T君在床侧,围踞在酒精蒸汽炉旁。那天萧红动过手术。医生李君误断为喉瘤,喉管开过刀。萧红平静地靠在活椅式的病床上说:"人类的精神只有两种,一种是向上的发展,追求他的最高峰;一种是向下的,卑劣和自私……作家在世界上追求什么呢?若是没有大的善良,大的慷慨,譬如说,T,我说这话你听着,若是你在街上碰见一个孤苦无告的讨饭的,袋里若是还有多余的铜板,就掷给他两个，不要想，给他又有什么用呢？他向你伸手了，就给他。你不要管有用没有用，你管他有用没有用做什么？凡事对自己并不受多大损失，对人若有些好处的就该去做。我们的生活不是这世界上的获得者，我们要给予。”

萧红又说：“我本来还想写些东西，可是我知道我就要离开你们了，留着那半部《红楼》给别人写去了……你们难过什么呢？人，谁有不死的呢？总要有死的那一天，你们能活到八十岁么？生活得这样，身体又这样虚，死，算什么呢！我很坦然的。”

又慰C君说：“不要哭，你要好好地生活，我也是舍不得离开你们呀！”

萧红的眼睛湿润了，她又低声说：“这样死，我不甘心……”

T君站在床侧哀哭。

“我们一定挽救你。”T君痛哭着说，“C，你来，我们出去商量商量。”

据C君说，在T身上这是为他很少见的一种友爱的真挚。他们握手，并且拥抱；但这真挚像阳光的闪耀，只一个夜晚，就又隐闭了。

她掷下了求解放的大旗

据C君说，一月十八日午由C、T两人陪同萧红乘“养和医院”之红十字急救车，转入“玛丽医院”。在院门右侧窗口，萧红曾向伏窗问询的年轻病妇，表示问候的微笑，那就是曾和她共在阳台度夏的女工。二时，在手术室换了喉口的呼吸管。夜晚，萧红在六楼的病室里平静地躺着，盖了院方的白羊毛毯。

十九日夜十二时，萧红见C君醒来，眼睛即现出：“你睡得好么”的关切神情，又微微笑着，用手势要笔。

萧红在拍纸簿子上写道：“我将与蓝天碧水永处，留得那半部《红楼》[①]给别人写了。”

写最初九个字时，C君曾说：“你不要这样想，为什么……”萧红挥手示意不要阻拦她的思路。

又写：“半生尽遭白眼冷遇，……身先死，不甘，不甘。”并掷笔微笑。三时示意吃药；并吃苹果半个。这时候，她由喉口铜管呼吸，声带无力发音，然而神色很恬静。并用纸写：“这是你最后和我吃的一个苹果了！”

---

① 《红楼》：萧红曾经谈到过，将在胜利之后，会同丁玲、绀弩、萧军诸先生遍访红军过去之根据地及雪山、大渡河而拟续写的一部作品。关于这些谈话，作者有机会当再写。在这里仅是对萧红精神上一个轮廓的探求。——作者原注。

一月二十一日早晨，萧红和两君谈话（铜管被痰堵塞因而能发音了）的时候，脸色红润，状颇愉快，而且吃了半个牛肉罐头。她说："我完全好了似的，从来没有吃得这样多。C，坐下来抽支烟吧！没有火么？"

C 说不想抽烟，实际上确实是没有火。萧红说："我给你想法。"

"这些事你就不要操心，你养你的病好啦！"T 君说。

萧红说："等一会儿，塞斯特儿就来了。"她按过了床头上的电铃。

C 君说："你知道整个医院都没有人了。"

一月二十二日午前九时，T 君偕同 C 君到了红十字会临时设立的圣提士反临时病院。据 T 君说："萧红晨六时就昏过去了。"

萧红仰脸躺着，脸色惨白，合着眼睛，头发披散地垂在枕后，但牙齿还有光泽，嘴唇还红，后来逐渐转黄，脸色也逐渐灰黯，喉管开刀处有泡沫涌出。

十一时，萧红终于掷下求解放的大旗，离开了人间。她非死于肺病；实际肺已结疤，验痰无菌。

二十四日萧红遗体在跑马地背后日本火葬场火葬。

二十五日将近黄昏葬于浅水湾，地近"丽都花园"海边。

忆萧红

罗 荪

萧红病死香港，她的才能没有充分的发挥，她的理想更没有得到实现；一颗诗人的灵魂，一颗崇高而纯洁的心，由于离乱的时代和艰苦的环境，被埋没了。

——罗 荪

选自《最后的旗帜》，重庆当今出版社1943年版。题图照片为罗荪。

罗荪：中国现代文学评论家，原名孔繁衍，笔名罗荪、叶知秋等，著有《野火集》、《小雨点》、《文艺漫笔》等，抗战期间在武汉、重庆等地主编《战斗》旬刊、《抗战文艺》，与萧红有短暂交往。

武昌大轰炸的第二天，我的家里增加了几位从武昌来的客人。萧红和声韵[①]也在这天带着她们简单的行囊来了。

汉口的特三区（原来曾经是租界）成了临时的避难所。我们常常在轰炸的时候，凭窗望着敌机投弹，望着武昌、徐家棚一带的大火。

这时候，由于轰炸的频繁，以及武汉已成为敌人攻击的目标，市民开始向内地疏散。萧红、声韵这时候正在候船入川。文协的朋友大都已经内迁了，有的到香港、广州；有的去重庆、昆明。他们虽然不免依恋不舍的离开了武汉，而许多人都希望我们留在武汉的人，将来准备欢迎他们的。我因为家属也早遵从了政府的命令，入川了。空下的房子就作为文协留在汉口的朋友们的聚会场所，有时候还可以煮了咖啡在夜袭的时候，开一次有趣的晚会，但到后来人越走越少了，而那间留下来的客厅，便成为朋友们临时的宿地。

由于常来的离散，越使朋友们间的聚集感到非常的亲密。

开初，生活还相当有秩序，因为有一个女仆烧饭和做些打杂的事，我们这个临时的“收容所”，还能过着相当舒适的日子。但没有过了三天，客人之中失掉了一笔巨款，而最大的嫌疑犯是女仆，等到判明了是她的时候，她却脱逃了。而我们这小小的集团便也开始失却

---

① 声韵：即李声韵，冯乃超夫人。

生活秩序。

由于船票非常难买，萧红和声韵只好暂时安心的住了下来。客厅里萧红不肯住，她独自在一间小过道屋里搭了地铺住下来。

没有人烧饭，我们便要安排每一顿饭的节目，住在这里的乃超和于兄，他们都不赶回来吃饭，剩下要解决吃饭问题的便是我们三个人。我们往往是在吃午饭的时候，计划着晚餐的节目。锦江的砂锅豆腐，冠生园的什锦窝饭都是我们物美价廉的餐所。逢到精神好的时候，萧红便去买了牛肉、包菜、土豆和番茄，烧好一锅汤，吃着面包，这时候，可以说是我们最丰盛，而又最富有风味的午餐了。

餐后，往往是闲谈，萧红独自吸着烟，她非常健谈，常常谈到她的许多计划和幻想。

"人须要为着一种理想而生活着。"她使烟雾散漫在自己的面前，好像有着一种神秘的憧憬，增加着她的幻想。

"即使是日常生活上的很琐细的小事，也应该有理想。"还是她自己继续说下去。

声韵往往是默笑着。

"那末。我们就来谈谈最小的理想吧。"我在这种时候，往往喜欢斜躺在租来的长沙发上，享受这片刻的悠闲。

"我提议，我们到重庆以后，要开一座文艺咖啡室，你们赞成吧。"她瞪大着眼睛，挺着胸，吹散了面前的烟雾。

"唔。"声韵微笑着，而且点着头，表示她赞成，"你做老板，我当伙计，好吧！"

三个都笑了起来。但是萧红突然一本正经的说：

"这是正经事，不是说玩笑。作家生活太苦，需要有调剂。我们的文艺咖啡一定要有最漂亮、最舒适的设备，比方说：灯光、壁饰、坐位、台布、桌子上的摆设、使用的器皿等等。而且所有服务的人都是具有美的标准的。而且我们要选择最好的音乐，使客人得到休息。哦，总之，这个地方是可以使作家感觉到最能休息的地方。"她说完这个设想之后，满满地吸了一口烟，又把它远远地喷了出去。

于是我们三个都沉默在这个美丽的计划中了。我们想到：必须布置一间精美的起坐室，这里面要搜集世界的文学名著，以备作家的浏览，要在壁间悬挂世界的名画……等等。

"这不会成为一间世外的桃源了吗？"

"可以这样说。"萧红肯定的回答，"要知道桃源不必一定和现实隔离开来，正如同现实主义，并不离弃浪漫主义，现实和理想需要互相作用的……"

"哟！理论家又来了！"声韵笑起来。

“你们看见有一天报纸的副刊上登过一篇文章么，题目叫《灵魂之所在咖啡室》，说在马德里有一家《太阳报》，报馆里有一间美丽的咖啡室，专门供接待宾客及同事之用的，四壁都是壁画，上面画了五十九位欧洲古今的名人，有王侯，有文学家，有科学家和艺术家。而每一个人物都能表现出他自身的个性和精神。这些生动的壁画，可以使它的顾客沉湎于这万世不朽的，人类文化所寄托的境界，顿起追崇向上之心。你们看，我们的灵魂难道不需有这样一个美丽的所在吗?”萧红说得兴奋了，脸颊涂上了两片红云，微微引起了一点呛咳。那兴奋的样子，完全有如那座灵魂之所在咖啡室已经摆设在目前了。但是她显得有点疲倦了，让整个身子陷入沙发座位中，把视线射向天花板，也不吸烟，尽让那卷烟夹在手中，袅袅地升上一缕青灰的雾线。

休息了片刻，她没有改动她的姿势，轻声的继续说：

“中国作家的生活是世界上第一等苦闷的，而来为作家调剂一下这苦闷的，还得我们自己动手才成啊!”

“我完全赞同，好，我们现在到‘美的’去安顿一下我们的兴奋地灵魂吧。”

“不，现在很累，还想在这里休息一下。”她们两个几乎同时说着。似乎为这美丽的计划倦着了。

船票终于买到了，在她们上船前，我们又谈起了“文艺咖啡”的事，萧红满有兴致的说，她们两个负责去筹备，一定要实现的。可是，声韵却在半路上病在宜昌的医院里，隔了两个月又迁到万县乡间去休养。萧红虽在重庆，却不大看见了，但每次看到的时候，却仍还絮絮地提起这件兴味浓厚的文艺咖啡的事情。而这事情的终成泡影，主要的还是文人没有资本，而商人之投资，大抵都有它一定的去向，却并没有投资到为诗人安顿灵魂的处所。不过，在我们谈起这件事的时候，仍然是兴味多于惋惜的。……

不久她和T君①一同去了香港。

太平洋战争爆发后，萧红病死香港，她的才能没有充分的发挥，她的理想更没有得到实现；一颗诗人的灵魂，一颗崇高而纯洁的心，由于离乱的时代和艰苦的环境，被埋没了。自然，一个人的伟大的地方值得人颂扬，而一片平凡的生活，同样值得人的回忆和追念。

一九四二年

---

① T君：指端木蕻良。

悼萧红

靳以

对于死，
这战争的年代，
我是不常悲哀或感动的；
但如你那青春的夭折
我欲要向苍天怨诉了！

——满　红:《哀萧红》①

本文载《现代文艺》1944年4月15日。题图照片为靳以。

靳以:中国现代作家,著有《猫与短简》、《雾及其他》、《血与火花》、《江山万里》等,抗战期间在重庆与萧红多有交往。

①　篇首题诗为作者所加。

如果能把悲哀留在人间,也还算是活在人的心上(就是极少的人也算数的)。可是有的人也曾在这世上忙碌了三十年,至终,死了,连生前以为最亲近的人也未必记得,把活着的记忆完全擦拭得干净了,那才是人间的大悲哀!

我记得萧红从香港是这样写来的:"谢谢你的关切,我,我没有什么大病,就是身体衰弱,贫血,走在路上有时会晕倒。这都不算什么,只要我的生活能好一些,这些小病就不算事了。……"

可是就我所知道的她的生活就一直也没有好过,想起她来我的面前就浮起那张失去血色的,高颧骨的无欢的脸,而且我还记得几次她和我相对的时节,说到一点过去和未来,她的大眼睛里蕴满了泪,一转一转地,几乎就要滴落出来了。

有一个时节她和那个叫做D①的人同住在一间小房子里,窗口都用纸糊住了,那个叫做D的人,全是艺术家的风度,拖着长头发,入晚便睡,早晨十二点钟起床,吃过饭,还要睡一大觉。在炎阳下跑东跑西的是她,在那不平的山城中走上走下拜访朋友的也是她,烧饭做衣裳是她,早晨因为他没有起来,拖着饿肚子等候的也是她。还有一次,他把一个四川泼剌的女用人打了一拳,惹出是非来,去调节接洽的也是她。我记得那时她曾气忿地跑到楼上来说:

① D:指端木蕻良。

"你看,他惹了祸要我来收拾,自己关起门躲起来了,怎么办呢?不依不饶的在大街上闹,这可怎么办呢?……"

又要到镇公所回话,又要到医院验伤,结果是赔些钱了事,可是这些又琐碎又麻烦的事都是她一个人奔走,D一直把门关得紧紧的,正如同她所说的那样"好像打人的是我不是他!"

可是他自有他的事情,我极少到他们的房里去,去的时候总看到他蜷缩在床上睡着。萧红也许在看书,或是写些什么。有一次我记得我走进去她才放下笔,为了不惊醒那个睡着的人,我低低地问她:

"你在写什么文章?"

她一面脸微红地把原稿纸掩上,一面也低低地回答我:

"我在写回忆鲁迅先生的文章。"

这低微的声音却引起那个睡着的人的好奇,一面揉着眼睛一咕噜爬起来,一面略带一点轻蔑的语气说:

"你又写这样的文章,我看看,我看看……"

他果真看了一点,便又鄙夷地笑起来:

"这也值得写,这有什么好写?……"

他不顾别人难堪,便发出那奸狡的笑来,萧红的脸就更红了,带了一点气愤的说:

"你管我做什么,你写得好你去写你的,我也害不着你的事,你何必这样笑呢?"

他并没有再说什么,可是他的笑没有停止。我也觉得不平,便默默地走了。后来那篇文章我读到了,是嫌琐碎些,可是他不该说,尤其在另一个人的面前。而且也不是那写什么花絮之类的人所配说的。

当她和D同居的时候,在人生的路上,怕已经走得很疲乏了,她需要休息,需要一点安宁的生活,没有想到她会遇见这样一个自私的人。他自视甚高,抹却一切人的存在,虽在文章中也还显得有茫昧的理想,可是完全过着为自己打算的生活。而萧红从他那里所得到的呢,是精神上的折磨。他看不起她,他好像更把女子看成男子的附庸。她怎么能安宁呢,怎么能使疾病脱离她的身体呢?而从前那个叫做S①的人,是不断地给她身体上的折磨,像那些没有知识的人一样,要捶打妻子的。

有一次我记得,大家都看到萧红眼睛的青肿,她就掩饰地说:

"我自己不加小心,昨天跌伤了!"

"什么跌伤的,别不要脸了!"这时坐在她一旁的S就得意地说:"我昨天喝了

① S:指萧军。

酒，借点酒气我就打她一拳，就把她的眼睛打青了！”

他说着还挥着他那紧握的拳头做势，我们都不说话，觉得这耻辱该由我们男子分担的。幸好他并没有说出“女人原要打的，不打怎么可以呀”的话来，只是她的眼睛里立刻就蕴满盈盈的泪水了。

在我所知道的她的生涯中，就这样填满了苦痛。如今她把苦痛留在人间，自己悄悄地走了，应该这苦痛更多地留在那两个男人的身上，可是他们，谁能为她真心而哭呢？我想更深地记得她还该是那些在生活上和她有相当距离的人。

所以她的死，引起满红的眼泪，满红自己也想不到，不久他也和她走上一条路，把悲哀留给我们这些生存的人。我们并不只做无谓的哀伤，因为我们也了解生命不必吝惜，但是生命的虚掷是可惜。他们的宝贵的青春的生命，却是默默地虚掷了。

风雨中忆萧红

丁玲

萧红和我认识的时候，是在一九三八年春初。那时山西还很冷……骤睹着她的苍白的脸，紧紧闭着的嘴唇，敏捷的动作和神经质的笑声，使我觉得很特别……但她的说话是很自然而真率的。我很奇怪作为一个作家的她，为什么会那样少于世故……

——丁　玲

本文载《谷雨》1942年4月25日第5期。题图照片为丁玲。

丁玲：现代女作家，社会活动家，著有《莎菲女士的日记》、《水》、《分》、《母亲》、《太阳照在桑干河上》等，与萧红在临汾、西安有过短暂的交往。

本来就没有什么地方可去，一下雨便更觉得闷在窑洞里的日子太长。要是有更大的风雨也好，要是有更汹涌的河水也好，要是仿佛要来一阵骇人的风雨似的那末一块肮脏的云成天盖在头上，而水声也是那末不断的哗啦哗啦在耳边响，微微的下着一点看不见的细雨，打湿了地面，那轻柔的柳絮和蒲公英都飘舞不起而沾在泥上了。这会使人有遐想，想到随风而倒的桃李，和在风雨中更迅速迸出的苞芽，即使是很小的风雨或浪潮，都更能显出百物的凋谢和生长，丑陋或美丽。

世界上什么是最可怕的呢，决不是艰难险阻，决不是洪水猛兽，也决不是荒凉寂寞。而难于忍耐的却是阴沉和絮聒；人的伟大也不是能乘风而起，青云直上，也不只是能抵抗横逆之来，而是能在阴霾的气压下，打开局面，指示光明。

时代已经非复少年时代了，谁还有幽闲的心情在闷人的风雨中煮酒烹茶与琴诗为侣呢？或者是温习着一些细腻的情致重读着那些曾经被迷醉过被感动过的小说，或者低徊瞑思那些天涯的故人。流着一点温柔的泪，那些天真，那些纯洁，那些无疵的赤子之心，那些轻微的感伤，那些精神上的享受都飞逝了，早已飞逝的找不到影子了。这个飞逝得很好，但现在是什么呢？是听着不断的水的絮聒，看着脏布也似的云块，痛感着阴霾，连寂寞的宁静也没有，然而却须要阿底拉斯的力背负着宇宙的时代所给与的创伤，毫不动摇的存在着，

存在便是一种大声疾呼，便是一种骄傲，便是对絮聒以回答。

然而我决不会麻木，我的头成天膨胀着要爆炸，它装得太多，须要呕吐，于是我写着，在白天，在夜晚，有关节炎的手臂因为放在桌子上太久而疼痛，有沙眼的眼睛因为在微小的灯光下而模糊，但幸好并没有激动，也没有感慨，我不缺乏冷静，而且很富有宽恕，我很愉快，因为我感到我身体内有东西在冲撞，它支持了我的疲倦，它使我会看到将来，它使我跨过现在，它会使我更冷静，它包括了真理和智慧，它是我生命中的力量，比少年时代的那种无愁的青春更可爱呵！

但我仍会想起天涯的故人的，那些死去的或是正受着难的。前天我想起了雪峰，在我的知友中他是最没有自己的了。他工作着，他一切为了党，他受埋怨过，然而他没有感伤，他对名誉和地位是那样地无睹，那样不会趋炎附势，培植党羽，装腔作势，投机取巧。昨天我又苦苦地想起秋白，在政治生活中过了那么久，却还不能彻底地变更自己，他那种二重的生活使他在临死时还不能免于有所申诉。我常常责怪他申诉的“多余”。然而当我去体味他内心的战斗历史时，却也不能不感动，哪怕那在整体中，是很渺小的。今天我想起了刚逝世不久的萧红，明天，我也许会想到更多的谁，人人都与这社会有关系，因为这社会，我更不能忘怀于一切了。

萧红和我认识的时候，是在一九三八年春初。那时山西还很冷，很久生活在军旅之中，习惯于粗犷的我，骤睹着她的苍白的脸，紧紧闭着的嘴唇，敏捷的动作和神经质的笑声，使我觉得很特别，而唤起许多回忆，但她的说话是很自然而真率的。我很奇怪作为一个作家的她，为什么会那样少于世故，大概女人都容易保有纯洁和幻想，或者也就同时显得有些稚嫩和软弱的缘故吧。但我们却很亲切，彼此并不感觉到有什么孤僻的性格。我们都尽情的在一块儿唱歌，每夜谈到很晚才睡觉。当然我们之中在思想上，在感情上，在性格上都不是没有差异，然而彼此都能理解，并不会因为不同意见或不同嗜好而争吵，而揶揄。接着是她随同我们一道去西安，我们在西安住完了一个春天。我们也痛饮过，我们也同度过风雨之夕，我们也互相倾诉。然而现在想来，我们谈得是如何的少呵！我们似乎从没有一次谈到过自己，尤其是我。然而我却以为也从没有一句话之中是失去了自己的，因为我们实在都太真实太爱在朋友的面前赤裸自己的精神，因为我们又实在觉得是很亲近的。但我仍会觉得我们是谈得太少的，因为，像这样的能无妨嫌、无拘束、不须警惕着谈话的对手是太少了啊！

那时候很希望她能来延安，平静地住一时期之后而致全力于著作。抗战开始后，短时期的劳累奔波似乎使她感到不知在什么地方能安排生活。她或许比较我适于幽美平静。延安虽不够作为一个写作的百年长计之处，然在抗战中，的确可以使一个人少顾虑于日常琐碎，而策划于较远大的。并且这里有一种朝气，或者会使她能更健康些。但萧红却南去了。至今我还很后悔那时我对于她生活方式所参予的意见是太少了,这或许由于我们相交太浅,和我的生活方式离她太远的原故,但徒劳的热情虽然常常于事无补,然在个人仍可得到一种心安。

我们分手后,就没有通过一封信。端木曾来过几次信,在最后的一封信上(香港失陷约一星期前收到)告诉我,萧红因病始由皇后医院迁出。不知为什么我就有一种预感,觉得有种很可怕的东西会来似的。有一次我同白朗说:"萧红决不会长寿的。"当我说这话的时候,我是曾把眼睛扫遍了中国我所认识的或知道的女性朋友,而感到一种无言的寂寞。能够耐苦的,不依赖于别的力量,有才智有气节而从事于写作的女友,是如此寥寥呵!

不幸的是我的杞忧竟成了现实,当我昂头望着天的那边,或低首细数脚底的泥沙,我都不能压制我丧去一个真实的同伴的叹息。在这样的世界中生活下去,多一个真实的同伴,便多一分力量,我们的责任还不只于打开局面,指示光明,而还是创造光明和美丽;人的灵魂假如只能拘泥于个体的偏狭之中,便只能陶醉于自我的小小成就。我们要使所有的人,连仇敌也在内都能有崇高的享受,和为这享受而有的伟大的牺牲。

生在现在的这世界上,活着固然能给整个事业添一分力量,然而死于自己也是莫大的损失。因为这世界上有的是戮尸的遗法,从此你的话语和文学将更被歪曲,被污辱,听说连未死的胡风都有人证明他是汉奸,那么对于已死的人,当然更不必买赂这种无耻的人证了。鲁迅先生的"阿Q"曾被那批御用文人歪曲地诠释,那末《生死场》的命运也难于决定就会幸免于这种灾难的。在活着的时候,你不能不被逼走到香港,死去,却还有各种不能逐击的污蔑在等着,然而你还不会知道。那些与你在一起的脱险回国的朋友们还将有被监视和被处分的前途。我完全不懂得到底要把这批人逼到什么地步才算够?猫在吃老鼠之前,必先玩弄它以娱乐自己的得意。这种残酷是比一切屠戮都更恶毒,更须要毁灭的。

只要我活着,朋友的死耗一定将陆续的压住我沉闷的呼吸。尤其是在这风雨的日子里,我会更感到我的重荷。我的工作已经够消磨我的一生,何况再加上你们的屈死,和你们未完的事业,但我一定可以支持下去的。我要借这风雨,寄语你们,死去的,未死的朋友们,我将压榨我生命所有的余剩,为着你们的安慰和光荣。那怕就仅仅为着你们也好,因为你们是受苦难的劳动者,你们的理想就是真理。

风雨已停,朦朦的月亮浮在西边的山头上,明天将有一个晴的天。我为着明天的胜利而微笑。为着永生而休息。我吹熄了灯,平静地躺到床上。

四月二十五日

遥祭

——纪念知友萧红

白朗

红是一个神经质的聪明人，她有着超人的才气，我尤其敬爱她那种温柔又爽朗的性格，和那颗忠于事业忠于爱情的心；但我却不大喜欢她那太能忍让的“美德”，这也许正是她的弱点。

——白　朗

本文原载《文艺月报》1942年6月15日第15期。题图照片为白朗。

白朗：现代女作家，东北作家群代表作家之一，著有散文集《月夜到黎明》、短篇小说集《伊瓦鲁河畔》、中篇小说《为了幸福的明天》等。

人（不管是青年或是老年）之需要友情的慰藉，正像一个孩子之需要母亲的温暖一样；两个知心的朋友，有时会胜过一对恩爱的夫妻。我常常想：一个人也许不一定要有异性的体贴，但却不能没有朋友的情爱，这样说法我觉得并不过火。

当你没有朋友的时候，你不感觉寂寞吗？

当你寂寞的时候，你能不怀念起久别的故人吗？

前年春天（那时我在重庆）住在九龙的红的来信里，曾经有过这样的寄语："不知为什么，莉，我的心情永久是如此的抑郁，这里的一切景物都是多么恬静和幽美，有山，有树，有漫山漫野的鲜花和婉转的鸟语，更有澎湃泛白的海潮，面对着碧澄的海水，常会使人神醉的，这一切，不都正是我往日所梦想的写作的佳境吗？然而呵，如今我却只感到寂寞！在这里我没有交往，因为没有推心置腹的朋友。因此，常常使我想到你，莉，我将尽可能在冬天回去……"

冬天，她没有回来，冬天过了，我也就离开了重庆。从此，不要说是聚首，就连音讯也隔绝了。想不到，离别了故人的红那寂寞的心声，竟已变成她对我的最后的倾诉了。

生活在自由的土地上，却偏偏痛感到友情的淡漠，越得不到友情的温暖，也越感到友情的可珍。近几月来，也许是为了寂寞的缘故吧，对于还在南海的红，有着一种殷切的怀念，也正有着和红同样的心情。因之，香港沦陷的消息传来，较之居留在那里的文化界其他的朋友，我更为关心着红的安全，总在默祈她脱离险境，更期待着一个重聚首的机会。三个月当中，乐灾幸祸的人们，如同一群讨厌的猫头鹰，在不断地鼓噪着不祥，那让人悲愤，也让人灰心的不怀好意的挽歌，早使我的期待淡漠下去了。幸而，“居港文化界百余人，已安抵自由祖国”的喜讯，封闭了猫头鹰的嘴巴。它正如一阵愉快的春风，吹开了我郁锁的心扉，欢欣的激动使我的心失常地跳动起来；而我的期待更炽烈地复燃了。在这迫切的期待之下，我常常自慰似的默默下着结论：

“红一定脱险了，而且我相信，她一定会来延安的。”

然而，我的期待只不过是一个渺茫的希望，当我正在企盼着一个更确切的喜讯的时候，蔽天的黄风却夹来了那样击人欲昏的沙砾：我那十年的挚友能够闪躲了敌人的刀锋，而竟未能拒绝死的召唤，“生于贫病，死于贫病”，这难道是为革命的伟业而呕尽心血的红应得的酬报吗？

听到这恶耗，不仅作为挚友的我感到深沉的悲痛；我想，凡是读过她的作品的人都会同声哀悼的。当时，我曾经对敌人起着切齿的痛恨，可是，当悲愤之余，我仔细一玩味的时候，我却又不能把红的死完全归罪于我们的敌人了。虽然“战时奔走避难，以致病势转剧”，但，我觉得，那只能促她速死，而不是使她夭亡的主因。因为，她的病，我要说是忧郁的累积。

写到这里，在我的脑中又展开了一些片断的回忆；虽然我对红的感情的变化理解得也许不完全正确，为了纪念生平唯一的知友，我愿意真诚坦白地倾吐出我的衷曲。

我和红的相识是在她和军结缡未久还是初恋的时候。每当我走进那不见阳光的小屋，就会感到一种幸福的和谐，只能看到他们啃嚼着干了的面包，却从未看到过那因过分的贫困的迫压而显露的愁眉苦脸。精神是生命的支柱，他们虽说“吃的是草”而“挤的是牛奶”，还是显得那样愉快健康，在互相砥砺之下，不断地写，严肃地写，不管是溽暑或严冬，他们流着汗或是痉挛着冻僵的手，在消耗那无以补充的脑汁。那时我还不过刚刚和文艺结缘，还不能理解一个写作者的心情，我常常以一个世俗者的心理，去衡量他们的处境，我想，他们为什么甘愿受着贫困的玩弄，而不去寻求一个职业呢？有时真想向他们进一点忠告，可是，当我一看见那两张愉快的无忧的孩子般的脸，便把进谏的意念打消，不知觉地混搅在他们的愉快的洪流之中，再不会感到他们会有什么贫困的苦痛了。即使在他们怄气的时候，你也不能不承认那是幸福的争吵。不奇怪吗？这一切，像谜一样地迷惑我单纯的心。慢慢地，我才得到了结论：他们的幸福、快乐是建筑在共同的事业和真挚的情爱上，决不是贫困的手所可左右的。

这种给朋友以安慰，以钦羡的和谐，一直持续到他们离开哈尔滨的时候。朋友们是以恋别的眼，看着他们捧着注满的幸福之杯踏上流亡的征途的。这一时期，一直被命运苛待的红要算是真真品尝到人生之乐了。

别后，红远在祖国的海边，是获得了足以报偿她的努力的成就，而我却还留在沦陷了两年的东北，压缩着火样的热情和理想忍受着敌人的迫害，因而，一年当中，我们间的消息几乎完全断绝了。

一年之后，我们侥幸地又在沪滨相逢，而且有机会生活在一起。一切仿佛都没有变样，他们的生活仍不因为那成就而变好，贫穷永在尾随着他们。他们依然是那样达观的以冷眼对向着贫穷，表现着极强的生命力从事于写作。

这时的红呢，面色是苍白的，病态的，精神也不似以往那样愉快，仿佛有一株忧郁之苗在她的心上发芽了。两个月的共同生活中，我只感觉到红那只注满的幸福之杯仿佛已在开始倾泄了。

红是一个神经质的聪明人，她有着超人的才气，我尤其敬爱她那种温柔又爽朗的性格，和那颗忠于事业忠于爱情的心；但我却不大喜欢她那太能忍让的“美德”，这也许正是她的弱点。红是很少把她的隐痛向我诉说的，慢慢地，我体验出来了；她的真挚的爱人的热情没有得到真挚的答报，相反的，正常常遭到无情的挫伤。她的温柔和忍让没有换来体贴和恩爱，在强暴者面前只显得无能和懦弱。

几年来，大家都在到处流亡，我和红也还能到处相遇，每次看见她，在我们的促膝密语中，我总感觉到她内心的忧郁逐渐深沉了，好像有一个不幸的未来在那里等待着她。

预料的不幸终于发生，幸福之杯粉碎了，红和军决然地分开，据传说，红竟爱上了一个她并不喜欢的人。

此后，她的感情的突变是非常显著的。久别之后，在重庆一个小镇上，我们有幸又在一起生活一个较长的时期。虽然整天住在一个房子里，红却从不向我谈起和军分开以后的生活和情绪，一切她都隐藏在她自己的心里，对着一向推心置腹的故友也竟不肯吐露真情了，似乎有着不愿告人的隐痛在折磨着她的感情，不然，为什么连她的欢笑也总使人感到是一种忧郁的伪装呢？

她变得是那样暴躁易怒，有两三次，为了一点小事竟例外地跟我发起脾气，直到她理智恢复，发觉我不是报复的对象时，才慢慢沉默下去。

有一次，她竟这样对我说：

“贫穷的生活我厌倦了，我将尽量地去追求享乐。”

这一切，在我看来都是反常的。我奇怪，为什么她对一切都像是怀着报复的心理呢？也许，她的新生活并不美满吧？那末，无疑地，她和军的分开该是她无可医治的创痛了。

她不愿意讲，我也不忍去触她的隐痛，直到我们最后握别时，她才凄然地对我说：

"莉，我愿你永久幸福。"

"我也愿你永久幸福。"

"我吗？"她惊问着，接着是一声苦笑，"我会幸福吗？莉，未来的远景已经摆在我的面前了，我将孤寂忧悒以终生！"

这句话到现在还幽凄地响在我的耳边，它留给我以悲哀的记忆。如今，红已安息在地下了，当她与生诀别时，是否如她的预言一样呢？我无由得知，更欲问无从了！

一九四二. 四. 十. 蓝家坪

雪夜忆萧红

高兰

“不要回来啦！再走就是到咱们家乡去啦！你不想家吗？家乡这时候，已经下雪啦？该有多冷啊！”萧红说到这里顿了一顿，好像叹息似的轻喟了一声：“我是多么想那雪呀！”……而今天，风也正冷，夜亦深沉，雪花飘落，严寒封锁了东北大地。我想到了你啊！萧红！

——高　兰

本文载《东北民报》1946年12月6日。题图照片为高兰。

高兰：现代诗人，山东大学教授，中国朗诵诗运动发起人之一，著有《高兰朗诵诗集》、《高兰朗诵诗·新辑第一集》、《高兰朗诵诗·新辑第二集》、《李后主评传》等。

外面正下着雪，这是个寒冷的，塞外的风雪交加的冬夜呀，而我忽然想起了萧红。

唉！此时，此地，想起了死去的萧红，真是使人多么伤感，多么悲痛啊。

在贫困，饥饿，寒冷，悲苦的流亡队伍中，一直有她，而第一个以沦陷了的东北为题材，向全世界有良心有正义的人们控诉，震惊了千万人的心的，最成功的作品，无疑的也是她们夫妇的《生死场》和《八月的乡村》。那真是一抹彩虹一般的作品哪！不知使多少人激动，多少人流泪，多少人爱恋起东北，多少人怀念那失去了的土地和人民，但在敌人败亡和她的故土光复的今日，她却寂寞地长眠在遥远的南国的地下，静听海波的呜咽低语，和潮水夜夜打孤城，浅水湾坟头的青青草，几度黄了又绿，绿了又衰黄了。

而她的家乡，今夜，正在雪花飘落，行人罕迹，严寒鞭挞着，睡去了的城市和荒凉的旷野，贫瘠的小村子，北风拼命地撞击着窗扉。

萧红，你的家乡正在落着雪呢！而你多么寂寞呀！你寂寞得多么使人难过呀！

想起我和她第一次见面，那还是抗战那年在汉口的时候。虽然在那以前我已经读过了她每一篇作品，并且知道她就是哈尔滨女一中的张廼莹。可是一直没有见过。还是战争才使我们相遇了。那是在一个盛大的文艺座谈会上，包括了自上海，香港，南京，北平，齐集在汉口的作家们。那天到会的女作家记得有白薇、子岗、安娥、彭慧、波儿、冰莹等,但其中要以萧红最为惹人注意了。可是在那个会上,她温柔恬静的坐着并没有说什么话。高高的个子,长长睫毛下两个大而充满了智慧的眼睛,为抗战的热情所燃烧,闪烁着美丽的光辉。只是脸色十分的苍白而又显得有些忧郁,怕不是那时候就已经在感情上受了伤害呢?

后来由于写作上的关系,我们就时常的会面了,有时她过汉口来,也许我到武昌去,她似乎是住在凤凰台巷子内,离罗烽白朗处很近,谈哈尔滨,谈上海,谈文艺写作,谈鲁迅先生,有时也谈到她低垂的两条辫子和衣饰,有一次武汉的一个小报上,登了一篇《谈女作家高兰和萧红》,把她和白朗笑的半天都喘不过气来,而我竟尴尬之至,啼笑皆非。

她原是不常写诗的,但她对于诗有极深长的爱好,特别是关于朗诵问题,她更有着极大的兴趣,自从王莹在鲁迅先生周年祭上,第一次试验着朗诵了我的一首《我们的祭礼》以后,她提出了许多值得宝贵的问题,而且很想公开的朗诵一次,可惜正在我到许昌前线去的时候,她们在汉口的一个电影院,举行了一个公开的诗歌朗诵会,那次朗诵的人有穆木天,锡金,还有萧红,而我却没有听见,在中国公开集会朗诵诗歌,那是第一次呢!

第二年的冬天,就是武汉失守那年的冬天。我由武汉而湖南,由湖南而广西,又由柳州到了重庆,再乘驳船到宜宾去,第一天夜晚宿在江津。由于时间尚早,我特地上岸,去访罗烽、白朗,想不到萧红也正一个人住在罗烽家里。

看到她那更为憔悴了的面容,不禁在心中就低低地叹息了一声。然而又不免为她那深红色镶着大宽边的绸质旗袍一惊。好漂亮的衣服啊!在她还是第一次吧!

四川的冬天,仍是十分寒冷的呀,特别是靠近江边的高处,寒风直吹进骨子里,那种凉意又非北方的寒冻可比,就好像是把一个穿着衣服的人,整个的浸进冬天的冷水缸里,然后再把他提出来一样湿淋淋的冷。但我们几个人围坐在四面透风的支离破碎的木板房子里,在心里却感觉着异常的温暖,因为一年以来,自从武汉失守抗战的首都迁到了重庆,大家在紧张中风流云散,而抗战形势亦非复初期可比,加以环境的日益沉闷,气压的日低一日,生活程度却偏又迅速的高潮,这对于思想消沉生活贫穷的作家们,真是精神物质两双威胁,差不多从每一个人的脸上消失了笑意,在心上却重重地压上了一块石头。一旦异地相逢,真有万千他乡遇故知之感。

这两位热情的主人,特地取出多半瓶泸州大曲,还有一整瓶的江津橘精酒,三碟泡菜,一大盘腌肉。我们便谈笑风生的吃喝起来了,那天喝酒最猛而又最多的,就算萧红了。这使我非常惊讶,但渐渐地由于谈话中,我知道这一年多,她的生活发生了极大的变化,尤其在感情上面她深深地受了伤害,同时又陷入了一个新的痛苦的境地被熬煎着。她是由武汉而临汾,从抗日民族革命大学来到重庆的。为了休息,为了暂时忘记点什么,才来江津小住。令人十分地伤感而又哀戚。

当微云润红了她的双颊时,她忽然的站起来取出一本书说:"为了欢迎寒夜远来的诗人我朗诵一首诗吧。"我不记得是谁的诗,但那样的哀婉凄凉的诗,她还不曾读完,便用那书本把脸盖住了。

夜,是那样的寒冷,那样的静,我们四个人,默默无言的,在黑暗中,摸索着下了高坡,默默无言的走向江边,望那对岸山脚下的二三渔火,时明时灭,有如寥落的寒星,而江上静止的轮船闪烁着一二夜灯,好像一个快要死去的老人,在默想着平生。

脸上被寒冷的江风吹着,脚底下是随时使人颠踬的鹅卵石,在黑暗与严寒之中,我们四个人,互相搀扶着走到了江边。接过来她们馈赠的一大包橘柑,我握一握手,上了划向江心的小划子。

"再见吧! 红! 烽! 朗! 回来时再来看你们!"

"不要回来啦! 再走就是到咱们家乡去啦! 你不想家吗? 家乡这时候,已经下雪啦? 该有多冷啊!"萧红说到这里顿了一顿,好像叹息似的轻喟了一声:"我是多么想那雪呀!"

我上了轮船,扶着船舷,看见她们三个人还站在黑暗的江边望着。我的鼻子好像被什么击打了一下一样,是一阵酸楚!

"再见吧!"我发觉我的声音有些颤抖。

"再见"尖锐而凄厉的,好像呼喊着失散了的人似的,萧红的声音。"咱们家乡见吧"尾音被旷野的寒风吹跑了。

虽然在黑暗之中,我还隐约的看得见三个互相搀扶的背影,慢慢的爬上了高坡时,风正冷,夜正深沉。与萧红从此便成永别。

而今天,风也正冷,夜亦深沉,雪花飘落,严寒封锁了东北大地。我想到了你啊! 萧红!

一九四六,十二,四,沈阳雪夜

悼迺莹

高 原

我暂时拭去眼角的泪水,遐想你短短的一生——那是浸满了苦汁的一生呵!家庭也好,社会也好,它们付与你的不是什么一点温暖,而是几乎迫人窒息的冷酷。

——高 原

本文载《文艺月报》1942 年 6 月第 15 期。题图照片为萧红在北平。

高原:萧红中学时期的友人,原名高永益。

廼莹是没有萧红出名的,但"廼莹"是我们惯用了的称呼,当年廼莹二字在我们一群中间,是格外亲切的,至于我发现萧红成为廼莹的别名,则是经过七年阔别以后——在航行中"秩父丸"上的事情,但这并未妨碍以后我们对于廼莹这称呼的沿用,原因是我不仅是一个读者,读过萧红的作品,而且是因为不愿割舍廼莹的亲切。

廼莹逝世了——消息是由报社中传播出来的。

当这突如其来的不幸的消息为我听到的时候,我是完全不信的。港战以后,有些说是"死了"的人们,不是又都活了吗? 到晚上报纸放在我前面,我看到那排在黑框子里的是那样刺眼的标题,虽然是简短的电文,但不知道被我反复阅读了几遍,终于我相信了。你是"贫病交加,竟尔不治"了的,贫与病,对于你倒似"应有"的遭遇呵!

我暂时拭去眼角的泪水,遐想你短短的一生——那是浸满了苦汁的一生呵! 家庭也好,社会也好,它们付与你的不是什么一点温暖,而是几乎迫人窒息的冷酷。在你读中学时候,你就抱怨过:"倒霉的女人!"七年之后见到你,你又在激愤地说:"亡国奴,我们还要做个第二次的!"但是,你是坚强的,你咽下一切女人的苦难,你终于站立起来,做了旧家庭、旧社会的"叛徒"战斗着,战斗着。

但是,你的荷包里没有资你避难的港币,中国航空公司,是不救你的——中国航空公司,是很少做好事情的。你终于受不住内外夹攻——贫、病的袭击,而倒下去了!你,“倒霉的女人”!你终于未能逃脱“亡国奴还要做个第二次”的命运。

港战当初,“狗坐飞机逃难”事件,给人的感觉,是不大舒服的,我忍不住骂道:“……军事第一,抑是狗事第一?抗战首都,抑是养狗首都?……。我说这些话,是未顾及到什么的。后来,人家以“过时之感”,把文章退回来,我并未谅解别人的苦衷,我声辩着:“……我挚爱的友人,迄无音讯,千万同胞,先进人士,正处于水深火热中;率兽食人之辈,还未受到应有的惩戒……”自然,这声辩不会有作用的,至此,我本想大声疾呼的言语,不得不变为暗地里的唠叨。显然的,这人是寂寥的,这话是渺小的呵!

好久,好久,我心上的石头,随着过去的时日,日益沉重起来。一想到你的倔强,你的不能“苟合于世”的性格,你立刻成了受难者的影像,在眼前浮现。我焦急得不能自已时,便找人谈论着你,我为人们的一句“不要紧”,而自慰过了;也为人们的推想——“将有一批人由香港来延安”,便自树立起来新的希望——也许会在延安见到你。这时压在心上的石头,便轻松了些似的。

你是早想来延安的,一九三八年春天,你本来预定由运城到延安来,当时你来信兴奋地写着:“我已经抵潼关,一星期后可以见到……如见到,就以谈天代替看书……”记得当时收到你这封信,我孩子似的,每天计算日子,一直到期待的不耐烦了,每天到旅社里去询问,但是你没有来延安,你是不再来延安了……我这回,曾依然以当年的情景,建立过你到延安来的希望,可是这希望是幻灭了。盼来的,不是你的突然到来或是来信,而是完全与希望违反的——是你不来了,去看你也看不到了,你永远不来了,永远看不到你了,这该是一副如何不敢使人瞻望的情景呵!……

夜深了,这里初春时候,也吼着故乡深秋般的凄风,我挑去烛花,火焰更急剧跳动着,一具孤零的寒伧的黑影在窑洞壁上晃荡着,晃荡着……随着风声断续,送来的是延水里的青蛙鼓叫声,呵!只有青蛙是操着乡音的。此外,全是静悄悄的了……

我痛失良友,我再一次拿衣袖在眼角上揉擦着……

离合悲欢忆萧红

高　原

廼莹的眼睛很大也很亮，脸上还长着一些小疣，远看像雀斑，留着童式的短发。因为看见了我这个生人，又是个男同学，她的脸竟会一下子变得通红通红，显得很稚气、天真，像个小孩子。

——高　原

本文选自《哈尔滨文艺》1980 年第 12 期。题图照片为萧红(左三)与友人在武昌。

当廼莹在香港去世的消息传来时，那年——一九四二年，我正在延安，住在蓝家坪。为了纪念这位青年时代的好友，我曾写过一篇名为《悼廼莹》的文章，发表在《文艺月报》上。记得这悼文的起始是这样写的：

“廼莹没有萧红出名的，但‘廼莹’是我们惯用了的称呼，当年廼莹二字在我们一群中间，是格外亲切的，至于我发现萧红成为廼莹的别名，则是经过七年阔别之后——在航行中的‘秩父丸’号邮船上的事情……。”

初识于哈尔滨

大约是在一九二九年的春末夏初的季节，我在徐淑娟同学的家里第一次见到了廼莹。小徐的家，当年住在哈尔滨道里买卖街五十六号。因为她是独生女，父母很是宠爱，家庭环境也比较优裕，所以她时常约请自己的好同学、好朋友到她家里去坐坐，聊聊。尤其是她们女孩子，在一起总是有好多“秘密话”要说，叽叽咕咕的，谁要是隐瞒了什么，那可是件不得了的事！

当时小徐和廼莹都只有十七八岁，共同就读于东省特别区立第一女子中学（现哈尔滨七中），并且是很要好的朋友。后来小徐中途曾到哈尔滨法政大学预科学习了一段时间，我们便成了同学，她的座位就在我的前面……因为时常听到小徐讲起关于张廼莹的一些情况和消息，比如：廼莹的性格是倔强的，有一股刚直不阿的劲儿；学习是勤奋的，对问题时常又有着自己独特的见解；胸襟是比较豁达的，很少为了琐碎的小事情与同学计较等等。所以，在见到廼莹之前，她在我的心目中已有了一个较为深刻的印象，觉得她一定是个很了不起的女孩子，有理想，有志向，有作为，是那些小姐气十足的女学生们所无法相比的！

春末夏初的一个星期天，小徐约我和廼莹在她家里见了面，本来是不需要再作介绍了，可是小徐还是如同我一点点也不知道廼莹的情况似的，把廼莹的为人和她们之间的友谊，又重复地向我述说了一遍。我呢，当然仍很注意地听她介绍……

廼莹的体格看起来比小徐显得粗壮，也高，但态度却不失温雅。她的眼睛很大也很亮，脸上还长着一些小疣，远看像雀斑，留着童式的短发。因为看见了我这个生人，又是个男同学，她的脸竟会一下子变得通红通红，显得很稚气、天真，像个小孩子。记不得那天都谈了些什么事，可能多是些她们"女中"和我们"法政大学"两校里的先生和学生们所发生的事吧，当然也会谈到一些有趣的新闻和不愉快的消息之类。漫谈之中，争论也会有的，但彼此之间的"共同语言"还是很多的，很谈得来呢。

小徐是很健谈的，思想、情绪都表现得很活跃，有时甚至是慷慨激昂的。相比之下的廼莹呢，就显得沉默寡言，感情不易外露。与她们经常在一起的同学，还有孟克勤、李雨琴、张志远、沈育贤，各人有各人的性格特点，廼莹给人很突出的感觉是：不易接近。她经常是静静地倾听着人们的讲话，偶尔有谁发表个"怪论"时，她便迅速地将头转向她，这时，她那剪得齐齐整整的油黑的浓密的短发，便会随着头的转动而猛地一甩，大眼睛便紧紧地注视着那位"怪论"的发表者。此时的廼莹在想些什么呢？赞成？反对？大家都很难揣测出她的想法。但有的时候，她又会毫无忌讳地谈着自己的思想，过不了多久，你就会清楚地知道了廼莹喜欢谁，讨厌谁，鄙弃谁……

廼莹和小徐最谈得来，感情也最好，友情也最长远，有时说话说得累了，廼莹就将下巴支在小徐的头顶上休息……她们给那个专制的女校长起了个绰号，叫"孔大包牙"，平日提到她时，总是说"孔大包牙"如何如何……她们对学校里的一些不合理的规章制度，是很不满的，有时甚至采取"一致"的行动进行"捣乱"（萧军著的《涓涓》一书曾谈到了一些情况——耘注）。她们还经常一起读鲁迅先生的书，对先生是非常尊崇的，对先生作品中的许多妙句，她们是很熟悉的，甚至有些还能背诵。比如，有一次小徐告诉廼莹说，她又有了新的"发现"，于是她便诵起了鲁迅先生《秋夜》一文："在我的后园，可以看见墙外有两株树，一株是枣树，还有一株也是枣树……"鲁迅先生的这一风趣的描写，引起了廼莹一阵朗朗的笑声。她对小徐这新的“发现”表示欣赏！后来彼此还经常你一句我一句地说着：“一株是枣树”，“还有一株也是枣树”，而后会心地笑着……

再见于北京

一九三〇年，在我将要离开哈尔滨去北京之前，就知道了廼莹也要到北京去读书的消息。后来听说她就读的学校，是一所教会学校，名叫圣心（盛新?）。这年夏天，我到北京之后，就曾几次去圣心中学找过她，都没有找到。

一九三一年张逢汗同学从哈尔滨来到了北京，在他的带领下，我俩在西城区一个叫二龙坑（?）的一条小巷的一处四合院的房子拜访了廼莹。

廼莹见到我们很高兴，和我们紧紧地握手，并拿出了瓜子儿请我们吃，还抓起一把瓜子儿亲自放到我们手里（这举动以前她是没有过的），使我感到她在“风格”上似乎有了什么变化。我看着她：脸色，没有在哈尔滨时期那样红润健康了，小雀斑也不见了，孩子似的稚气呢，也没有了。她穿着一件浅蓝色土布的短衫，在北京那仍然寒气很浓的早春季节里，显得是那么单薄。我环顾了一下她的房间：一张单人床，一张小长桌，一只小凳，别无它物了。知道她在一所女子中学读书，好像女二中，但房间里却没有一册书，不像个学生宿舍的样子。又知道她生活得很贫苦，常常把几册书拿到旧书摊上去卖，得到一些钱，借以维持生活，每天她从西单徒步去东四上学，连买电车票的钱也没有……我又在房间的墙壁上，看见用铅笔描画的一个男人头像，那人头上戴着一顶鸭舌帽，廼莹说这是“密司特汪”，是她就着灯影描绘下来的。并告诉我们，她将要结婚等等。廼莹是很平淡地，一点不表露出任何感情地述说着所发生的一切事情。这使我感到了一种说不出的忧郁和压抑……临别时，廼莹留下了我们的地址，并说以后要常来往……当她将我们送到大门口的时候，门洞里的一股春风突然将她那单薄布衫的下摆吹拂起来，她连忙用双手捏住了布衫两侧的“开气”，顾不得与我们握手道别，却不住地点着头，用眼睛看着我们，脸上的表情仍有些木然。我偶然抬眼朝北方望去，隔着玻璃窗，看见一个男子的头部探伸出来，也正往外瞅着我们呢。我想，这就是那位“密司特汪”吧？

回到了学校的宿舍，我把这一会见的经过详详细细地写信告诉了在江苏松江读书的小徐（淑娟）。小徐在给我的回信中，几次都提到了这件事，她说：

“廼莹，或者说是廼莹的事，对我是一把利斧！这伤痛，这鲜血，永远镂在心上，老高，我不能再说什么！还能说什么呢！”（一九三一年十月二十四日徐淑娟致高原信）

“……你看，廼莹是生死莫测！而且即使活着也已是为密司特汪的眼泪所软化而做着‘良妻’了。廼莹,是我们战线上一位很有力的斗士,现在投降了!! 为了这,几乎连自己都怀疑起来……只有我们自身的分化,才是我们的致命伤!! ……”(一九三三年八月十三日徐淑娟致高原信)

确实,小徐为廼莹的“抉择”感到痛心了。因为廼莹与她的未婚夫——密司特汪——的关系,小徐是知道的。廼莹所以从呼兰家乡到哈尔滨上学,主要原因是为了抗拒父母给她包办的这桩婚事,更何况那密司特汪是个花花公子,不务正业的人,廼莹对他没有一点点好感！小徐她们几个很要好的同学,都一致反对廼莹的这件婚事,都坚决赞同她的这一“逃婚”举动,并且都亲密地、贴心地交换过彼此的看法……可是现在呢?

自从上次去访问过廼莹之后,看到她生活得如此贫苦,心里很是不安,大约过了三四天之后,我想应当给廼莹送点钱去,便又去了一次廼莹的家。没想到,房东却告诉我说,他们已经回东北了。几点钟的车? 开往哪? 房东都说不知道。她为什么要这样急急忙忙地走了? 连个招呼也没打,一封信也没留呢? 我感到很纳闷。她是不是真的回到了东北? 这我也就无处去询问了。从此,我便和廼莹失去了联系,但多少年来,在我的心目中一直是很挂记着她的,有时甚至担忧地想:廼莹会不会就此沉沦下去呢? 她今后的生活会怎样呢? 她还会像从前那样有理想有志向吗? 她为什么要和自己非常讨厌的人结合呢? 她为什么不留下个地址给朋友们呢? ……

偶然重逢于日本的轮船上

一九三六年七月,萧红到了日本。那时我也正在东京,但我并不知道萧红就是廼莹。此时的萧红,已经是一位较有名气的青年作家了,她著的《生死场》、《商市街》、《桥》等书都陆续地发表了。有的朋友和我说:“萧红是你的老乡,都是东北人,你一定知道她的地址,请她来给我们大家讲演一次有多好啊!”我说:“老乡倒是老乡,可是我不认识萧红啊,‘只在此山中,云深不知处’啊,奈何奈何?”

一九三六年“西安事变”之后,大批的留日同学、同志相继回国了。一九三七年一月九日,我也从东京来到了横滨市,搭乘了一条日本邮船“秩父丸”号启程归国了。(当时搭船只能从东京乘火车或汽车到横滨市。)那天来给我送行的朋友有:于国勋、吴艭等人。

送别的彩色纸带,随着海风轻轻地飘舞着。我望着留在日本的好友们渐渐地远去了,不知何时还能相见。我想到归国后的生活,不知又要流亡到何方……这时,我注意到在我身后不太远的地方——甲板上,有位女乘客正在缓缓地走来走去。此时,她的心绪也许和我一样地怅惘和烦乱吧?我不由自主地关注着她……。

船,行驶到神户港,要在这里停船装卸货物了。(这时美国的钢铁正大量运往日本,战争的气氛笼罩着人们的心。)码头上钢铁货件相互撞击的刺耳声响,昼夜不停。利用这个停歇的机会,我上岸到神户的"中华学校"、"同文学校"等由华侨办的学校中,去参观了一下。在归船的路上,又看见了那位女乘客。这时,我便尾随在她的身后,仔细地观察着她:她身着一身黑白红三色的方块花纹的衣衫,剪裁的式样既非日本妇女所穿的"和服",但也不像中国妇女所穿的"中式民族装",头上蒙着一条深色的头巾,仅仅露出了脸的中部,除眼、鼻、口外,是看不见面部全貌的。我猜想,她也许是菲律宾或马来亚人吧?但她又穿了一双很特别的棕褐色的小皮靴,鞋口是松紧的骆驼鞍形的,没有扣带,很像是双男人的鞋。这种鞋,中国女人是很少穿的,更何况是别国的女人呢!

船上的一日三餐,是在一间大餐厅里进行的。我和这位女乘客在同一长桌上用饭。因为她是与我斜对面就座的,所以我仍不能准确地看清她的脸。我又发现,她是用筷子来吃饭的,世界上除了日本人,别国的国民是很少有使用筷子的习惯的。如果她是日本人的话,那她为什么又不到日本人用餐的桌子上去吃饭呢?这使我更加疑惑起来。

船在太平洋上行驶,开始有些颠簸了起来,许多乘客由于不适应海上航行,开始晕船,头痛,呕吐,甚至整日地卧床不起,如同害着病,到大餐厅来用饭的旅客越来越少了。可是那位女乘客却每日三餐按时来用餐,看样子她是不晕船的。

就在船快要到达上海汇山码头的前一天清早,我同往日一样,来到了大餐厅,正巧与那位女乘客又遇到了,她仍然坐在我的斜对面。这时,我就比较大胆地不住地向那位女乘客望去,心里暗自揣度着:"这位外国女人怎么那么像她呢?"(因为我越看越觉得像张廼莹。)我应当设法与她交谈交谈,以便将来万一遇到廼莹时好告诉她,我在"秩父丸"上曾见到过一位和她相貌极相似的外国人,这该是多么有趣的事啊!于是我便准备用二种语言:日语和英语,与那位女乘客交谈。可是,自己又犹豫起来,一个男子冒冒失失地去与一位外国女子交谈,这在国际上可是件需要慎重考虑的事啊!弄不好引起误会,闹出笑话来,岂不是自找没趣儿吗。多日的观察,使我知道了喝汤是她每餐用毕退席的前奏,现在她又在开始喝汤了。我怕失掉这不能再碰到的机会,便急中生智地对我邻座的人大声说:"对面坐着的那位女士,很像似我的一个朋友。"我的话音刚落,只见那位女乘客抬起头转过脸来,对我说:"是说你的朋友像我吗?"没想到她会讲很好的中国话呢!这使我很高兴。

"是的,您很像我的一位朋友。"我回答了她。

"你的朋友叫什么名字?"她继续问着。

"她叫张廼莹。"我迅速地清楚地告诉了她。此时，只见她一下子从座位上站了起来，很快地绕过饭桌，她那皮靴踏得地板咚咚作响，来到了我的面前。她握住我的双手，说出了我的名字：

"你是高一永一益？"我站起来，一时竟激动得忘记了说话。

"你还没吃完饭吧？"廼莹问我。

"不吃了，不吃了，吃也吃不下了。来，坐下来聊一聊吧……"我将她让在座位上，此时廼莹开始用手帕擦眼睛了，我也情不自禁地流下了喜悦的泪，稍稍坐了片刻，我便挽着她的手走回我住的房间里。这是一个三等船舱，房间里住的八个人，都是我们旅日的同学。廼莹和我坐在长沙发上，开始谈起来。原来，廼莹也买的这三等舱票，就住在我们隔壁。当她说到与萧军的关系时，我便插嘴问她："听说你和一个叫三郎的人同居了，可有此事？"

"三郎就是萧军哪。"她说。

"那你就是萧红？"我急切地问她。

"嗯。"她微微一笑，点点头。以前我曾听人传说：张廼莹和一个叫"三郎"的日本人结婚了，当了头等亡国奴！这使我的心情很为沉重，没想到她竟会堕落到如此地步！如今听廼莹说三郎就是萧军，可使我高兴极了，便一下子从沙发上跳起来，向同房间的朋友们介绍说："她，是我的老朋友张廼莹，也就是咱们在东京想找的那个萧红啊！"大家都为我们的巧遇高兴、祝贺，有一对新婚夫妇，还把友人们赠送给他们的糖果拿来，摆满了我们面前那张椭圆形的小桌子；廼莹又从她的住舱里，取来一瓶白兰地酒和一听樱花牌香烟。与她同室的一些从美国归来的华侨老人问廼莹：

"你还下棋不下了？"

"不下了！"

"遇到亲人了？"

"嗯，遇到亲人了。"廼莹兴奋地回答他们。

她打开了酒瓶，斟满了酒杯，高高举起，一饮而尽！廼莹的这一系列动作，都是那么爽利、粗犷、自如。言语的闸门打开了，一堆一堆的话，就像海水涨潮一样，扑涌了过来。说起了徐淑娟，我把小徐写给我的信拿给她看。当廼莹知道我也要去上海后，便说："到了上海，咱们就一起去常熟看望看望小徐，常熟离上海并不算太远。以前咱们在北方，小徐却在南方，如今我们在南方，小徐也不知到了哪方？人，总是有悲欢离合……"说起了鲁迅先生，萧红说，先生生病逝世时她正在东京，不曾想，就再也见不到他老人家了。她显得很悲恸，甚至不能自禁地眼圈儿红了起来。她讲了许多先生的往事、先生的为人和精神。使听她讲话的朋友们，都深为感动。

她又谈起了萧军、许广平先生和海婴等在上海的许多亲人、朋友，表露出她那念念不忘的思念深情。

从早晨一直谈到晚上。午饭和晚饭我和廼莹几乎是没有用餐。海上的风浪更大了，人们又都躺卧在床上，静静地养神。我和廼莹却一起登上了甲板，观看着海上的夜色。廼莹久久地凝视着远方的星空，突然很悲愤地说："亡国奴，我们还要做个第二次的！"海风几乎冻僵了我们的手，我帮廼莹整整围巾，将她那瘦弱的身躯紧紧地靠拢在我的身旁，走回了舱里。她仍然冷得发抖，我又拿来了一条毛毯，将我们的腿脚严严实实地裹包好，共同坐在沙发上。这使我们同时都想到了冬天的哈尔滨，孩子们坐在马车里，不也是这样地来抗御寒冷吗！我俩都笑了，好像一下子又回到了顽童时代。

夜很深了。我虽然不会吸烟，也帮着廼莹把那一听香烟吸得一根不剩！天，很快就亮了，一位广州籍的同学开玩笑地指着我们说："你们整整谈了二十四小习"！他把"时"竟说成了"习"！引得最不爱笑的廼莹也哈哈大笑起来。真是说不完，问不完，我们谈了近"二十四小习"！

往日早餐前，人们都很高兴到甲板上去做做运动，那里有着简单的体育器械。今天就要到上海了，人们更是涌到甲板上。风不再像夜间那么猛了，海水也不像几天前那么蓝了。我和廼莹来到单杠前，我练了练，向廼莹"显示一下自己的力量"。于是，她便说到萧军锻炼身体如何如何……这时，我又知道了萧军是一个文武全才的人。

我帮廼莹去整理她的手提箱。在那箱子里有一部老版的《唐诗三百首》，这是萧军从上海寄给她的，也是廼莹从小就爱读的书。还有一只像茶杯大小的很有趣的小木桶，这是她喜爱的玩具。其实她这只箱子是简单得无需用人帮忙整理的，但我们俩却整理得很有兴致。廼莹知道我很穷困，便把她手中剩余的不足20元的日钞，全部留给了我，并嘱咐我，到了上海，一定要注意这，注意那，特别是要注意小偷，别丢了钱包。

一月十三日，当我们又登上了高高的船甲板时，上海的汇山码头，在阳光的照射下，清晰可见了。

到了上海

当我在上海找到了确定住居处之后，马上就通知廼莹我的住址：法租界勤乐村。这是我留日的同学卫国尧租下的一间亭子间。廼莹曾来这里看望过我。

一天，我们约定在霞飞路的Renaissance（文艺复兴）茶社会面。这是我第一次与萧军相识。他那天穿着一件酱红色的革制大衣,很帅气,有点像大学生中的运动员,谈吐颇健,很爱用"尔后"这两个字。廼莹那天腋下挟着好几册书,统统都是送给我的,有她自己的著作,记得也有德国女版画家凯绥·珂勒惠支的版画集等。这次是她向自己的老朋友"显示力量"了!看到她的这些"成绩",我从心里佩服,并以有她和萧军这样有作为的朋友而感到骄傲和荣幸。

一九三七年,我到九江去任职,"八一三"后返回上海,我们三人又聚会了,我把从九江带回来的多件景德镇名瓷器,送给了他们。在我将要离开上海之前,廼莹曾几次到法租界的"大中公寓"来看望我。她说要看看小徐的信,我便把随身带着的小徐多年来写给我的几十封信,留给了她,并请她代为保存。(这些信,已由萧军老友在此次相见时,交还给我,触物漫思,感慨殊甚矣!)她又说,很想参加抗战服务队之类的组织。在帮我整理行装的时候,她看到我有一条西装长裤,有几处已被老鼠咬成了洞,于是她马上拿过剪刀一剪,拿过针线一缝一缝,只一会儿工夫,就帮我改制成了一条很像样的短裤。她的针线活儿,当年在她们女同学里也是很出色的。四十几年过去了,经过了一次次战争,一次次动乱,风里雨里,行军打仗,动荡不定的生活,使我失去了所有的书籍、用品、纪念之物,但我始终把这条短裤,打在自己的背包里,背来背去,带来带去,舍不得"轻装"了它!如今它仍在我的身边。

那时期,每当我的住址有了变动,便及时地写信告诉廼莹,深恐我们再失去联系。一九三八年,我在延安喜得廼莹从临汾的来信,她说不久也要来延安,彼此就可以用谈话代替写信了。我很天真地,兴奋地等待着她的到来。可是一天天过去了,不知何故,她的这一愿望竟未能实现。当年夏天,我因为要去寻找自己的组织关系联系人,便从延安到了武汉,住在东北救亡总会。通过胡风的帮助,我找到了廼莹。她那时正怀着很重的身孕,穿着一件夏布的长衫,她的铺就安置在楼梯边的地板上。天气很热,她便坐在席子上与我谈话,地上还摆着一盘未燃尽的蚊香。据说,这是孔罗荪的家,但我并没有见到他。此时的廼莹,已经囊空如洗了,我便把自己仅有的五元钱留给了她。在谈到 D·M[①] 的时候,我听人说他的脸上有明显的天花疤痕,廼莹便拿出了她与 D·M 的合影给我看。她的神情很不自然,也不愉快,并不热心谈到 D·M。据我的猜测,此时 D·M 已不在廼莹身边了,否则廼莹怎么会困窘到如此地步呢!这使我的心情很为沉重。对她与萧军兄的离婚,我是有怨言的,我批评她在处理自己的生活问题上,太轻率了,不注意政治影响,不考虑后果,犯了不可挽回的严重错误。也许是我的情绪太激动了一些,话说得也太生硬了一些,廼莹对我的这一批评并不服气,她说我从延安回来,学会了几句政治术语就

① D·M:指端木蕻良。

训人。当时，白天武汉常有敌机空袭，我们的谈话，多是在宁静的夜晚，面对江风渔火畅言的。

一天，廼莹告诉我说，她要离开武汉了，并拿出去重庆的船票给我看，是当晚九时开船。我白天办完了一切事务之后，便匆匆地赶到码头去，给廼莹送行。可是在船上找遍了，也没找见廼莹，直到船快启航了，我只好随着送行的人群失望地走下了船。我在武汉停留的一个月之中，也再没有碰见过她。廼莹到哪里去了呢？

不料竟成了永别！

不久，我回到了延安，仍不时地打听着廼莹的消息和行踪。后来知道她离开武汉不多久，又辗转去了香港。我以为这是暂时的别离，终会有再见的机会。然而，谁能想到呢——

一九四二年，在延安蓝家坪的"作家俱乐部"召开了"萧红追悼会"，人们朗诵了她的作品，萧军兄报告了萧红的事迹。记得萧军兄，当时的面孔涨得红红的，情绪显得很是激动。大家都为萧红的早逝，感到无比的惋惜。

八年抗战胜利了，三年解放战争胜利了，我曾多次回到哈尔滨，到过买卖街五十六号，到过廼莹当年读书的女一中，到过耀景街法政大学的校址，打听过萧红弟弟秀珂的消息，在一座县城里找到了徐淑娟，在北京会到了萧军兄。只是廼莹啊，到何处去寻你?!

后　记

高原同志是萧红一九二九年以来的好友，由于萧红的介绍，也成了我父亲萧军的好友。他和我父亲已经几十年不见了，此次来京相会，我就抓紧了这一难得的好机会，请他谈了谈他和萧红由相识到分别的简要过程。更有趣的是，萧红从日本归来的日期，几十年来，中外研究者一直查询不到确切日期，而高原同志却与萧红巧遇在一条船上……谨笔录之，以飨读者。

萧红原名张廼莹，文中的"我"即高原同志自称。

萧　耘

一九八〇年五月二十八日于北京

萧红逝世三十周年

李辉英

今年的一月二十二日，是三十年代出现的东北女作家萧红女士逝世三十周年忌日。活着的人，对于时间的观念，似乎都不太深，一个星期过去了，然后又推来了第二个星期；一个月过去了，然后又是第二个月分；一年整年过去了，然后又是新的一年。星期、月、年，来回的转，真的转淡了时间的观念。对于一位死者，未死的人都乐于常常的想到了与他们死期有关的一些日子：三七、三周年、三十周年……于是使我也就想起了萧红。

——李辉英

选自《三言两语》，香港文学研究社 1975 年版。题图照片为李辉英。

李辉英：中国现代作家，东北作家群代表作家之一。著有长篇小说《万宝山》、《松花江上》、《雾都》、散文集《乡土集》、《再生集》、《李辉英散文选集》等。

萧红逝世于一九四二年的一月二十二日上午十一时，咽下了最后一口气的地方，是设在香港圣士提反的红十字会临时病院。先一日，她还住在玛丽医院的，因为玛丽医院的大门口这天已然挂上了“大日本陆军战地医院”的牌子，萧红以及其他的病患者大约就都移去了圣士提反的红十字会临时病院去了。骆宾基的《萧红小传》写得清清楚楚的，不过这个圣士提反是赤柱的男校，还是罗便臣道的女校，他未加以特别的说明，大约问问叶林丰先生，他会给个可靠的解答的。

萧红诞生于一九一一年的呼兰河，死于一九四二年的香港岛上，享年仅得三十一岁。运用一句鸳鸯蝴蝶派文人的说法，正是所谓“红颜薄命”。假如她那一次可以不死的话，在未来的岁月中必可写出更多的作品来，使这一位女性作家无论作品的质与量都将超出于前期的冰心女士之上，谅来不是过分的推想吧。我想当她死在日军占领下的香港，而不能以健康的身体重返自由区的中国时，那应是她死不瞑目的一件憾事。虽然在骆宾基的《萧红小传》里没有写到这一点，作为任何一个逃出敌占区的人来说，大概都会存有这种心情的。

我和萧红第一次见面，是在一九三七年的七七事变之后，我逃离开当时沦陷了的北平，间道去了上海，半路上就传来了上海日敌揭起的又一侵略战争的消息，却并未因此而变更了原行计划，仍然在冒着迭次的空袭下到达了目的地。上海文艺界的朋友们，投身到实际战斗中的颇不在少，拿枪的拿枪，拿笔的拿笔。记得有一次在金人的住处，聚集了不少的文人，仿佛罗烽、白朗、舒群、萧军、萧红、杨朔、陈白尘等都在座，商量着集体创作一部“保卫大上海”的作品，每人四千字，写就之后由罗烽总其成。我虽然来自北平，也分得了一分。就在这时，我才跟萧军、萧红握过手，正式见了面。萧红给我的印象是细高的身材，白净的脸面，有哈尔滨的女学生所具备的洋味儿。不过听说他们的感情已不如前的融洽了。

上海的战争短期内似乎不能罢手，局面的日趋不利，也是明显的事实。我在上海全无身家，就此随了大群的人向着外地疏散，各奔东西，去后方，再集中，再拿出自己的力量来抗战。萧红、萧军不久也转到了武汉去。后来我也到了武汉，曾经给罗烽主编的《战地》半月刊写过一篇稿子，却像是不曾见过萧红，如果还有过匆匆的一晤的话，大有可能是在罗荪先生的家里（好像罗荪的家小那时已去了四川），但实在记不清楚了。

随着大武汉的撤退，不少人退入四川，重庆那里重新集中了不少的文化人。当地的中一路，有一家“东北论坛”杂志社，罗烽、白朗夫妇都住在那边，我也有时过去坐坐。

有一天中午，清脆而有节奏的皮鞋脚步声踏上了木板楼梯，一转到过道上，大家都看见了来人正是萧红。见面之后谈了不少话，海阔天空的没有个遮拦，偏偏就是谁也不提萧军，因为这时已有好多人知道她和端木蕻良有了新的关系了。但据传，双方的情感也并不如何的融洽。她说她是来辞行的，因为她就飞去香港，身体不好，希望能在那边治治病，写写稿。笑声爽朗，脸色青白，手脚不停的动着，像个小女孩似的。

那时候，香港是个安全地带，萧红实际上是和端木蕻良同路到了香港的。想不到，一九四一年十二月八日，日军竟然攻占了九龙，接着英军投降，日本军阀便给香港市民带来了其后三年零八个月的悲惨岁月，而萧红，也就在这个重要的历史阶段中，离开了人世，结束了她活在人间的三十一年的生命，真可以说是“天不假年”呢。

悼念萧红

孙陵

你只有三十一岁便与这世界分别了！在文坛上，失去一个有为的作家，在朋友中，少了一个共同奋斗者。直到现在，我还记得你那天吃过酒后唱的歌，你说是在日本从一个俄国影片上学来的。那歌词是："窝尔卡，窝尔卡，鲁斯卡呀列卡，涅未答啦……"

——孙 陵

本文载《文学报》1942年6月。题图照片为萧红、萧军在哈尔滨。

孙陵：中国现代作家，著有《红豆》、《我熟识的三十年代作家》、《女诗人》、《大风雪》等。

从港战爆发,我们一直担心的一件事,竟然在今天来临了。在我,这虽不能算是十分意外,然而我不能抑止内心的悲哀。

远在太平洋战事爆发以前,我曾接到过几封另一个朋友的来信。在那些信上,朋友都谈到你的病况,而且还谈到怎样给你治病的计划。那个朋友的最后一封信,是在十二月五日寄到的。在那信上我知道你病体沉重,已进医院诊治,并且医院还禁止了你的谈话。那个朋友写了你那时的病状说:“令人望之惨然了!”

此后三天,港战爆发,我再不能接到那个友人的来信,因此也断绝了你以后的消息。但是在我看到了日本飞机轰炸香港,和日本军队登陆种种可怖的消息时却是想到你的。我担心你的病况沉重,恐怕是受不下这种种突来的惊慌的吧。

直到两个月后的今天,我听到你死了的消息,我的心是沉重的,如同今天的天色,没有阳光,却满城落着霏霏的淫雨。

我们的交情说不上深厚,(你几个很好的朋友都已在北方)但是想起了十年(正正十年)以前的一个初春,也是旧年刚过,在哈尔滨还仍旧严冬,我受了一个在长春编报的朋友的委托,特意到你们的住处看你们。那时你和三郎住在外国四道街(商市街)一个朋友的家里,为了我来,三郎叫你出外买一点东西吃,我记得你买回来的是两个苹果,还有一点糖。那时候的生活虽然清苦,那时候的环境虽然恶劣。(那正是"九一八"后的第二年)但是朋友们的奋斗情绪,竟是多么热烈呀!(我不敢想象,为何有了现在这环境,奋斗热情竟而低落了!)我那时虽是一个未满二十的孩子,但却也分得一些反抗敌人的快乐。在那时候,见一次面大家便都是朋友,在那时候,谁都不知道什么叫"消极"和"怀旧"。在那时候,登载着朋友们作品的刊物是《夜哨》和《文艺》,在那时候,真可以说是在敌人刺刀下做了各种反抗敌人的工作!虽然你今天并未看到抗战胜利而和这个世界分别了,但是你那反抗敌人的功绩,(就是你的著作)却将长留人间。

说到你的功绩,我又想起另外一件事。假使你不到上海,也许朋友们到今天仍然留在敌人统制下的哈尔滨。别人我不敢说,只少我个人是受了你与三郎的影响和刺戟。当我在青岛看到你已出版了的《商市街》时,真是有说不出的喜悦和羡慕啊!

后来虽然都到了上海,但是我们见面的机会并不多,那时你去了日本,我们在上海出版过一本叫做《报告》的杂志。在这时候,我感觉得朋友们的意见似乎比在哈尔滨时多了。

你从日本回来的那天晚间,那位姓黄的胖朋友请大家吃饭,有红闷肘子,有花彫酒,虽然三郎劝你少吃酒,你却还是吃了几大杯。你问我说:"你记得这次见面以前我们是在哪见面的吗?"我说:"那次是在哈尔滨中国十三道街街口!我到偏脸子警察署去省视被囚禁的哥哥,那次你同三郎在一道。"我又问你我们最后吃饭在甚麽地方,你说"那是有一晚间在你亲戚家里,你已吃过饭了。特为到饭铺叫来几碗面,三郎还弹了一段月琴,在碟子里喝了一些醋"。当晚你显然被这话感动了,连连赞叹着:"我们记忆力不坏呀!你想想,已经有三年了,我们还记得这么清楚。何况这三年里经过多少大事。像是这次绥西战事……"这些快乐的谈话,想起如在眼前,(虽然已经又是六年以前的事了!)为何你竟只活了三十二岁——我现在还不清楚你是哪天死的。如在年前,那你只有三十一岁便与这世界分别了!在文坛上,失去一个有为的作家,在朋友中,少了一个共同奋斗者。直到现在,我还记得你那天吃过酒后唱的歌,你说是在日本从一个俄国影片上学来的。那歌词是:

"窝尔卡,窝尔卡,
鲁斯卡呀列卡,
涅未答啦……"

当时你还加以解释,"列卡"就是"河","涅未答啦",就是"没有看见吗?"

现在我已永远没有机会再问你,"我们最后一次吃饭,是在甚么地方"。这话,只好由我自己来答复,那时正是武汉危机的时候,你为了去重庆,曾经感到焦灼,我记得我们在江汉路冠生园吃过一次饭以后,还在文协见过一次,便就永远没有再见

了。我们曾经希望着,抗战胜利那一天,从哈尔滨跑出来的朋友们,再结伴回到哈尔滨,我是没有想到你已永远不能看到那可爱的你曾在那里读书和开始写作生活的哈尔滨了。

为反抗,你曾写了《生死场》、《商市街》、《呼兰河传》……许多优美的著作,然而作为一个友人的希望,我想你最少应该再活几十年,那时你会写出更多更好的杰作来!虽然你已成就了那许多宝贵的成绩。

二月二十八日夜,在桂林

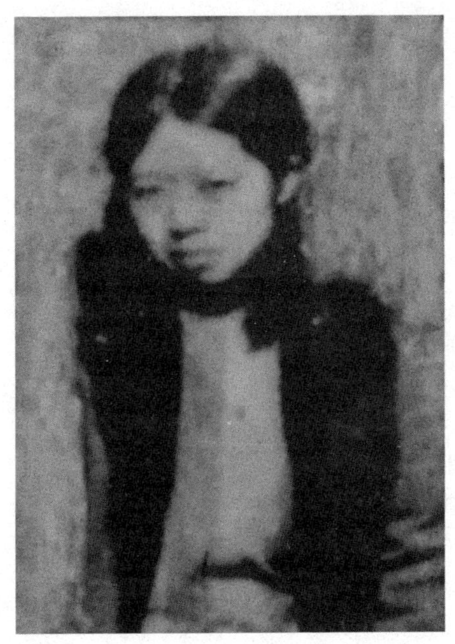

记萧红

陈纪滢

在旧报上，我读到刘军和她发表的散文，描写她俩怎样相爱，怎样过共同生活的经过。她俩的文章都是泼辣的，真是够得上“赤裸”和“火热”。不过悄吟的文章，在泼辣之中，还含蓄着女性特有的细腻缠绵。

——陈纪滢

本文载《大公报·战线》1942年6月22日第927号。题图照片为萧红。

陈纪莹：中国现代作家，1928年与孔罗荪等在哈尔滨组织蓓蕾社，曾主编《大公报》副刊《公园》、《战线》。著有《东北踏察记》、《新疆鸟瞰》、《春芽》等。

民国二十二年八月间，我奉报馆命，从上海到天津，由天津乘船到大连，预备回到隔别恰整一年的东北，暗访敌伪两年内的动态和成就。我漫游了沈阳小河沿，捡拾了北陵的红叶，踏遍了长春杏花村，闯逛了伪满的各部院。在一个肃杀的夜晚，我到了已陷敌手将近两年的哈尔滨。吃过晚饭之后，我就跑到和我有深厚缘缘的国际协报馆，几个朋友见我忽然来到，不免又惊又喜。当时我认识了正在主编"国际公园"的刘莉（白朗）。我问她两年来东北文坛情形，她就把当时几位流行作家的名字告诉我，其中一位就是刘军（田军——萧军）另一位就是悄吟（萧红）。

过了几天，碰见了健谈的老友浣非，在聊天的当中，他就把我们离开哈尔滨以后的文友情形，一五一十地说了一遍，他绘声绘色地讲刘军和悄吟的文章是怎样赤裸，怎样火热，我当时听了，很觉愉快。因为在几年前，我们这些人在这块小天地打转的时候，他们还没有露头角，现在居然把那块小天地弄得越活泼了。

第二天，我又到报馆去翻看旧报。在旧报上，我读到刘军和她发表的散文，描写她俩怎样相爱，怎样过共同生活的经过。她俩的文章都是泼辣的，真是够得上"赤裸"和"火热"。不过悄吟的文章，在泼辣之中，还含蓄着女性特有的细腻缠绵。同时，长春伪京出版一张大同报，文艺版也是一位朋友编的，杨朔，舒群，罗烽，金人都在那上面写稿。当时东北文风之盛，可以说达到最高峰，中间最引人兴趣的还是刘军悄吟一对苦难夫妇的一段罗曼司①。

我起初很误会他们这群亡省奴，无耻地在敌伪箝制之下，卖弄风雅。后来，慢慢琢磨他们的文章，在字里行间，才发现他们共同有一种国破家亡的悲哀，更有一腔“敌忾同仇”的愤慨！我当时就预料到，照这样写下去，他们将遇到危险的。

有一天，又从一位朋友口中，知道悄吟就是十八九年间在国内以体育著名产生五虎将的东特女一中的女生张廼莹。她初中没毕业，就被绰号孔大牙的女校长革除了，理由是张廼莹思想浪漫，不守校规。据说孔大牙听了学生的报告，说：“报纸上悄吟就是张廼莹，张廼莹给人恋爱了不算，还无羞耻地写成文章，真是有损校誉，”同学们都这样反对她。于是她像一位弃妇似的，蒙垢含污，被数百人指骂着离开了学校。后来她写成的《商市街》，就是她离开学校过苦乐恋爱生活的一些散文。

当时，我对于她的印像和认识也止于此。虽然朋友们几次要拉我去看她，因为我很顾忌多见人，所以一直等我匆匆地离开哈尔滨，回到天津，这位叛逆的女性浮影，仍不时在我脑际掠过。

我在上海时，她和萧军在青岛，我离开上海去汉口，她俩便由青岛到上海。田军的《八月的乡村》和她的《生死场》先后在上海出版，惊进了文坛。后来，她的《商市街》也出版了。

二十六年，“八一三”后，上海文友大部撤退到武汉。她俩住在武昌锡金的家里，还有许多文友们也住在武昌，有一天，我特地约会好来看他们。我们相见之下，并不陌生。从她的嘴里，才知道编大同报的金剑啸已经被敌人惨杀了，当时谈着一些故人的消息，增添彼此不少怅惘。在沉默之中，萧军常常伸伸胳膊拨拨头发，显示着他的臂力和英武。她呢，虽然也有一种东北人特具有的爽朗风度，但女性的幽娴雅致仍然掩饰不住的。

她俩那时候的生活，大概相当好。萧军曾说每人结算一次版税就可得七八百元，那时候每年版税可结算三四次，物价又便宜，并从种种方面证明，她俩缺少的绝不是钱。以后她俩经常地为《战线》写写文章，虽然是短文，但风格与认真的态度，仍十分显著。

廿七年，他们去山西民大教书，大概在临汾失守的前后，她开始婚变，萧军在《侧面》里很详细地记载这一段的历程。

她既跟了端木，朋友们谈起来，都暗暗为她祝福。有人也不免七嘴八舌地分析她和萧军不能共同生活去的原因，说：“萧军太刚，她虽强，终究是女性，忍受不了萧军的刚。端木有无萧军之长是另一问题，但适能弥补其短。”这种话，特别在文人当

---

① 罗曼司：即罗曼史。

中最容易引起。所以她的婚变,既是文人中的一个复杂问题;无论如何,在她个人也不能不算是一件极伤感情的事。

之后,萧军到成都,端木先来重庆,她滞留在汉口。武汉撤守前也来重庆,在江津和白朗,罗烽一同住着,她在生理变态中完成了《忆鲁迅先生》①。她和端木住在北碚,偶然进城一趟,也少遇见。那时候除了出版《旷野的呼喊》②以外,只听说她在埋头写长篇,《呼兰河传》也许就是那时期的产品。之后去香港,又出版《马伯乐》。一直到她死,她是否还有遗作待出版,此刻还不详知,她和端木一起时生活情形,因为他们似乎尽量避免让人知道,所以能说出来的人也不多。

我这样浮光掠影地记述她的写作生活史,自然不足以说明她的为人和她的作品的价值,然而在这片段的生活写作当中,也有令人感慨的地方。

第一,她是中国女子职业作家中最有成就,也最专门的一人。从《生死场》至《马伯乐》,她的几个长篇小说,在时间上讲是从"九一八"至全面抗战后四年;从内容上讲,从在敌伪压榨下施行英勇的革命斗争,继而扫射社会上的苍蝇,也扫射老虎。这种英勇泼辣的姿态不是前期女诗人或女作家们可及的;她的创作力之强,也可能不是后来的女作家们望项背的。

第二,虽然这么说,我们不能不对她的遭遇表示惋惜。她蒙受了学校的羞辱,社会的讥笑,家乡沦亡的仇恨,男性的迫害,人间的嫉妒和一切诬谗,使她得到了快活,也掮起了苦痛。从一个叛逆的女性,慢慢地被环境吞噬,也渐渐成为一匹驯服的羔羊,一样地走上人生黄泉大路——"革命呀,创作,结婚,生育,疾病,死亡。"

第三,我们觉得培养一个作家实在很难,培养一个女作家更难。社会对作家歧视,对女作家更歧视。一个作家,有时会被环境的迫害,伤害了身体,断送了创作前程。这岂不可惜?

萧红是呼兰河人,那里靠松花江北岸,呼海(呼兰至海伦)铁路的起点,是敌伪的魔爪常常践踏的所在。十年来那里布满了牛鬼蛇神,造成人间地狱。她不等故乡重见阳光,便死在敌寇侵占的香岛,真是遗憾。人们祈求着:呼兰河畔春草年年,让黑山白水招唤萧红的孤魂吧。

---

① 即《回忆鲁迅先生》,1940 年 7 月由重庆妇女生活社出版。

② 此处有误,萧红在重庆期间,《旷野的呼喊》尚未出版。1940 年萧红去香港后,《旷野的呼喊》由上海杂志公司出版。

记萧红女士

柳亚子

一日，访端木蕻良于所居，则女士已由医院归来矣。虽偃卧病榻，不能强起，而握手殷勤，有如夙昔相稔者。嗣后暇辄往诣，每娓娓清谈，不以为累。

——柳亚子

本文载《怀旧集》，耕耘出版社1946年版。题图照片为柳亚子。

柳亚子：诗人，民主人士。原名慰高，字稼轩，号亚子。曾创办并主持南社。著有《磨剑室诗词集》、《磨剑室文录》、《柳亚子诗词选》等。

作家萧红女士，真姓名为张迺莹，龙江世家女也。愤东北沦陷，弃家内渡，初至上海，为鲁迅先生所器重。抗战军兴，曾北入秦晋，东巡汉皋，西窥巴渝，寻复南游香岛，止焉。以病肺入玛利医院，久乃益剧，遂退院，养疴九龙之药道。余初未识女士，但耳其名：一日，访端木蕻良于所居，则女士已由医院归来矣。虽偃卧病榻，不能强起，而握手殷勤，有如夙昔相稔者。嗣后暇辄往诣，每娓娓清谈，不以为累。尝倚枕为余题诗册子，喟然叹曰："安得病愈，偕观电影，更就酒楼小饮，则其乐靡穷矣。"今日与端木言之，未尝不有余悲也。太平洋战争爆发，女士嘱端木以笺招余，至则惊怖甚，谓："病体不支，闻飞机声心悸弗可止。"余强颜慰藉之，悄然别去。明晨，余渡海止西摩道，则闻女士已在思豪酒店矣。尝亲以电话邀余语，叠叠不休，余恐损病体，未敢多流连也。孰意即此为永诀，后遂不复能闻其謦欬耶！香岛既陷，余间关返故国，途次曲江，初闻女士病殁噩耗，犹弗忍置信。及抵桂林，重晤端木君，始知事有不可掩覆者。嗟夫，天地不仁，万物刍狗：以女士掀天之意气，盖世之才华，而疾病困之，忧患中之，致令奄然长往，一瞑不视，宁非人世之大哀欤！兴言及此，叹息弥殷已。

悼萧红

——为她未完的生命和寂寞的死亡

柳无垢

萧红无助地讲着她身体上的病痛，我望着房内坐在各个病床边絮絮谈话的探病的人时，突然觉得萧红是寂寞而孤单的。……萧红望着海，望着落日，听着风声，有一个多月了。她无助地病着，什么也不能作，焦急也只是徒然。

——柳无垢

本文载《文化杂志》1942 年第 3 卷第 2 期。题图照片为萧红病中所住的香港玛丽医院。

柳无垢：翻译家，柳亚子之女。著有《菩提珠》（与柳无非合著）、《大年夜》、《再会》等。

这几天来萧红的形影特别地近着我。我想着她的死亡。她生前的种种,她对于生的留恋和死的恐怖和她内心的一片荒凉。

桂林的气候突然变了。一夜秋风,刮走了炎夏,天气变得晴朗而干燥。但当我在秋天暖烘烘的阳光里走着时,一种萧瑟寂寞的感觉会把我的心灵包裹起来,虽然树木还是青的,野草还是那样地繁茂。于是,萧红的形影会伴着一种淡淡的哀怨,追踪着我。

浅水湾是常碧的。海水终年地冲激着海岸,洗去战士的血痕,洗去海边行人的足迹。我想到被孤单地埋葬在香港海滨的萧红,也许萧红留在人间的足迹会被冲洗掉,但她所走的路程,也就是人类历史的一段,不管是一寸一分,总是永生的。

我并不是萧红的密友,也并不曾和她有过长时期的相识。第一次知道她的名字,还是在七年前。那时我在海外,生活里只有隔绝和孤单这两个字。纽约摩天的高楼压迫我,使我吐不过气来。我万分地怀念祖国,写信要父亲寄一两本中国最近出版的有时代意义的文学名著来。

两个月后,我接到父亲寄来的两本书:萧军的《八月的乡村》和萧红的《生死场》。

我一口气把这两本书读完。我更爱萧军这一部农民的史诗,但是萧红的《生死场》,不管它的字句有时使人感到生硬,也深深地感动我。它唤出了一种新的呼声:是人类几千年来的磨折,悲哀,反抗和希望的呼声。

当我想到在饥寒中挣扎着,同代表一种制度的剥削者与侵略者斗争着的祖国的人民时,我感到兴奋而自惭,暂时遗忘自已的苦恼。

但是我一直没有机会认识萧红,虽然八一三沪战时,我们同在上海,虽然在她到了香港后,我一直想认识这位曾经感动过我的“女作家”。从朋友那里借到她的近著《马伯乐》,描写一个由无助,麻痹而致于形同浮尸的青年。我觉得萧红的描写有一点近于琐碎,失去她旧有的新鲜和反抗的朝气。有时,朋友们谈到她,会带着亲切的责备说,“呵,她只关在自己的小圈子里。……”

一九四一年春,为了替《时代文学》翻译文章,便认识了萧红。更凑巧的,我们两次在渡轮上偶遇,有一次她去配药,有一次她到玛丽医院去施行手术,后来她出院了,我又探望过她两三次。

消瘦的身材,苍白的脸,萧红和稍稍熟悉一点的人是会絮絮长谈的。我们先是谈一些通常的话:文坛的沉寂,国内青年的苦闷,文化工作者的岗位和怎样守住自己的岗位。最后一次去她家中看她时,她半病着靠在床上,穿着淡红色的睡衣,谈她在武汉陷落前自已和几个学生险遭拘留的一个小小插曲。也就如国内的政治空气一般,我们的谈话都免不了染上一层灰暗的颜色。

萧红诉说着她的头痛,失眠,在医院里施行手术时的痛楚,和施行手术后头痛毛病的依然如旧,使她不能阅读,不能写作。

她住在九龙乐道,小小的房间望不见多少青天,也望不见海和远山。我说她应该多在海滨走走,和大自然接近一点,也和人群接近一点。但是她说她才施行手术,不能多走动,也很少有朋友来看她。

而后来,甚至连偶尔去探望她的我,也因为工作的忙碌,孩子的病,和旧朋新友的聚首,一直没有去看她,甚至有时走到离她极近的地方,也总似乎抽不出时间去看她一趟。人情有时是冷薄的,尤其在热闹和忙碌时,更会遗忘在寂寞病苦里的朋友。

可是就在一个秋天的下午,在玛丽医院里,我又看见了萧红。

朝夕同事的杰姆病了,病伤寒症,住在玛丽医院里。是一个星期三下午,我乘空去探望他。又怕他饭后午睡,特地一个人在中环马路上踯躅了一阵,在海边码头上坐着翻阅杂志,到四时光景才买了一份晚报,去医院里看他。当我坐在阳台上他的病床边时(下午他总爱把床搬到阳台上,在阳光里躺着。)我听见楼上有什么人在叫我的名字。抬头一看,却看见萧红穿着医院的病服,散着头发,在阳台上和我招手,但一下子又隐在竹帘后面去了。

我按着方向上楼到那间病房里去找她,是三等病房,在明朗,洁净,宽畅的大房

间里。分成两排，摆着二三十只病床。因为星期三不是探病的日子(三四等病房的探病时间是有限制的)，所以当我带着犯规则胆怯的心情走进病房，向铺着同一的白被单，但躺着不同的病人底床逐一搜寻，而找不到萧红时，便立刻退出来。因为自己犯了规则，又不知道她是不是用自己的姓名，便不敢询问护士，连电梯也不坐，走回杰姆的房间去，向他要了信纸信封，写了一封信给萧红，告诉她我怎样找不到她。

我原想打听她的病房底名字的，但电话没有打通，萧红的信却来了。信里充满了寂寞的热情，告诉我她接得我的信后，是如何的喜欢，又说，她重入医院，已经有一个多月了。

在我第二次去探望杰姆时，我又去找萧红。她睡在阳台上(怪不得第一次找不到她)。天气很热，但她穿着绒的睡衣。她消瘦得多了，嗓子发哑，不能多谈话，并且极疲乏的样子，她告诉我，最初医生说她头痛，是因为子宫有病，所以才施行手术。但施行后头痛反更利害了，便又入院检查，照X光，才发现肺部有黑点，医生说她得入院治疗。本来住在隔离病房，但因为是四等的，食物非常的坏，所以要求换到三等来。但三等病房住满了，并且病人不喜欢有肺病的人住进来，所以医院里把她的床放在阳台上。阳台上没有窗，到晚上照例竹帘又得卷起来，刮风时冷得很。有一夜飓风侵袭香港，她冻得半死，但也没有看护来照顾她。虽然医生说空气和阳光是医治肺病的药品，而且还有三个病肺的人也住在阳台上，入院后都慢慢地健康起来，但她却咳嗽着，精神一天坏比一天。医院里并没有什么特别的药给她吃，她自己又没有钱买补药，没有钱搬到二等病房去住。她真希望能早一点出院，还是回家去的好。

萧红无助地讲着她身体上的病痛，我望着房内坐在各个病床边絮絮谈话的探病的人时，突然觉得萧红是寂寞而孤单的。我也曾在同一间病房里住过一星期。七个傍晚，望着同一个血红的落日，沉浸到深碧色的海里去，火红的霞彩逐渐苍白灰黯起来。在夜间，眉儿般的新月慢慢肥起来，星星般渔舟的灯火，偶或在海里闪烁着。不管海是如何的亲切，冬天的阳光如何的慈爱，但七天的落日带给我七天悠长的寂寞。而萧红望着海，望着落日，听着风声，有一个多月了。她无助地病着，什么也不能作，焦急也只是徒然。她想着世界上其他在苦难和挣扎斗争里的人群，她也便是其中的一个，但她却又似乎不属于大众，和人群隔离。她不但有身体上的病痛，并且还有心头无边际的荒漠和苦恼，但却没有人去了解她，没有人来听她的诉苦。萧红是寂寞的。

但是我没有告诉她我心头的感触，怕她谈话太辛苦，便默默地走了。

我又在探望杰姆时，看望了萧红一次，她的病情一点也没有改善，依旧咳呛着，说总得想法回家才好。后来杰姆病愈出院,我又终天忙碌,没有再去看她。接着自己也病起来了。

晦晨来探望我。我告诉她萧红的病和她的寂寞。凭着一贯的热情,她立刻跑去看萧红。但她去迟了,过了探病时间,没有看到病人。

倒是父亲那里,知道一点萧红的病情:咳嗽得更利害,喉咙哑得谈话都非常困难,并且病着不能起身。父亲是一个热情人,虽然他与萧红才相识,但却介绍医生给她,替她设法弄钱,并且有时还亲自去看望她。

一九四一年十二月八日上午,端木先生叫人送了一封信来,说早上的飞机声,机枪扫射声和轰炸声,是"真打仗",不是"假演习"。萧红怕得不得了,要父亲去安慰她。我们那时还以为是"演习",叫她安心体养。但后来有在报馆里工作的朋友来,才知道太平洋战事,真的在众人的睡梦中爆发了。于是父亲又冒着空袭,走到乐道去看萧红,告诉她真实的消息。

父亲回来说:"萧红害怕得要命。她要我陪她,不放我回来。我要她安心,别那末害怕,并且告诉她在这年头,死极容易,生才偶然,别那末怕死。但是她总不能宁静,说她自己也做不来主,总害怕得什么似的。"

我没有去看望萧红,因为正和她一样,我自己也病着,出医院才两天,肺部外面的肌肉,还隐隐地作痛。我那时只艾怨自己的病,不能做什么事。我觉得战事爆发,香港已变成战争的前线。生命是什么呢?将有多少的人会在暴敌强迫开辟的新战场上死掉。个人的生命真蚂蚁一般,只拿来铺填人类历史的道路罢了。主要的倒是:甘愿被人践踏着死去呢,还是乘活的时候好好地活着,为自己,为别人,作一个被人鞭打残害而死的填路人。香港虽是帝国主义的殖民地,在那小小的一块土地上,百多万的人在无知和劳役中生着,死着。但是保卫香港也就是保卫民主阵线。而我们该在这时候做些什么有助于保卫的工作呢?香港终久会沦入敌人手里的。炮火和飞机的轰炸,屠杀。死亡已经不是明日的事。但在未死之前能作些什么工作,来延长这百多万人底生的时间呢?

我恼怒着自己的病体,但却又平静地面对这意外的突变。对于萧红的恐惧,我一点也没有同情。不管眼前是多么的黑暗,死亡紧跟在我们的脚后,但人类的未来总是光明的;历史的道路虽然惯常地曲折迂回,但总是朝着进步的方向走的。

我没有了解萧红。我对于萧红知道得太浅了。我苛刻地用我自己当时的感觉去批评她。我也知道,心灵不断地被亲近的人底冷酷所刺戳的人,是最怕被人抛弃的。愈是知道自己的生命快终结的人,愈是对生有一种强烈的要求,愈是和人群,和这伟大的斗争隔离的人,愈来得重视自己的生命。但是我没有知道萧红的身世,她短短一生所经历的苦痛,她的身世所给予她的软弱,和她内心的斗争与悲哀。我没有懂得她对于死的恐怖，便是她对于生命的积极的态度。

香港沦陷了，百多万的中国人，平日是在殖民地制度下生活的，在香港也被当作一种被动的财物处置着，没有机会参加战争。当交易行屋顶上的白旗高悬，一队三只的敌机在天空中巡察，山顶上的炮台最后一次发出几声巨大的爆炸声后，一切都沉寂下来了。经过了十八天的炮战，轰炸，肉搏，香港的沉寂使人感到异样的凄凉。统制香港的，是饥荒，恐怖，赌博，抢劫，和恶魔似的汉奸的活动。

侨民们大批大批地离开家屋，离开多年经营的产业，或是背着包裹，背着孩子徒步流浪着，或是挤在难民船里，冒着风浪和抢劫的危险，回到祖国的怀抱里去。我和父亲也杂在"走难"者的一群里，离开这面目全非的城市。所有的朋友亲戚，却早已离散，连个人的踪迹都不知道了。

萧红也就是离散朋友中底一个。在战争发生后，我们搬到香港西摩道时，父亲曾接到萧红的电话。她也过海来了，住在思豪酒店，说希望能够看见父亲。但是在四个月后，看到文坛的通讯，说萧红在香港逝死了。

这消息能是真的吗？萧红是怎样死去的呢？当炮火交轰，敌人进袭香港时，她又在什么地方呢？当饥饿统治了全城时，她有没有余米可煮，有没有零钱买米呢？敌人有没有凌辱她呢？她又带着怎样的心情，度过这十八天的日子呢？她又在什么时候，怎样地死去的呢？

我似乎从未曾有过地怀念起萧红来。并不是死亡消除了人与人间的隔膜，倒是几个月来自己的遭遇和听到关于萧红的种种，使我更深一层地来体会她的寂寞，她的惧怕，和她对于生的留恋。透过自己同阶级，同性别，相似的出身底悲哀，愤怒，苦恼和寂寞，我清晰地认识了萧红，第一次看见了她，同情她，但又如鞭鞑自己般温情地埋怨她太早的死亡。

萧红原姓张，是东北一个地主家的小姐。就如千千万万的女性在时代的洪流里意识到人的自由权，企图解放自己，反抗旧社会的束缚一般，萧红为了反对旧式的婚姻，从家里逃奔出来。她和一个学生发生恋爱，怀孕，被遗弃。后来她离开哈尔滨到上海，转日本，又回上海。她学习写作，凭着深切的经验，热烈的同情和刻苦的努力，她写成了好些成名的著作。

"八一三"战事发生，她也像千百个满怀热情的青年一般，走入更深的内地，去到西北，但却又停住在临汾，转回武汉。武汉危急前，她又随着移民的洪流去到重庆。跟着国内政治的发展，她退回到香港来，长期地在病痛中生活着。

战争，轰炸。萧红被从九龙送过海来。先住在跑马地友人家里，后来搬到七姊妹，再迁到思豪酒店，又搬到中环一家缝衣铺破烂的屋子里。几次拖着病体，从这里搬到那里，没有医药的调治，得不到更多的人情底温暖，在生和死的恐怖中挣扎着。

香港失陷，大半的医生都停诊。她的病情比战前更坏了，被送到养和医院去治疗。庸医误认她喉中有瘤，一定要她开刀。但开了刀，找不到瘤，呼吸却格外困难。又第二次开刀，用管子插在喉头，靠管子呼吸。但是医生并不关怀病人的生死，毫不予以应有的照料。她又被送入玛丽医院，那里，经过一个外国医生和看护们热心的医治，才渐渐有起色。但是敌人在正月下旬把所有的外国医生都关到集中营里去，占领了医院。就在缺乏医生的诊治和人类的温情，误食药片后，病情突变而逝世了。

就像千万个青年一般，萧红不满现状，满怀着热情参加人类的解放战。在群的中间，她长大而强壮起来。但是武汉陷落，抗战转入一个新阶段，民众运动由高潮低退下来。除了尝历一般文化工作者的挫折和苦闷外，萧红还经历了许多个人的悲哀。一个年青的女人，投身在群的运动中，但又不能单独地站起来生活。经历了爱的创伤，萧红仍旧企图凭着新的爱情，来医治自己过去的创伤；想凭着这新的爱情，重新把自己建设起来，把自己的生命和未来，溶汇在群的生命和未来中。萧红想消极地驱除寂寞，驱除阶级的苦闷，遗忘作女人的悲哀，进而积极地成为一个战士。但是也就像仅以男人的感情为自己的生命之源泉，因而愈来愈把自己和群的生命相隔离的女人底命运一般，萧红一再尝受人情的冷落。有一次，在敌机月夜轰炸武汉时，她拖着怀孕的身子，在恐惧里奔逃着，跌倒在江边的路上，昏晕过去。夜幕覆盖着她，冷风欺侮着她，星星嘲弄着她。她独个儿在马路上昏迷地躺着，直到下一天由陌生人把她救起来。孩子流产了。但那一夜空袭里恐怖的遭遇，却永印在她心上；这恐怖在香港之战时，一直像恶魔般紧抓住她的身心。

萧红悄悄地来到香港。她的健康已经因为几年来的磨折而损坏。靠忠实的笔杆生活的人，贫困便是她的命运。她必须不断地写作，才能生活，才能积聚一笔医药费。但是长期的病，生活的狭窄，感情因过份的摧残创伤而不能扩大。写些什么呢？一个已成名的作家有她特有的困难。她必须写一些能使自己，使读者都满意的作品。但是生命已经像池水般失去活力，再没有力量流入江河，流入大海。愤懑着自己小我的悲哀，愤懑着自己摆脱不了阶级身世和性别所留给她的感情；愤懑着在人类日益扩大尖锐的斗争里，自己不能作一个积极的参与者；体会着千百万人群在无声地忍受悠长的苦恼，贫困，磨折而自己虽就是他们中间的一个，却又偏不能把小我的感情汇合到大的苦痛里；明白只有更扩大自己的生活，只有凭着自己的意志感情，不再依靠别人的感情来生活，才能逃出这恶魔似的压迫，然而萧红仅只能不断地在身体和内心的病痛中挣扎着，她耻于诉说个人的哀怨，耻于诉说自己的心怀，甚至不能迈过个人的苦恼，把同时代同阶级同性别的人底苦闷，赤裸裸地写绘出来。

萧红悄悄地逝世了。她还年青得很。但她却死得那样的苦恼凄凉。萧红是勇敢的。她强烈地惧怕死,也就是强烈地渴求着生的表示。她的渴念生命,也就是她企求在活着的时候能够参与这人类的斗争。她曾经得到不少友人的热爱和温情,虽然她死的时候是寂寞的。她曾在中国的文坛上,也在世界的文坛上,遗留下好些珍贵的作品,这些作品是人类的苦恼,反抗,和希望的结晶。

萧红曾几次做过母亲,但没有一次能够把孩子养大起来。在临死的前几天,她对一个朋友说:“我最大的悲哀和苦痛,便是做了女人”。

这一句话,叫出了在这个社会制度下女人的苦痛和悲哀。萧红的一生,也便是中国女人底苦痛的历史的累积。

然而萧红是看见了女人光明解放的前途的。她也看见了一个新社会的诞生和生长。虽然她自己没有走完她斗争的行程。

忆萧红

周鲸文

在一九四〇年的圣诞节前夕，萧红一个人带一盒圣诞糕到我家。她走了一段山路和升登楼梯，累得她呼吸紧张，到屋里坐了一会才平复了。我体会到，她身体很弱。……一年的时间，我们得到一种印象，端木对萧红不太关心。

——周鲸文

本文载《时代批评》1975 年 12 月 32 卷 12 期。题图照片为周鲸文四十年代主编的《时代批评》。

周鲸文：民主人士，社会活动家，著有《人权运动纲领》等，抗战期间曾赴港主办《时代批评》半月刊。

东北籍女作家萧红，在日本攻陷香港后，一九四二年一月二十二日在香港逝世，卜葬于浅水湾丽都花园海滨。一九五七年八月三日迁葬于广州市银河公墓。

萧红是三十年代的名作家，著作甚多，以《生死场》一书最为风行。贯穿她著作的是以反抗日本侵略为中心，而描述战乱时中国人民的痛苦，尤其是穷苦大众的艰苦生活。她的作品是战斗的，是描述大众的生活，而没有佳人才子的脂粉气。

萧红是我的同乡。我认识她时却在她人生旅途最后的两年。她居住过的城市，我都住过，但却没有机缘碰到她。一九三一年，“九一八”事变以后，我在哈尔滨主持《晨光晚报》。在哈埠沦陷前，这张报纸是哈市唯一可以大声疾呼抗日的，萧红那时正在读中学，也可能正和“李老师”热恋。她在北京读书时，我也在那里活动抗日，也没有碰到过她。当她的《生死场》这本书出版时，我有时也在上海，还是没有碰面的机会。直到她于一九四〇年来到香港，那时我正在香港办《时代批评》，才得有机会和她碰面。可惜，时间不到两年，她就在悲惨的情形下结束人生旅程。

萧红的生前的大半生活，我是耳有所闻，但不详实。我所详知是她同端木到香港以后的情形。给萧红写小传的骆宾基先生是我好朋友，写《浮世小品》涉及到萧红的生活的孙陵先生也是我的熟人。他们知道萧红的过去生活比较多，但详知萧红最后两年生活的人，我却是其中之一。骆宾基先生的《萧红小传》和孙陵先生的《浮世小品》，我都未见过。但以我对两位先生作品的真实性，我宁偏信骆宾基的，因为他是萧红弥留时最后两个送葬人之一（另一人为端木）。在萧红死后，端木和骆宾基都到了桂林，他们都很详实的把萧红逝世时的情况告诉我。他们两人不仅是我的同乡，而且是我的同志。萧红和端木于一九四〇年由重庆来到香港，他们先在《星岛日报》上发表文艺作品，我记得萧红的《呼兰河传》是在《星岛日报》上发表。那时我正在香港办《时代批评》，在我们未见面前，同乡们已经告诉我这两位东北作家现在香港，我也急于和他们会晤。

有一天下午端木和萧红到我的办事处（雪厂街十号交易所大楼）来访我。我们既是同乡又是文化界中人，真是一见如故，彼此非常亲近，从此就常相往来，有时到酒楼饮茶，有时他们到我家作客。端木身体很弱，中国文人的气质很重，说话慢腾腾的，但很聪明。萧红面貌清秀，性格爽朗，有人说她孤僻，我对她倒没有这种印象。

端木和萧红都在《时代批评》上发表文艺作品。首先是端木的《科尔沁前史》，接着萧红的《马伯乐》长篇小说分期在这个半月刊上发表，共发表十五期，即由六十四期到八十二期，中间有两三期因《时代批评》出专号或因文章太挤，暂停。

一九四一年四月中旬起，我倡议"人权运动"，在海外轰动一时。各党派朋友，文化界朋友均曾给以大力支持和鼓励，端木和萧红就是其中之一。美国女作家史沫特莱那年大约在六七月间来香港，她和萧红很熟，萧红把史沫特莱介绍给我。史沫特莱很赞成我倡议的人权运动，我们曾举行茶会讨论过这个问题，她说回到美国后也找名流议员支持这个运动。在香港还特别介绍何明华主教和我见面。（注：史沫特莱死在何时、何地，我不清楚，但在一九五六年前，我到北京效外八宝山墓场为朋友送殡时，曾见过史沫特莱就葬在那里。）

一九四一年六月，《时代文学》第一期出刊，名义上是我和端木主编，实际是由他负责。这个刊物出版到第六期，因香港沦陷而结束，在《时代文学》上，萧红发表了《小城三月》中篇小说。

说来，我是把全副精神办《时代批评》，为什么又添办一个《时代文学》呢？理由很简单，因为端木和萧红是文艺作家，他们希望有这样一种刊物。同时，那时由国内到香港逃难的有大批文艺工作者，也应给他们发表文章的园地。所以，国内外知名的文艺作家都是《时代文学》的特约撰稿人。我和端木、萧红在香港往还一年多，见面时多谈时事，很少谈家常，而且在我印象中，萧红对时事也不多谈。我当时曾想过，她是不喜欢谈时事呢？还是有共产党组织关系不肯随便说话呢？当时我主观上没有认为她有共产党的党籍。

在一九四〇年的圣诞节前夕,萧红一个人带一盒圣诞糕到我家。她走了一段山路和升登楼梯,累得她呼吸紧张,到屋里坐了一会才平复了。我体会到,她身体很弱。事后,我和内人讨论过:为什么端木不陪她来,让她一人跋涉走这远的路。由此,我们开始注意端木与萧红的关系。一年的时间,我们得到一种印象,端木对萧红不太关心。我们也有种解释:端木虽系男人,还像小孩子,没有大丈夫气。萧红虽系女人,性情坚强,倒有男人气质。所以,我们的结论是:端木与萧红的结合,也许操主动权的是萧红。但这也不是说端木不聪明,他也有一套软中硬手法。端木与我们往来较频,但我们在精神上却同情萧红。

八九月间,我们知道萧红常患失眠、咳嗽。她经人介绍到玛丽医院诊治。本来是以治疗痔疮而往,结果却发现有肺病。但肺部患处已钙化,没有什么不得了。既然有肺病就得治疗。玛丽医院医生主张:既然治疗就得把已钙化的结核放开,彻底治疗。到医院两三次后,端木和萧红同意医生的主张,大概是用氧气吧,把已钙化结核放开彻底治疗。在未治前,萧红虽觉有病,但还是走动如常人,还照常写作。但经过医治之后倒真成了病人。体力不够了,行动不便了,咳嗽加剧了。这就非住院不可了。拖了这段时间已经是一九四一年十一月初。

端木和萧红的写作收入,在平时是可以过得去,虽不充裕,但可足用。但一有病,住院,医药费等等的开销,就不是他们平时的收入负担得了的。关心萧红病况的朋友,多为分忧,柳亚子先生夫妇、于毅夫先生夫妇,和我们夫妇是突出的几位。论经济环境,当时我的条件比他们都好些。有一天柳亚子先生约我吃茶,特意谈萧红医病的开销,希望我多资助,我当然义不容辞。事后柳亚子还赠我一首七言八句的诗,记述谈话的经过,现在我只记得其中的一句:“忍教春泥溅落花!……”

以后,我和萧红、端木见面,谈到医病办法,一致主张以住玛丽医院为佳,医生好,设备全,而且也比私人医院(如养和医院)开销较轻。我向他们保证,一切医疗开支,我完全负责。

既如此决定,十一月中旬,萧红住进玛丽医院,一切经过良好。端木常去看她,随时把情况告诉我,我也很安心。

十一月下旬某日,端木忽然给我打电话说:“萧红出院了!”我很奇怪:“肺病治愈不会这样快,为什么这样快出院呢!”端木在电话中告诉我:“萧红不满意官气十足的护士小姐,不好好照顾病人。她又讨厌让她住骑楼(主要为新鲜空气)。昨天,于毅夫去看她,萧红把这种情况告诉了他。萧红想出院,回家住,于毅夫也赞成。就这样,于毅夫把她接回来了。”我听到电话,很不以为然。自然我体会到萧红所述之苦。第二天,我和内人到九龙去看萧红。他们是住在尖沙咀附近乐道八号。

他们住一间二百尺左右的屋子,中间有一个大床,有个书桌,东西放得横七竖八,还有一个取暖烧水的小火炉。萧红就躺在那一张又老又破的床上。见到这种情况,我心中很寒酸:这就是中国文化人的生活。萧红和端木在中国文艺界已是成名的作家,而生活如此艰苦,其他以写文为生的人,生活更可想而知了。

萧红见我们来访,精神稍微振作,但已是筋疲力尽的样子。瘦削的脸,只有两只大眼睛有时尚露光芒。我和内人向她安慰一番,并且劝她重到玛丽医院,家里这种环境对她这种病是不好的。她首肯同意。同时她又似正经又似开玩笑的说:"周先生,你正提倡人权运动,请不要忘记了我这份人权。"我很坦诚的说:"你放心吧。"当时我也批评了于毅夫不该任性把她接出来。同时我心里在埋怨于毅夫,只是感情用事,把萧红从医院接出,而又不能对她有什么帮助。实际那时于毅夫的生活也相当苦,他也无力帮助。

萧红、端木都同意我的建议,由端木负责去办。当我们离开时,我送给他们一些钱。

十一月度,我正忙着和各党派在香港的负责人商谈,拟给罗斯福总统一封电报,建议他不要和日本来栖大使谈判,那将是与虎谋皮,空上日本的当,而有损于罗斯福的令名。商谈结果,各方以中共的马首是瞻,共方的代表说得向延安报告请示。我也和宋庆龄洽谈过,她不愿出名。我看局势迫切,不容欠掩。我向他们说:"一掩久了就误事没用了,我不能久候,非做个人行动不可了。"他们也无话可说,我乃于十一月二日以我个人名义,打了一个以上述意思为内容的电报,花了一千多元。十二月二日本港中、英文大报都刊登了这个电报的内容。

因为我忙于这种事,几天来也未得顾到萧红再入医院的事。我以为端木去负责办,我已放了心。

谁知,十二月七日,日本偷袭珍珠港,太平洋战争于是爆发。八日清晨七时日本飞机已向香港投弹,香港已入战时状态。这时萧红并未进入玛丽医院,还住在九龙乐道那间小屋里。

日本军很快的就占领了九龙。十八日日军用炮火把香港北角的美孚行汽油库打着起火,小部日军趁火掩护强行登陆香港。这期间前后九龙难民冒着炮火向香港逃难,这群难民中就有萧红。

这时我家是住在香港联合道七号,位置是一个小山坡,斜对面是保良局,在对面是英军的高射炮阵地。保良局门前的一个广场是英国炮兵阵地。实际我这个住处是火网线上。事前我并不知道,当战事发生时才发现如此。

由九龙逃出的难民,我的表兄张廷枢、友人汪皋如都来我家避难。接着在中环住的广东友人杨某一家男女老小十多口人也怕轰炸逃到我家。连我家大人孩子佣人七八口人,加上现在逃到火网线上的亲友,已经是廿多个人了。所以处处住满了人,连车房内都住满了人。幸好,我的汽车被香港政府战时征用,空出了一大间车房。而且这间车房,三面是山,顶上是楼,可作为很好的防空洞,只有车门向西面对马路是唯一有危险的地方。这个车房多为杨家占用,一有警报,三十来口人都到这车房避弹,觉得空气都不够用。

大概在十七八日这两天,一天下午两三点钟,端木、于毅夫两人抬着萧红来到我家。后边还跟着于太太和两个孩子。

稍休息一会,我们谈如何住法的问题。于说:他可到另一个朋友家挤住,只剩下萧红住的问题。住楼上,不安全,炮火已把三楼房东住的那层打了两三炮。我住的二层尚未着炮火,随时有着炮轰的可能。所以,警报一响或炮火一攻,大家都得挤进车房避难,一天不知要跑多少次。萧红是病人,不能行走,每次都有人抬,这就不胜其麻烦,而且她弱到这样的程度也经不起颠簸。车房是安全的,已经住满了杨家的老少,而且潮湿,不开车门就没有足够的空气。这个安全地方也不适于萧红。加上,我家和杨家都有七八个孩子,萧红是严重的肺病,我们也不能不给孩子们想一想。

讨论的结果,大家决定暂把萧红送到雪厂街思豪酒店,由端木照顾她。临行时,我交给端木五百港币。

由十八日起到二十一日,日军不但由九龙继续登陆香港,在黄泥涌道附近也发现日军。我的全家和在这里躲难的人于二十一日都不得不迁出。于下午二时,我们大队人马背包罗伞,扶老携幼着冒着炮火向中环迁移。路上看到炸得烂泥样的尸体,英京酒家门前还有三四个死尸,炸弹开花有时只离我们十数丈远。我家的目标是到交易行我的办事处,杨家的人旧照回家。

萧红在思豪酒店约住四五天,忘记了为什么原因,不能久住下去,端木和我商量下一步的住处。我忽然想起在斯丹利街"时代书店"的宿舍。"时代书店"是我为了发行《时代批评》而设立的,位于皇后道八十八号。(战时书店被日军没收,战后我未收回这所房子,由钻石酒家租去,并以此址为其发财致富的发源地)在书店后面斯丹利街另租两层房子,一层为书库,另一层为书店同仁宿舍。书库这层存书不多,有很宽的地方。由于我想到这处,和端木商量,为何不把萧红送到那里,既安静又宽敞,而且书店的同仁又都是熟人。也好关照。端木同意我这提议,于是萧红就进往书店这层房子。

香港的沦陷是难于避免的。在二十五日前,我简略的把《时代批评》,"时代书店"的同仁、萧红、二表哥以及我的家眷和我个人的事作了安排。忽然二十五日下午三四点钟,香港总督宣布投降。我的家眷避到了杨家,我于两三日前已由同事张某在郝来坞街一家穷苦人家借了一张铺位。在香港投降的下午四五点钟我们各就事前的安排去处就位。

记得当时,在《时代批评》办事处打发家眷离开后,我也换上了广东流行的工作短装,由张君陪同我,垂头丧气地离开了我的"抗日工作大本营",出门转向皇后道。这时街上已乱七八糟,钢盔、军装,丢在当街和道旁。到娱乐戏院门前,我决定转到书店宿舍看看萧红和书店同仁,在潜意识中,可能这是最后的诀别!至少,在我在港避难期间不便和他们见面了!

书店同仁见我这般打扮,当然心中有数。我们相约国内见面。我转到书库看萧红,她蜷伏在一架小床里,似在昏沉沉熟睡。我说:别惊动她,她醒来就说我来过就行了。我拖着沉重的脚步离开了这个地方,我默祝她能恢复健康,我知道这只是愿望,实际,我不知道别人的命运,甚至不知道自己的命运。

我于香港沦陷十四天后,侥幸乘渔船逃出了香港。

一九四二年春天,在桂林会见了端木和骆宾基,他们告诉我萧红逝世的经过。我真是感慨万端。从我知道萧红的逝世消息后,我一直在想:萧红可以不死,而萧红竟死了。

萧红虽患肺病,在当时的医药进步情况下,肺病是可以治疗的,何况,她的肺患处已经钙化。偏偏遇到医生主张把钙化的疤吹开,以使根治。这不能说不对,但需按医生的指示治疗。

在医院治疗时,偏偏有于毅夫这样好心肠的人,见着病人诉苦,感情用事,竟把她接出医院,投到萧红的家——肺病可以肆虐的火坑。(关于这种情况,我平生经过类似的有四个朋友的例子,都是不听医生的劝告,自作主张,以致送了命。)

萧红虽然因一时冲动出了医院,如能经过我的劝告再急行回到玛丽医院,在香港战争期间,医院还是照常工作,她还可有医生照顾,不致使病势恶化,至少可免去东奔西逃的折磨。这折磨,好人都受不了,何况病人!简言之,萧红的病初时并不严重,不至到不起的境地。首先,是主持病的人误了事。其次,是战争把萧红折磨死。

萧红一生反抗日本侵略,写出了《生死场》。最终,还是日本的侵略断送这位热情似火,嫉恶如仇作家的生命。

萧红死后能把她的骨灰葬在浅水湾丽都花园,青山绿水伴着这位名女作家,真是"青山有幸埋傲骨"。

日军侵占香港,以抗日成名的女作家萧红的骨灰能葬在风景幽美的浅水湾,对日本侵略行为是一种讽刺。但日本人还容得了,可见日本人还有东方文化,死者为大,不向死人算帐。

香港这块大英帝国最后一块殖民地,日军来时,政府投降,英国财阀逃之夭夭。

迨中国人民经过八年血战，打败日本时，英国仍得保持这块殖民地，英国财阀又复翩翩的重临香港。埋葬萧红的地方——丽都花园——是英某财团的产业，藉口动工要挖去萧红的墓地，经“中英学会”请求停止挖掘工作。乃去信商得在北京的端木同意，决定将萧红墓迁往广州。萧红在港的一些朋友完成掘墓和送墓工作，她在广州的一些朋友完成了接骨灰工作，改葬萧红骨灰于银河公墓。

萧红的这些朋友中，双方面都有我的熟人，我很敬佩他们，善尽了朋友之谊，萧红的骨灰得到最后的安息之所！

我于一九五六年底来到香港后，一月某日曾携内人和一位朋友到浅水湾丽都花园萧红墓前凭吊。只见在一株大树下，立着一尺多长的木牌，上书“萧红之墓”。这株树，四周砌成一个丈多直径的圆圈，圈内四周由石块砌成，圈内积土。左近的几株树多是如此，大概是为了保持水份的原故。

萧红迁葬时（一九五七年七月）我正在美国旅行，故没有机会看到当时迁墓的新闻报道。可是事后，我是知道了这回事。

时隔十八年，我时常到浅水湾去，丽都花园情况依然如昨，几株大树仍然是老样子，只是缺少“萧红之墓”。

每当我到浅水湾丽都花园，我都想起萧红，还到埋葬她的树下徘徊凭吊。不期然而然的，心中在想：日本侵略者当年占据香港尚容得了以抗日成名的女作家埋葬在浏览区浅水湾丽都花园，而以西方文明自诩、天天主张以民主自由为立国之本的英国财阀却不容为民主自由奋斗一生的萧红死后埋在地下占它数尺之地。（实际骨灰在地下，露面的只是一尺高的木牌。）

我想来想去，有些气愤，动了感情。我在幻想：既以发财为英国财阀的目的，难道中国人就没有一个有出息有钱或有势的人，以高价收买丽都花园这块小土地！如我这种幻想都成空，那只希望将来的历史作翻案文章了！总有一天，丽都花园那株大树下还会出现“女作家萧红曾葬于此地”的石碑。

怀萧红

——纪念她的六年祭

袁大顿

萧红死了吗？她最喜爱穿的那件盘着金边的枣红色的长绒旗袍，不是分明还在我的眼前摇晃？还有那一双明亮的眸子；那额际的一缕低垂的流海；脑后的左右两根小辫打成钉锤形样式，还是那么一闪一闪地，在我眼底活跃呢？……

——袁大顿

本文载《星岛日报》1948 年 1 月 22 日。题图为萧红当年在香港住院的玛丽医院住院部病房。

袁大顿：曾协助端木蕻良编辑《时代文学》杂志，后任香港《星岛日报》记者。

到今天，萧红的逝去，又是六年祭了。

前些天我又来到浅水之滨，拜扫她的墓地，然而当我伫立在这寒荒的墓地之前，墓地尽让荒草野卉丛生着，坟的周围，堆砌上一圈子的白麻石，中间只站立着一块木板，写上四个嶙峋的字："萧红之墓"（这四个字还是端木蕻良用血泪写就的）。我的眼前仿佛一片黑，凄楚的泪水汩汩的涌上来，这哀思无可寄托，在悲痛中我噬碎了自己的心。

人世间还有比这更惨痛的么？八年的离别，而今天面对着的却是这么一个荒凉的坟头。萧红死了吗？她最喜爱穿的那件盘着金边的枣红色的长绒旗袍，不是分明还在我的眼前摇晃？还有那一双明亮的眸子；那额际的一缕低垂的流海；脑后的左右两根小辫打成钉锤形样式，还是那么一闪一闪地，在我眼底活跃呢？然而这一切都和欢乐的回忆，在一起成了我的心上暗影了。

我初认识萧红，是一九四〇年的秋天（那时她偕着端木自重庆来港），在大东酒店的文学欢迎会上。但没有留下很深的印象。直到后来大家在时代批评社搞《时代文学》的时候，我们见面和谈话的机缘才频数起来。很快，我们之间便建立了一种强烈的友谊。

萧红开始为《时代批评》写文章，那是一个长篇《马伯乐》的后半部，故事正发展至马伯乐一家人流亡到沪滨，笔调是那么的细腻，柔和，而又哀伤的。我很喜爱,当时我还特地找了一个精致的标题头花,去编排这个长篇。然而发刊了不够半年,她便病倒了。

不久,她就进入玛丽医院去疗养。

由于《时代文学》编务的关系,差不多我每天就要去九龙会端木蕻良,那时端木的腿部也正患着风湿瘫痪症,行动很迟钝,有好多次,我就是陪伴着他去探访萧红。萧红的病榻是在玛丽医院楼院的前方走廊上,正面临环围着的半面海,看着那浩瀚的海,那大块的万里长空,吸着旷野的新鲜空气,这时萧红的心境,还是很愉快的。在寂寥中她把一本圣经读完了,见到我们来,总嚷着太寂寞,要我们下次带点新书给她看,但医生老是不许,我们没办法,只得送给她一些画报,她笑了,她说我们把她当成儿童来看待。

在十一月中,有一次,因为她早先健康时写就的《马伯乐》的一部分积稿,发表到第九章(这时马伯乐已再流徙至华中了)时,已发表完了,看来这故事的发展还很长邈,我于是又到玛丽医院去探候她,并告诉她《马伯乐》的积稿已刊完了,续稿怎么办,这一问,她怔住了说:

“大顿,这我可不能写了,你就在刊物上说我有病,算完了吧。我很可惜,还没有把那忧伤的马伯乐,提出一个光明的交代。”我看出她当时神情好像很愁沉似的,这时我也难过极了。跟着她又说,语气却变了:

“年青人要多用功……年青人有着生命的欢欣,身体壮实的爱好,美的欣慕,打扮的留恋,智识的吸取;我们要使他们能发掘生命的幽微隐秘,寻出被拘囚被捶楚的体无完肤了的人类的真理!”这番话,到今天还记得很清楚,是的,那时我还不过是一个二十岁的少年人,萧红在那时正是我的一个好教师。

然而,《马伯乐》就有如她的“红楼”一样,又成为一件未竟的著作了。

到了十一月底,萧红因为厌倦于医院的生活,又迁回尖沙嘴乐道的寓所里来了。但这时萧红的病象却越发深沉了,这时端木因为要陪侍着他的《时代文学》的编务,我因之便愈形繁起来,我到九龙城的机会便愈频数起来。因为端木走不开,所以那时他和她的好些事情,我都替她俩来搞。

这时,来探候萧红的友人真多,比如茅盾,巴人,骆宾基,杨刚等都常来,我于是也替她俩来招待客人,有时,她神志不怎安,需要休憩了,我也替她权充挡驾来访的人的“门人”。

由于在家医疗的不便,萧红的病一天比一天更糟了。白天她睡得也很不宁,卧榻常常要南移又北转,端木和我就像给她摆动摇篮一样地去把她的床摆东又摆西。她喉头的痰越来越多了,我替她买痰盂,买药品一天有时得跑上几趟,她是很自信的,她要常常知道自己病态的变化。有一次,她要我替她到屈臣氏药房买一支试体

温的摄氏水银管,因为不在行,给买了一支华氏的回来,于是她笑了(在这时她的笑靥是难得见的),笑后,却温顺地给我解释了一套体温管的使用法。萧红真挚的心魂的大门,在苦难临头时也为人打开的。

十二月六日,我因事离开香港,想不到八日太平洋战争就发生了,而萧红就终于在一九四二年一月二十二日,离开了人间。

萧红于一九三四年,从遥远的中国北方出走,在孤独的生活着;却给中国的文学带来了春天的一道阳光,这一道阳光照射到哈尔滨附近的贫苦村庄,照射到羔羊,母鸡和老马,以及《生死场》中每个褴褛的农夫农妇的身上。

这一道阳光,花开三月的阳光,也照射到呼兰河,县城,县城里的大泥坑,扎彩铺,卖麻花的,卖豆腐的——以及自尊心很强的有二伯。他遇到小孩子每每喜欢说:“你看天空飞个家雀”,而趁那孩子往天空一望的工夫,就伸手取下孩子的帽子,放在长衫下又说:“家雀衔走了你的帽子。”

这一道阳光,又于一九四二年一月廿二日消失了,在宇宙间,永远消失了。留下来的,只是存在爱读她的作品的读者心上那一线不灭的温暖。

昙花一现的友情
——思忆萧红

金秉英

有一次萧红问我:“你喜欢海么?”……她教我若要去浅水湾,路上要留心。她还告诉我在一处公路拐弯的地方,展现出一幅平静的海的图景,那里的海水是湛蓝蓝的,还透明,很美。

——金秉英

本文选自《星岛日报》1948年1月22日。题图照片为萧红生前喜欢的香港浅水湾。

金秉英:作家萨空了的夫人,曾任《世界日报》、《上海新闻报》编辑、记者等职,著有小说《沾泥絮》、《京华女儿行》、《八旗人家》等。

昙花是美丽的，但一现即逝，所以是珍贵的，见过的人也不多。昙花的花期，约在夏天，当满天繁星，露出笑眼，昙花便悄悄地开放了，一眨眼的工夫，悄悄地就凋谢了。昙花的花朵很大，清香四溢，然而缺少绿叶的扶持。那淡黄色的花瓣，顶端上又加一点粉红色的边缘，是那样的雅淡庄重，美而不艳，香而不浓。

所以，昙花一现，既说的是花，也可以说是人。而且我和萧红也正有一段昙花一现的友情。

我们相逢是那样的巧合，我们相识是那样的偶然，我们的交往，又是那样的短促；然而那情投意合的倾谈，那无视一切的笑语，留下的友情，是伴随着欢乐，深藏在我的心中，萦绕在我的梦里，整整四十年了。

那是一九四一年十一月，我们住在九龙，有一天，和两位女友一同过海到香港玛丽医院去探望在那里住院的朋友。看过之后，去乘电梯。按铃招呼了下行的电梯，不久电梯门开了，我们走了进去，正在关门，就在这时，一位白衣护士也恰好推着一辆坐着病人的车子到来，看到里面还有空，她们又正是要下到底楼去，便把车子推进电梯。

电梯开动以后，借着电梯内微弱的灯光，我才看清楚那辆车子上坐着一位年轻的女病员，穿着白色毛巾的罩衣，长头发，梳着两条辫子，盘在头上。再一打量，面色苍白，可是那一双传神的大眼睛，给人感觉到另有一种风韵。似乎是那么面熟，一时又想不起来她到底像谁。或者是在哪里曾经见过，刹时间，我，觉得我很喜欢她，想和她说话，似乎她也在打量我。现在说来话长，当时只是几秒钟的了，只觉得电梯摇晃一下停了，已经到了底楼，女友们抢先走了出去，我却留在末尾，让她的车子推出去。这时她忽然问我："你是北京人？""嗯，你也是北京人？"我说。"不，我是东北人。"她答。我又问："你怎么知道我是北京人？"她微笑着说："听得出来。我的朋友中，许多人是从内地来的，他在街上听见人家说北京话，有人还会跟着人家听一会儿呢。"我又问："那为什么呢？"她答："乡情。"确是如此，此时都寄居异乡，听见乡音，倍觉亲切。她抬起头来，我便告诉她："我就是不愿做亡国奴，不愿向敌人岗哨敬礼，才离开了北京。"走到了大厅的门口，将要分手时，我们才互通姓名，交换了地址。匆匆间，她告诉我，她就要出院。这就是我和萧红最初相逢相识的过程。

当时我对萧红知道的不多，只知道她是从东北沦陷区，从封建家庭中逃出来的。再有就是从什么报刊杂志上看到，有两个青年在哈尔滨大水把她从一家旅馆窗户里救出来的故事，还有就是曾看过一两篇她的作品，如此而已。所以听她口里道出"我叫萧红"的时候，我只觉得她名字和人一样美。

过了两天，萧红差了女佣给我送来一张便条，大意是：她昨天已出院，但目前还不能出门，约我到她家去一谈。于是我欣然而往。

那时我家住在汉口道，距她家不远。第一次去她家，是由她的女佣引去的。当女佣推开了房门，让我进去，我一眼便看见萧红笑着说："我担心你不在家，你若在家，我想你是会来的。"又告诉我，她家里没人，我们可以尽情地谈。

不记得我们见面时有过寒暄、客套，不记得我们的话题是怎样起头的。只记得从此便开始了我们的海阔天空、无拘无束的谈话。我每天下午都去看她，谈上一两个小时。我若一天不去，她必差女佣来找。她的精神很好，我们谈话的兴致很高，我们竟有那么多相似之处，性格爽朗，爱说爱笑，甚于都爱穿红颜色的衣服……。

现在回想起来，我们从来没有争执过，我们是那样地情意投合，而当时话料之多，真如黄河之水，滔滔不绝。我们又都爱笑，笑伴着话，话又伴着笑，有时笑得流出了眼泪。曾记得有一次谈笑的太过了，引起萧红一阵呛咳，我当时吓得手足无措，等她咳过之后，我准备走，她挽留我，拉着我的手说："我喜欢你。"此景此情，犹历历在目。这种友情，虽只是昙花一现，虽只是留下了七零八落的回忆，亦足以使人终身珍惜。

相隔四十年的岁月，在我记忆印象最深的有两个片段。

萧红要和我这个北京人比一比烙葱油饼。她说，我们不一定信基督教，但是过圣诞节还是好玩的。她提出约几个朋友，来个圣诞节聚餐，参加的人每人自备材料，做个自己的拿手菜。恍惚到了圣诞节这天，她不但能下地招待客人，而且还能

下厨房亲手烙饼来款待客人;恍惚她还屈指计算过,还有二十几天才是圣诞节……当时萧红哪里想到自己便从此一病不起;而留在我印象中当时的萧红又哪里像一个一病不起的人!

还有一次萧红问我:“你喜欢海么?”我告诉她我没有在海边住过,只是从上海到过香港,曾经乘坐过几次海轮。有一次遇上风暴,船摇摆颠簸,人吐得要死。她听得笑了,她教我若要去浅水湾,路上要留心。她还告诉我在一处公路拐弯的地方,展现出一幅平静的海的图景,那里的海水是湛蓝蓝的,还透明,很美。

萧红又告诉我,海是非常可爱的。当时她是用诗一般的语言,满怀激情向我描述早霞、夕阳、月夜大海的变化景色。可惜我记不清,只记得她曾描绘过这样的画面,海水有时很平静,就像风平浪静时明镜般的湖面,碧蓝一片,无边无际,撒满了细小的银珠,粼粼荡漾,海,无比温柔,教人怀恋。海水有时不平静,便咆哮起来,惊心动魄,巨浪一个追逐一个,拍击着岩石。大海用自己的波浪把岩石上的一切污泥杂草,冲刷干净。海,胸怀广阔,令人神往。当时我是静静地听着,因为萧红口里描绘的海是那样动人,而萧红说话的神情又不同寻常,说到末尾,已经成了细语低声。我曾想过,这是说海么?是不是有所寄托?

接着第二天萧红便约我明年两人同去青岛观海。我们可以整天都在海边上……坐在海边石头上谈天。只有我们两人,那就意味着各不带家属,可是她又说,带个男朋友去,替我们提提皮箱,跑跑腿。我当然允诺。记得她说过:“明年我一定会好了。”当时听这话,只觉得是理所当然,而今天想到这里,也不禁心酸。因为再一天的下午,我去时,萧红忽然卧倒在床上,精神萎靡,我问她,她说是伤风了,吃点药就会好的,我信以为真。谁曾料到从此她就倒在床上了。

我又一次去看萧红时,她睡着了,我站在床边看了一会反身而出。没料到,从此却永别了。

当时因太平洋战争爆发,九龙市面混乱,传说纷纭,一日几惊。日军占领青山后,英军将放弃九龙,人心惶惶,纷纷逃亡香港。这时我很牵挂着萧红。

直到我们逃出香港,到达桂林,才听说因为香港的炮声,使病中的萧红受惊吓而死。这个消息使我十分悲痛,但内心深处,又信疑参半。萧红这么一个热爱生活,对生活怀有强烈地憧憬,经受过众多磨难的人,当有顽强的生命力,就这样烟消云散,飘然而逝,使人难以置信。甚而还有过这样的想法:会不会有人为了什么目的,故意宣扬萧红已死,而萧红还正在什么地方生活着;或者是某些好心的朋友,为了掩护萧红去解放区,故作惊人语。那么总有一天,我还会像在九龙汉口道一样收到有人送来萧红约我的便条。

美妙的幻想常常是被无情的事实所击破。当我不能不信萧红真的是离开人世了。我才知道萧红原来是这样一位知名的、受人爱戴的女作家。我觉得我们之间，尽管一生一死，忽然升起了一座无形的高山。多少年来多少次我想写篇文章悼念萧红，但是，想到人微言轻；更何况"知我者谓我心忧，不知我者谓我何求"终于止笔。

四十年的光阴，弹指已过，如今春风又绿江南岸，岁月惊人，年事渐老。而萧红当时的青岛观海之约，还萦绕在我的梦中；萧红当时的一言一笑，却也欲忘不能。悼念萧红那闪电般的一生，像昙花一样，花凋谢了，芳香永留人间。纪念我们那一段短促的交往，虽然只是昙花一现，而留下给我的，正是隽永的回忆，极为珍贵的难忘的友情。

萧红印象记

吴似鸿

在香港《星岛日报》上读到她的《呼兰河传》,笔调与从前完全不同了,是回忆的,细腻的,充满了趣味,叙述着她儿时在家乡的一段生活。……她那接二连三的长篇创作,使我惊奇她创作力的旺盛,哪里知道,她在这时却害着肺结核病。

——吴似鸿

本文选自《西湖》1980年2月号。题图照片为吴似鸿。

吴似鸿:作家蒋光赤夫人,著有《吉卜赛女日记》、《毛姑娘》、《毛姑娘少女日记》、《丁先生》、《浪迹文坛艺海间》等。

我和萧红并没有谈过一句话。可是却见过好几次面。她的印象深刻地录在我的脑海里，直到如今，和友人们谈起她的时候，那印象会立即浮现出来，一阵凄苦的感情在一时中发生，对她不幸的身世，深怀同情。

四十余年前，我读到她的《生死场》，可惜没有读完，所以讲不出它的优劣来，只觉得她的笔调峻峭，不像一般女子的笔调那样充满柔思和温情，在那时的女作家之中，她有一种突出的风格。我曾听人说："鲁迅评论她，说她比丁玲写得好。"于是，我颇想见见她，可是一时没有机会。

有一天，我走过上海的拉都路，一位朋友指点着说："那就是萧红！"我就注意了，她正在买小菜，手上提了一只很小的菜篮，篮中盛了一块豆腐，匆匆忙忙地挤向另一个菜摊，预备买别的东西。她的身材瘦细而矮小，穿着一条男式的长裤子，上装是一件黑色的短外套，扁凹的脸型，梳着两根小辫子，这是她第一次给我的印象。

过了些日子，我到女作家白薇那边去，萧红在和白薇讲话，穿了短裙子和短上衣，笔直地站着，讲话时装着手势，脸上无温情，也见不到笑容，神情分着你我，好像她与外界保持了相当的距离。这次给我的印象是她有一股寒冷的气质。白薇未及介绍，她就告辞下楼了。白薇说："她很关心我，当我一个钱也没有的时候，她就送钱来给我用。"又说："多少人爱她啊！许多人都追求

她,发疯似地追求她!"

抗战时,在香港《星岛日报》上读到她的《呼兰河传》,笔调与从前完全不同了,是回忆的,细腻的,充满了趣味,叙述着她儿时在家乡的一段生活。茅盾先生在文章中指出,她在这段时间内,是抱着寂寞的心境。这是因为茅盾先生的生活和她比较接近,知道她的私生活。听说她那时和端木先生在一起。但是我很奇怪,为什么她既然有同伴,还会感到寂寞呢?不久,在皇后大道的商务印书馆中又见到了她,她在看书,穿着浅色的西服,头发扎成辫子,盘在头上,我是最爱这样的装束的,看起来,她又年轻,又美丽,颇有欧化风韵,态度也变得温和而平静。难道说,这就是寂寞的"住所"吗?在这"住所"的旁边,有一位男士伴着她,也在看书,也许那位就是端木先生,我不认识他,所以不敢断定。

不久,又在《星岛日报》上,读到她的《鲁迅风》,好像那文字是以剧本的方式写成的,以鲁迅先生为主角。她那接二连三的长篇创作,使我惊奇她创作力的旺盛,哪里知道,她在这时却害着肺结核病。

就在这一年——1941 年,戴爱莲女士在玛丽医院开刀,我去看望她的时候,她已动过了手术,依然与平素一样地打扮着坐在床上。她笑着说:"唔!萧红在间壁,你去看她吗?"

我走进萧红的病房,她似乎睡着了,一双大红皮鞋安放在床边的地板上,房中只有她一个人,并没有见到去探望她的友人,光线非常充足,但缺少人间的暖气,虽然是在南方的秋季。我站在门口,迟疑着不想趋前,因为第一,她并不认识我;第二,如果我和她曾相识,互相有了友情,那末我会等她醒来,和她亲切地谈几句话,安慰她一番,但是我和她不过是一对生疏者,所以我终究退出了房门。

她死的时候,我并不知道。等到香港沦陷后半年,在街上遇到了友人,才从他的口中知道了萧红死亡的消息,听说端木先生非常伤心,痛哭流涕地忏悔他对她生前的一切,但是已经来不及挽救了。

萧红是死去了,一般人都以为可惜,因为她死得那么年轻,她曾经是为了不满婚姻,离开了家庭,尚在少女时期,就在社会上奔走流浪,受尽了种种的刺激,而一旦在努力中得到读者的信仰,却未到中年而与世长辞,实在是文坛的一个损失。

我常常想到,萧红当时要是还活着,她应当怎么样?她是否可以把寂寞扫除?她是否可以把胸中的郁闷驱散?使她的感情升华,经过耐心的,长期充分的准备,再重新创作。如果能做到这样的话,那末她可以活下去,但是她的体弱,难以摆脱当时的环境,结果死亡抓住了她。

萧红!你为什么在那时不再顽强一点呢?是否你是太善良了呢?那时的社会,到处潜伏着毒素,没有准备着抗毒素,是一天也不能在社会上生存的。

我和萧红虽然见过几面,却没有同她谈过一句话,至今想来深以为憾。那时,我应该对她说:"人间并不是完全没有心灵的同伴,温暖也并不是不可找到,你应该勇敢、顽强地生活下去!"

1948 年写于重庆　1979 年改于柯桥

《夜哨》上的亮星

梁山丁

萧红是出现在《夜哨》上的一颗亮星，她那闪闪发光的文学作品，轰动了沦陷初期的东北文坛，她是东北新文学史上第一个女作家。

——梁山丁

本文原载《长春》1980年第6期。题图照片为萧红（右一）与友人在哈尔滨。
梁山丁：中国现代作家，著有《绿色的谷》、《东边道纪行》、《山风》、《乡愁》等。

"九一八"像一块夜幕,企图把东北文坛上刚刚燃起的"普罗文学"火花扑灭,然而人民的火种是扑不灭的,新文学的灵魂又在借着尸体复活起来。一九三三年初秋,《夜哨》文艺周刊,在"满洲国"长春出版的《大同报》上创刊,宛如在黑暗的夜空,燃烧一堆野火,闪烁在祖国的北方,给沦陷的东北人民带来光热和希望。

创刊号上有一首题名《解放》的诗,代替了《夜哨》的发刊辞:

"你们像是牢狱里的囚犯,
紧缠着笨重的铁链,
如今,一团烈火燃烧着——
铁链就要被毁断,
打开牢狱之门前进,
光明就在你眼前出现。
再也不能安分地期待,
期待只是受那种种的割宰,
如今,奴隶们只有一个路——
钢铁一般团结起来,
伟人一般看重自己,
把铁锁链毁断,
去欢迎那光明的出现。"

这就是《夜哨》的呐喊和呼唤,每一个有良心的中

国人是能够听到这个声音的。

在《夜哨》的创刊号上，女作家萧红以“悄吟女士”的笔名发表了短篇小说《两个青蛙》，描写两个政治犯在监狱里的生活，通过两个青蛙变成一群小青蛙，预示着人民革命的胜利。她以女性细腻而又粗犷的笔致，把一对男女青年的爱情和革命工作糅合起来，两颗年轻的心交织在一起，流着革命与恋爱的血汁。作者巧妙地反映了东北沦陷以后进步青年们的思想斗争，她借小说中的人物，抒发她对生与死的观点：

“在这样的世界上，我也真希望死了。因为你，我死的希望破碎了，你不是常说么：想要死的人，那是自私或是个人主义的变态。”

萧红在那时，她刚刚走上文学创作道路的开始，就宣传为集体而活着的人，才是真正的人，她的作品具有鲜明的倾向性。

《夜哨》共出刊二十一期，几乎每期都有萧红的作品。小说《哑老人》、《夜风》、《清晨的马路上》、《烦扰的一日》；散文《小黑狗》、《渺茫中》；诗歌《八月天》……

《夜风》是一篇描写抗日联军和贫苦农民血肉相关的故事，作者赤裸裸地暴露了地主阶级对农民的欺骗与剥削。代表地主阶级形象的老祖母，和代表贫农形象的李婆子，对立的阶级感情，通过几个细节的描写，生动地表现出来。如老祖母骂“可恶的×××（指共产党）又在寻死”，而李婆子却和×军（指红军）一起包围地主的房舍，挥舞着拳头。《夜哨》的读者是明白这个“×”的含义的。这篇小说当时分期连载在《夜哨》上，后来收到一九五八年人民文学出版社的《萧红选集》里。

萧红是出现在《夜哨》上的一颗亮星，她那闪闪发光的文学作品，轰动了沦陷初期的东北文坛，她是东北新文学史上第一个女作家。

萧红，本名张廼莹，清宣统三年农历五月初六，即公元一九一一年六月二日，诞生在黑龙江省呼兰县城内的一个封建地主家庭。一九四二年一月二十二日，以肺病和气管性扩张病逝于香港，埋葬于浅水湾，终年三十二岁。

萧红的处女作《王阿嫂之死》，发表于一九三三年哈尔滨《国际协报》新年号征文，她的文学创作才华，初露锋芒。当时哈尔滨地下党组织积极团结进步青年进行“反满抗日”宣传活动，《夜哨》文艺周刊，是在罗烽、巴来等共产党员的支持下创刊的。由三郎（即萧军）集稿，从哈尔滨寄到长春，每周一次，由《大同报》副主编陈华选取发稿。从一九三三年八月六日到十二月二十四日，《夜哨》共出刊二十一期，发表小说、剧本、散文、诗歌、杂文共七十六篇，最后一期上刊登一篇揭露日本兵在乡村讨伐中制造罪行的剧本，《夜哨》终于被报馆当局勒令停刊。

《夜哨》唱了绝响，但它的社会影响却一直没有消失，它的火种没有熄灭。

一九三四年一月,继《夜哨》之后,在哈尔滨《国际协报》出刊《文艺》周刊,由刘莉(即白朗)主编。《夜哨》的作者,全部更换笔名,萧红开始用"田娣"笔名发表小说《患难中》、《镀金的学说》,同时,在每天出刊的《国际公园》副刊上,开始连载《生死场》中篇小说的前两章,《麦场》、《菜圃》,作为独立篇章发表。当时,并未引起读者们的特大注意。这年的六月十二日,萧红与萧军一同被迫离开哈尔滨,由大连登船到青岛,萧红的《生死场》写成,一九三五年在上海以"奴隶丛书"名义出版,鲁迅先生亲自给小说写了序言:"北方人民的对于生活的坚强,对于死的挣扎,往往已经力透纸背;女性作者细致的观察和越轨的笔致,又增加了不少明丽和新鲜,精神是健全的……"因为这是一部最早反映东北人民在日本帝国主义统治下生活和斗争的作品之一,轰动了祖国的文坛,奠定了萧红文学生涯的基础。

萧红在短短不足十年的文学生涯中,为我们留下了七八十万字的文学财富,这些作品,从在哈尔滨出版的短篇集《跋涉》(她和萧军合著)到在上海出版的中篇小说《生死场》,短篇集《牛车上》、《朦胧的期待》、回忆录《回忆鲁迅先生》,和在香港出版的长篇小说《呼兰河传》,纪念鲁迅先生的哑剧《民族魂》到最后的绝笔《小城三月》,都是她呕心沥血、艰苦勤奋创作出来的。这些作品所创造的人物形象,所叙述的故事情节,充分反映大动荡的时代脉搏,充分说明作者的思想感情,一直是和劳动人民,和民族解放运动,息息相关,同呼吸,共命运。

萧红的一生,是战斗的一生。她在童年时代,失掉了母爱,为争取获得读书权利,和封建家庭进行斗争,终于到哈尔滨市立第一女中学习;她在青年时代,为争取婚姻自主,反抗父母包办婚姻,逃离家庭,开始过流浪生活,从哈尔滨逃到北平;一九三二年和萧军同居后,以文艺为武器向敌伪统治的黑暗势力进行斗争;一九三四年离开哈尔滨以后,和萧军并肩战斗在鲁迅先生身旁;一九三六年和疾病作斗争,去日本疗养;"七七"抗战爆发后回国投入抗日斗争,一九三八年从武汉到临汾去民族革命大学教书;在临汾和萧军分手,说明:她在爱情上也是一直在斗争着。一九四〇年去香港,终于孤独寂寞地死去。

去年八月,我陪萧军同志访问呼兰萧红故居,我们参观了萧红童年少年时代居住的房子和她读书的龙王庙小学……,回到哈尔滨以后,我又去商市街二十五号,访问萧红和萧军居住过的地方。这些访问勾起我很多回忆。

一九三三年秋天,《跋涉》出版后,《大同报》记者曾写专文介绍,称赞它是真实生活体验的作品,它有坚强的思想意识,有忠实的描写,有特色的艺术风格,赢得当时文艺界的一致推崇。就在那年冬天,我披着一件老羊皮大衣,握着萧军给我的信,找到商市街。穿过一座透珑的铁门,在那间靠门的小房子里,会见了《跋涉》的两位作者萧红和萧军。他们热情地款待我这个从小镇上来的,有点土气的年轻人,那年我十九岁。

我们互相称呼笔名时,感到特别亲切,宛如回到文学故乡一样。那天,萧红为我做的汤面,还有一碟俄式灌肠。我记得,萧红穿着一件青色旧呢大衣,黑剪绒小翻领,头发盖在额前双眉上,脸颊微微有些苍白,但两只大眼睛闪着智慧的光芒。作风朴素大方。她说话的语声很低,对人热诚,总怕我吃不饱,直说她做的不好,而我却吃得很饱。萧军却豪爽得很,他身上穿着俄式衬衣,扎个腰带子,戴着平顶小帽,完全是哈尔滨流行的装束,他给我留下的第一个印象是三大,大眼、大嘴、大手,和我握手时沉甸甸的,说话诙谐而有风趣,尽管他们当时生活很苦——他们是靠稿费生活的,他们毫不吝啬地招待我并陪我去访洛虹(即罗烽)和刘莉(即白朗),那天夜里我们一起在中央大街地下室酒馆吃了一顿俄式晚餐,然后在附近一家照相馆照一张相片。

第二天他们又领我到道里公园去访"牵牛房"的画家冯咏秋和老黄,还会见了搞俄文翻译的金人和写《风流会长》的达秋。我和哈尔滨文艺界结成的文学友谊,一直延续到现在。

现在是八十年代的第一个春天。

我的案头,摆着一本新出版的《呼兰河传》,这是最近由黑龙江人民出版社的朋友寄来的。这本书的扉页上画着呼兰小城和呼兰河的图案,扉页后面是一幅萧红照片,下面一行字是"一九三四年六月于哈尔滨",从日期上说明,这是萧红离开东北时留下的最后形象,是一幅很珍贵的照片。

我望着萧红的遗像,思绪万千,屈指算来,萧红离开我们已经三十八年了。今年六月是她诞生六十九周年!遗憾的是她没有亲眼看到祖国天翻地覆的变化,她小说里描写的那些贫苦农民早已得到解放,她所憎恨的地主阶级反动统治早已被推翻,劳动人民脚上的锁链早已被粉碎……万幸的是她没有经受到"四人帮"制造的十年浩劫,如果她真的活到现在,她也很可能被扣上几顶帽子的!而今天,粉碎"四人帮"以后,祖国处处是春天,文艺界的春天来得更早,北方文艺出版社传来了春天的喜讯,他们要为东北著名的女作家萧红出版全集;萧红家乡的乡亲们透露出他们的愿望,要将萧红的墓地由广州迁回哈尔滨,将萧红呼兰故居辟为纪念室。我想萧红有知,她将并不感到寂寞的。

《夜哨》上的亮星,曾经闪耀在祖国的北方,把光和热温暖着东北这块土地,而后又把它的光芒射向祖国,飞向世界。

现在世界上,不知有多少人在研究她,评论她,纪念她。

关于萧红的身世,听到种种传说,去年访萧红故居时和萧军同志谈过,到镜泊山庄时和陈隄同志谈过,今年春节在长春和锡金同志谈过,在牡丹江时又听铁峰同志谈过，萧红同志到底是不是张家的后代，我想还是让那些文学研究家们去探索，我在这篇小文里，只想给萧红画个速写，给一些青年读者提供一点印象。

一九八〇年三月十四日沈阳

二萧与裴馨园

黄淑英/口述 萧耘/整理

我丈夫收到了一个女读者的来信，在信里这女读者似乎是指责了老斐，并写了“我们都是中国人”等样的话。老斐觉得很有趣，一边笑一边说：“在中国人里，还没碰见过敢于质问我的人呢！这个女的还真是个有胆子的人！”这个女人就是后来的作家悄吟（萧红）。

——黄淑英

本文选自《东北现代文学史料》1982年第4辑。二萧为萧红、萧军。题图照片为萧红（左一）与友人在哈尔滨。

黄淑英：裴馨园夫人。

萧耘：萧军的女儿。

一九三二年的时候我家正住在哈尔滨(今哈尔滨中国四道街三十七号——耘注)。那时我大约有二十二三岁,已经是两个孩子的母亲了。

我丈夫裴馨园比我大十四岁,是一个很文静的,沉默寡言的人,他个头儿不高,体格也不大好,很瘦弱。平日他是忙忙碌碌地去上班,回到家里,就一头扎在他的书房里写东西、翻报纸、看稿件、校样……。因为我是个家庭妇女,没念过几年书,在家里的地位虽然是主妇,但是一切"内政"和"外交"都是由丈夫和他的一个管事人来操办的,就连孩子们的日常用品,也都是由丈夫亲自买来交给我的。我也没有什么亲戚或朋友,所以也很少出门儿,对外界的事儿也就知道得很少,就连我们的住家属于哪道街,街名儿叫什么,也弄不清。

丈夫当时的职业是什么呢?我只知道他是哈尔滨《国际协报》文艺副刊的主编,同时还兼任《五日画报社》等报纸的编务。《国际协报》是属于商办性质的报纸,每天出一张,共四版,文艺副刊占据了第四版二分之一的版面。在这副刊版的版头,我丈夫用"老斐"作笔名,开设了一个"老斐语"专栏,他几乎是每天都要用这块"老斐语"的专栏,写上三五百字的杂感或散文,用比较隐晦的语言来揭露、讽刺当时黑暗社会的弊病;表达在日寇铁蹄下人民的痛苦心声;失学失业青年的苦闷;评论评论国际上发生的新闻、丑闻……。有的时候,与哪家报纸发生了矛盾,他也用这个专栏来打"笔

仗”。

他很喜欢安静，他的书房平日是任何人不许随便进的，孩子们总是躲得远远的。他有个习惯，就是爱在床上、桌上、凳上……到处都堆放着书、报、稿件、校样……我每天去给他收拾房间，整理床铺的时候，就爱随手翻看翻看他那些书报稿件之类，他用“老斐语”专栏与别的报纸打“笔仗”，我就是这样看到的。因为我对《国际协报》文艺副刊也很感兴趣，所以就很留心读那上面所刊载的文艺作品，许多后来成名的文艺作家的初期作品，我也是在这个时期读到的。

每天一到下午，就陆陆续续地有读者、朋友和同事来找他了，这个时候是他在家“办公”的时间，就是我，他也是不欢迎去打搅他的，把房门紧紧地关着，很是繁忙……。

记得在他接手编辑《国际协报》文艺副刊版时，他曾向报社提出过一个条件：“如果让我负责主编，就不许可任何人来干涉我，也不受任何检查。”（当时其他报纸的稿件是要经过满洲特务机关检查的。）所以，这个副刊的选用稿件就都是由我丈夫很仔细地一篇篇地亲自过目，不管有多忙，他也必须亲自看校样，一校，二校地看……。对一些爱国的、有民族自尊心的、有才华的、能反映时代风貌的青年作者的作品，他也总是尽力给他们以发表的机会。

一天，我见他拿着一份读者投稿在那里反反复复地看，还不住地表现出赞许的样子，显得很高兴。我便问他是什么高兴的事，他说：

“我发现了个人材。”还不住嘴地夸赞这个投稿者“有才华啊，有前途！……。”

“你认识这个人吗？”我问。

“不认识。”他说。

“你既然喜欢他，为啥不把他找到家里来见见面呢？”我说。丈夫很同意我的建议，一天，他便把那个“有才华”的投稿者请到了家里来，他叫——三郎——也就是后来的作家萧军。（据萧军说他在《国际协报》副刊上发表的第一篇作品名为《飘落的樱花》——耘注）

初见到三郎的那时期，我们家人对他的印象并不太好。首先从他的穿着来看：记得他当时穿着一件蓝色不蓝，灰色不灰，被阳光晒褪了色的粗布学生装，领口、袖口、肩、肘等处凡是容易磨损的地方，都露出了断布丝的毛茬儿；下身穿的是一条西式灰色裤子，不但没有笔直的裤线，而且还补着补丁；脚上穿着一双开了绽的沾满了泥迹的旧皮鞋；一头不加修饰的自由生长着的直直竖立着的寸发，很黑也很浓……。生活显然是不富裕的，脸上也没有什么表情；五官轮廓很分明；体格虽然比较瘦但样子还精神，结实，个子不高，是个中等身量的人。他也从来不讲什么“客套”，也不和人寒暄，总是来了就直奔老斐的书房，一谈就好半天，谈完了，手里拿些

什么稿件或书籍抬腿就走了，第二次来了，仍然如此。所以家人们背后议论说："看不出三郎是个吃墨水的……可裴先生可是斯斯文文的……。"

只有我丈夫老斐是很看重三郎的。他认为三郎是个质朴的人，有才能的人，他不但请三郎帮他整理稿件，校对校样，最后《国际协报》文艺副刊就索性让三郎来选稿、编辑，代他去跑印刷厂，联系一切难于办理的事务……，老斐就只签签名，或看看报纸的版面安排就又忙于其他报刊的编辑事务去了，他对三郎的工作，是完全信任的。

时间长了，接触了解的多了，三郎以他那特有的坦率、真诚的性格改变了别人对他的议论，逐渐地成为了我们家毫不拘束的常客。又因为他那热忱、直爽、淳朴、不怕吃苦受累的品格使他与印刷厂的工友弟兄们很快地就成了朋友，他们都不把他当外人，看成是自己人，因此每次跑印刷厂的任务三郎都能完成的又快又好。老斐就时常背地里在我面前夸奖他说："三郎不但文章写得好，人缘儿也好啊。"有的时候他两人一谈就谈到深夜一两点钟，天太晚了，他就留三郎住在我们家里，后来干脆就请三郎搬来我家住了。经常看见他们在那里谈得兴致勃勃地没结没完地。

以前老斐的书房总是静悄悄的有人似没人，来了客人谈话也是低声细语的。自从认识了三郎之后，他的书房可是热闹了起来，不但能时时听到他们大声地在谈论在笑，而且还经常有一些进步青年朋友来聚会，三郎有时高兴起来，还要拿起他那把挂在墙上的宝剑练一趟，或者放开嗓门唱一段儿他最喜欢的京剧《打渔杀家》呢！这个时候我要进去凑一凑热闹，听他们说古道今的，我丈夫是绝不阻止的。听他们提到过黑人（舒群），也知道有一个翻译俄国小说的金人，但是这两个人来没来过我们家，长得什么样儿，我是一点儿也记不得了。还听他们讲起过一位朋友，被日本人抓去了，他从狱里逃了出来，但是因为他没有穿鞋，又被日本人抓住了……（当时被抓去的犯人，一进狱，日本人就没收了他们的鞋，市面上的鞋店，也不卖鞋给光着脚的人。）这个人是谁呢？生死如何？我都记不清了。

在三郎等诸位青年朋友们的大力协助之下，《国际协报》文艺副刊越办越生动，越加活泼起来，在整个东三省的报界来说，这个副刊也是很受读者欢迎的，确实起到了它一定的进步作用。

"你就大着胆子办吧！"大家鼓励我丈夫说。

"有了你们，我就不怕，只要你们敢写，我就敢登！"老斐的劲头更足了。后来又编辑了《儿童专刊》和《新年特刊》也同样受到了读者的关心和喜爱。在这个时期里由于老斐对青年朋友们的真诚的信任，他用了自己的最大努力给予这些进步的青年作者们开辟了文艺斗争和习作的阵地，像后来有成就的作家萧军和萧红（三郎和悄吟）等人，就都是在这《国际协报》副刊上发表了许多篇练习的初期作品之

后，开始正式走上文学创作的道路的。（还有作家山丁、金剑啸、罗烽、白朗、舒群、金人等——耘注）

大约是在松花江发大水之前，一九三二年的夏天，我丈夫告诉我说他收到了一个女读者的来信，在这信里这个女读者似乎是指责了老斐，并写了“我们都是中国人”等样的话，老斐觉得很有趣，一边笑一边说：“在中国人里，还没碰见过敢于质问我的人呢！这个女的还真是个有胆子的人！”后来又听说这个女人因为欠了旅馆很多的债，被困在了旅馆里……这就是后来的作家悄吟（萧红）。

老斐把信交给三郎看过之后大声地说：“我们要管，我们要帮助她。”我只知道三郎去看望悄吟了，怎么去的？我记不清了。（据萧军说是由老斐写了封“介绍信”，并带上了几册悄吟要借的文艺书籍于七月十二日去道外正阳十六道街东兴顺旅馆二楼，一间放杂物的、发着霉气的房间里看到悄吟的。她当时处境很危险，因为欠了旅馆六百多元的债，旅馆蓄意将她卖到妓院……——耘注）

就在我们商量着如何救出悄吟的时候，松花江水暴涨了，哈尔滨道外一片汪洋，人们要乘摆渡才能通行。想起了被困在道外旅馆中的悄吟，大家很焦急。三郎说他自己会游水，也能爬高，身体也结实，能把悄吟救出来……于是就同意由他带着香肠和面包赶忙游水到悄吟那里去了。当天，当悄吟到我家来了一些时候了三郎才赶了回来。（据萧军说当他游水到旅馆时，悄吟已搭乘一条柴船按照萧军前几天留给她的老斐家的住址先走了。——耘注）由三郎介绍着，悄吟与我们大家一一相识了，我们也像对待老朋友一样地热情招呼着悄吟一起吃晚饭……。悄吟当时穿着一件旧蓝布旗袍，脸色苍白，神情也显得有些紧张，光着脚穿着一双半旧的鞋。也许是彼此生疏的缘故吧，她不太爱讲话。当晚，便安顿她在我家客厅住下了，老斐一再嘱咐家人说：“不要去打搅她，让她安心休息……。”所以我也就很少去客厅，也没和悄吟在一起单独地长时间地谈过话。这时三郎几乎每天都来看望她，看样子两个人很谈得来，三郎一走，悄吟就又把自己关在房间里捧着本书在那里读，甚至一天一天的也不出房门外去走动走动，也不太愿意主动和别人讲话或打招呼。天长日久，我家里人（除了老斐）就经常在我的耳朵边上嘀嘀咕咕地说悄吟孤傲、不通人情世故，甚至还埋怨我说：“真是没事儿找事儿，让这样一个人住在家里，吃在家里……。”（当时悄吟正怀着孕）因为我太年轻了，太幼稚，听了这些煽动性的话之后也没仔细地想一想，对悄吟也就产生了不满情绪，就在悄吟从医院分娩回来后不久，忘记为了一件什么事（好像是我在三郎面前说了悄吟的闲话），说着说着就与三郎争吵了起来。年轻的三郎脾气是很火暴而执拗的，我年轻时口头也很是不服输，俗语讲：“骂架没好口，打架没好手”，越吵越凶，就这样彼此伤了和气，第二天吧，三郎就带着悄吟离开了我们家……。事情过后我也时常后悔，但是已经如此了,也无可挽回了,所以至今我还记得这件事。自从这次争吵之后,我就再也没有见过悄吟,有时在副刊上倒是经常看到她发表的文章,觉得她确是位很有才气的人,我丈夫也经常说她有才华,并说她和三郎是"一对流浪儿,还满对脾气的呢!"

三郎虽然仍像往常一样与我家常来常往,只是因为感情上有了隔阂,他只是与我丈夫谈论稿件和出版的事务,并不与我打招呼,我也赌气地想:"你不理我,我也不理你。"就这样彼此僵持了一段时间。一天,我丈夫提议带着孩子们到野外去玩一玩,同时又邀了几位平日经常来往的好朋友同去。当我们走到一个大水槽附近的时候,别人都从临时搭起的独木桥上迅速地走了过去,丈夫也带着孩子们走过去了,我看着悠悠颤颤的独木板儿桥,心里真有些发慌不敢前往。这时只听我丈夫在对面喊着:"三郎,快把你嫂子扶过来。"(其实三郎还比我大二三岁呢!)我一回头,才看见三郎默默不语地正站在我的身后,听见了老斐的喊声,三郎便快走了几步到我前面,侧过身来,伸过手将我扶过桥去,从那天以后,我们便和好了。

虽然三郎和悄吟搬到外边去住了,我丈夫还是经常地关心着他们,帮助着他们。他觉得从三郎身上可以得到一种鼓舞人的力量,办起事来就不发愁,信心足,有三郎在身边儿心里就踏实了许多,没有犯难的事……所以他几乎是时刻离不开三郎,总是叨念他,提起他,大事小事都要和他商量商量。到了 1934 年的夏天,听说三郎夫妻要离开哈尔滨了,几天来我丈夫的心情都很低沉。我问他:

"三郎他们要到哪儿去?"

"准备到上海。"他说

"干什么?"我问。

"去见鲁迅先生。"

"你身边儿既然离不开他,为什么不留留他呢?"

"那怎么行呢,他们有他们的前程啊……"丈夫无可奈何地感慨地叹了口气,就再也不说话了,独自回到他的书房里……。三郎他们的路费据说是朋友帮助凑齐的,什么时候从哈尔滨动身的我就不知道了。

一九三五年三郎的《八月的乡村》和悄吟的《生死场》出版了,我丈夫高兴地说:"总算看到他们开花结果了……要是能见见面有多好。"此时他的写作热情也似乎随着三郎他们的南去而逐渐消失了,他越来越懒于动笔,身体也越来越衰弱,后来又因为其他的一些原因终于离开了哈尔滨到了北京。

记得他曾收到过三郎写给他的一封信,这封信他不知道读了多少回,并把它小心地放在自己随身带着的钱夹子里。一天不小心让小偷把钱夹掏了去,为了能寻回这封信,他特意花钱请了一次客,请诸位到场的警方人员千万帮他找回这封信。一直到一九五七年裴馨园去世之前,他都念念不忘当年《国际协报》投稿的那些朋

友，特别是三郎，老斐没能够再见他一面，这是他最感到惋惜的事。

一九七九年全国第四届文代会召开了，我在报纸上看到了萧军（三郎）的名字，心里很高兴，很想去看望他，可是又顾虑重重，怕他不愿意接待我。几十年不见了，彼此生疏了，我的丈夫老斐去世了，四个孩子也都死掉了，只剩下我这个孤零零的老太婆，谁还会记起我呢……。我的一位老朋友很理解我的处境和感情，她一再热情地动员我给萧军写封信，也许萧军能回信呢？就在我发信后的第三天下午，我刚刚走进院子的大门，就有邻居的孩子告诉我有二位来客在等我。这时只见一位头发花白、面色红润、体格很壮实的老人在那里低着头用笔正在写着什么。他听见我回来的声音，立刻就走到我的面前，乐呵呵地说：

"你不认识我了？我正要留个条子给你。"

"不认识了……也不敢认了。"我确实认不出这位胖墩墩声音透亮的老人是谁？

"我是萧军，这是我的女儿萧耘。"

"啊……"我因为一时心情太紧张了，也不知说什么好了，脑子也一下子乱了起来，手也抖起来了，开了几次才把门锁打开请他们进到屋里，想说些什么呢？我万万也没有想到萧军接到我写的信当天竟冒着那么热的暑气来看我，他是一个重感情的人，尊重友谊的人。

临走的时候，他告诉我生活上如有些什么困难不要发愁，只管写信给他，不要客气……。我说："我什么也不用你耽心，我今天能见你一面也就知足了，老斐临去世之前还在叨念你，今天总算代他了结了这份心愿。"

萧红在北京的时候

李洁吾

读到《萧红小传》,知道她于一九四二年客死在香港。这一连串不幸的消息,使我感到了一种难以名状的痛苦。尤其是萧红的死,更使我痛惜!什么原因竟使她早逝?我想了解,却无处了解,想探问,却无处探问,只要一想起萧红,心中就感到压抑和痛楚……

——李洁吾

本文选自《哈尔滨文艺》1981年第6期。题图照片为李洁吾。

李洁吾:萧红在北京读书时期的友人。

萧红先生生前，不止一次地惦念过在生活和思想上曾给予她热忱帮助和支持的中学时期相识的老友——李洁吾。一九三七年，当萧红从日本归国之后，又专程去北京看望过他。关于萧红早年在北京读书时期的生活状况，李洁吾同志是很重要的知情的老辈人之一。我时时希望能够找到这位老人，可是，一次又一次的找寻，都失望了……

一个偶然的机会，我终于在北京城这一向以“胡同”居多的密密麻麻的街道网中，找见了他！

这位七十三岁的老人，谈吐颇健，记忆力也极好。他用一口浓重的东北家乡音，风趣地清晰地向我讲述着我想知道的一切。

原来，他从三十年代初期，就开始从事他所热心的教育工作，一直到今。整整四十几年的时光逝去了，几乎没有离开过北京城。六十年代初，有一段时期，我与他所工作的单位竟仅有一墙之隔，可是近在咫尺不相知，却四处找寻他十几年！天、地、方、圆是大是小？当然还是小，因为我终于把他找到了！

现将李洁吾同志关于萧红的谈话记录下来，整理出来，奉献给作家萧红的读者们。

萧耘一九八四年一月四日
落雪的一天记于北京①

---

① 该篇首题记为整理者萧耘所加。

三十年代，萧红曾三次来过北京，我都和她接触过。这三次的接触虽然总共不到半年的时间，然而她给我留下的印象却是极为深刻的，不会忘记的。

她，不轻易谈笑，不轻易谈自己，也不轻易暴露自己的内心；

她的面部表情总是很冷漠的，但又现出一点天真和稚气；

她的眉宇间，时常流露出东北姑娘所特有的那种刚烈、豪爽的气概，给人一种凛然不可侵犯的庄严感；

她有时也笑，笑得是那样爽朗，可是当别人的笑声还在抑制不住的时候，她却突然地止住了，再看时，她的脑子似乎又被别的东西所占据而进入了沉思；她走路很快，说到哪里去，拔腿就走；

她走路总爱抢在同行人的前面，一直走去，从不回头，经常使我们落在后边的人，望着她的背影，看她走路的样子发笑；

她没有一点矫揉作态的女人气，总是以一个“大”的姿态和别人站在平等的地位上；

她的感情丰富而深沉，思想锐敏并有独立的见解；

她富于理想，耽于幻想，总好像时时沉迷在自己的向往之中，还有些任性。这，大概就是她的弱点吧！

相识——一九三〇年暑假

在哈尔滨道外区，有一所教会学校，名“三育中学”，我的中学时代，就是在那里度过的。

徐长鸿，是我最要好的同学。他的母亲，是位贤惠、热情而慈祥的人，在他的家庭里我感到了温暖和愉快，无拘无束如同在自己的家里一样，因此，也就把小徐的家当成了我的家。

一九二九年，我虽然已经在北京读书了，但是每年寒暑两个假期总是先要回到哈尔滨，在小徐家住上些天。我们一同去松花江上划划小船，再把小船儿底朝天地翻过来，给它洗个水澡！到太阳岛上去野餐，到江滨浴场趴在沙滩上晒晒太阳，饱睡它一觉！醒来，喝瓶格瓦斯，吃几个列巴圈、俄式油炸包……然后，我才回到通河家乡去看望母亲……

陆振舜，也是我在“三育中学”时的同学。一九三〇年的暑假前夕，他也来到北京求学。在我临行前，他嘱托说：“我有个表妹在哈尔滨读书，她很想到北京来上学，你如果到长鸿家去，可能会碰到她，就把北京的情况和她说说吧……”

到了哈尔滨后的两三天，一天中午，正要吃饭的时候，忽然从外面进来一位女学生样的年轻姑娘:她剪着整整齐齐的短发,大大的眼睛特别有神,穿着白褂青裙,白袜青布鞋,行动敏捷,举止大方……徐伯母上前招呼着她,她也很热情地称呼着徐伯母长、徐伯母短的,看起来这个姑娘并不是"外人"。在她们俩亲热地交谈之后,徐伯母便向我介绍说:"这就是陆振舜的表妹——张廼莹。"我一边点着头,一边请她坐下来谈话。此时,徐伯母邀她一同吃午饭,她却很客气地说:

"吃过了,我已经吃过饭了。"

"那就再少吃一点吧。"徐伯母又让着她。

"好,那就再吃一点儿。"张廼莹没再推辞,端起碗,我们就边吃边谈起来……。她给我的第一面印象确实不错,性格是那样的洒洒脱脱,爽朗而响快。

饭后,徐伯母对长鸿说:"下午没什么事儿,你们去看个电影吧。"随后,她就把钱交到了长鸿手里。我们仨高高兴兴地离开家,来到离徐家不远的一家很有名气的影院——马迭尔影院——买了票,在影院的最后一排各自随便找个座位坐了下来。

那天上映的片名叫什么?是哪国影片?故事情节如何?主演是谁?……如今是一点印象也回忆不起来了。因为那天从吃午饭的时候起,张廼莹就开始向我询问着北京的情况了,特别是学校里学生们的情况。走在路上她也在问,坐到了电影院里她还在问,一直到电影散场了,她的问题多得还没问完。我就根据自己所知道的情况,尽量地介绍给她听。比如:北京有哪些较好的学校(特别是中学);学生们的一般思想状况如何;有哪些类型的学生;有些什么样的社会活动;因为那个时期,我参加了"反帝大同盟"的爱国进步组织,经常能够参加一些社会活动,对北京学生界的状况和动态了解得就比较多一些。就这样,她问我答地说着说着,一场电影几乎一点也没看!在我们分手的时候,得知她不久将去北京读书了。过了两天,我也就买好归乡的船票,离开了哈尔滨。

萧红第一次到北京——一九三〇年暑假之后

九月初,当我再次回到北京之时,张廼莹已经在师大女附中上学了。开始,她与表兄陆振舜同住在现在的民族宫后面西京畿道的一所公寓里,后来便搬到二龙坑西巷×号一座小院落里。这住地距离陆振舜的学校——"中国大学"(在二龙路内)和张廼莹的学校——师大女附中(辟才胡同内)都很近,上下学很方便。

西巷×号,是一所只有八九间房屋的小独院。临街两间南房,有半间是门道,半间是佣人住的下房,另一间是一个单间,可以作客房,也可作堆房。与这间相对的是一间平台,可作堆房。往里,是一道一米左右高的花墙,把院子隔成了里外院。

进了里院，靠西，有两间平台西厢房，房前有两棵枣树。北面，是三间带廊子的北房，张廼莹和她的表兄就分住在这北房的两头，一人占用一间，我第一次去看他们，就是在这里。

此后，差不多每到星期天，我就到那里去。经常去的还有在“中国大学”读书的苗�，“北京大学”的石宝瑚和他的女友黄静宜，在“汇文中学”作职员的李荆山。因为我们都是“三育中学”的老同学，到北京之后就经常见面。自从张廼莹他们兄妹到来，大家就更像有了默契一样，每一星期日的后半天就都到西巷去，几个青年人围坐在桌旁，开始了漫谈。青年时期的血是火热的啊！有时甚至在沸腾！我们海阔天空地畅谈着自己的理想、志趣，谈着生活，谈着希望……有过纵情的欢笑，也有过慷慨的悲歌！特别是苗�，他最富有幽默感，爱说爱笑的本性，时时感染着大家，无论什么时候，只要有他在场，生活就不会觉得寂寞。石宝瑚呢，说话总是斯斯文文的，穿着也比较讲究修饰和观瞻，很有个学者的风度。而他的女友却恰恰与他相反，说起话来像个小麻雀，一对灵活的眼睛，不时地在转移着。李荆山（号忆之）的年龄最长，大家就称他“忆之兄”。他长得身材矮小，体格也瘦弱，爱好中国古典文学，喜欢鉴赏碑帖，经常去“东安市场”买下一些碑帖的拓片之类，带到西巷来给我们观看和讲解……。每一次，张廼莹总是坐在她固定的位置上来参加谈话，关于她的身世，我就是从这一次次只言片语的谈话中了解到的。

全体都聚齐的日子是不多的，一般总能有三五个人碰一面，你来他往地倒也有趣！每每是聊谈到巷里“值夜人”都敲响了梆子的时候，我们才踏着月色的清辉归校。后来，因为种种的原因，聚会的人员更加不整齐了，我却从来也没缺席过，一直是个“全勤生”。

那个时候，他们还请了一位北京当地人——耿妈，来照料他们的饮食起居。

大约是为了节约开支吧，没过多久，张廼莹兄妹也搬到外院来住，张廼莹在那单间的南房，陆振舜则住进那间平台。这时，我们每周照旧去聚会，多是在张廼莹的房里。我因去的次数多，也比较熟识了，相见时就直呼名字——“振舜”、“洁吾”、“廼莹”。

我每次去，也总是按照自己的习惯，轻轻地扣两下门环：“啪啪！”“啪啪！”一听见这样的打门声，廼莹便会说：“洁吾来了。”

一次，我去看望他们，刚一进屋，廼莹就交给我一封信，嘱咐我回到学校再拆开来看。当我正拿着这信迟疑的时候，只见陆振舜慌张地在桌上的书籍中翻找什么，回头便向廼莹说：

“啊！你到底把信给他啦？！”

“嗯。”廼莹平静地回答。

看到了这样的情景，我立刻就说："信里写的是什么？用不着回去看了，现在就拆开。"于是，我便看信，迺莹不语，陆振舜涨红着脸颊坐在靠窗户的椅子上，室内一片寂静……

这封信的内容，是迺莹专写给我的。主要是"告"她表兄"状"，说他对她无礼！我越看越气，脾气一下子就发作起来了，把陆振舜狠狠地骂了一通，责骂得他呜呜咽咽地哭起来……随后就起身回学校去了，将近有一个星期左右的时间没再去看望他们。

那个时候，我也很年轻（二十二岁左右），考虑问题并不那么周到和冷静。回到学校之后，我反复地思考了一下，觉得自己对这件事所采取的态度，当时太不该那样的粗暴。因为我觉得，平日陆振舜对迺莹是有着爱慕之心的，而且两个人从小又有过一段青梅竹马的生活……，我在不了解详情的情况下，从中干涉和指责任何一方，都是不妥的啊。于是，我就给他俩写了一封信。

信的开头，记得还引用了冯延巳的一段词话："风乍起，吹绉一池春水，干卿底事？"意思是说你们之间起的这样的一点小风波，管我什么事？我可真是多管闲事了。

也许是中断了一星期左右的友谊使我们彼此都感到精神上的若有所失吧，一个星期天，陆振舜和张迺莹来学校看望我了。于是，我就又照常去西巷，照常轻轻地扣着那门环："啪啪！""啪啪！"……

真正关心起迺莹，并与她之间产生了友谊，是在这件事情发生之后，（因为我想：迺莹向一个不相干的人——我——来诉说她的气愤，可见如何痛苦了。）只要去西巷，不论陆振舜在不在家，我都要和她谈一会儿。

记得一次谈到家庭，我说我有个严厉的祖父，严厉得不讲道理，简直就是个暴君！所以我得出的结论是："祖父不好！"迺莹立刻反驳我说："不对！祖父好，我的祖父就最好。"

还有一次，谈到了母亲。我说："我从小就失去了父亲，全靠母亲辛辛苦苦地把我抚养成人。我无论到那儿，长到多大，都不能忘怀母亲的恩情！"迺莹没说什么，但脸色很沉，表情也很抑郁。看得出，我的话牵动了她的心，也许有着痛苦的回忆吧，所以她并不热心地谈到母亲。

一九三七年，她从上海来北京看我的时候，偶然之间我们又谈到了父亲。我说："鲁迅先生待你们，真像慈父一般哪！"迺莹马上就说："不对！应当说像祖父一样。没有那么好的父亲！"

祖父待她好，她永远不能忘记；母亲待她很淡漠，她不愿提及；父亲待她很坏，使她几乎不相信世界上会有好父亲！她这三种鲜明的爱憎情感，当时给了我很深很深的印象。

记得廼莹、陆振舜、我，曾一同去西单绒线胡同内的“中天电影院”看过一次电影，片名叫《泣佳期》。内容是描写一个未成名但很有才能的画家和一个流浪街头的姑娘相爱的故事，情节曲折感人。回来之后，我们由谈论这影片开始，自然地谈到了实际生活中的友情、爱情问题。我说：

“我认为爱情不如友情，爱情的局限性太大，必须在两性间，青春期才能够发生。而友情，则没有性别与年龄的限制，因而，是最牢固的。”廼莹马上说：

“不对，友情不如伙伴可靠，伙伴有共同的前进方向，走的同一条路，成伙结伴，互相帮助，可以永不分离。”

“那路要走到尽头了呢?”我问廼莹。

“世上的路是无尽头的。谁能把世上的路走尽?!”廼莹反问着我。于是，大家沉默起来。

那年的“双十节”各校学生计划联合举行一次游行示威。队伍准备从西单集合出发往东走，到西长安街“北平行辕”前，大家把那“行辕”的牌子一砸，就解散！我在九日傍晚先到西单拐角一个小饭馆吃过饭之后，又去看了看地形，想到明天就要在这里起事，免不了又要有一场激烈的搏斗，又要有一批人被捕，心里很不平静，便转到西巷嘱咐陆振舜和廼莹：“明天不要出门!”

十日清晨，我按约定的时间进城走到西单，只见到处是武装警察，还有一些便衣特务在来往巡行，盯着每个行人。街上的学生不算少，三三两两地走动着。我走了一个来回，时间已到却不见动静。我再由南向北走到商场附近时，遇到了北京大学的同学，他说：

“回去吧，昨晚有人被捕，消息泄露了，今天的计划撤销。”听后，我便拐到西巷，向廼莹他们说了这件事。她说：“怪不得你昨天叫我们今天不要出门呢。”隔了一会儿她又说：“洁吾，我看你干不了革命。哪有你这样前瞻后顾干革命的!”

霜降过后，忽然降了一夜的雨雪，陆振舜则站在西平台顶上用根竹竿敲打枝梢上残存的枣子，一会儿，就拾了一捧。廼莹很兴奋地用小砂锅轻轻地收了一些墙头上的积雪放在炉子上煮，雪即刻化成了水，一粒粒枣子被放了进去，水很快就沸腾起来！我们围在炉边盯着那滚滚胖胖的小枣子在锅中挤来挤去，闻着那枣香气都等着吃！廼莹用火箸轻敲着炉子笑着说：“这可是名符其实的雪泥红枣啊!”我们大家都大笑起来。

在吃枣子的时候，我提醒他们千万要注意煤气，中了毒很危险，会致人于死命的！陆振舜却说：“我就不信那一套!”

廼莹果然中了一次煤气！那天是大家正坐着闲谈，忽然廼莹就昏倒了。我估

计可能是熏煤气了,急忙喊来耿妈,将廼莹抬到院中,放在躺椅上用棉被盖好。耿妈又去邻家找酸菜水。忙乱了一大阵子,廼莹才苏醒过来。后来由这件事我们谈到了“死”,廼莹说:“我不愿意死,一想到一个人睡在坟墓里,没有朋友,没有亲人,多么寂寞啊!”

十一月的中旬,天气已经很凉了,家境好的同学,早已换上了适应节气的秋装。可是廼莹的家里,除开寄来警告她赶快回家结婚的信件之外,一件取暖的衣服也没给寄!(陆家,也是如此。)家中对她施行的“经济制裁”,其实在这以前早就开始了!两个人的生活开支,就只能靠陆振舜家中寄来的钱勉强维持着。

十二月,眼看要落雪了。一天我去看他们,只见廼莹正由耿妈帮助着用旧棉絮反单衣改制成一件小棉袄……。仅有这样的衣服怎么能过冬呢?我即跑去找一个同乡同学借了二十元钱拿来送给他们。这样,廼莹才得以在“东安市场”买了棉毛衫裤挡挡风寒。

临近寒假的时候,陆家来信警告说:如果他们放寒假回东北,就给寄来路费,不然,从此以后什么都不寄!……没有别的办法可想,陆振舜决定回去。在整理行装时陆振舜告诉我说,廼莹责备他是“商人重利轻别离”。我知道,廼莹是不愿走的,可是我们这些穷同学谁也帮不了他们的忙,不走,又怎么生活下去呢?真是爱莫能助啊!

以上,是萧红第一次来北京的生活情况,时间是一九三〇年七月——一九三一年一月。

萧红第二次来北京——一九三一年初春

自从廼莹回东北之后,我无时不在惦念着她。不知她的命运如何,不知她能否再来。我曾给陆振舜写信询问过廼莹的归乡情况。许久,没有得到他的回音。

后来,终于接到了陆振舜的信。他告诉我廼莹已回呼兰家乡,又听说她一回去,就被家里囚禁起来,因此患了神经病!……我相信,这样的事是完全可能发生的,心里又急又气,心想:如果我能去呼兰,一定要找她父亲去讲讲道理,把廼莹救出来!

后来,又接到陆振舜的第二封信,信中说:如果廼莹能够有伍元钱路费的话,就可以由呼兰乘车逃出来了!这一消息使我很振奋,马上就从北京想办法兑换了伍元钱的“哈尔滨大洋”票子,将它小心地贴在诗人戴望舒写的一册诗集《我的记忆》最后硬封皮的夹层里寄出了!并在信中暗示廼莹说:“你在读这本书的时候,越往后就越要仔细地读,注意一些。”意思是想让她能发现这张钞票,想办法从家里早点逃出来！

大约一九三一年的二月末，突然收到陆振舜拍来的一封电报，内容是说廼莹已经乘车回京。我计算了一下时间，那列车到达的时刻，正是当中天中午，我马上赶到火车站去接她，却没接到。我转身直奔西巷，耿妈开门见是我，就说：

"小姐回来了，把东西放下就去学校找您去了。"我又即刻赶回学校，见廼莹正在宿舍等我。这次来京，她穿了一件貉绒领、蓝绿华达呢面、狸子皮里的皮大衣。她还送给我一小瓶白兰地酒和一盆马蹄莲花。

第二天，我进城去看望她的时候，不料她竟病倒了，发着高烧。看见她一个人住在那较为冷清的院落里，身边又没有可以聊谈的亲人，很是放心不下。

于是，我就天天去看望她，照顾她，和她聊聊谈谈。大约一个星期左右，她的病才渐渐地好转起来，能起床，也能吃东西了，我们谈话的时间也就更多一些了。（我仍然是每天从学校走去陪陪她。）记得曾几次问到她回乡后的情况和这次是如何从家里出走的，她都避而不答，我也一直忘记问那本"诗集"可收到了。

这个时候，曾收到陆振舜的来信，他托我照顾廼莹，并希望我能够帮助她继续上学。可是按照我当时的经济状况，是根本无法、无力替廼莹交纳很可观的一笔学费的。商议的结果，廼莹同意等她表兄来到北京之后再说。

一天傍晚，我正和廼莹在屋内闲谈，听见有人叩门，耿妈进来说："有个人找小姐。"廼莹听了立即出门去看，谁知那人竟闯了进来，正和廼莹在房门口打个照面。她，愕然了！！……那个人进屋之后，一屁股便坐在了椅子上，一言不发。廼莹跟在他的背后，对我伸伸舌头，做个怪样子。我看看那个人，心里猜疑着：这是个什么人呢？……廼莹给我介绍说："这是汪先生。"我向那人点点头，说明我和廼莹表兄是朋友，听说廼莹回来了，特地来看看她。那人仍不发一言。

稍停片刻之后，只见他从口袋里掏出了一摞银元往桌子上一撂，就开始用他的右手，似乎有些漫不经心的样子，一摞一摞地摆弄起那些银元，只见一枚枚银元从他的手中自上而下地跌落下来，发出叮叮当当清脆的金属声响。然后，他再重新抓起这摞银元，又用同样的姿势将它们悬起距桌面有三四寸高的距离，继续将它们又一枚枚跌落下来……他好像很欣赏这银元冲击的声音！此时张廼莹面部的表情是木然不知所措，我坐在那里也很尴尬，空气好似不再流动，停滞了！僵持了一刻，我便告辞出门了，廼莹没出来送行。

晚间，我又去西巷，见临街的窗子是黑洞洞的没有灯光。屋内，也没有说话的声音。我没有叩门，便转回学校。后来，又连着去了几次，都是这样的情形。最后一次，我习惯地"啪啪！""啪啪！"地叩响了门环。耿妈来开门，告诉我小姐他们出去了，并使我知道了那个男人，就是"小姐的未婚夫"。

从这以后,我没再去西巷。只是给陆振舜发过好几封信,把这一情况告诉给他,盼他能够即刻回来。

那是三月末的一天,廼莹突然到学校来找我,说是生活上有了困难,问我可不可帮她想想办法?我搜遍了全身所有的口袋,才凑了不到一元钱,就全部交给了她。我问她生活得怎样,上学的事解决了吗?她只说目前都谈不到了……拿着钱走了,没再说什么。

没过几天,我又进城去看廼莹,谁知耿妈却说:"小姐他们走了,您不知道吗?"

我摇摇头:"去哪儿了?"

"回东北了。"耿妈回答说。她还告诉我,小姐他们还有些东西没带走,希望能交给我来保管。因为耿妈自己也想另寻工作去了。随后,耿妈将一个捆好的柳条箱提到我的面前,我没看,也没收留那东西,便离开了西巷——张廼莹他们曾住过的地方。

回到学校之后,我的心情不能平静。廼莹临走前并没告诉我,也没留下个字条……根据我们平日交往的友情,我不能理解她为什么要这样不辞而别。她,到哪里去了呢?

陆振舜回到北京,对我颇发烦言,埋怨我没照顾好他的表妹。可是,我又有什么能力来照顾好他的表妹呢?就是她要到哪里去,与谁一同去,难道我能够阻拦得住吗!

这就是萧红第二次来北京的情况,时间是一九三一年的初春,二——三月间。

萧红第三次来北京——一九三七年初夏

陆振舜的责怪,我并不想去与他计较。我所挂记的倒是廼莹怎么样了?我一直猜不出她悄然离开北京的原因,可是又无处去探询她的消息。

"九一八"之后,大约是九月末,收到了廼莹从哈尔滨寄来的信,她要我寄两册书给她,说是准备送给她中学时期的美术教师。这位美术教师是廼莹所敬佩的,听廼莹说他待学生很好,说话也很风趣。

在北京的时候只要是我认为好看的书,无论是借的,还是买的,总是看过之后就带给廼莹他们去看。比如,戴望舒诗集啦,日本人鹤见佑辅著的《思想·山水·人物》啦……。廼莹这次来信要的书,其中有一册就是这《思想·山水·人物》。她要我寄给哈尔滨二中的×××人转,为了不使她感到失望,我便按照她写来的地址把书寄去了,却再也没得到她的回音。

从一九三五年开始,我就在刊物上经常读到萧军、萧红的作品了。但那时却并不知道萧红就是张廼莹。当我读到她写的《家族以外的人》的时候，我恍恍惚惚记得曾听廼莹讲起过这个主人公——“有二伯”。萧红就是张廼莹吗？自己仍然不能确定，因为我想不出她是如何去上海的，直到一九三七年她来北京看望我，我才知道萧红就是张廼莹啊。

一九三一年萧红他们离开北京后，我的生活也发生了变化，对萧红也就渐渐地忘却了。一九三三年，当母亲听说我已经开始工作(我那时正在孔德小学任教)，便从家乡带着我的两个年幼的妹妹和她为我相中的未婚妻来到北京。虽然当时我的月薪是很微薄的，但是因为父亲的早逝，我又是长子，家庭生活的重担自然只能由我承担起来，责无旁贷啊。为了“孝”的缘故，更不愿伤害母亲那受尽苦难的心，我便同意结婚成家了。

一九三七年初夏，约四月份的一个傍晚，分别五年之后的萧红，突然出现在我家门前的时候，我已经有了一个刚刚过周岁的女儿了。

那天，妻在厨房里收拾晚饭，我在院中抱着女儿玩耍。忽然听到“啪啪”轻轻的敲门声，开门一看，面前站着一位青年妇女，穿着一件黑色大衣。在她身后，站着李荆山。我还没认出她来呢，她就紧紧握住我的手说：“洁吾！还认识吗？找到你可真不易啊！”又回头对李荆山说：“真得感谢你忆之哥！不先找到你，就无法看到洁吾了。”我也惊叫起来：“啊！廼莹是你！你从哪儿来呀？”说着，我们便牵着手进院，到屋里，她放下大衣，急步走向我，向我作了一个拥抱。这一举动，吓了我一跳，我急忙让他们坐下，同时招呼在厨房里的妻子，过来认识认识这位远方来的客人。自从萧红一进院，一切举动，妻在厨房中早已看在眼里，不料竟因此产生了误会。当我给他们彼此介绍时，妻的态度很冷淡。并用她那女性本能的自卫而怀疑的神情和目光望向了萧红，也许使敏感的萧红感到自尊心受了伤害？

一时，是很难向妻子解释明白的。吃过夜饭，大致聊谈了一下彼此分别后的情况，约好明日再来，萧红便回旅馆安歇去了。

他们走后，果然受到妻子的诘责。她问我们是如何认识的？为什么从来没向她讲过？……无论我怎样说明，她似乎也不相信！

次日上午十点钟了，萧红还没来，我想这一次不会再不辞而别了吧！后来她终于来了，穿了件深天蓝色的毛织西装衣裙，头发用一根丝带束在脑后，看上去很像是日本人。

在午饭桌上，她开始讲述她近几年来的生活情况：回到哈尔滨怎样困在了旅馆；松花江涨大水萧军怎样去搭救她，他们如何穷苦地生活在一起，如何从事写作；怎样双双从东北日寇占领区逃出去到青岛；怎样与鲁迅先生通了信，在上海受到鲁迅先生和许广平先生的如何照护……。就是在这时，我说了鲁迅先生像慈父的话，

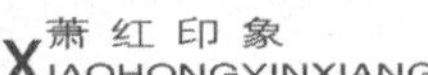

萧红立刻纠正我说:“不对!应当说像祖父一样……”当我问及萧军的为人时,她说:“他为人是很好的,我也很尊敬他,很爱他。只是他当过兵,脾气太暴躁,有时真受不了。”

我妻子对萧红的疑惑此时还没完全消除。第三天一清早,就说要到朋友家去,把孩子丢下就走了……我还要到学校去教课,带着个孩子怎么行呢?只好请萧红给照看一下了,等我上完课就赶回家来。

……后来,她们不但成为了好朋友,萧红走后,妻子竟也向我提出要去日本读书呢!

萧红这次来北京时,住在王府井南口一家旅馆里,因为房租太贵,而且是按天计算,我便又帮她迁到灯市口一座叫“北辰宫”的旅馆去住了。这旅馆的门厅里,挂着一块非常醒目的“匾”,上面只写了一个大字——“家”。

那时,我家住有三间房屋,请萧红来我家暂住是完全可以的。可是在开始,并没敢请她来我家。因为我家条件差,而张乃莹自从日本回来之后,生活习惯上似有了很大的改变,又加上我的妻子是那么不能谅解人……

可是过了几天,萧红主动提出能否住在我家?与妻商量她也并没反对,于是和妻一同将萧红由旅馆接到家中,安顿在东间房内:一张床,一张三屉桌,此外也再找不出适宜她所使用的家具了。

萧红,拿出了一张萧军的大照片,端正地摆在桌子上,这是我第一次认识萧军。

萧红在我家住了一个星期左右。(在此期间,作家舒群曾来找过她两次。还收到了萧军从上海寄来的一包书——《生死场》和《八月的乡村》。)每天,我到学校去教书,她就和我妻子在家里聊天。后来又一同烧饭,上街,一起逛公园……,竟建立起很真挚的友情。萧红走时,妻子还落了泪。

萧红回上海的时间,在五月中旬。是因为萧军寄信来说最近身体不适,希望她早点回上海……。记得我们夫妻曾想留她再多住些日子,可是她婉言谢绝了。她说:“不行啊!萧军近来身体不好,脾气也暴躁,时常夜里睡不好觉,做乱梦和人打架!一次竟一拳打在我的脸上,好长时间脸都是青的呢!”既然情况是这样,我就不能再挽留她。我和妻子抱着一周岁的女儿,在“东安市场”附近一家贵州馆子里,请萧红吃了一顿尚好的告别饭,便送她上站回上海了。

在她临行那天,我帮她收拾行李,东西装得太满,怎样也合不拢提箱的盖子,猛劲儿一拉,拉坏了提手!最后她只好取出自己穿的一件薄蓝呢大衣、一个油画架子和一个长方形嵌装着西洋画的小镜框留下来,并约定好秋天与萧军一起再来。

我一直等候着他们,并希望能见一见我所敬佩的萧军,我是他的读者。可是,他们没有来。

这次萧红从来到去(一九三七年四月底——五月中旬),在北京大约住了二十天左右。

萧红回到上海之后,我们曾通过几次信,我还把向她借的《海上述林》等书寄还给她。可是,“七七”事变到北京解放的十余年中,就再也没有听到过他们的消息。那时,我猜想:他们一定是去延安或解放区什么地方。北京解放了,许多人都从延安回到北京,我还希望着有朝一日能在报纸上看到他们来北京的消息……

大约是在“反胡风运动”中,我才听说萧军因犯了什么“错误”,下放到东北去劳动;不久读到聂绀弩的文章,知道萧红早与萧军分手,又以后,读到《萧红小传》,知道她于一九四二年客死在香港。这一连串不幸的消息,使我感到了一种难以名状的痛苦。尤其是萧红的死,更使我痛惜!什么原因竟使她早逝?我想了解,却无处了解,想探问,却无处探问,只要一想起萧红,心中就感到压抑和痛楚……

今年六月一日,是萧红七十诞辰,就用这段回忆文字来纪念她吧!这对研究萧红的同志,或许会有些用处。

忆萧红

绿川英子

结婚、生产、苦恼、贫困、疾病、早死——无数的女性所踏过的荆棘的道路,"进步的"作家萧红也背负着十字架走过了的。……她的大眼睛还在我面前闪烁,她的宏亮的声音还在我耳中发响。然而她不再回来,她死了。

——绿川英子

本文摘自《新华日报》1942 年 7 月 6 日副刊。题图照片为绿川英子。

绿川英子:日本世界语者、作家,1936 年随夫来中国,随即参加反日斗争活动。

一封书信，何日方能到？山遥水远路几千，一别已经年。

……

这是无聊的时候，无意识地念出来的东北小调——但后来也就没有再念了。

我还记得，这小调是萧红教给我的。而现在，萧红呢——

倒是山遥水远路几千，一别便是永诀了。她的家乡已沦入敌手，她的身体在这世上又已不复存在，往那里去送书信给她呢？

说到关于萧红的回忆，我就追想在抗战爆发的那一年。

"八一三"的炮火使我到上海屁股还没有坐暖，便辗转地从法租界这一隅逃到那一隅，在这过程中，我偶然的和萧红作了一月余同屋的房客。可是避人耳目的我，没有敢去拜访这位女作家，每天只在灶披间烧饭洗衣服的时候，看见过她几回衔着烟嘴的面孔，或听见过她在楼上的谈话声。我们之间，仅不过是这样子的什么来往也没有的"近代邻人"。

巨大的眼睛和响亮的声音——就是这些表面的印象，也因上海陷落，在南行避难期间不断的骚扰与不安中，连痕迹也不残留的消失掉了。

我们"正式见面"是在这时的一年余之后，在一九三八年末的重庆街上。那时晨雾未收，照射着湿气的电灯光下，她和旧日一样闪烁着两只大眼睛，发出响亮的声音，可是从她的身上总有一种不是相隔一年而是相隔数年的感觉，说到这种变化，不仅她个人如此，就连我自己及其他几千万人的身上也是同样刻着的时代的阴影罢了……

"你的名字漂亮，你的文章也漂亮，而你本人又漂亮啦。"

她的娴静的微笑，代替了初次和异国同性见面时的酬答。

其实，直到这时为止，她在我的心目中，只不过是现社会中通常的所谓"女作家"罢了。有优雅的文章和罗曼蒂克的生活，以女色出现于文坛，跟着女色的消失，也一同从文坛上消失去短短的存在……

是的，我对于她，还是什么也不知道的，随后，这种成见，自从萧红、池田，及和我们二人的共同生活相似的人们，终日在不见日光的米花街小胡同内开始生活以来，便渐渐被现实情形所修正了。

恐怕是汉口陷落后，战局告了一段落及远隔前线的安闲感中产生出来的吧，我们日里在重庆所具有的享乐生涯中度过，夜里就又落在不与战争相关的闲谈中。在这些场面中，萧便是一个善于抽烟，善于喝酒，善于谈天，善于唱歌的不可少的角色。另一方面，她又常常为临盆期近，不便自由外出为池田煮她所得意拿手的牛肉，并且像亲姐妹一般关心的跟池田闲聊，无所不谈。

可是，这不过是我对她所回忆到的次要的东西。

"进步作家的她，为什么另一方面又那么比男性柔弱，一股脑儿被男性所支配呢？"

在上海常和她接触的池田，惋惜地，抱不平地对我好几次发过这样的感慨。这是在我的头脑中最为深刻的印象。

我想到微雨蒙蒙的武昌码头上夹在濡湿的蚂蚁一般钻动着的逃难的人群中，大腹便便，两手撑着雨伞和笨重行李，步履维艰的萧红。在她旁边的是轻装的端木蕻良，一只手捏着司的克，并不帮助她。她只得时不时的用嫌恶与轻蔑的眼光瞧了瞧自己那没有满月份的儿子寄宿其中的隆起的肚皮——

她的悲剧的后半生中最悲剧的这一页，常常伴随着只有同性才能感到的同情与愤怒，浮上我的眼帘。

她和萧军的结婚，在初期，仿佛是引导和鼓励她走上创作之路的契机。原来，各有其事业的男女结合，不单是一加一等于二，要向着一加一等于三或四的方向发展才是理想。可是在他们的场合，一加一却渐渐降到二以下来了。而这个负数，其负方是常常落在萧红这一面的。自然，这也许是由于两人的性格上所酝酿的矛盾与相克，但是火上加油的仍然是男性至上的封建遗产。

后来萧红就离开我们和端木去过新生活了。不幸，正如我所担心的，这并没有成为她新生活的第一步。人们就不明白端木为什么在朋友面前始终否认他和她的结婚。尽管如此,她对他的从属性却是一天一天加强了。看见她那巨大的圆眼睛,和听见她那响亮的声音的机会也就日渐减少。于是不久之后,他们就在北碚自囚在只有他们两人的小世界中。专心于创作么?——谁也无从知悉。就有他们的谜样的香港飞行。

山遥水远路几千,可是一封信也没有通过,一别便成了永诀了。

喜欢和朋友一道的她,不能不和朋友分离了。

不给人知道,悄悄地走了的她,不给人知道,悄悄地死了。

她脱出了长久呻吟于敌人铁蹄下的故乡东北,却在初次沦入敌人魔手的东南孤岛上了结她的一生。在民族自由与妇女解放斗争的行程上,她没有披沐胜利的曙光,带着伤痕死去了,那作家的生活,也没有能够完成。

她并不健康,可是她生前,谁曾把她和死合在一道想过?她的死,殊为出人意外,殊为过早,殊为不应该。

结婚、生产、苦恼、贫困、疾病、早死——无数的女性所踏过的荆棘的道路,"进步的"作家萧红也背负着十字架走过了的。享年只有三十几岁的她的死,殊为意外,殊为过早,殊为不应当。我常常在痛感她的牺牲的生活之余,希望她用抗战的圣火把自己锻炼得钢铁一般。而现在,她的一切苦痛都化为乌有,我的希望也落了空。

她的大眼睛还在我面前闪烁,她的宏亮的声音还在我耳中发响。

然而她不再回来,她死了。

她真的死了么?并不,她至今也仍然在我心中活着。

她的张得很大的眼睛,教我知道,流泪是无意味的,流泪是无意味的,她的响亮的声音,在呼唤我们越过她的遗体进向前去。

一九四二年"七七"的前夜

欧阳凡海译于八月二十五日晨

记萧红的谈话

[苏]B.H.罗果夫

我最后一次见到萧红是一九三九年的十二月二十四日。一九四二年,我这位卓越的"老师"和朋友去世了,我向她学到许多东西,我由衷地感激她。一九三〇年在哈尔滨,我最初开始阅读鲁迅作品时,就是跟着这位老师。由于她的帮助,我才能够钻研《阿Q正传》的涵义。

——B. H. 罗果夫

本文原载《东北现代文学史料》1982年3月第4辑,第77~79页。全文摘自B. H. 罗果夫著《回忆我搜集鲁迅材料的时候》一文。译文刊在《文学研究动态》1981年第15期。本文题目为原编者所加。题图照片为萧红与友人在重庆。

B. H. 罗果夫:苏联塔斯社重庆分社记者。

我和女作家萧红关于鲁迅的谈话也是这样若断若续,当年鲁迅以自己的关怀、忠告并亲自校正手稿帮助这位女作家一举成名。在鲁迅晚年,萧红曾经住在他家里。我正像九年前在哈尔滨那样,在这里请萧红重新担任我的中文老师。在警报的嚎叫和炸弹的爆炸声中,老实说,我们的功课经常是转到我们敬爱的作家身上去了。我离开重庆后,萧红以回忆录的形式发表了我们的谈话。这是一个篇幅不大的单行本。可惜,印数不多,我没有这本书,而且也不知道它与我的笔记有多少一致的地方。我想,萧红回忆录中的材料一定比我的笔记要多得多,也整理得好得多。这里,我仅依据我所保存的笔记,引述几处最饶有兴味的地方。

我和萧红第一次谈话是一九三八年十二月二十二日,在重庆塔斯社分社里。在座的还有她的丈夫作家端木蕻良。

"请您谈谈您和鲁迅第一次见面这件事吧。"

"这是在一九三四年的十月。我和我第一个丈夫作家田军从日本占领下的哈尔滨秘密地跑到北京①。我很想上大学，但是无法实现。使我高兴的是，跳出了日本人的虎口，而且我还成功地把我第一部作品，描写沦陷了的满洲的《生死场》手稿装在茶叶筒里'走私'带出来了。我们立即写了一封信给上海的鲁迅，要求会见他。过了些时候，他回信说：不要着急。不能立即见面。

我们和鲁迅第一次见面是一个月以后在上海四川路一间小咖啡馆里。我问鲁迅能否出版我的书。'写什么的'——'日本人在东北'——'这样的书现在恐怕出不了，我们的政府不愿意谈到日本人，仿佛天下太平无事似的。'但是鲁迅这天晚上还是收下了我的手稿②。记得他说，就是在那样的时候，我们的文学也应当是生机勃勃的战斗的文学。他还提醒我们要十分谨慎小心，主要是不要和陌生人，特别是白俄交往，那种人大多是以告密为生，他们会把我们当作从苏联回来的留学生。我们分手时采取了预防措施，鲁迅和他的夫人先走，一个钟头后，其余的人才离去。

这次会见后，有好几个月我们没有再见到鲁迅③。一次突然收到他邀请我们吃饭的信，进晚餐时，鲁迅让我们谈谈'满洲国'，他听得很仔细。然后他说，他已经看了我们的稿子(除了我的原稿外，田军的小说《八月的乡村》也在他那里)。还告诉我们，尽管出版困难，尽管作家们的处境险恶，有书报检查制度和警察的搜捕，他却已把我的小说转交给《文学》社出版。这次我们一直谈到深夜。

我的稿子在审查机关隔了半年，结果是不准许出版。于是鲁迅决定自费印行这两本书。为此还成立了叫做'奴隶'的有名无实的出版社。他耗费了好几个晚上来读我那八万字的原稿并作了修改。最后，附有鲁迅序言的这两本书终于问世了，而且很快就卖光了！”

我继续问萧红说：“依您看来，鲁迅传记中，上海时期必须注意到的是什么？”

萧红说：“这个问题很难回答。鲁迅生活和斗争中的上海时期，内容特别丰富，有许多重大事件。在这个时期里，鲁迅成为一位革命的作家。他同瞿秋白的友谊是主要事件，这点正是理解上海时期的关键。

在上海，鲁迅的处境很艰难，家庭生活也很拮据。那时出版社付给稿酬并不正

---

① 此处有误，萧红、萧军从哈尔滨逃出后去了青岛，而不是北京。

② 此处谈及《生死场》手稿交付鲁迅的时间有误，《生死场》原名《麦场》，1934年9月9日完稿，后出版时改名《生死场》。《生死场》复写稿1934年10月邮寄给鲁迅，鲁迅日记1934年10月28日载“午后得萧军信并稿”，此处的“稿”即为《生死场》。萧红与鲁迅在上海会面后，交给鲁迅的是萧军《八月的乡村》复写稿。

③ 此处有误，萧红、萧军1934年11月30日在上海内山书店首次见面，12月19日即请二萧赴宴，间隔不到一个月。

规,而且要在书籍出售之后才支付,而鲁迅的著作几乎总是被警察局没收的。付给他的稿酬是和别的作家一样——每千字三元。鲁迅除稿费外,没有别的收入。按禀性来说,他不愿做生意,损害对文学的志趣;也不能和那种叫做'文学商贩'的出版家周旋。有个时期他编《译文》,但后来《译文》也被查禁。《文学》对他怀有敌意,不出版他的作品。

鲁迅那时重病缠身,医生劝他离开上海的恶劣气候。可是,他的钱连在乡下休养都不够。一九三四年鲁迅曾收到莫斯科请他参加苏联作家大会的邀请。我们竭力说服他去,在莫斯科可以得到治疗和休息。但他断然声称,目前决不离开上海。我想,他是担心不能回来,因为中国政府是不会发给他回国签证的。显然他也是不愿撂下他在文学方面所进行的斗争和社会团体中的工作。"

"鲁迅和瞿秋白的关系怎样?"

萧红回答说:"他们的关系非常亲密,志同道合。记得我住在鲁迅家里的时候,一次来了一个'北方来客'(那时大家都这样叫瞿秋白)。瞿秋白那时处于秘密状态,他的真实姓名,他是何许人,就是对我也是保密的。后来我知道了他是从苏联回来的。又过了些时候,鲁迅在谈到他时说:'瞿秋白是中国人里面最优秀的一个。他的牺牲是一个永远无法弥补的损失'。瞿秋白对鲁迅有很大影响。他遇害后,我们怕鲁迅伤心,甚至避免提起他"。

"他们什么时候认识的?在北京时互相知道吗?"

"我不知道。大约他们在北京没有见过,只是彼此听说过,看过各自发表的文章。"

"还有谁是很了解鲁迅生平的呢?"

"我认为有两位:鲁迅的同乡许寿裳教授和中央研究院院长蔡元培教授。他们都是鲁迅的老朋友,对鲁迅从绍兴开始以至终其一生,他们都很了解。他们和鲁迅一起在日本学习,回国后又一起在北京做事。当然,很了解鲁迅的还有他的夫人许广平和他的两个弟弟周作人和周建人。周作人是一个颓废派资产阶级作家,如今成了叛徒,在北京当了日本华北傀儡政府的教育部长。鲁迅与周作人思想上早已分道扬镳了。周建人是一个完全不过问政治的人,对文学也从不感兴趣。鲁迅在北平时的朋友许多人都还健在。固然,像他的同乡、学生、朋友和同志的韦素园、孙伏园以及别的一些人已经去世了。在世的人中,我还要提出一位作家台静农,他能够轻而易举地阅读鲁迅的手稿,还有摹仿鲁迅的散文家许钦文。许钦文也是绍兴人,他有个妹妹许钦素是鲁迅的学生。兄妹二人是鲁迅一家,尤其是鲁迅母亲的好友。他们都还在,只是现在战争把他们抛在哪里,我就不知道了。

了解鲁迅北京时期的还有著名的俄罗斯文学和苏联文学翻译家、俄语教授曹

靖华。对于鲁迅上海时期及晚年,瞿秋白要比所有的人都更好地了解。瞿秋白本来说可以作一个杰出的鲁迅传记作家的,但他已经牺牲了。现在,比别人更了解上海时期的还有鲁迅的一位老朋友、文学家、共产党员冯雪峰。冯雪峰一直维护鲁迅,使他不致受到资产阶级文人、托派分子以及各式各样的'左'的攻击。"

我最后一次见到萧红是一九三九年的十二月二十四日。一九四〇年初我回到莫斯科,不久萧红也不得不去香港,并于一九四二年初牺牲在那里的日本集中营里①。我这位卓越的"老师"和朋友去世了,我向她学到许多东西,我由衷地感激她。一九三〇年在哈尔滨,我最初开始阅读鲁迅作品时,就是跟着这位老师。由于她的帮助,我才能够钻研《阿Q正传》的涵义。后来我们在武汉、在重庆都曾见到过。抗战初,她和她丈夫在西北,受到毛泽东本人粗暴的批评,指责她不问政治②。此后在武汉重庆,萧红就不断受到攻击。她的作品不再在左倾的出版社出版,而国民党出版社由于她的政治信念也不出版她的著作,她更无法去沦陷区,因而才不得不去香港,并在香港去世。

美国女作家艾格里丝·史沫特莱曾满怀同情地写到萧红:"在战争这个残暴的铁砧上,锻炼了新的中国妇女,她们在许多方面比美国妇女更为进步。我曾经和这样的一个女性在武汉郊区一所主教的住宅里同住过一个时候。她叫萧红,她的命运是非常典型的。一九三一年日本首次发动武装侵略时,她逃出了满洲。她要摆脱的不仅仅是日本人,同时还有强迫她出嫁的富有的双亲。从此她就总是跑在日本人行程的前头,先是住在北京,继而上海、汉口、重庆。她的处女作《生死场》不是别人,而是鲁迅介绍给读者的,鲁迅说那是出自一个女性手笔的最坚强有力的作品。此后,萧红发表了一些关于战争的书和短篇小说。她像大多数现代中国作家一样,生活一直很穷困,她的收入仅仅相当于一个苦力。此外,也像她大多数她的同行那样,萧红还患着肺病。我曾帮助她住进玛丽皇后医院,直到她去世。日本人占领香港不几天,她就去世了。死时年仅二十八岁。"③

---

① 此处有误,萧红病逝于香港圣士提反女校,未死于日军集中营。

② 此处有误,萧红未去延安,亦未受到毛泽东的批评。此处可能指萧军,但萧军此时已与萧红离异。

③ 此处有误,萧红生于1911年,逝于1942年,终年31岁。

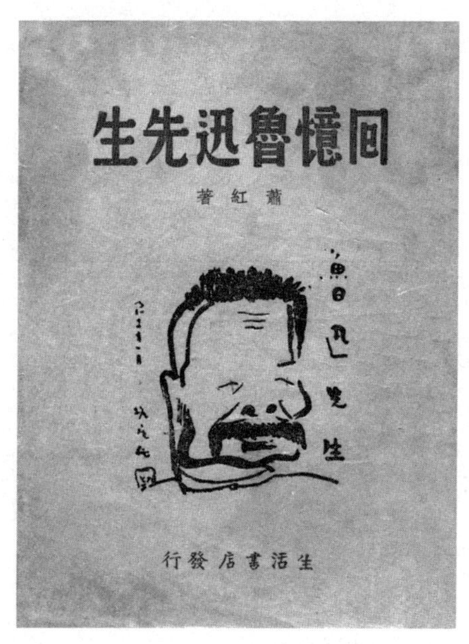

忆黄桷镇和萧红

苑茵

夜静了，燃着的篝火渐渐微弱，大家提议，我们共同高唱“流亡曲”。我记得在那悲伤高亢的歌声中，我不知不觉地倒向她（萧红）的怀里，她温柔的手抚摸着我的头发，又用一条手帕擦去我的眼泪，说：“不要悲伤，我们总有一天要打回老家去的。”

——苑　茵

本文载《新民晚报》1983年8月19日第5版。题图为萧红在重庆居住时所写的《回忆鲁迅先生》一书封面。

苑茵：抗战时期内迁到重庆的复旦大学学生。

那已经是四十多年前的事了，时间是一九三九年，那时我只不过是一个二十来岁的女学生，从“九一八”事变后流亡到北平，经历过“一二·九”学生运动、芦沟桥事变，随着抗战烽火的扩展，从华北到华中，最后沿着长江流域来到了嘉陵江畔的重庆。

离重庆大约百里路远的嘉陵江旁有一个市镇叫做北碚，从这里过江到对岸，登上坡，便看见一条小街，沿街两旁的民房，不是用竹片、就是用土坯建造的。有一个比较大的建筑群是从上海迁来的学府——复旦大学。

这地方叫做黄桷镇，由于搬来一所大学，显得特有生气。学生来自全国各地，一共大约有一千多人；有的讲上海话，有的带北京口音，有的说广东、广西、湖南、湖北的方言，但大家都有一个共同点：除了四川等省同学外，大部分都是从沦陷区来的流亡学生，换句话说都是一些无家可归的年轻人。我是经过“九一八”事变最早开始流亡的一个人。在那个抗战时期的学府，设备简陋，生活艰苦，大家住的是十多人一间的宿舍，吃的是发霉的米饭，夜晚学习只靠一根灯草点燃的油灯。

当时的进步学生中，组织了课余读书会、抗战文艺习作会，关心国家的命运和人民的饥苦。大家也经常在这里进行时事讨论。抗战文艺习作会以研究进步文学为主，分析作品，练习写作。这两个组织还团结了校内的教授，如马宗融、章靳以、胡风、方令孺等，他们也同时指导大家学习。此外我们时常请一些校外知名的作家和戏剧家,如老舍、洪深、曹禺等来校作报告。他们为我们讲文学和戏剧对于社会、人民的启发和影响,当时学校里除了上课的教室外,既没有大礼堂,也没有会议室,因此我们开会只能选择月明之夜,坐在竹林边空旷的原野上进行讨论。

我记得在一个中秋的夜晚,明月皎洁,晚风徐徐,抗战文艺习作会的会员燃起一堆篝火,围成一个大圆圈,席地而坐,展开讨论。参加的客人还有文学院的几位教授。讨论的作品是《阿Q正传》和《狂人日记》。讨论的目的是想通过这两篇文章更深入地了解中国旧社会的本质和与此相连的国民党统治的特点,以及中国的前途和出路。参加这次讨论会的还有两个女作家:年纪较大的是一位和我们朝夕相处的教我们近代小说和文学,被我们这批流亡学生当作母亲一样爱戴的方令孺老师。另一位比较年轻,大约三十多岁,外表朴素而文静,沉默寡言,头上梳着刘海发型,坐在我们中间并不引人注意,但是从她的作品看,她却充满了革命的激情。她就是写《生死场》的作者萧红。由于她也是东北人,我和她无形成了很亲密的朋友,因为我们都有共同有家归不得流亡的经历和苦痛。我曾读过萧红的作品,她的作品给了我不少的启发和勇气。现在我们坐在一起,我们这一群人又把她像姐姐一样的爱慕。夜静了,燃着的篝火渐渐微弱,大家提议,我们共同高唱“流亡曲”。我记得在那悲伤高亢的歌声中,我不知不觉地倒向她的怀里,她温柔的手抚摸着我的头发,又用一条手帕擦去我的眼泪,说:“不要悲伤,我们总有一天要打回老家去的。”

她住在黄桷镇王家花园的一间小屋子里,这房子离我住的女生宿舍只要几分钟就可以走到。从那次晚会以后,我们几乎每天都见面。有时她寄信或过江到北碚买东西总要邀我陪她同去。后来我发现她脸色淡白,时常干咳,身体虚弱无力,已经有肺病的象征,但她每天除了写作,还得做家务,很少休息。当时的物价飞涨,更谈不上治疗和营养,我时常对她说:“我多么想分担你的劳苦,让你休息一下。”她总是说:“你分担不了,你要读书,你有你的任务,那也同样重要。”后来她离开了黄桷镇,据说,去香港了。我们从此再没有见面,但我永远忘记不了她。

我的怀念

周玉屏

萧红个子高高的，很温柔，很文静，每次见到，总是相互笑笑，亲切招呼，但我们从未坐下来深谈过，也未一起去玩过。但感到她的情绪有点忧郁，微笑中有点与人不同。

——周玉屏

本文载《哈尔滨日报》1982 年 1 月 17 日。题图照片为周玉屏与罗荪在哈尔滨。
周玉屏：罗荪夫人，萧红哈尔滨时期的中学同学。

去年七月，哈尔滨举办三十年代左翼著名女作家萧红七十周年诞辰纪念会，邀请了国内外知名友好人士参加，我爱人罗荪和我也受到了邀请。我们非常想参加这次纪念盛会，同时，还可借此良机看看亲朋好友和东北老乡，追寻旧址，喜看新貌。可是，当时偏偏赶上有事缠身，无法成行，真是莫大遗憾。

萧红是我在哈尔滨女一中的同学，那是五十多年前的事了。记得一九二八年暑假时我来到了哈尔滨，考进了当时哈市唯一的一所女子中学“女一中”高中二班。萧红当时是初中四班的学生，这学校是个有名的好学校，学风严谨，教学有方，真正培养教育了不少人才。由于不同班级，全校同学又多，我们虽无深交，却已相识，也许是我们都有些突出的特点和缘份吧。

萧红个子高高的，很温柔，很文静，每次见到，总是相互笑笑，亲切招呼，但我们从未坐下来深谈过，也未一起去玩过。但感到她的情绪有点忧郁，微笑中有点与人不同。一九三〇年她初中毕业后就离校了，虽然偶尔听到一些有关她的传闻，却始终未再见到她本人。

也许是有缘吧，哈尔滨沦陷后，我们在各地流浪。抗战初期，我们在汉口，萧红、萧军也在这时来到了武汉。当时罗荪在汉口编“大光报”副刊，以后参加中华全国文艺界抗敌协会。抗战初期，文艺界人士纷纷从全国各地聚集到武汉，我也在这个时候同老同学萧红有了意外相逢的机会。这真令人感到倍加喜悦和亲切。当时,她已是知名的东北作家,我真为她的才华和成就而庆贺。她送给我们一张她与萧军的合影,我们珍惜保存,虽几经逃难和抄家,现仍完整保留,这也是她身后留给我们的珍贵遗品了。

当时由于日寇进逼,局势紧张,相见几次,又匆匆分手,我带了两个孩子随赵丹等人组织的演剧队入川去重庆,罗荪一人留守汉口三教街住所,房子空出来竟成了文协的活动场所。听说萧红和冯乃超爱人李声韵、蒋锡金等人,都由武昌来此避难,他们在一起曾经共同度过了短暂而紧张艰险的日子。这时萧红与萧军已分开了。不久,大家先后离去,罗荪也去了重庆。

抗战期间,生活艰辛,人人到处流浪,尤其是文人,更是障碍重重,处处陷阱,多少文人,历尽千辛万苦,来到了大后方重庆,可又不得不悄悄地设法离去。萧红也正是如此,她后来也辗转来到了重庆,我们又见面了,她没有诉说她个人的生活不幸,却仍坚持不懈地在写作,我钦佩她的坚强毅力,也同情她的不幸遭遇。不久,她又悄悄地离开了重庆,起初,不知她奔向何方,后来才知她已去了香港。但是不久又传来了不幸的消息,在太平洋战争爆发时,她病倒在异乡,而且更不幸的是她终于悄悄地离开了这个世界。

她死得过早了,离开人世时,她才三十一岁,她的才华还没有能得到充分发挥,就匆匆地走了。

在她短短的一生中,她写了数量不算少的作品,她的文章写得清秀流畅,宛如一溪春水,清彻沁人。她并不写那些动人心魄的故事,却写出了现实社会一些普通人物的遭遇和他们的内心世界。它们牵动着读者的灵魂,同作者一同感受着那个世界所带来的忧郁。由于她那细腻动人的笔触,深深地打动着每一个读者。由于她有生之年都是在那可怕的旧世界走过来的,来不及看到新的世界和新的社会,这都是她的不幸。但是她毕竟以她的卓越的才华,在短短的岁月里把那些艰辛和苦难留给了读者。

为了怀念我的一位富有才华的老同学,写下一点文字作为我对她的纪念,作为我献给第二故乡哈尔滨的礼品!

回忆萧红

沈玉贤

"外面下着潇潇细雨,三年前的友情给雨丝遮断,想念你啊!玉贤!你来吧!我请你吃'一毛钱'。"一九三三年我在女中即将毕业的初夏,收到了她这封充满诗意的信。

——沈玉贤

本文载《哈尔滨日报》1981年6月16日第3版。题图照片为萧红在哈尔滨读书时东特女一中旧址。

沈玉贤:萧红哈尔滨时期的同班同学。

一九二七年我和萧红一同考入哈尔滨东省特别区第一女子中学,在一起读完了三年初中。尽管我俩的性格不同,她喜静,我好动;但共同的爱好——文学和美术,共同的思想——反帝、反封建,同情劳动人民,却把我俩紧紧联系在一起,成了要好的朋友。

一

"外面下着潇潇细雨,三年前的友情给雨丝遮断,想念你啊! 玉贤! 你来吧! 我请你吃'一毛钱'。"一九三三年我在女中即将毕业的初夏,收到了她这封充满诗意的信。文字是这样简短,情谊却是那样真挚。——这是我收到的她写给我的最后一封信。

几天后,我去访问过她——这是我俩最后一次会晤。时间过去了将近半个世纪,许多往事已模糊如烟,她的音容笑貌却一直留在我的记忆中。我俩谈得是那样亲切。我们一同回忆过去,叙说当前。她比我大四岁,一贯把我看做小妹妹,那时候,她虽然只有二十二周岁,却已历尽人间艰辛,在生活与爱情的道路上受尽了折磨。而我,却仍在过着平静的学校生活。我看到她跟三郎(萧军)生活在一起,好像还过得去。我知道当时三郎教武术有点收入。可没想到她有那么多不幸遭遇和精神上的痛苦,而我那次见面对她的精神和经济上没给一点安慰和帮助,以后想起来感到非常遗憾,也对自己的单纯、无知感到非常可气。

二

“以前,我们都是很要好的朋友,为什么在北山上却你争我吵?啊!原来是爬山爬累了!”这是一九三〇年萧红以悄吟为笔名发表在女中校刊上的小诗《吉林之游》中的一首。悄吟这个笔名就是从那时候开始用的。我问她为什么要用悄吟,她说:“悄悄地吟咏吗!”

一九三〇年初夏,在我们即将初中毕业的前夕,学校组织了一次全校性的吉林旅行。我们这些生长在哈尔滨市的学生,只看过松花江,没看过一座山,所以在吉林玩得最有意思的便是爬山。萧红、我、刘俊民、林楚芳……,我们一起追赶着,爬呀,跑呀,高兴极了。但时间长了,玩腻了,却产生了“分歧”。有人主张爬向“南天门”,有人嫌累,有人要去采野花,有人说没意思,有人提议坐下来歇一会,有人还不肯休息……,于是大家便“分道扬镳”。我和萧红分别在大树荫凉中坐下来。她好静,正好坐下来写诗。我呢?虽然好动,而且个子比较高,但“爬山越岭”却没有本事,便坐下来打开速写簿练习描绘眼前的景色。萧红走过来打趣地说:“好好画吧!小妹妹!回头大姐给你题首诗。”

三

“劳动者的恩物”是我们班初中毕业时成绩展览会上的一幅特别引人注目的油画,下面标签上写着“初中第四班张廼莹。”画面上画着一块灰褐色的石头,旁边放着一支黑杆的短烟袋和一个黑布的烟袋荷包,萧红说:“劳动者干活累了,坐下来抽袋烟休息一会。”毕业前,她精神非常苦闷,思想上却产生了进一步的飞跃。她同情一切不幸的人,尤其是劳动者,当时,美术老师高仰山先生为使我们能够较好地完成毕业前的最后一幅图画,在图画教室里布置了好几组静物写生的题材,有蔬菜,有瓜果,有花卉,有瓶瓶罐罐,还有一束玫瑰花和一颗人头骷髅。同学们都从中选择了自己比较喜爱的题材。我觉得花果蔬菜已经画了三年,玫瑰与骷髅倒比较新颖,便选择定了。当然,也正吻合了我当时的小资产阶级情调。而萧红却从外面搬来一块石头,借来了老更夫的烟袋与烟荷包,创造了她具有独特风格的作品,表达了她与众不同的思想感情。

四

“八月的君山最好,因为桂花都开了”! 在初中三年级,有好几天萧红总是反反复复地吟诵着这句诗,原来,她又新买了一本诗集——《君山》。从初中二年级开始,我俩课外便经常在一起读书。我俩对鲁迅先生的短篇小说和杂文都非常爱读,对郭沫若的《女神》《三个叛逆的女性》也爱不释手。我们交换着阅读,然后在一起谈论,甚至于争论起来。不知从什么时候起,我俩又爱上了诗歌。于是读诗又成了我俩课余的主要活动。我俩贪婪地读着,古今中外一齐读。不管是《琵琶行》《长恨歌》还是《孔雀东南飞》;不管是普希金的《自由歌》还是《雪莱诗选》《海涅歌集》;也不管是闻一多的《死水》,还是焦菊隐的《夜哭》,只要买到、借到,就一起读。但,为时不久,她却突然变得心事重重,默默无言,不愿跟我一起读诗了。她常常在夜里暗暗哭泣,星期天偷偷地喝酒……原来是爱情噬伤了她少女的心。她发现未婚夫吸食鸦片,悄悄地爱上了表哥。她忧心忡忡,喜怒无常,同学们都说:“张迺莹变了!”又有谁知道她内心的痛苦!

五

“我现在女师大附中读书。我俩住在二龙坑的一个四合院里,生活比较舒适。这院里,有一棵大枣树,现在正是枣儿成熟的季节,枣儿又甜又脆,可惜不能与你同尝。秋天到了! 潇洒的秋风,好自玩味!”

一九三〇年暑假,萧红从家里逃婚到北平,跟她的表哥陆宗虞生活在一起,开始好像还很幸福。这是她到北平定居后的第一封来信。以后,我俩经常通信,她还给我寄过一些杂志如《拓荒者》——当时在东北已买不到。

一九三一年春,刚刚过完春节的一个午后,萧红跟她的那位表哥突然来到我家。原来,他俩是从呼兰回来要到北平去。我母亲对萧红的不幸遭遇非常同情,热情地招待了他俩。吃过晚饭,他俩一同去火车站,我只送他们到街口,目送他俩消失在黄昏的街头。不久,随着敌伪的封锁,关里关外不能通信,我们便断绝了消息,直到一九三三年接到她那封“潇潇细雨忆友情”的书信后才又重逢。她已埋骨异乡,过早地结束了她坎坷不平的一生。幸而,她为我们留下了珍贵的遗作,为祖国文坛增添了光彩。

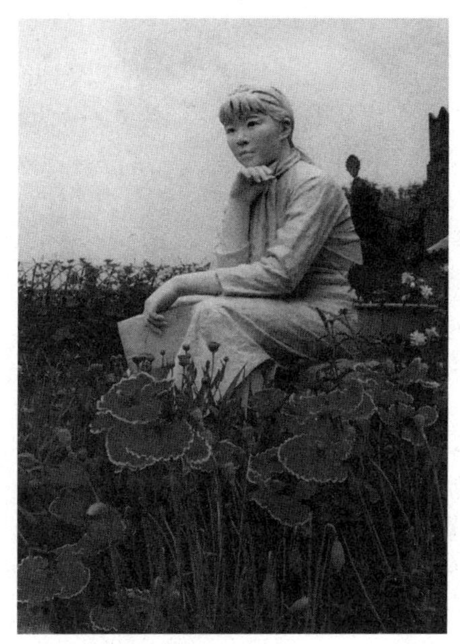

我的同学萧红

刘俊民/讲述　何　宏/整理

张廼莹中等身材，圆圆的大脸盘，浓浓的黑头发，两个很粗很粗的大辫子，垂得她仰着脸，白皙的脸上，有一双明亮的大眼睛，她很沉静，平时不太爱说话。上课时，她常常捧着小说偷偷地读，有时老师走到身边，她还不知道……

——刘俊民

本文载《萧红研究》第一辑，哈尔滨出版社 1993 年版。题图照片为萧红故居内的塑像。

刘俊民：萧红哈尔滨时期东特女一中同学。

何宏：哈尔滨商业大学教师，萧红研究者。

五十多年前，我从宾县考入座落于哈尔滨市南岗区东省特别区区立第一女子中学，编入第四班，与张廼莹（萧红原名）、沈玉贤（哈尔滨市兆麟小学副校长）是同班同学。有人说萧红没有毕业，被开除了，甚至被写入电影脚本，这是不对的，我们三个人都毕业了，而且还拍过毕业照片，可惜这些照片谁也没有保存下来，不过，沈玉贤可以证明这一点。

我们第四班的称谓，并不是本年级的第四班，而是全校班级的统一编排顺序。我们班是学英语的，开始时，有四十左右人，除萧红、沈玉贤外，我记得还有花旗银行买办的女儿迟伯昌，督办的两个女儿……因为都是女学生，往往等不到毕业，就结婚了，所以毕业时仅剩二十多人了。

张廼莹中等身材，圆圆的大脸盘，浓浓的黑头发，两个很粗很粗的大辫子，垂得她仰着脸，白皙的脸上，有一双明亮的大眼睛，她很沉静，平时不太爱说话，她不仅和我住一个宿舍，而且就坐在我的后桌。上课时，她常常捧着小说偷偷地读，有时老师走到身边，她还不知道，于是，小说被没收了，她被批评一顿。有时，甚至被叫到校长室，再批评一顿。

在她读初中的三年里，可能把校图书馆中的鲁迅、茅盾、郭沫若等革命作家的作品读遍了。当时校图书馆由美术老师高仰山（号高昆）兼管，他不仅借给萧红许多书，给她讲过许多文艺知识和革命道理，而且还教过萧红绘画。萧红虽然不是沈玉贤、王丽颖她们那个学生美术小组的成员，却也十分喜欢绘画。一次萧红在校园画写生，被高老师发现了，于是，萧红便被列入重点培养对象之一。后来，萧红能为自己的书作封面设计，正是高老师值得欣慰的。

虽然，萧红平素不爱说话，却好打抱不平。记得我们读二年级时，一天，伙食委员任淑珍（她是五班的）和另外一个同学买菜回来晚了，让二师傅给炸馒头片、炒白菜，引起大家议论纷纷。于是，萧红写了一首打油诗，放到任淑珍吃饭的桌子上（当时每人吃饭都有固定的桌子）。第二天，吃饭时，任淑珍看见了，大发脾气，萧红端着饭碗走过去，拿起诗稿看了一下，一本正经地说："是写得有些过火，不过，假若没有这事，她就不会写了。"我们见了她的恶作剧，只好偷偷地笑。那首打油诗，大概是："任伙食长真叫馋，出去买菜回来晚，还吃油炸馒头片，大伙便宜不该占。"

读初一时，张廼莹家里便给她订了亲，男方是哈市顾乡屯的汪家，未嫁夫汪恩甲，是滨江小学的教员（其兄汪大澄是该校校长），同时读法大夜校。他还来过我们女中，廼莹还给他织过毛衣。读初二时，他父亲死了，廼莹还去他家给未过门的公公吊孝。后来，廼莹发现他吸大烟，才讨厌他。

一九二九年，为边境之争，统治东北的奉系军伐与苏联发生一场小规模的战争，很快便以中国失败告终。我们这些青年女学生，出于爱国热情，为阵亡将士家属募捐，做了一些小兰花，到马路上，给过往行人（当然要选择比较富裕一些的）戴上，然后他给一些钱，这种活动叫配花。我和廼莹在一组，最多时，一天能募一百多元。由于我和萧红住同一宿舍，所有的社会活动，我俩总是在一起的，而且我们非常要好，什么心里话都互相倾吐。骆宾基的《萧红小传》中说，沈玉贤与萧红同住一宿舍，是不对的，因为沈玉贤当时家住哈尔滨市傅家甸子（今道里区），根本不住宿（她上高中后才住宿，那时萧红已离开女中了），可能当年萧红病卧香港说错了，或者骆宾基记错了，因为当年与萧红住一宿舍又很要好的，恐怕只有我了。

另一次学生运动，便是反对日本帝国主义修建五条铁路了。当时的女中校长孔焕书（萧红给她起个外号叫孔大包牙），被迫同意女中学生参加游行，她让一中和二中的学生代表给吓坏了。参加游行示威的学生，汇成浩浩荡荡的人流，首先奔向东省特别区长官公署（今南岗民益街）请愿，然后转向道里外交特派员兼滨江道尹蔡运升家（今哈市市委侧门），要求他出来解答问题。"打倒卖国贼蔡运升！""反对日本强修五路！"口号响彻云天，蔡运升从后门逃走。当时，天色已晚，临时决定解散，第二天继续游行示威。次日，我们在许公路二中门前操场集会，学联代表发表了慷慨激昂的爱国演讲，使我们明确了抗日斗争的伟大意义。游行示威开始了，一排八人手拉手。口号此起彼伏，传单从我们手中撒向人群……当队伍走到西门脸（今新闻电影院正阳街一带），与前来阻挡的警察发生了冲突，子弹射向天空，水龙头射向学生，但队伍在继续前进。萧红在这次运动中，表现得很勇敢。还如她在《一条铁路底完成》一文中说的："那时候，我觉得我是站在这几千人之中，我的脚步，我觉得很有力。凡是我看到的东西，已经都变成了严肃的东西，无论路上的石子，或是那已经落了叶的街树，反正我是站在打倒日本帝国主义的喊声中了。""组织宣传队的时候，我站过去，我说我愿意宣传。别人都是被推举的，而我是自告奋勇的。于是我就站在雪花里开始读着已经得到的传单。"

"那天受轻伤的共有二十几个。我所看到的只是他们的身上流下来的血还凝结在石头道上。"

"第二天的报纸上登着那些受伤的同学们的照片，好像现在的报纸上躺着的伤兵一样。"

在游行之后，我又和萧红秘密商量。每天下晚自习，去学校附近的中长铁路护路军司令部（今铁路卫校校址，当时司令是丁超），偷偷往墙上贴"打倒日本帝国主义！"、"日本鬼子滚回去！""打倒卖国贼！""反对日本强修五条铁路！"等标语。这些标语是我们在宿舍里偷偷写在报纸上的。每次约贴十张左右，贴了近半个月，每当贴标语回来，我们总是挂满胜利的微笑，特别是萧红兴奋得很。护路军司令部门前是有哨兵的，我们两个，常常是一人监视哨兵，一人贴标语。我们为什么要冒风险去贴标语呢？因为学生联合会的主席曾激昂地说，如果让日本鬼子修成五条铁路，那么他们便可以在一天之内占领全东北！贴标语这件事，没有第三者知道。

当年女中有一门公民课，是原修身课改的，给我们讲课的老师叫于嘉杉，总是照本宣读，同学们很不感兴趣。他讲法律那节课上，坐在最前排的小个徐微（就是萧军小说《涓涓》人物的原型），竟睡着了。于是，这位胖秀才老头发火了："我讲公民课，你们不爱听；我讲'妈妈好糊涂'，你们就爱听了！"说完摔门而去。他这句话可把同学们惹火了，因为《妈妈好糊涂》这首民歌，是姑娘瞒怨妈妈不给她找婆家。大家一致认为，于老师这样讲话是污辱学生。于是，决定报复一下。在他再次上课之前，在黑板上写下："一、何谓'妈妈好糊涂'？二、试述'妈妈好糊涂'的含义。"为了不让于老师看出笔迹，一人写一笔，这个点子，好像是萧红出的，于老师见问不出，便气鼓鼓地走了。这件事几乎闹成学潮，后经训育张主任出面调解，才平息下去。

临毕业时，老师们很关心同学的去向，有的升入本校高中，有的去外地读书，有的回外县。教英语的马梦熊老师问萧红时，她说："我要去北京读高中。"马老师马上警告她："我可告诉你，你的性格与别人不一样，你可要特别注意！"毕业后，她与表哥陆宗禹一起去北京了。临走，她还嘱咐我们（我与沈玉贤都升入本校高中）："如果汪恩甲来找，就说廼莹不在。"家里催与汪恩甲结婚，她假装同意，骗了一笔钱,还要我陪她在中央大街一家服装店做的绿料皮大衣。

陆宗禹在暑期,提出要与妻子离婚,家里便断绝经济供给,廼莹也不得不中断北京女师大附中的学习。此时,汪恩甲赶到北京,廼莹在逆境中,只好同他返回哈尔滨,在东兴顺旅馆同居。但汪恩甲的哥哥已经不同意这门亲事了,又断绝了经济供给,汪恩甲回家取钱,也被扣住。廼莹赶去汪家,也被骂出。于是她去法院,告汪恩甲的哥哥代弟休妻。汪恩甲为了保全哥哥汪大澄的名声,在法院不得不承认是自己要离婚,于是法院判了离婚。虽然下堂之后,汪恩甲再三向廼莹解释,这个离婚不算,但廼莹是倔强的,一气之下,便与他家永远分开了。她父亲张选三、继母梁亚兰、还有我,都去法院了。她给我爱人(当时在英国人开办的亚细亚石油公司工作)打电话通知了我。她后来的生活是很困难的,曾来找我要过衣服和鞋。她和三郎结合以后,我和沈玉贤去商市街她家看望她。她说她生过一个女孩子(那是汪恩甲的),把她送给道里公园看门的老头了。她还说她穷得要过饭,就是要饭也养活不了孩子啊!后来,我在哈尔滨大街上,遇见过她,她说她要去上海了。以后便无消息,到解放后,才知道她已病死香港,为她的夭折,我们深深感到悲痛!

忆女作家萧红二三事

张　琳

萧红死了吗？她曾穿过的那件盘着米色藕节的黑绒长旗袍，不是分明还在我的眼前？还有那一双明亮的眸子，脑后的左右两根小辫打成钉锤形样式，还是那么一闪一幌地，在我眼底活跃哩，但是从香港脱险回来的几个朋友，都说她的一切都已经归于永寂了！……

——张　琳

本文载重庆《新华日报》副刊《妇女之路》第28期，1942年5月6日。文前有编者按：自从萧红女士在港逝世消息传来，闻者深为悼惜，特发表此文以表悼念之忱。张琳女士特为撰文并谢。题图照片为萧红在西安。

张琳：生平情况不详。

萧红死了吗？她曾穿过的那件盘着米色藕节的黑绒长旗袍，不是分明还在我的眼前？还有那一双明亮的眸子，脑后的左右两根小辫打成钉锤形样式，还是那么一闪一幌地，在我眼底活跃哩，但是从香港脱险回来的几个朋友，都说她的一切都已经归于永寂了！……

我初认识萧红是“八一三”以后两月，在上海法租界一间东北作家集群居住的屋子里，那时大家都在打算，如何投身到抗战的烽火中去，而萧红却不忙，她的脸色很黄，样子也很憔悴，我私信她有鸦片的恶好。后来才知她并不吸鸦片，但对烟卷却有大癖。不错的，那天晚上，我便看见她烟不离手，坐在她旁边的萧军倒吸得并不热心，正当她在凝神吸烟的时候，二楼凉台上一个六七岁的小姑娘喊说：“看呵，好漂亮呵！”萧红听见这喊声，忙叫正在收拾行李的白朗说：“你听！你听！”并且抬头向那小姑娘打照呼，欢喜得什么似的。

武汉沦陷以后，我们在重庆又会面了，是她在江津生产以后，和端木蕻良一齐来我家住宿。虽然是产后，脸色却较前红润得多了，香烟也似乎抽少了些。曾听她和她的黑龙江同乡魏克敦谈到他们在哈尔滨参加一九二五年的学生运动，知道魏君是该运动的领导者，而她是哈尔滨女中的活跃分子，所以他们谈起一件往事来，格外的有声有色。

经过两度的会聚，又翻阅过她的《生死场》，有朋友谈到她的身世，当然是格外关心的。

是一个仲夏的黄昏,在浓绿的芭蕉树下,舒群啜着酒,由东北作家的近讯而谈到萧红的往事:

萧红是哈尔滨女中的学生,虽然很活跃,但在校并不怎么出名,所以舒群、萧军等人在那时和她并不相识。

"是'九一八'以后的第二年,"舒群头上冒着汗珠,微醉地凝神说:"哈尔滨涨大水,空前未有的大水,街上都是四五尺深,就是这场大水挽救了萧红整个的前途。"

停了停啜了一口酒他又接着说:"这之前,是我们在国际协报的副刊上看了一首小诗,诗的词句不记得了,其大意是一个姑娘自伤沦落,希望有人拯救。我和萧军看见了,都想做个'范朋克',而且小诗的作者明显地表示着自己是少女,我们于是忙去国际协报查询这'少女'的住处,查着了是哈尔滨饭店。""吓!哈尔滨饭店,你是知道的,"舒群抬起头对围着听他的故事者之中的魏克敦说:"不问而知,这'少女'是在里面干什么的了,我们因此更加着急,忙寻到该饭店去,按着号数,果然找到了自伤沦落的小诗的作者,她那时正是大腹便便,快临产了。她在饭店里是孤独一个人,店主人把她作为'人质',要她自己赚钱来赎欠下的房饭钱,自然,有谁替她偿还,也可以的,但谁来替她偿还呢?据她说,因为受了哈尔滨法政大学的一个学生的骗弄,待她怀了孕,就把她抛弃了,并且给她丢了一大笔两人共同欠下的房饭钱的账!"

"我和萧军那时也没有多余的钱,虽然知道她的遭遇是这样的可怜,但在饭店老板的严密监视下,有什么法子呢?"

"然而,巧极了!"舒群抚着他的光头笑了起来:"不久,哈尔滨就涨大水,大家都忙着搬家逃命,那座饭店虽是三层房屋,但都已掩在水里,店主人没命地去顾着他的什物器具,对于他所监视着的'人质',自然就防范的松懈一些了。我和萧军就趁着这个机会,去演了一幕'范朋克'。"

"是在天色将快黑的时候,萧军和我带了几个馒头,雇了一只木划子,去看我们深深同情着的'女诗人'。船到了哈尔滨饭店,天已经黑尽了,我们用毛巾裹着馒头,像子弹带似的围到颈领上,便摸索着一层楼,一层楼的栏杆,偷偷走到了我们'女诗人'的房里。"

说到这里,舒群站了起来,露着胜利的欢笑,两手比着,说了下去:"'女诗人'已经饿了三天了,我们一面催着她快吃馒头,一面去帮她收拾行李,哎!哎!那里有行李!除了一件背上已破的布长袍之外,真是一无所有。我们便劝她把这破布袍加在身上,以防晚风的寒冷,然后,我们好像搬运着一件笨重的行李,遂把她偷运出这座已经囚禁了她六个月的饭店!"

“接出来以后，便送她入产科医院，萧军和我都捡了较为完整的衣裤，送入当铺，换取一些钱，总算解决了她那时最大的困难！”

舒了一口气，摸着光头，舒群重新坐下，然后伸出双脚，再慢慢地说：“以后她和萧军同居了，更名萧红，这才开始她的写作生涯……”

故事讲完，几颗大星星已出现在芭蕉叶缝里，那时萧红还在重庆，和鹿地亘先生的太太池田幸子住在大田湾的一座小房里。

而今，故事重提，她已不在人间了！

听说她是死于肺病的，这一段凄苦的遭遇，许就成了她病的种子吧！而港岛一战，更是促其病重早死的近因呵！

悲忆萧红，益增我们对日寇的仇恨了！

萧红遇难得救

孟　希／讲述　何　宏／整理

一九三二年五六月间，编辑部收到署名“悄吟”的小诗，笔触细腻，感情真挚，大家都认为一定出于一位女作者的手笔。不久，因欠东兴顺旅馆（今哈尔滨道外仁里派出所址）的旅店费，有被卖入妓院的危险，悄吟（即萧红）又给裴馨园寄来了呼救信。

——孟　希

本文原载《东北现代文学史料》，1982年8月第5辑。题图照片为萧红在哈尔滨。
孟希：早年留日，解放后曾任哈尔滨糖厂副总工程师。

一九三一年“九一八”事变后，因我任课的齐齐哈尔的黑龙江省第一农科高等职业学校被迫停课，我就暂时返回故乡绥化。常常找来一些书报来读，发现《国际协报》的副刊很大胆，敢用古文咒骂日本帝国主义和汉奸张景惠之流。自己平素也喜欢文学，一时兴来，写下一篇文言小品寄去，不久，该报就予刊登了。后来，我来到哈尔滨，便结识了该报副刊主编裴馨园（笔名老斐）先生，以及经常在该报上发表小说的三郎（即萧军）、琳郎等人。

一九三二年五六月间，编辑部收到署名“悄吟”的小诗，笔触细腻，感情真挚，大家都认为一定出于一位女作者的手笔。不久，因欠东兴顺旅馆（今哈尔滨道外仁里派出所址）的旅店费，有被卖入妓院的危险，悄吟（即萧红）又给裴馨园寄来了呼救信。他把信给我们看了，当读到“难道现今世界还有卖人的吗？有！我就将被卖掉……”气愤极了，老斐和大家一商量，决定我们四人一块去。走出编辑部，乘门前新城大街（今尚志大街）上的有轨电车（解放后拆掉有轨车的轨道），直奔道外十六道街。走进东兴顺旅馆，向茶房问清了她的房间，便上二楼南头敲开了她的房门。那是一间阴暗的小屋子，除了床上的被褥，破旧书报、纸张和一个旧柳条包之外，几乎没有什么东西了。萧红穿着一件褪了色的蓝大衫，赤着脚穿一双皮鞋，白晰的脸上有一双可能因受刺激而失神的眼睛，我们四个陌生青年男子的突然出现，使她略显不安，裴馨园说，我们收到了你的来信，深表同情，请放心，说了些我们要和旅馆交涉，你不会被卖掉等安慰的话，十多分钟后，便离开了她的房间。我、三郎、琳郎（即方未艾）都没有讲话。裴馨园又找到东兴顺的老板，出示记者证，向他说我们是《国际协报》的，你们不得虐待二楼那位女子，要照常供给她伙食，一切费用，由我们负担。虽然老板十分不愿意听，但又不好表现出来，因为当买卖家是不敢得罪报馆的，唯恐报纸抨击，使买卖无法做下去。说完，我们便扬长而去。走出门来，我们相对哈哈大笑，因为老裴的最后一句是吹牛，我们三个有时连自己还吃不上饭，又怎能支援她呢？老裴虽然富裕一些，但也根本无法负担萧红的生活。此时，哈尔滨还没有发大水，我记得十分清楚①。

谁知天下的事情，有时竟是那样凑巧。当时，我住在道里西六道街路南靠近新城大街的一座房子的二楼公寓里，楼下是道里税务局，局长姓张。他的一位兄弟，从呼兰来他这里作客。每天晚饭后，我都和这位乡绅在门前乘凉聊天，似乎还很谈得来。这天，从东兴顺旅馆回来，颇以为自己也参与了一件好事，便兴致勃勃地向他讲了起来，谁知他还没听上几句，便不辞而别，使我颇为不解。第二天便去问老裴，他说："你还不知道吗？那税务局长是悄吟的大爷，她和整个张家闹翻了，互不来往，那乡绅是她爸爸。"后来，一打听，果然如此。后来，萧军常去萧红那里。他曾向我讲过，他是怎样在发大水中，把萧红救出旅馆的。那是七八月间，萧军在正阳大街西尽头（即今新闻电影院门前），和一个摆渡的商量，去十六道街接一个人，回来给五块钱。由于发大水，旅馆里自然也没有人监视萧红了，很容易地就救出了她。可是当摆渡人伸手要钱时，萧军歉意地笑着说："我哪有五块钱啊？"那人气得动起手来，然而他哪里知道对手竟是武术教师呢？只好愤愤离去。

去哪里安身呢？萧军自然又想起了老裴，于是，二萧便暂住道里中国四道街他家里。听说后来他们又搬了家②。这年秋天，我也搬到道里药铺街。一天晚上，二萧突然来到我处，萧军憨直地问我："你吃饭了吗？"我说："吃了。"萧军喃喃地说："我和她还没有吃饭呢？"于是，我明白了他们的来意，赶紧拿出一张五元的票子给了他。因为这时我已找到工作，手里还能有几块，就尽量多给些，这是他们第一次求我。

看着他们高兴地离去，我也十分高兴。此后，我再未见过二萧。

① 裴馨园、三郎、琳郎、南蛮子（孟希）四人去东兴顺旅馆时，尚未发大水。舒群去时，已发水。

② 先后搬至道里欧罗巴旅馆、商市街。

『牵牛房』忆旧

袁时洁

悄吟(萧红)对我说:"一个女人要想翻身,必须自己站起来,参与革命事业,不给男人当'文明棍',不给男人当'巴儿狗'。"由于"牵牛房"的朋友们的启迪和影响,使我这个无娘的受苦人,后来竟毅然舍掉了所谓小家庭的幸福,舍下了独生女儿,走上了革命的道路……

——袁时洁

载《哈尔滨日报》1980年8月3日。此段为本文初刊时编者所加。题图照片为萧红与袁时洁1937年春在上海。

袁时洁:黑龙江省爱辉县人,少年丧父,稍长考入哈尔滨女一中附属师范学校。后与黄之明结婚,新居之室谓之"牵牛房"。一九三七年她只身投奔延安参加革命。一九三八年在抗日军政大学加入了中国共产党。"抗大"毕业后,被分配在陕甘宁边区政府交际处工作,后到白区工作。解放后一直在北京民航总局工作。

“……奇她们已经安定下来了吧？两三年的工夫，就都兵荒马乱起来了，牵牛房的那些朋友们，都东流西散了。”这是萧红一九三六年十一月二日由日本东京寄给上海三郎信中的一段话。信中的“奇”，就是指的我。我当时名淑奇。时光流去四十多年，现在，由我来回顾“牵牛房”那段令人难忘的往事。

“牵牛房”的主人

一九三一年“九一八”事变，日本帝国主义侵占了沈阳，当年年底进入哈尔滨。当时我是哈尔滨女一中附属师范的学生。“九一八”的炮声促成我与爱人黄之明结了婚，住在哈尔滨新城大街（今尚志大街）的一个大院内。大院的深处有木工作坊和一些职工家属宿舍，我们家靠近大院大门附近。房子宽大，窗门向南，屋内有客厅、住室、书房、厨房、厕所等俱全。我同老黄住客厅的西面，隔成两间的寝室里。客厅的正南面有两个大窗户，窗户中间放着一个大写字台，上面放些文房四宝，多是画具等。客厅的正中央安放着一张方桌，桌面上铺盖着和室内颜色调合的带深浅方格子花纹漆布，桌子四周放有六七把椅子。这所房子正面的门窗迎着过往出入大院的人们，我们感到这对来往的朋友们聚会的时候很不方便，我们就在窗前种了许多牵牛花，这样一来，我们的房舍不仅装饰得美丽，也达到了可以遮挡过往行人向室内张望的视线。

牵牛花盛开了。一天，老黄下班回家，看着粉白色、红白色和紫里衬白的牵牛花，爬满了所有的窗子和风斗门，老黄兴致勃勃地建议："把我们这个房子叫'牵牛房'吧！"大家听了，高兴地拍着手说："好哇好哇，对啦，你就当这房子的老黄牛。"老黄听了美滋滋地笑着："这个命名我倒满意。"后来，凡是来我们家串门的或聚会的朋友们，都得了沾"牛"字儿的外号，如"胖牛"，"瘦牛"，"傻牛"等等。"牵牛房"就成为当时有进步倾向的青年们聚会和活动的地方。

"牵牛房"的客人

来"牵牛房"的人们，有作家、有诗人、有画家、有职员、有教师和学生等。

常聚在"牵牛房"的人们，起码都具有着爱国主义思想，有着希望中国共产党将来领导中国人民实现一个革命的新社会的向往，渴望着中国共产党迅速唤起全国人民觉悟起来抗日，把日本帝国主义打出中国去……大家都明白，只有依靠中国共产党的领导，才有彻底翻身做主人的日子的出现。在"牵牛房"里，有的实际就做着秘密抗日工作，宣传着共产党领导"东山里"抗日游击队的胜利，宣传着中国共产党反围剿胜利的消息。

当时，来"牵牛房"的三郎(萧军)和悄吟(萧红)，算是"职业作家"。他俩在物质生活上是一贫如洗，常常饿着肚子。在日本侵略者的刺刀下，萧军的名字上了黑名册，但仍秘密地写着《八月的乡村》；萧红写着《王阿嫂的死》、《广告副手》等小说，稿酬微薄，他俩顽强地、不懈地向恶劣环境搏斗，大家称他们是硬骨头。常来"牵牛房"的朋友，还有白朗、罗烽、舒群等。这些人，是我的启蒙老师，又是一直学俄文的同学。当时我的年龄是十七岁，萧红给我起名叫"小蒙古"。我思想是简单的，头脑是单纯的，唯独接触了这些老师，我学习不少革命道理，并阅读了他们带来的不少进步书刊，如鲁迅先生的《阿Q正传》、《祝福》、高尔基的《母亲》、史沫特莱的《大地的女儿》等等，悄吟对我说："一个女人要想翻身，必须自己站起来，参与革命事业，不给男人当'文明棍'，不给男人当'巴儿狗'。"由于"牵牛房"的朋友们的启迪和影响，使我这个无娘的受苦人，后来竟毅然舍掉了所谓小家庭的幸福，舍下了独生女儿，走上了革命的道路，投奔了延安，参加了中国共产党。

"牵牛房"的画家，是金剑啸，他是有才华的画家。剑啸是一位主要画电影广告和商业广告的画家，由于宣传抗日，后来竟被日本特务逮捕，牺牲时才二十六岁。

孙教师夫妇，是做秘密工作的。他们夫妇两人，一位是中学教员，一位是专科学校的教员，经常在"牵牛房"客人稀少的情况下来作客，来后默默地交给我和老黄几张关于中国共产党领导“东山里抗日游击队”打击日寇的胜利消息。我当时非常喜爱和羡慕那约有二毫米的字体，非常干净漂亮的油印抗日宣传品，幻想有一天也会写，也会那样做下去……常同他们夫妇接触的是唐达秋，他是哈尔滨第二师范的学生，从政治上和学习上与孙教师夫妇联系密切。他是“牵牛房”的“小弟弟”。

“牵牛房”的老大哥名叫鲁少曾，是哈尔滨铁路局的职员。他是一位谨慎稳重的大哥。他常对大家说：“出入‘牵牛房’的人要注意提高警惕，我觉得大门外来往的行人有些不对头呢！”于是，在必要时，老黄就让我抱着“小姑娘”（邻家女孩名）从室内往窗外瞧着“狗”（指特务）。

“牵牛房”是日本占领哈尔滨以后，朋友们聚会和活动的地方。听了鲁大哥的建议，大家警惕性高起来。我们在客厅方桌上放上瓜子、花生、糖果之类。每在朋友多时，若来了不速之客，由在座的一人宣布：“为黄大哥、大嫂的‘石头婚’祝贺！”或者在桌上摆上麻将、扑克之类，特意玩起来给查户口的、给走错门的、给那些“狗”们看。鲁大哥给大家的教育是很大的。

当年“牵牛房”的朋友，萧红、黄之明、唐达秋（即唐景阳）、金剑啸等人，一个接着一个地先后早已去世了，缅怀往事，令人痛心。活着的萧军、舒群、白朗、罗烽等从落实政策以后都很好。我在四十年前舍下的唯一独生女儿名叫黄鹂，十三岁参军，在革命队伍中成长为一名女高音，她没有辜负父辈们的期望，我也就得以欣慰了。

一九八〇年四月廿九日

重见萧军忆萧红

厉 戎

悄吟(萧红)和达秋的眼神变得亲热了,大家互望着,笑着,悄吟突然把我的头搂在怀里,"好!我就收你这个徒弟!来!大姐再给你吃块糖!"我乖乖地张开了嘴,亲热地仰望着她的下颏。

——厉 戎

本文载黑龙江作协《创作通讯》1981 年第 4 期。题图照片为萧红、萧军 1934 年在哈尔滨。厉戎:原名滕国栋,1937 年曾与关沫南合著文集《蹉跎》。

萧军从延安回东北以后，我第一次见到他的时候是1946年，当时他正在佳木斯，是鲁迅文艺学院的负责人；可能是在早春的一个星期天，我步出合江省教育工作者学习班的大门，心情随着脚步声在起伏着，兴奋、愉快、急切、也还伴有一点紧张。三郎、悄吟都啥样了？几个孩子了？三郎还是那样肋腻吗？悄吟还那么瘦弱吗？这些年他们又写什么书了？……雪踩得嘎吱嘎吱响着，小北风不声不响地在咬着我的脸……经过传达，可下子见着了。“大哥！你还认得我吗?”我赶前两步，握着他的手，兴奋地笑着，不知怎么回事，这由初见而绽开的笑容却和久别的难过心情开始在挣扎：两颊前后地微微在抽动起来了，但我还是强忍住了充满两眼的泪水，他一面握住我的手不放，一面把胸部略向后仰，久久地注视着我的脸：“你是滕……”他似乎说不下去了，“厉戎!”我赶紧提醒他一句，他的手握得紧了，我们都笑了。“你长得比我都高了!”他身穿青布棉袄，头戴个矮桩的毡子棉帽盔，拖着一双大毡鞋，面庞有些丰满了，眼睛也像比以前老成了，但还像有那股子亢劲。“到这屋吧!”他伸出右手让着我。一条旧桌子，上面横七竖八地堆挤着一大堆书报。我开始陈述着这十二年的生活和工作，……“再写什么来没有?”他逐渐收敛了笑容，眼睛看着东窗，“我和关沫南在1937年冬合写了一本小册子《蹉跎》；在音乐方面，我编了一本《十字街头》，一本《歌潮》，还有几集《初学歌集》……”我呆板地背诵着,他没有什么表情,也不看我,这使我很不是滋味,摸不清他究竟要指责我什么。他点起了木头烟头,狠狠地吸了一口,站起身来,在地板上踱了两步——我以前很少见他有这个舞台式的表情——"这十二年你还是白纸一张啊!"我一下子明白了,他是说我在这期间没给祖国做出一点贡献。但我知道他初回东北,手头绝不会有我出版的东西,当然他更不知道这些集子的主要内容和伪满警察厅检阅股砍下去的东西,更不消提我在 1942 年春天已被特务股列入了黑名单。半小时过去了,既没见着悄吟,也没听见孩子们的嬉笑声,"大姐呢?"我想也许她在别的屋子里不知道我来,"她已经死了!"萧军的声音低沉了,轻轻地、慢慢地、平平地;他的眼睛半眯着,表情淡淡的、淡淡的,这个表情更加重了他的语调的分量,像在我的胸部压上了一块大石头,紧接着顶住了我的喉咙,使我透不出气来。就在这一瞬间,悄吟以前的各种表情都一齐涌上了我的脑际。他慢慢地走到西窗前,留给我一个他遥望着长空的背影,一团浓浓地青烟从他的头上慢慢地飘散开去。我有些后悔,不该冒然地直接向他了解,以致引起他的悲伤,当然大姐是多咱死的、什么病……这些话更不便再问了。忽然我想起我才看到的门联,是悄吟扔下的孩子吗?不是……大哥!你们房门对联的下联写的"一家四五口……是……""我在延安结婚了,还生了两个孩子!……今天你在我这儿吃肘子,我还是不喝酒,要喝你自己喝吧!"显然他想转开话题,下了一道命令。饭后我在他另一间屋子里弹起了钢琴,他皱着眉,吸着烟,静静地听着。不管是在天棚、吊灯,还是在钢琴的黑白键子上,处处都浮在着悄吟清瘦的面庞,笑的、沉思的、顽皮的……以及每次我和他们见面的许多场面,鬼才知道我在弹了些什么,连何士德同志什么时候进来的我都不知道。

冷丁回忆起来,时间可真不短了,有的淡忘了,有的记忆还很深刻。那还是 1934 年的初春呢!我和山丁的弟弟考上了东省特别区立哈尔滨第二中学校的初中,因为我们都是孩子,第一趟出远门,两家都不放心,所以叫山丁跟来照料我们,他临走时,又把我们俩委托给他的文学朋友、本校师范六班同学唐景阳(笔名达秋)照看。上半年的学费是六十五元,来哈前父亲给我带了六十七元,答应以后每月寄给我两块钱零花,没想到学校另外还要五元钱的保证金,还得取个人名保。这下子可难住我了,寄信管父亲要吧,我知道这六十七元钱还是父亲外借了一部分才凑上的,不能再要,只有每月少花点零钱,还可以攒够数,可是这又远水不解近渴,还得找个保人,托谁呢?只有找唐景阳商量了。原来唐景阳也是个穷学生,全仗给国际协报写点稿子维持学习,但他却笑着对我说:"都好办!这个礼拜天我领你上一个朋友家借借去,这个朋友是家庭教师,还是个作家呢!"吃过了早饭,我们就出发了。哈尔滨的 3 月,还是大冷的天,没有风,也没有云,可是飘着清雪,一会儿身上就落了薄薄地一层，可能他是冻惯了，不戴帽子，散乱着长发，一走一扇乎，一副近视眼镜，一条长围巾，长棉袍子，拖地的长棉裤，后裤脚子都磨飞边了，一双大傻鞋……我们从南马路口往西拐，一辆黑色小汽车开到我们的身旁，速度大大减慢了，车门推开了，“道里一毛！道里一毛！”司机探出头来向着我们招呼。入学以后这是第一次上街，觉得什么都新鲜，小汽车虽然旧了些，没想到就这么容易坐上，但是我明白，这两毛钱对我来说还必须得掂算着花，我从后侧面望了望唐景阳，他侧过头来笑着说：“咱们还是走着走吧！不远！走着比坐车暖和呀！”我一边走一边看光景，一排排大楼真洋气呀！过了新城大街往西，行路的俄国人渐渐多起来了，男的都穿皮领子大衣，女的更洋气了，歪戴个小毡帽，上面插着个鸡翎子或者是几朵小绒花，长毛的大衣领子，两手插在手笼里，可是她们都没穿棉裤，露着腿肚子，穿双高腰丝线袜子，足登高跟鞋，外面还套了双胶皮套鞋。我真纳闷，她们上身穿的那么厚实，为什么脖子怕冷腿肚子反倒不怕冻呢？噢！可能也是冻惯了。

中央大街又名莫斯科娃牙，有中国字街牌，也有俄国字街牌，街东边是中国街，街西边是外国街。“这回可到了！你看道北那个铁大门洞子！”唐向道北指着。进了大门洞，正面是所小洋房，西侧有个小矮房，还带个木头门斗，进门就是厨房，能有两平方米大小，也许是乍进屋的关系，里面黑糊糊的，借着开门的小亮，模糊地看见有个年轻女人，我忙用唐的身子挡着自己，因为我不敢看她。“哎呀！达秋来啦！”声音像铜铃那样清脆，语调又是那样爽朗。“这位小老弟是……”显然她已经发现了我。“快进来吧！今天冷吧？”随着里屋门的开处，闪出来个青年男人，个子没有唐景阳高，可是和唐一样，也是一头散乱的长发，两颊消瘦，颧骨突出，眼睛虽然不太大，可是目光有神。“呵！还带个小老弟?!”他的声音粗大，语调豪爽，看不出有一点教师的那种斯文劲。小屋顶多有十米，靠门左搭了张大床，被子是叠起来了，可是并不整齐，墙角挂了一幅小油画，一看就能认出来是这位男主人，颧骨高高的，倒有三分像朝鲜人，靠院子这边有一个玻璃窗，上面挂满了厚厚的霜，窗下摆着一张旧桌子和三个凳子，总的看来，什么都零乱，什么都破旧。“我给你们介绍一下。”唐一边擦着挂了霜的眼镜，“这位是三郎，你叫大哥！这位是悄吟，你叫大姐！这是我的新同学，山丁的朋友，叫滕厉戎！”我呆板地行了两个礼。男主人和我寒暄了两句，便和唐谈起来了，谈着谈着，悄吟也加入了，他们谈了国际协报最近揭露的文章和某几个作家的动向，谈了他们将要着手写的东西，谈了出版《跋涉》的困难，谈了五日画报社，谈了……这些谈话，对我来说都是生疏的、新鲜的、从没听过别人谈过的。无疑这些谈话也使我很感兴趣，我似乎觉得他们是另一个行道，而且是个很厉害很了不起的行道；但是我也发现他们也是穷得要命，我不禁有些着急了，这五块钱恐怕没有指望了。忽然他们的话锋转向我来，一下子把我的探索的思维给

打断了。“小老弟！听说你也爱好写文章吗？好几百人你考个第二，还挺棒呢！”三郎显得幽默起来了，我觉得脸上发热，一时找不出一句适当的话来，“我考的不好！这是侥幸！”我勉强地看了他一眼。“第一批山丁的弟弟没考上，第二批还是他给抢上的呢！”（替他考上的）唐补充了一句。“那你文章一定写的不错！出的是什么题？”脆快的铃声也响起来了，悄吟坐在板铺上，我没敢抬头，只是盯了盯她的下身，又是一个奇迹，她拖着一双男式的旧棉鞋。“我的志愿！”。我只能回答她问题的一半，因为我不理解作文就是文章。“嗯！我听山丁的弟弟说，他在高小时候竟考第一，他的作文篇篇都留成绩了！”唐又插了一句。“小老弟！你真棒！将来当个作家吧！好不？”悄吟边说边向我走来，端起茶壶向我碗里续水，我本能地站了起来，双手捧着小碗。“啥叫作家呀？”我腼腆地微笑着看了她一眼，一副俏皮而清瘦的面庞，两只小短辫……“嘻嘻！作家就是写文章的人呗！”“呵！有拉同行的啦！哈哈……”三郎爽朗地笑起来了。屋里的空气也像在活跃起来了，把我的拘谨劲一下子给打去了一大半。“怎么？你嫉妒啊，我就要拉这个同行！”悄吟侧头瞥了三郎一眼，似笑似嗔的向门外走了。“写文章当然是人们的一种爱好，但是要当个作家，写文章就不单纯是爱好的问题了，首先是你要写什么，为什么要写！”三郎说到最后，笑容突然收了，脸变得一本正经了。我茫然地点点头。“恐怕厉戎还真不知道要写什么呢！”唐景阳算是替我说了。“大哥！你说要写什么呢？”“要写穷！”三郎把脸板起来了，板的那样严肃，声音也大了，说的那样斩钉截铁。悄吟进来了，端了一盘像橘子瓣一样的东西，橙色还带点粉色，她走到我的跟前。“吃糖吧小老弟！别听他白话！”大家都笑了。“好！你说我白话就算我白话，再听你说说吧！”三郎微笑着站了起来，抓起几块糖，给我两块，我接过来放在桌子上了。“看！你又把教学生的严肃劲拿出来了，小老弟吓的连糖都不敢吃了！”“我严肃了吗？我的学生可不怕，他还骑在我的脖子上呢！”“三郎！咱们请小老弟吃什么？”“我们今天九点钟吃的早饭，一点也不饿！”唐边说边看着我，像要求我出来作证。“真的！我们一点也不饿！”“很简单！我去买去！我们也当不了吃午饭！”三郎说完一抬身子走了。悄吟坐在凳子上，把身子伏在桌子上看着我，一点掩饰没有，侧着头脸对脸看着我，我不好意思地笑了，我明白她是在逗一个乡下的孩子。“小老弟还像个大姑娘哪！你十几啦！”“十七！”“我还是老大姐呢！来！我喂你吃糖！”说着她便拿起一块糖送到我的嘴里，我看着她笑了，糖外观好像是用石膏做的，上了层色，用舌头一碰飘轻，一咬挺糠，除了甜还有点其他什么香味。“三郎说的对，要写穷！但是光写穷不行，要写都因为什么穷的，都有哪些人是穷的，穷到什么地步；富人又是什么样子，官老爷又是什么样子，他们过的是什么生活，他们是怎样对待穷人的，……”经悄吟的这一解释，我对穷字的这个总题明白得多了，但是“为什么要

写穷呢?”我急切地希望着。“因为不平!”想不到这位总是面带笑容的大姐突然也严肃起来了。“不平则鸣!”唐插了一嘴,我一下子明白了,原来作家写文章就是要为穷人鸣不平啊!

悄吟、三郎、达秋,他们的最强音像漫天的暴风,猛地掀起了我心湖的巨浪,不由地想起了我悲惨的童年。是啊! 父亲为什么见人总是低三下四? 我为什么当童工? 为什么二工头子拿胶皮鞭抽我我还得满脸陪笑叫二叔? 我为什么除夕晚上送财神码子? 我为什么赶在放鞭炮的时候抢先上当铺当号? ……为什么? 因为穷! 怪不得奶奶常告诉我:“冷天尿水,穷人吃亏啊!”这话是真不假! 心潮在澎湃着,这种冤屈是应该说出去的。

“大姐! 我家就很穷,我愿意当作家,我愿意写穷! 你就多指点我吧!”说完我又后悔了,不该在人家面前暴露自己穷,这多叫人家瞧不起! 可是向人家借五块钱的保证金不就说明自己穷吗? 嘿! 这种自欺欺人的假面具!

悄吟和达秋的眼神变得亲热了,大家互望着,笑着,悄吟突然把我的头搂在怀里,“好! 我就收你这个徒弟! 来! 大姐再给你吃块糖!”我乖乖地张开了嘴,亲热地仰望着她的下颏。

三郎回来了,“啊! 这么快你们就亲热起来了! 哈哈……”“快吧?! 我收徒弟了! 咱们一定要教给他写文章!”悄吟撒开了我,接过三郎买来的东西。“我家就是这么简单,你看! 一汤一菜一饭!”三郎笑着对达秋说。我们就着红肠、格瓦斯,吃着面包,屋子在人们的不知不觉中冷下来了,但我们却有说有笑,吃得个热火朝天,悄吟活泼起来了,活泼得无拘无束。“好哇! 收徒弟总得有个见面礼啊!”三郎眯缝着眼,猛地喝了一口格瓦斯。“早预备啦!”悄吟从床底拿出一本书来,“这是三郎和我最近出版的散文集《跋涉》,就算是见面礼吧!”书不到半寸厚,十六裁的,牛皮纸的皮,上面印着“跋涉”两个大字,下面的小字是三郎、悄吟。我接过来一翻,书页参差不齐,还有许多页连在一起没裁开。“回去裁开再看! 看完了送书局去,他们就给切齐了,这个办法好,看完了还像一本新书!”三郎向我嘱咐着。

“咱们走吧?!”达秋看着我。

“等等! 我还没卡戳哪!”三郎在我的保证书上盖了一个章——柳燕白印。“大哥! 你是柳老三哪?!”我顽皮地向三郎翻愣着眼睛。“也许是吧?!”他拍了一下我的右肩。随手掏出五块钱来。“我得过两个月才能还呢!”“不要紧,我还有呢!”

我和唐景阳走到孔士洋行拐角了,三郎和悄吟还在大门洞外望着我们呢!

哈尔滨的空气有些紧张了,因为我毕竟还是个孩子,所以三郎和悄吟的走,达秋没告诉我。第二次看见萧军的时候是 1955 年,在北京的后海,第三次是 1979 年夏,在哈尔滨,这次又见着他了。萧军老了,身体虽然很棒,可是头发白了。

萧红死的时候还很年轻。“大姐！你为什么得病？又为什么死那么早呢？大姐！现在的文笔人好做了,党一直在鼓励着他们,不像旧社会那样有的文笔人净挨抓了,因为印把子掌握在咱们的手里了。大姐！安息吧！大姐!”

一首诗稿的联想
——略记罗烽、白朗与萧红的交往

金玉良

11月的江津，天气阴冷，萧红没有御寒的衣物，而经过多年颠沛流离，白朗的衣物也不多，她尽其所能为“月子”里的朋友带几件衣服。现在人们多见的一张萧红在香港的照片，身上穿的那件毛皮短外套就是当年由江津坐船去北碚时白朗赠送的。

——金玉良

本文载《香港文学》1999年第6期，选入本书时略有删节。题图照片为罗烽、白朗。

金玉良：1945年生于沈阳，1968年下乡插队，1983年毕业于辽宁大学中文系，1984年到中国作协工作，曾编辑出版《白朗文集》(1—6卷)、《罗烽文集》(1—5卷)，著有《落英无声——忆父亲母亲罗烽、白朗》。

我翻检爸爸的书籍,从一本书中偶然飘落出一篇题为《满庭芳·纪念挚友加战友萧红七十诞辰》的诗词手稿(见原件)。落款处写着白朗、罗烽辛酉端阳,但我知道这首词是爸爸的遗作而非妈妈。妈妈早在不堪回首的1968年被迫害精神失常并永远封笔。劫后余生,她患多种疾病,家属几次在医院下发的病危报告书上签字。妈妈的后十年是在病榻上度过的。因长年卧床而引发骨质疏松,致使在去世前半年六根肋骨断裂,她以常人无法想象的毅力,不吭不响默默忍受人世间的苦痛。在妈妈未发神经病时,我和哥哥姐姐收到的家书多数是妈妈的蝇头小楷,只有信封上的地址、姓名才分派给爸爸完成。后来,这一切全部由爸爸承担。但是,细心的爸爸在落款处总是先署"妈妈",然后再署"爸爸",这是他的习惯。从这些细微小事也能体会爸爸尊重他人、善解人意的品格。看着红格宣纸上爸爸挺拔、清丽的字迹,不由地叫人心房抽搐、鼻子发酸。含着晶莹的泪珠,我仿佛爸爸就坐在身边,手执香烟听我和病床上的妈妈漫无边际的闲聊……

萧红比妈妈大一岁,1911年生于黑龙江的呼兰县。她和爸爸妈妈既是同患难的挚友,又是并肩奋斗的战友。他们的友情可追溯到30年代初的哈尔滨。1932年夏,哈尔滨发大水,萧红趁无人看守(因欠账她被作为人质扣在旅店)逃出旅馆找到萧军后并与其生活在一起。当时,罗烽是中共北满省委候补委员和哈尔滨东区宣传委员（哈尔滨分东、西两区）。他和西区宣委金剑啸负责领导北满文艺运动，在他们周围团结了一大批左翼文学青年。为了开展工作，他们先后在长春《大同报》和哈尔滨《国际协报》创办大型文艺周刊《夜哨》和《文艺》，同时组织抗日文艺团体“星星剧团”。白朗（刘莉）、萧军（三郎）、萧红（悄吟）、舒群（黑人）、金人等是这些活动的中坚人物。他们不但是两个副刊的主要撰稿人，也是剧团的演员。罗烽负责剧团一切事务工作，金剑啸任导演兼舞台设计。他们排演了三个短剧：美国进步作家辛克莱的《居住二楼的人》（又名《小偷》），萧军扮演一个受律师诬陷而被迫当了小偷的杰姆，白朗扮演律师太太。第二个剧是女作家白薇的独幕剧《娘姨》（女佣），萧红饰演一个生病的老妇，舒群演一个家庭主妇的丈夫。第三个剧是张沫元的《一代不如一代》（又名《工程师之子》）。

1933 年 8 月 6 日，罗烽、金剑啸通过萧军朋友陈华的关系在伪满政府心脏——新京（长春）的《大同报》上创办文艺副刊《夜哨》，每周出刊一期。《大同报》是满洲政府的官方报纸，不但发行量大，影响也广。《夜哨》的刊名是萧红起的，金剑啸画的刊头，意思是在漫漫黑夜中，有我们的哨兵在警惕，监视着敌人，保卫祖国。创刊号上，罗烽发表独幕剧《两个阵营的对峙》，以疯人院为背景，描写一群精神病患者，暴露反动阶级的丑恶形象，并借铁路员工之口愤怒地喊出：“起来，全世界的奴隶！起来，全世界的罪人！”《夜哨》反满抗日倾向终于被敌人察觉。编辑陈华去向不明，副刊被迫停刊。从创刊到 12 月 24 日终刊共出版 21 期，在民众中引起强大反响。早在这年的春天，白朗依照地下党的意图，考取哈尔滨《国际协报》报馆工作。先做记者，旋即负责该报副刊《国际公园》（包括“妇女”、“儿童”、“体育”等几个栏目）的编辑工作。

《夜哨》停刊后，罗烽通过白朗的便利条件，于 1934 年 1 月 18 日在《国际协报》又创办第二个大型周刊——《文艺》。撰稿人几乎是《夜哨》的原班人马。有了上次经验，大家更小心谨慎，经常变换笔名。有时也夹杂登载一些鱼目混珠的文章。那时投稿都是无偿的，没有稿酬。为《文艺》投稿的这些人中除萧军、萧红外，其他人都有较固定的经济收入。为了解决二萧的吃饭问题，经过白朗与报馆商量，报馆同意发给他们每月 20 块哈大洋。这群热血青年为拯救民族危亡而不懈地战斗。正当他们反满抗日活动红红火火、蒸蒸日上的时候，敌人经过几年军事侵略站稳脚跟后，开始有计划地破坏共产党及反满抗日组织，加紧在政治思想方面的攻势。1934 年 4 月，中共满洲省委遭到毁灭性的破坏，日本宪兵到处捕人。形势的恶化危及到党领导的左翼文艺活动。二萧显得非常扎眼，也十分危险。罗烽、金剑啸为二人的安危担忧！因为是党外人士，有些情况不便向他们明言。经研究决定劝说萧军、萧红撤离北满。6 月 11 日晚，在金剑啸的天马广告社二楼，罗烽、金剑啸、白朗

等几个为萧军、萧红送行。次日二萧离开哈尔滨去青岛找先期到达的舒群。一周后,6 月 18 日早晨在呼海铁路局刚刚上班的罗烽因叛徒出卖以共产党嫌疑犯的罪名被哈尔滨日本领事馆偕同宪兵队逮捕。经白朗和铁路同人多方营救,十个月后罗烽被取保释放。

1935 年 7 月 9 日傍晚,罗烽携妻子白朗和父亲在友人掩护下趁着夜幕来到哈尔滨偏僻小站——香坊火车站。手持站台票的罗烽以其多年地下活动的机敏和在铁路工作的经验,当火车徐徐启动的瞬间跳上南下列车。途中,以防不测,罗、白佯装不认识,分坐车厢首尾两端。列车抵达沈阳南站,罗、白等候在车站前小客栈里,罗烽父亲行色匆忙去通知家住大西关太清宫后边的白朗母亲(罗、白是姨表兄妹)。白朗与寡母、弱弟晤别。这匆匆一别,竟成永诀。夫妻二人经沈阳到旅大乘日本商船"大连丸"号潜赴上海。罗烽化名张文,身着长衫,二人不敢在船舱中停留等候,只好上岸在市区"闲逛"半日。海上漂漂荡荡几日总算平安。7 月 15 日到达上海,十里洋场,高楼耸立,人海茫茫,但是对于他们却上无片瓦,下无寸席。无奈,他们只好投奔唯一的朋友萧军、萧红并暂时寄居在他们极其简陋的家中,然后再做计议。二萧是半年前由山东来上海的,他们的生活亦处在极贫之境。四个年轻人挤在一间房子里,罗、白睡一张行军床,幸好罗、白从东北带的盘缠还剩四十多块钱。后来,萧红悄悄告诉白朗:你们住在这里,萧军嫌妨碍写作,不高兴。9 月中旬,罗烽、白朗搬到美华里亭子间,而此时生活无着落的舒群也来和他们同住。身上的钱已经用光,只好靠典当过日子。第一次三个人去典当白朗齐齐哈尔女朋友赠送的纪念品——一块坤式手表,舒群不好意思进当铺,远远地等在外边。10 月,白朗通过报纸上的招聘广告考取一份打字员工作,同时他们的文章也逐渐有了发表的刊物。11 月,罗烽通过周扬接上党的关系并加入"左联",这时他们的生活才有了点着落。几个东北人一起办刊物写文章。忙忙碌碌,虽然日子清苦却有声有色。东北作家作为一个群体步入文坛是 1936 年。这一年,上海的《中流》、《作家》、《光明》、《海燕》、《文学界》等文艺期刊较集中地刊载萧军、罗烽、萧红、舒群、白朗等人的作品,上海生活书店还专门出版了《东北作家近作集》。他们的作品充满浓烈的反满抗日爱国精神,人们"第一次看到了东北穷苦人民的悲惨生活和英勇斗争"。茅盾先生曾说"在三十年代的上海文坛很出了一批有才华的东北作家。"这一评价一点也不夸张。是时代将流亡上海的东北作家迅速推上文坛并崭露头角、冉冉升起。

1937 年"八一三"上海沦陷。党安排左翼文艺工作者南撤,9 月 5 日,罗烽、白朗、罗烽母亲、舒群、杜潭、丽尼夫妻、任白戈夫妻、沙汀夫妻以及黄田父女退出上海,在南京罗烽、白朗暂别,怀孕 8 个月的白朗和婆母去武汉投奔做邮差的舅舅。

离沪前罗烽、舒群拟去八路军总部申请上前线，罗老太太特别为二人赶缝了行军袋。可是罗烽在南京失去党的关系同时也找不见舒群的踪影。停留期间阳翰笙通过陈荒煤邀罗烽留下编刊物，罗因不太了解阳翰笙的情况未应允。稍后，投军无望的罗烽只好去武汉。11 月 12 日白朗在舅舅家的危楼上生子傅英。罗烽、白朗家住武昌花下街。9 月萧军、萧红也从上海到武汉，住在汉口小金龙巷。在山河破碎的日子里，虽然大家为了事业、生活而忙碌奔波，但朋友间的友谊一直保持，尤其两个女友更是情同手足。

1938 年，战火日逼武汉，6 月底罗烽到码头送家眷上船。白朗怀抱半岁的幼儿和婆母随着拥挤的人群溯江而上，先去重庆。下船时白朗一家的行李被挑夫拐跑，除了随身带的物品只剩下领取行李的竹牌子。幸亏王克道（非文艺界的朋友）在码头预期接到他们祖孙三人。8 月初旬，武汉的战局更加吃紧，留下坚守的“文抗”人员也纷纷撤退至重庆。罗烽费了九牛二虎之力搞到一张船票，上船后偶然碰到端木蕻良。虽然端木蕻良也是东北人，但他们不很熟悉。同船的还有梅林。罗烽到渝后通过洪猷的表嫂王×卿在江津找到一间房子将家搬去。罗烽不经常回家，多数在重庆临江门横街 33 号楼的“文抗”会所。未几，大腹便便的萧红由重庆到江津住在白朗家待产。这期间的萧红每天不是写信就是赶制“嫁妆”来打发日子。萧红有双灵巧的手，她自裁自缝的丝绒旗袍不但十分合体，而且还绣了花边。白朗回忆说这时的萧红“……变得是那样暴躁易怒，有两三次为了一点小事竟例外地跟我发起脾气”。不但对好朋友发泄，甚至对罗老太太也发火。作为朋友，白朗能理解她。人在苦闷的时候，除了向挚亲好友哭诉或怄气外还能向谁使性子、耍脾气呢？这是人的天性！但是老太太对于萧红无端的脾气就未必理解、接受。白朗处在两难中。两个月后，白朗把即将临盆的萧红送进医院。在这家私人小妇产医院里萧红顺利生下一个白白胖胖的男婴。孩子有张圆圆的和萧军一模一样的脸。白朗早早晚晚去医院送汤送水照顾萧红母子。一天，萧红对白朗说牙疼，要吃止痛片。白朗给她送去德国拜尔产的“加当片”，这是比阿斯匹林厉害得多的镇痛药。第二天一早，白朗照旧去医院，萧红告诉她孩子夜里抽风死了。白郎性格率直爽朗，遇事少转脑筋。听到这突然的消息，马上急了，说：昨晚孩子还好好的，怎么说死就死？她要找大夫理论。而萧红死活阻拦不让找大夫，并说在这里一个人住（晚间只有一个值班护士）害怕，急着当天出院。白朗又遇到了难题，房东说：在家中坐月子晦气，必须红毡铺地才准进门。白朗是女人，也是生过孩子的女人，她知道生产是女人一大关口，产后更需精心护理，好好将养。可是有什么办法呢，大家都在逃难，白朗无法将产后没几日的朋友接回家中。

11 月的江津，天气阴冷，萧红没有御寒的衣物，而经过多年颠沛流离，白朗的

衣物也不多，她尽其所能为“月子”里的朋友带几件衣服。现在人们多见的一张萧红在香港的照片，身上穿的那件毛皮短外套就是当年由江津坐船去北碚时白朗赠送的。两个朋友握别时，萧红凄然地说：“莉，我愿你永久幸福。”白朗说：“我也愿你永久幸福。”“我吗？”她惊问着，接着一声苦笑，“我会幸福吗？莉，未来的远景已经摆在我的面前了，我将孤寞忧悒以终生！”

后来，萧红随端木蕻良悄悄去了香港。从此，知心的朋友天各一方，遥遥牵挂。皖南事变后，白朗、罗烽先后去延安，和萧红断绝了书信。据说罗烽、白朗走后，《新蜀报》上一条待邮的消息还登有萧红给白朗的信。不知萧红在信中向密友发出何等凄楚惨烈的心声？1941 年太平洋战争爆发，身在革命圣地的白朗还“常常自慰似的默默下着结论：‘红一定脱险了，而且，我相信她一定会来延安的。’”然而，冬去了，春来了，他们等来的不是密友的佳音，不是望眼欲穿的朋友的归期，而是噩耗、是永别，是痛失亲人无涯的思念之情。

面对眼前这页泛黄的诗稿，我不禁为之惘然若失。悼念和被悼念的皆为亡人，属于他们的世界，他们的人生舞台悄然远去，远去，直至不复存在。但是，我们透过尘封多时的墨迹，仍然能感悟到那扑面而来的人世间的浓浓真情！

1999 年岁首

第二编

我们第一次应邀参加鲁迅先生的宴会

萧　军

为了纪念这次宴会，为了纪念这件新“礼服”，我和萧红特意到法租界万氏照像馆照了一张照片。……临拍照以前，她竟从照像馆的小道具箱里捡出了一只烟斗叼在了嘴巴上，装做吸烟的样子，其实平时她是并不吸烟的，这是在“装蒜”。

——萧　军

选自《怀念萧红》，黑龙江人民出版社1981年版。题图照片为萧红、萧军在哈尔滨。

萧军：中国现代作家，东北作家群代表作家之一，著有小说《八月的乡村》、《第三代》、《五月的矿山》等。

一封书简

1934年12月某日,收到了鲁迅先生寄给我们以下的一封书简:

刘吟先生:

本月十九日(星期三)下午六时,我们请你们俩到梁园豫菜馆吃饭,另外还有几个朋友,都可以随便谈天的。梁园地址,是广西路三三二号。广西路是二马路与三马路之间的一条横街,若从二马路弯进去,比较的近。

专此布达,并请

俪安

豫广同具

十二月十七日

接到这封信的日期可能是在发信——12 月 17 日——的第二天——12 月 18 日。

这不是梦！这是真实。

时间已经是四十余年过去了，当然，在今天我已经不可能再如实地写出当时的我们那种激动的、复杂的心境和情景！只记得把这封短短的书简由我的手转移到萧红的手，由她的手又转移到我的手，……而后又每人用了自己的一只手把这信捧在了两个人共同的胸前看着、读着……两人的两只手全在不约而同地不能够克制地在轻轻抖动着！……眼泪首先是浮上了她的眼睑。落下来了！接着我的眼睛也感到了一阵湿润。但我的眼泪却没能够痛快地流落出来！……因为在生理上我有缺陷，从来没记忆过自己的眼泪曾经能够流落到眼睛外边来！

我们这两颗漂泊的、已经近于僵硬了的灵魂，此刻竟被这意外而来的伟大的温情，浸润得近乎难于自制地柔软下来了，几乎竟成了婴儿一般的灵魂！（四十余年以后写到这里，我的眼泪竟又浮上了我的眼睛，但还不能够流下来！）

一件新"礼服"

当时，我们经过了一阵梦一般的迷惘以后，才渐渐恢复了清醒。我清醒后的第一件事，马上寻出了一份上海市的市街图来，首先从它的"索引"上寻找"二马路"和"三马路"的大体方向和位置；其次是寻找那条称为横街的"广西路"。如此，大方向、大概的地位初步确定了，我也量了一下它的路程距离远近，以及要乘坐某条路线的公共电车和汽车才能够到达，……。我俨然又如一个军人要进行战斗一般，精密地把一切——方向、地形、地物……全作了一番想象和仔细的研究，才松了一口气，静静地望向萧红，似乎要向她开始发表什么议论了。但她却笑着一双刚流过泪还有些湿漉漉的大眼睛，带有嘲笑意味地却抢先说话了：

"你要出兵打仗吗？"

我一时迷惑不解地望着她，不知道她说这话的真意所在，反问着她：

"你这话是什么意思？"

"我和你说话，竟装做没听见的样子，一个劲儿的在那张破地图上看来看去，又用手指量来量去！简直像一个要出兵打仗的将军了！"

"我总得把方向、地点……确定下来呀！心里得有个谱，怎么能够临时瞎摸乱闯呢？——你要和我说什么呀？"

"我要和你说呀……"她伸过一只手扯了扯我的罩衫袖管，接着说："你脱了外套，就穿这件灰不灰、蓝不蓝的破罩衫去赴鲁迅先生的宴会吗？"

"那穿什么呀？——我没有第二件……"

"要新做一件——"

我摇了一下脑袋，说了一声"没必要"，断然地拒绝了她的主意，而且补充着说："上一次会见鲁迅先生时，不也就是穿的这件罩衫吗？"

"这一回……有客人！"

"鲁迅先生信上不是说，只有几个朋友，而且都是可以随便谈天的么？鲁迅先生认为可以随便谈天的人，我想总不会有什么'高人贵客'罢？左不过是一些左翼作家们，我以为他们不会笑话我的罩衫的吧，……。"

"你这个人！……真没办法！"

她似乎又有些发怒了，两只大眼睛闪亮起来了，……把床上的大衣一手抓过去，随便地披到了肩上，一扭身子竟冲出了屋门，接着是一串急促的笃笃笃下楼梯的脚步声，她竟半跑似的走了出去，……。

我莫名其妙的静静地看着她这一系列的动作，既没来得及问她为什么发怒？也没问她干什么去？……当然也没拦阻她，更没追赶她。因为我是充分知道她这人的体性的，遇到类似这种情况出现时，她不会回答你的问题，也不会听从你的劝阻。如果她走了你追她，她就跑得更快些！……因此我就只好"随她去罢"！待过了一定的时间，她就会像什么事情也没发生过一样，又像一个孩子一般地跳跳叫叫地回来了。

大约经过了两个小时以后，我听到楼梯上有她的急促的脚步声——这是我所熟悉的——上来了。这时候我似乎正在写着一些什么或读着一些什么，我假装没听到她的脚步声，以至她推门走进来，……。忽然，一卷什么软绵绵的东西敲到我的头上来，同时听到她带着笑眯的声音责备着我说：

"你没听到我回来了吗？"

"没听到——"我慢慢地转了一下头，嘴角歪动了一下说："我什么也没听见！"

"坏东西！——看，我给你买了一件衣料！"

她把一片黑白纵横的方格绒布料，两手提拎着举向我的身边来，——我估计，原来打在我头上的那软绵绵的东西大概就是这布卷卷了。这时候，我本能地周身的神经感到森凉了一下，心里想："糟糕！大概她把仅有的一点钱全买布料了，也许连明天赴宴会的乘车费也花光了！……。"我担惊，而心情有些沉重地问着她：

"买它干什么？"

"我一定要给你做一件'礼服'，好去赴鲁迅先生的宴会呀！……"

她把这布料抖动了一下，又反转地看了又看问着我：

"好不好？你喜欢不喜欢？……"

"好！喜欢！"我怕她再发脾气，只好"顺水推舟"、"将计就计"，对于已成的"事实"作了让步。

"你猜猜，得多少钱？"

"猜不着。——"

"七角五分钱，——我是从一家'大拍卖'的铺子里买到的这块绒布头，——起来，让我比量比量，看够不够？……"

我机械地站了起来，一任她用这块布头儿在我的身前、身后量来量去……。这时我的心情也轻快一些了，自己想："谢谢上帝！她并没有把所余的几元钱全部花光，还足够几天生活费和车钱！……"

她让我把身上的罩衫脱下来，又从皮箱里把我在哈尔滨夏天穿的一件俄国"高加索"式立领绣花的大衬衫找了出来，铺在床铺上，用那块方格的绒布比量了一番，而后竟自己拍起手来，还跳起了脚，高声地嚷叫着：

"足够啦！足够啦！"

"你知道，明天下午六点钟以前，我们必须到达那家'豫菜馆'！你让我像一个印度人似的披着这块布头儿去当'礼服'穿吗？"我一本正经地述说着。

"傻家伙！我怎么能够让你当'印度人'哪！你等着瞧罢，在明天下午五点钟以前，我必定让你穿上一件新'礼服'去赴鲁迅先生的宴会！——要显显我的'神针'手艺！"

原来就没有阳光的亭子间里，此刻早就昏暗下来了，在一盏高悬的二十五度的昏黄的电灯下，她开始了剪裁的工作，……。

第二天一清早，天还没有完全明亮，她就起了床，开始缝纫起来……。

我虽然是很知道她缝纫的本领和速度，但在不足一天（几个钟头以内）要一针一针地缝制起一件样式又较复杂的衬衫来，我对她是没有充分"信心"，也不抱希望的。

她几乎是不吃、不喝、不停、不休……地在缝制着。只见她那美丽的、纤细的……手指不停地在上下穿动着……她再也不和我讲话了……。

果然，在不到下午五点钟以前，她竟把一件新"礼服"全部缝制完工。这是仿造我那件高加索式立领、套头、掩襟的大衬衣制成的，只是袖口是束缩起来的，再就是没有绣上花儿……。她命令着我：

"过来！——试试看。"

我顺从地穿上我的新"礼服"，使我惊讶和佩服的不仅仅是她缝制得速度这般快，而且穿起来竟是完全合身和舒适……

"这小皮带扎起来！——围上这块绸围巾！"

我一切照办了。

“走开，远一些，让我看一看！……”

我像一个听从“口令”的兵似的，走到屋角方向去，又像一个兵似的机械地转过身子来，也像一个兵似的用了严格的立正姿势，完全按照《步兵操典》规定：“两脚跟并拢，两脚尖向外离开约六十度。两手下垂。头宜正，颈宜直，两眼张开，向前平视……”地望向了她。她先是从正面，而后从侧面，从后面……把我观摩了一转，而后又回到她原来站过的地方，向我注视、观望着，……忽然我们的四条视线相遇了……她竟像一只麻雀似的跳跃着扑向我的身前来，……我们紧紧地全企图要把对方消灭了似的……相互地拥抱得几乎要溶解成为一体了！……

我们那时的物质生活虽然是穷困的，但在爱情生活方面，却是充实而饱满的啊！……

一桌新师友

于指定的日子——12月19日——下午约六点钟以前，我们终于寻到了鲁迅先生信中所说的那家“梁园豫菜馆”。

由于我们没有表，究竟于六点钟以前、以后……什么具体时间到的就没法知道了，也许已经过了六点的正时间。

这家豫菜馆大约座落在这南北横街的中段，是一座坐东面西旧式的二层灰砖楼房。

我们上了楼，许广平先生正在那里张望，似乎正在等着我们。那是位于西南角临街的一个房间。我们到达的时候可能是最末的“客人”，不独鲁迅先生和许广平先生以及海婴全在了，另外还有几位我所不认识的人，也早已先在了。……

许广平先生对于萧红犹如多年不见的“故友”一般，表现了女性特有的热情和亲切，竟一臂把她拦抱过去，海婴也掺在了中间，她们竟走向另外一个房间去了。……

过了大约有十几分钟，许广平先生和萧红也全走进了我们所在的房间，接着菜馆的招待员走进来向许先生满面和气地询问着：

“侬们的客人全到齐啦吧？”这人明明是北方人，却用了不太纯正的上海话说着。

许广平先生看了一下自己腕子上的表，征询着鲁迅先生的意见问着：

“现在快七点了，怎样？还要等他们吗？”

“不必了。大概他们没收到信，——我们吃罢。”

鲁迅先生爽利地做了决定。

“给我们‘开’罢。”

招待人员脸色愉快地一弯身退出去了。

“他们这里的生意好,是希望饭客们快吃、快走的,好腾空房间,……。”许先生微笑着似乎代菜馆抱歉似的解释着,……。

由鲁迅先生指定了坐位,沿着这张特大的圆桌面,鲁迅先生和许广平先生并排地面向里面坐在临门的坐位上。鲁迅先生在左面,许广平先生在右面,她下首是海婴,其次是萧红和我。在我的下首两个坐位被空留着的。再向这空坐位右转过去,是一位穿淡紫色西装的年青人,他直直地显得有些拘谨而端正地坐在那里。再过去,是一位约近三十岁方圆脸盘,脸色近于黑的女士,她穿了一件细花深绛色,类似软绸料子的窄袖半旧旗袍。她的右边是一位脸型瘦削,面色苍白,具有一双总在讥讽什么似的在笑的小眼睛;短发蓬蓬,穿了一件深蓝色旧罩袍。个子虽近乎细长,但却显得有些驼背的人。鲁迅先生左首第一位客人是一位身材不高的人。他,脸型瘦削,下巴略尖,略高的鼻梁有些突起,架了一副角边眼镜,鼻尖显得特殊敏感的样子……。后披式的发型梳理得无可指摘得光亮和整齐,穿了一件湛蓝色半新的罩袍,袖口卷起着,可以露出一圈白色的衬衣袖头。由我看来这是上海当时近乎典型的一种中式服装。

我数了一下连我们在内,一共是九个人。

吃酒的冷菜摆上来了,鲁迅先生提来了一只较大的黑色的玻璃瓶放在了桌子上,由许广平先生从这瓶中在每人面前的玻璃杯里倒进了半杯近乎黑紫色的汁液,她解释着说:

“这是一位朋友由国外带来的葡萄汁,送给周先生的。太浓了,需要掺上一些冷开水……”接着她又把一只暖水瓶由另外一张桌子上提过来,每个杯子里注上了冷开水,说:“这冷开水,……也是从家里自己带来的,怕他们这里没有,……有能喝白酒、老酒的……自己斟罢,不会喝酒的可以用这葡萄汁来代替,……。”

那位穿深蓝色长袍瘦长个子有些驼背的人,先伸出一条长胳膊把一只盛白酒的酒壶抓过去,在自己面前另一只杯子里注满了一杯白酒,接着就旁若无人地深深呷了一口……。

这时许先生出去了一下,回来向鲁迅先生耳边轻轻说了一个“没”字,鲁迅先生才以主人的身份开始在介绍客人了。首先他指一指他自己身边左侧那位说上海话戴眼镜的人说:

“这是我们一道开店的老板……。”鲁迅先生并没说出这位老板的姓名。那老板微微欠了欠身子,轻轻嗯了一声,微笑了一下,就坐下来,呷了一口自己面前杯子里的葡萄汁，点了点头赞美地咂了砸嘴唇；另外几位客人和这老板似乎很熟识，全会心地笑了笑……。

接着就介绍了那位喝白酒的长个子：

“这位是聂先生！”这位聂先生连身子也没欠，只是哼了一声，因为他的嘴里已经在咀嚼着什么东西了；接着是介绍那位女士，鲁迅先生说她姓周，是聂夫人。那位穿西装的青年姓叶。最后介绍到我们头上来了，鲁迅先生指一指我和萧红说：

“这两位是刘先生，张女士，他们是新从东北来的。”

我们身边的那两个坐位始终是空留着，直到这时也还没人走进来，鲁迅先生似乎在解释着：

“今天本来是为H先生①的儿子做满月的……大概他们没接到信，上海这地方……真麻烦……”他指了指那空坐位。

我考量了一下，这些客人之间他们似乎全是认识的，只有我们俩是外来的“闯入者”。对于这些客人我全是茫然无知的，既不方便询问鲁迅先生，也无从猜测，只有对那位穿西装姓叶的青年人，我以为他可能是《小小十年》的作者名叫“叶永臻”的人。

这菜馆虽然主要是吃烤鸭，但其它的菜肴也很好，对我来说这顿饭吃得可以说是既饱又多，而且味美！……

在席间，他们之间的谈话我是有些“莫名其妙”的，在我听起来似乎用的是些“隐语”或“术语”之类，因此我只能是吃了又喝，喝了又吃……。同时我也注意到了那位长身驼背的人总在不停地向他的那位“夫人”碗里挟这样、那样的菜，而那位“夫人”也并不客气，这倒使我感到怪有趣的，我也就学他的样，也开始向萧红的碗里挟取她不容易挟到的，或者不好意思把手臂伸得太长才能挟到的菜，……。这却使萧红有些不好意思了，暗暗用手在桌下制止着我……。

海婴叽哩哇喇……满口讲的上海话，这位小上海的话我几乎什么也听不懂！他和萧红倒似乎一见如故混得很熟了。

为了礼貌或为了不甘寂寞……我也讲了一些东北的各种风俗习惯以及各样事情，人们——特别是鲁迅先生——似乎全在专心注意的听取着。最后我提出要买几本俄文书，那位“老板”很诚恳地也很仔细地为我指点、介绍，应该到哪里去买，如何坐车……等等。我心里暗暗佩服着：“这位老板的文化知识还很丰富咧！”

大约快近九点钟，我们的宴会结束了，那位穿西装的青年人走过来，把他的住址开给了我，我也开给了他，其余的人就没这样做。因为我知道在上海的白色恐怖

① H先生：指胡风。

政治情况下，是不应该随便问别人姓名或住址的。

在归家的路上，我和萧红彼此挽着胳膊，行走着大街和小巷……脚步轻快，飘飘然，此刻感到我们是这世界上最幸福的人了！……

路上萧红轻轻地告诉我，许广平和她说了：那位“老板”就是C先生[①]，驼背高个子是聂绀弩，女士是周颖，穿西装的青年人是左翼作家叶紫，空位子是为H君和他的夫人T女士[②]留的，这天也确是他们的第一个男孩子满月的日子……。

经过她的说明，才使我恍然明白了。同时她说在开始吃饭时许广平出去看了一转，是看一看有没有可疑的人或特务之类在“盯”我们的“梢”。

这些全是许广平在饭前、饭后悄悄地在外面向萧红说的。

我们这次作为和海婴第二次见面礼，还送了他一对枣木旋成的小棒槌。这是1934年我们路经大连，一位名叫王福临的朋友送给我们的。……

回想起来，鲁迅先生当时这次请客的真实目的和意义是很分明的：在名义上是为了庆祝H夫妻儿子的满月，实质上却是为了我们这对青年人，从遥远的东北故乡来到上海，人地生疏，会有孤独寂寞之感，特为我们介绍了几位在上海的左翼作家朋友，使我们有所来往，对我们在各方面有所帮助；同时大概也耽心我这个体性鲁莽的人，不明白当时上海的政治、社会环境……的危险和恶劣，直冲蛮闯可能会招致出“祸事”来，所以特地指派了叶紫做我们的“向导”和“监护人”……。谨从这一次宴会的措施，可以充分显示了这位伟大的人，具有伟大灵魂的人，伟大胸怀的人……对于后一代的青年人，对于一个青年文艺工作者是表现了多么深刻的关心，付出了多么大的热情和挚爱啊！……

由于这次宴会上鲁迅先生的介绍，我们不但与叶紫渐渐地熟悉了起来，而且成为了很要好的朋友，他有时竟开玩笑的叫我为“阿木林”！（即上海所谓“傻瓜”之意。）他，热情、善良、正直、坦率……我所著的《八月的乡村》得以出版，叶紫是起了决定性作用的。

后来，我们这三个“小奴隶”——萧红、叶紫和我——经过了鲁迅先生的“批准”还一起创建了“奴隶社”，出版了“奴隶丛书”……

叶紫是湖南人，我们相识的时候——1934年，他已是中共地下党员了，（当时我们是不知道的）。他的父亲、姐姐（据说也全是中共产党员）在1927年的大革命

① C先生：指茅盾。

② T女士：指胡风的夫人梅志。

年间全被蒋介石杀害了！叶紫很小就开始了流浪的生活……。

关于聂绀弩当时给与我的形象和印象就是那个样子了。今天在本文中很遗憾我也没把他速写得更“漂亮”一些，很遗憾。我对于由鲁迅先生当场介绍的这位聂先生，任何情况全是一无所知，也无从猜测，但后来我们却建立起几十年近于终生的友谊。我今年七十二岁了，他已经七十六岁了，我们之间的这种友谊，是经过各种风风雨雨考验了，证明是并无任何变化。尽管我们之间对待某一问题，某一思想，某一见解……有时有争论，有争执，有争吵……甚至到了面红耳赤的地步，但这些情况对于我们基本的友情来说并无任何妨碍和损害以至影响的。因为我们全是喜欢一切习于“真”的人！

绀弩在文化领域是具有各方面才能和知识的，他能文，能诗，从事新文字运动，研究中国古典文学……全有他独到的见解和成绩……。

一九七六年他由山西狱中获释以后，我曾写下如下两首诗——《绀弩获释》（有赠）：

一

又是相逢一破颜，十年囚羁两霜天①！
烟蓑雨笠寒江月，孤岭苍松雪地莲。
鹤唳晴空哀九皋，猿啼三峡过前川。
濯缨濯足浑闲事，流水高山韵未残。

二

萧萧白发两堪骄，犹爱弯弓射大雕。
狐鼠跳梁闲岁月，杨花逐水去迢遥。
恢恢天网终无漏，滚滚沧江未尽潮。
万仞临风一俯仰，闲将石火教儿曹。

1977年他出狱后，10月27日上午我去绀弩兄寓中去看他。人虽变得瘦弱可怜，而精神尚佳，不减当年。他以手抄诗稿示我，其中有赠萧红及我诸诗，当时录而存者。兹捡出文化大革命前他由北大荒流放地归来赠我者一首。

剥啄惊回午梦魂，开门猛讶尔萧军！
老朋友喜今朝见，“大跃进”来何处存？

① 彼被囚于山西狱中，我被“关押”、“改造”于京都。

《八月乡村》《五月矿》①,十年风雨百年人。
千言万语从何说?先到街头饮一巡。

由于鲁迅先生介绍了绀弩和叶紫与我们相识,不独对我们本人有过很大帮助,同时对于后来开展左翼革命文艺运动——例如共编《海燕》刊物,形成"奴隶社"——和发扬鲁迅先生战斗精神方面也血肉一体,不可分开的。因此在这篇纪念鲁迅先生的短文中,附带表示对他们一点感念之情。

一张照片

为了纪念这次宴会,为了纪念这件新"礼服",我和萧红特意到法租界万氏照像馆照了一张照片。——这是在1935年春季间。

在这张照片中我当然是穿了那件黑白方格的新"礼服",萧红却穿了一件深蓝色的"画服"。不知为什么,临拍照以前,她竟从照像馆的小道具箱里捡出了一只烟斗叼在了嘴巴上,装做吸烟的样子。其实,平时她是并不吸烟的,这是在"装蒜"。

除开那件新"礼服"外,我在脖子上还装饰地系了一块米黄色的围巾,上面用暗绿色绒线绣了Инбига几个字母。这是我们1934年由哈尔滨出走时,一位教我们俄文的俄国姑娘给绣做纪念的,这里还有一段可笑的小故事,在《萧红书简辑存注释录》里会谈到它,这里就不写了。

这张照片,我曾看到在骆宾基同志所写的《萧红小传》里用过它;1978年1月间在香港一家书店翻印的《八月的乡村》后封面上印过它;1979年在北京人民文学出版社所编辑出版的《新文学史料》第二辑我所撰写的《萧红书简辑存注释录》中也被印出了。

1938年春季间在西安我和萧红"诀别"时,这张照片她可能也保有一张。《萧红小传》上面的那幅也可能就是从她的死后遗物中寻找出来的。至于《八月的乡村》后封面那幅可能是从什么书上翻制下来的。我给《新文学史料》的一幅,也已经不是原片了,自然也是经过了几次翻制而后仅存的一张。

经过几十年东飘西泊,经过了几多次水火刀兵,经过了若干度生死关头,在文化大革命中又经过了几多次抄家没产……这张照片如今尚能够故物归主——殊不容易!亦不幸中之一幸也。

① 全为我的著作。

一逝流光四十年

今天来回忆十余年前的这段历史性的故事，我的心情是很复杂而怆恻的！

曾经参与这次鲁迅先生所设的宴会的人，首先是鲁迅先生离去我们已经四十余年。叶紫在 1939 年由于贫病死于湖南故乡；萧红于 1942 年也由于贫病和战争死于香港；许广平先生也在文化大革命期间逝世了。所幸 C 先生、聂绀弩、周颖、海婴及我本人等还健在。偶成旧体诗三律以做本文束尾。

一

悠悠往事逝漫漫，又是春归二月寒！
四十年前思故垒，三千里外梦家山。
匹夫怀璧羸双刖，老骥嘶风怅远天。
桃李无言垂柳碧，一番追忆一怆然！

二

血碧霜飞①鸟夜啼②，珠残壁碎燕巢泥！
春风紫陌思芳草，细浪松江忆藿藜③。
化雨师恩酬几许？他山故谊怅何及！
余将倦眼量沧海，浩淼烟波入望迷。

三

一逝流光四十年，生离死别两云天；
蒹葭秋水④屋梁月⑤，桃李春风“薤露”篇⑥。

---

① “血碧、霜飞”，前者言苌弘被害血三年而化碧；后者言邹衍无罪受戮，六月飞霜。
② 为古诗题，喻丧乱也。
③ 言松花江畔共同困苦生活也。
④ 为《诗经》中：“蒹葭苍苍，白露为霜，所谓伊人，在水一方。”是一种思人的意思。
⑤ 为唐诗人杜甫梦怀李白诗句：“落日满屋梁，犹疑照颜色。”
⑥ 为古挽歌名。

雪岭苍松千载翠,巴山夜雨①五更寒!
惊涛碎岸猿啼峡,“千里江陵一日还”②。

一九七九年三月三日夜
于京都银锭桥西海北楼“蜗蜗居”寓所

① “巴山夜雨”为晚唐诗人李商隐诗:“君问归期未有期,巴山夜雨涨秋池;何当共剪西窗烛,却话巴山夜雨时。”

② 为诗人李白句:“朝辞白帝彩云间,千里江陵一日还;两岸猿声啼不住,轻舟已过万重山。”

我与萧红的缘聚缘散

萧 军

鲁迅先生曾说过,女人只有母性、女性,而没有"妻性"。所谓"妻性"完全是后天的、社会制度造成的。(大意如此)萧红就是个没有"妻性"的人,我也从来没向她要求过这一"妻性"。

——萧 军

本文选自《萧红书简辑存注释录》,黑龙江人民出版社 1980 年版。标题系编者所加。题图照片为萧红、萧军在上海。

自从1938年我们最后宣布“诀别”以后，凡属遇到的故人、老友……他们首先要问及我和萧红为什么要分开？在他们意念中，我们的“结合”是不平凡的，经过的贫困艰难也是不平凡的，又有相同的文学事业为基础，无论从某一角度来观照，似乎全没有可以分离的理由和条件。事实上在我们结合以后，彼此也没想到会有中途分手的一天，默默中也全是以“白头偕老”这一“默契”做为人生行程最后归宿为目标的。

除开故人、老友的关心和惋惜外，也还有若干具有善意的读者们，也提出了这一问题，……这使我如何和怎样回答呢？

在我们经行的生活历程上，也并非尽属康庄大道，或者是“水波不兴”。正如一般青年男女一样，彼此之间也发生过猜疑，发生过误解，发生过“外力”的干扰。……但是经过彼此真诚坦率的说明，所谓：猜疑和误解最终总是能够烟消雾散，冰释云分；而所谓“外力”的“干扰”，经过彼此同心坚决的排除……最后也还要以胜利而告终结。原来的两颗赤诚的心，坚贞的心，彼此爱怜的心！仍然是血肉无间地结合起来共同跳动着！呼吸着！……

但是人间的事情终归是人间的事情，总要有所变化。一旦主观、客观条件有所变化，时间、空间有所变化，共同基础有所变化，相应的人的思想、感情、理想……也必然要导致于变化。由思想到行动，如果再遇到相应的偶然的契机，由渐变也就可能导致于突变的。如果我们能够明白这一简单的道理，任何事物的发生、发展……总是有它的一定规律可寻的，因此对于我们之间的"诀别"，也就无足稀奇了。

在我的主导思想是喜爱"恃强"；她的主导思想是过度"自尊"。

因此，在我是不能具有像托尔斯泰那样"基督教"式的谦卑，说"一切都是我不好"；我也不能责备或诬枉已死者，说"一切都是她不好"，这是有背于一个做为人的动物起码品质和道德的。

因此对于这一问题，不管是对于故人、老友以至于善意的读者们，我只能采取外交官们的通行例语："无可奉告"。这倒是并非是我有什么"内怀愧怍"，不敢暴露自己的恶德；也并非"存心忠厚"，对于已死者"葆其令名"，真正的原因只有以下两条：

一、回忆、复述、分析、综括……这类事，对于我来说并不是一件愉快的事，它并不比唱一支愉快、美丽的歌那样会使你感到一种愉快的、美的享受！每谈一次这类问题，就相同虐待自己一次，我是不愿意虐待自己……而满足于别人的"好奇心"或可感谢的"同情心"的。至于某些居心不良，别有目的的人，想从我们个人生活中间寻找一个罅洞，敲开一道缺口，……搜集一点"材料"，利用这点可怜的"材料"，对于已死者可以假冒伪善，表示狐狸式的仁慈；对于尚存在者，可以施行豺狼式的袭击，……我没兴趣，也没有义务来满足它们这颗下贱的、贪婪的心！

二、不算历史人口，仅就今天世界现存的四十亿人口来观照，人与人之间的离合聚散……的事件，不独每天要发生，恐怕每一个小时、每分钟……全会发生的。我们也仅是这四十亿中的一分子，应属于无足稀奇。同时我以为凡属个人私生活中的任何事件，如果它不是牵涉到广大人民的利害，不是有损于广大人民的利益，……是可以不必过多注意、关心它们的。可能由于我和萧红全是从事文学写作的人，发表过文章，出过书，……所谓"名人"。人对于有些"名气"人们私生活方面的琐事常是怀有一种近于天真的"好奇心"，这也是可以理解的。记得鲁迅先生曾经说过类似这样的话：任何伟大的人，如果就其吃喝拉撒睡，……的方面来观察，……他和普通人并无不同的……（大意如此）

最近在东北，似乎兴起了一阵研究萧红的热潮，其中也有我的老朋友。他们向我这里来征集材料，听取意见，……我给他们的建议是这样：

"对于这样一位作家，仅仅从事文学生涯只有十年间的历史，为我国文学事业——无论质或量，社会意义，艺术造诣——留下了不能抹煞，不可磨灭的业绩，我们是应该进行一次严肃的认真的研究和探讨的工作，我是赞成的。但是对一个作家的评价是应该从他或她的具体作品效果和意义而衡量、而产生的，而不是别的什么'属性'。因此我建议你们对她的作品本身多作具体的突入,全面的分析,全面的综合……而获得一个相应的结论,来启示读者,教育读者,……。对于她生活方面的一些琐事,不必过多注意,过多探讨……否则将会遇到一些难于通过的'死角',这是无益而浪费精力的事,……。"

1946 年秋,我又回到了我认为是"第二故乡"的哈尔滨。从 1934 年夏初我同萧红离开哈尔滨出走到青岛,后来到上海,而后又辗转飘流到各地,……到 1946 年秋,大致时经约十二年。当时我曾写下过一首诗:

金风急故垒,游子赋还乡。
景物依稀是,亲朋半死亡!
白云红叶暮,秋水远山苍。
十二年如昨,杯酒热衷肠!

这是写出了我当时真实的一种怆恻的心境!

在哈尔滨我曾做过群众巡回性的五十天左右的讲演。大约出场了百次上下,解答了约为千数个各项问题。

其中有一项问题,每到一个场合总要遇到的,这就是:

"你和萧红为什么,和怎样分开的?"我当时只能回避开,也只能用"无可奉告"这句话来回答那些热情的、善意的听众。因为哈尔滨和整个东北当时正在被国民党分路进攻的政治、军事紧迫的情况下,我更不宜于谈论这类属于个人性质的问题的,因此就一概加以回避和拒绝了。这倒并非我"态度骄傲"或"故作神秘",凡事我们总应该先分清主要、次要,按缓、急、轻、重,……来对待的。

在今天,在这里,我以为简括地把这"诀别"的问题略谈一下是适宜的。

1932 年夏季间,这时我正流浪在哈尔滨,为一家私人经营的报纸——《国际协报》——撰写一些零星小稿,借以维持起码的生活。同时也辅助该报副刊主编老斐——裴馨园——编一些儿童特刊之类。

一天,老斐收到一位女读者来信,请求他给以帮助,能够为她寄去几本文艺读物,因为她是被旅馆所幽禁的人,没有外出的自由……。信是写得很凄切动人的。

老斐和我商量一下,要我去看看情况是否属实?我同意了。由他写了一封介绍信,附上了几本书,在一个快近黄昏的时候,我到了哈尔滨道外正阳十六道街东兴顺旅馆。

由于我是以报馆编辑名义前来的，旅馆对于那时的报馆还是存在一定“戒心”的，不能不让我去见她。

旅馆人员一直领我走到长长甬路尽头一间屋子前面，对我说：

“她就住在这间屋子里，你自己去敲门罢。”这人就走了。

我敲了两下门，没有动静，稍待片刻我又敲了两下，这时门忽然打开了，一个模糊的人影在门口中间直直地出现了。由于甬路上的灯光是昏暗的，屋内并没有灯光，因此我只能看到一个女人似的轮廓出现在我的眼前，半长的头发散散地披挂在肩头前后，一张近于圆形的苍白色的脸幅嵌在头发的中间，有一双特大的闪亮的眼睛直直地盯视着我，声音显得受了惊愕似的微微有些颤抖地问着：

“你找谁？”

“张廼莹。”

“唔！……”

我不等待邀请就走进了这个一股霉气冲鼻的昏暗的房间，——这时她拉开了灯，灯光也是昏黄的。

寻了靠窗的一只椅子我坐下来，把带去的书放在椅边一张桌子上，同时把老斐的介绍信递给了她，什么话也没说。在她看信的过程中我把这整个的房间扫描了一下，由诸种征候来看，可以断定这是一间不久以前曾做过储藏室一类的地方，那股冲鼻的霉气就是由此而发的。

她双眼定定地似乎把那信不止看过一次。她站在地中央屋顶上灯光直射下来的地方，我发觉她那擎举着信纸的手指纤长蜡型似的双手有着明显的颤动，……。

她整身只穿了一件原来是蓝色如今显得褪了色的单长衫，开气有一边已裂开到膝盖以上了，小腿和脚是光赤着的，拖了一双变了型的女鞋；使我惊讶的是，她的散发中间已经有了明显的白发，在灯光下闪闪发亮，再就是那怀有身孕的体形，看来不久就可能到了临产期了。……

在她看信的过程中，我是沉默地观察着一切，研究一切，判断一切，……

“我原先以为您是我在北京朋友 L. 君托来看我的，……原来您是报馆的，您就是三郎先生，我将将读过您的这篇文章，……可惜没能读完全。……”

她从一张空荡荡的双人床上，扯过一张旧报纸指点着：

“我读的就是这篇文章……”

我看了一下那报纸，上面正是连载我的一篇题名为《孤雏》的短篇小说中的一段。——原来在老斐信中他提过我的名字。

站起身来，我指一指桌子上那几本书说：

“这是老斐先生托我给您带来的，——我要走了。”我是准备要走了。

“我们谈一谈,……好吗?”

迟疑了一下,我终于又坐了下来,点了点头说:

“好。请您谈罢!”

她很坦率、流畅而快速地述说了她的过去人生历程以及目前的处境,……。我静静地听取着。……

“由于我欠了他们六百几十元钱,还不上,他们不让我再在原来的房间里住下去了,竟把我挪来这间预备客房,作过贮藏室的屋子来住了,又阴暗,又霉气!真他妈!……”

在她述说过程中,无意间我把散落在床上的几张信纸顺手拿过来看了一下,因为那上面画有一些图案式的花纹和一些紫色铅笔写下的字迹,还有仿照魏碑《郑文公》字体勾下的几个“双钩”的较大的字,问着她:

“这是谁画的图案?”

“是我无聊时干的。……就是用这一段铅笔头画的。……”她从床上寻到一段约有一寸长短的紫色铅笔头举给我看。……

“这些‘双钩’的字呢?”

“也是,……”

“你写过《郑文公》吗?”

“还是在学校学画时学的……”

接着我又指点那字迹写得很工整的几节短诗问着她:

“这些诗句呢?”

“也是!……”她似乎有些不好意思了,一末淡红的血色竟浮上了她那苍白的双颊!……

这时候,我似乎感到世界在变了,季节在变了,人在变了,当时我认为我的思想和感情也在变了……出现在我面前的是我认识过的女性中最美丽的人!也可能是世界上最美丽的人!她初步给与我那一切形象和印象全不见了,全消泯了……在我面前的只剩有一颗晶明的、美丽的、可爱的、闪光的灵魂!……

我马上暗暗决定和向自己宣了誓:

我必须不惜一切牺牲和代价,——拯救她!拯救这颗美丽的灵魂!这是我的义务。……

这些诗句,我今天大致还在记忆着:

这边树叶绿了。
那边清溪唱着:……

——姑娘啊！
春天到了。……

去年在北平，
正是吃着青杏的时候；
今年我的命运，
比青杏还酸！
…………

她说："当我读着您的文章时，我想这位作者决不会和我的命运相像的，一定是西装革履地快乐在什么地方！想不到您竟也是这般落拓啊！"

事实上我当时的生活处境也确是不比她强多少的，仅从衣著上来对比，我当时只穿了一件褪了颜色的粗布蓝色的学生装，一条有了补钉的灰色裤子，一双开了绽口的破皮鞋，没有袜子，一头蓬乱短发……而已，她那"西服革履"的设想破灭了。

临行时我指着桌上用一片纸盖着的那半碗高粱米饭问着她：

"这就是您的饭食吗？"

她漠然地点了点头，一股森凉的酸楚的要流出来的泪水冲到我的眼睛里来了，我装作寻找衣袋里什么东西低下头来，……

终于我把衣袋中的五角钱放在了桌子上，勉强地说：

"留着买点什么吃罢！"就匆匆地向她道别了。

这仅有的五角钱，是我的车钱，这时我只有步行了约十里路的归程。

在临离开那家旅馆时，我到了账房了解一下她的具体情况。

据旅馆人员说，她和她的"丈夫"汪××在这旅馆已住了半年有余，除开房金以外还要供给他们的饮食，有时还要借钱使用，因此计算到现在已经欠了六百余元。一个月以前，汪某说回家去取钱，至今未回，信也没有，……我们只能把她作为"人质"，留在旅馆里，等待她丈夫回来还了钱，她就可以随便走了，……。

旅馆并不知道他们还是"未婚"的关系，我也没必要向他们说明他们真正的关系，只是警告他们说：

"钱不会少了你们的，但是你们不能够存心不良，别有打算的！……我警告你们！"

"我们没什么'存心不良'，只是要欠债还钱，谁把钱给了，谁就可以领她走，……。"

我明知他们是“瞧我不起的”，但他们表面上还表示“客气”，因为他们知道我是吃“报饭”的，轻易是不愿得罪的。

那时期一些在大都市里开设旅馆或饭店的人，他们约大部分是地痞、恶棍一流，和官府、流氓……全有勾结，有的就是“一家人”。后来从侧面听说，他们待一个时期汪某再不回来，就要把她卖进“圈儿楼”（当时哈尔滨道外妓馆区），而且说她是自愿“押身还债”的，这就是她的当时可怕的处境。

这就是我和她偶然相遇，偶然相知，偶然相结合在一起的“偶然姻缘”！

1932年终，报社要在新年出版一份“新年征文”的特刊，我和其他朋友们全鼓励她写一写，起始她是谦逊的、缺乏自信的。……好则，这特刊是由熟人所编，文章不会落选，于是她就写了《王阿嫂的死》这个短篇（可能是它），被刊载了，受到朋友们鼓励了……这就是她从事文学事业正式的开始。

1933年秋天，在经济上受到一些朋友们——特别是舒群——热心的资助，和当时承印的“五日画报社”王岐山社长的帮忙，把我们所发表过的短篇小说和短文，选成了一个集子，定名为《跋涉》，得以出版了。——我将永远感念这些有助于我们的朋友们！

1938年初夏，在延安我计划要去“五台”，当时不能成行，就随同了丁玲、聂绀弩一道到了西安“西北战地服务团”。这时萧红也正寄居在该团。

正当我洗涤着头脸上沾满的尘土，萧红在一边微笑着向我说：

“三郎——我们永远分开罢！”

“好。”我一面擦洗着头脸，一面平静地回答着她说。接着很快她就走出去了，……。

这时屋子里，似乎另外还有几个什么人，但当时的气氛是很宁静的，没有谁说一句话。

我们的永远“诀别”就是这样平凡而了当地，并没任何废话和纠纷地确定下来了。

这一喜剧的“闭幕式”，在由延安到西安的路上我就准备了的。但还没想到会落得这样快！这“快”的原因，据我估计可能是萧红自己的决定，也可能是某人所主张，因为他们的“关系”既然已经确定了，就应该和我划清界线，采取主动先在我们之间筑起一道墙，他们就可完全公开而自由，免得会引起某种纠纷……。其实她或他估计错了，我不会、也不屑……制造这类纠纷的。

早在从临汾和萧红分手的当时，我和她就说出了这一“约定”，我说：

“……我们分别以后，万一我不死，我们还有再见的一天，那时候你如果没有别人，我也没有别人，如果双方同意，我们还可以共同生活下去，……。如果不是这样，那就各走各的路罢！”

尽管当时我也和聂绀弩说过这样的话：

“别大惊小怪！我说过，我爱她；就是说我可以迁就。不过这是痛苦的，她也会痛苦。但是如果她不先说和我分手，我们还永远是夫妇，我决不先抛弃她！”（见《在西安》）

既然有了原先的“约定”，她已经有了“别人”，而且又是她首先和我提出了“永远诀别”，这是既合乎“约定”的原则；也合乎事实发展的逻辑，我当然不会再有什么废话可说。

我对于两性之间的关系原则是这样：

如果我还爱着她，而对方不再爱我，或不需要我了，我一定请她爱她所要爱的去、需要她所需要的去，决不加以纠缠或阻拦；如果我不爱她了，不需要她了，她就可以去爱她所要爱的去。……不期她此后把自己的身体和灵魂交给“天使”或“魔鬼”这完全是她自己的事情了……。

对于夫妻、对于朋友……我是谨守着中国这句“君子绝交不出恶言”的古老格言的。我现在还有着几十年历史的老朋友，也有中途“绝交”的，但我是尊重、珍惜……历史的，我不愿意它们被玷污，尽管我不是什么“君子”，但做为一个“人”，他们是应该有这一点尊严感的。

做为一个六年文学上的伙伴和战友，我怀念她；做为一个有才能、有成绩、有影响……的作家，不幸短命而死，我惋惜她；如果以“妻子”意义来衡量，她离开我，我并没什么“遗憾”之情！

鲁迅先生曾说过，女人只有母性、女性，而没有“妻性”。所谓“妻性”完全是后天的、社会制度造成的。（大意如此）

萧红就是个没有“妻性”的人，我也从来没向她要求过这一“妻性”。

她是反封建的家庭为她所订的“亲事”，因而逃向了北京。可是她的未婚夫——是她所卑视的、憎恶的人——竟也赶到了北京。她终于在他无耻的、狡猾的纠缠下，而使自己降伏了，而且有了身孕，竟被做为“人质”，……几乎被陷进可怕的、可耻的、黑色的……无底深渊中！

可以这样说，在客观上她的一生是被她所卑视、所憎恶……的社会制度；所卑视、所憎恶的“人”……而毁灭了！

也可以这样说：在文学事业上，她是个胜利者！

在个人生活意志上，她是个软弱者、失败者、悲剧者！

尽管在她临终之前,她曾说过这样的话:“假如萧军得知我在这里,他会把我拯救出去的……”(大意如此,见骆宾基著《萧红小传》)但是,即使我得知了,我又有什么办法呢?那时她在香港,我却在延安,……。

以上这就是我和萧红六年来由相识、相结合到诀别简要的过程。

1978 年 9 月 28 日于海北楼

聚散两依依

萧　军

“我什么全没忘。我们还是各自走自己要走的路罢，万一我死不了——我想我不会死的——我们再见，那时候也还是乐意在一起就在一起，不然就永远地分开……”我和红的谈话，就这样各自封锁住了。

——萧　军

本文节选自萧军著《从临汾到延安》，山西人民出版社1983年版。标题为编者所加。题图照片为萧军在延安。

因为我强壮！

就这样决定了：让他们去运城，我留在临汾，一定要看个水落石出才能甘心——我比他们强壮。

“你总是这样不听人的劝告，该固执的你固执；不该固执的你也固执……这简直是‘英雄主义’，‘逞强主义’……你去打游击吗？那不会比一个真正的游击队员更价值大一些，万一……牺牲了，以你的年龄，你的生活经验，文学上的才能……这损失，并不仅是你自己的呢。我也并不仅是为了‘爱人’的关系才这样劝阻你，以致引起你的憎恶与卑视……这是想到了我们的文学事业。”

“人总是一样的。生命的价值也是一样的。战线上死了的人不一定全是愚蠢的……为了争取解放共同奴隶的命运，谁是应该等待着发展他们的‘天才’，谁又该去死呢？”

“你简直忘了‘各尽所能’这宝贵的言语，也忘了自己的岗位，简直是胡来……”

“我什么全没忘。我们还是各自走自己要走的路罢，万一我死不了——我想我不会死的——我们再见，那时候也还是乐意在一起就在一起，不然就永远地分开……”

“好的。”

我和红[1]的谈话，就这样各自封锁住了。虽然两人是并排地躺在一面炕上，各人却全看着顶棚。直到段同志[2]走进来，门帘摆动的风使灯火动摇了，我才把伸在被外的两条赤裸的臂膊缩进来：

"你要睡了吗？"我勉强地侧过脸来向她——段同志——笑一笑，问着。

"你们争论完了吗？嗳呀呀……我真听腻了这些呢！"段在脱着军装外套了。她那圆胖胖的脸蛋比起日间好像更显得幸福和健康。眼睛和嘴唇还有那腮上的漩涡，虽然是在表示着笑的样子，但那间介在两条长的浓黑眉毛中间竖立的额纹，却还刻画得很分明。

"这不是开玩笑呢！我们常常这样为了意见不一致，大家弄得两不欢喜，所以还是各自走自己的路倒好一点……"我郑重着声音。

"算了吧！大家明天就分开了……让我到外间屋子去睡好吗？你们可以……"她做出了要来取铺在炕里面的被子的姿势，还不怀好意似地在笑……外面的长个子鲁也开始嗓叫起来了：

"算了吧！老段，你别到外面来睡啦！我们这里全是'男'同志哪！"

"那有什么稀奇……"她一面驳斥着长个子老鲁，手已经把被子的一角抓了起来，红虽然把身子侧过去了，但始终没有言语。

"你算了吧！"我模拟着她那"湖南腔"，把"算"字拉长读成"酸"字的音，一面把她手里的被子夺下来，扔进炕里面去。

"这样也好吗……好则，我三分钟就可以睡着，这样你们可以随便地谈……记住，明天大家就要分别了！"

"要谈的早谈过了，你就是四分钟睡着也不要紧呢。"我说。

真的，那还不足三分钟，段的那响亮的鼾声就响了起来。她每夜总是睡得这样快，这样自然。

"睡罢。"我试着摸一摸红的脸和眼睛。她的眼睛闭着，外面有了湿润，当我的手指触到她那饱满的眼睑的时候，她惊慌地把脸转向了一边，她也说：

"睡……罢！"这声音是带着颤味的，干涩，模糊，无力……

把墙壁填起来……

这，不像车站，简直只是一片偶尔繁荣起来的荒凉的广场！没有旅客，有的只

① 红：指萧红。

② 段同志：指丁玲。

是一些满带武装的,不带武装的,胸前过多挂着铁锤子似的一些手榴弹的灰色的兵……各不相属的交穿地走着。有的就站在车厢的近边,用手掌围着嘴边,高声地无顾忌地讲着话。车厢里的人,从窗口贪婪地探出一段身子来,眼睛凄惶地滚圆着,努力要听懂这话的意义和声音。

轨道上,虽然排列着一些车厢,但红他们和段服务团应该有的一列车厢,却还没有决定。那面一个不甚大的车头正在补充着煤和水;另外一个却过来又回去……好像很悠闲地在另一条轨道上散步着……这家伙像一个人将将劳动过以后有点傲慢味地在喘息……。这面,在站长屋子的门前重叠地已经围起了半圈人的围墙,脖子全是撑着稀有的标直,噪叫着要求"开车"。

"妈妈的……要全把我们留在这里作俘虏吗? 不开车?"

"同志们……不能这么性急啊……上面的车……不开下来,你就是枪毙了我……也不能开车的……同志们……各人应该尊重自己的责任和职权啊……有电报……上面的车子马上就开到哪……敌人不是马上就来到的啊……夜间也不会有飞机……干么这样性急。"

这话活像一支支的小弩箭,站长每一个字的字音,全变了韵节了,透过这人围,随处飞突……。

"妈妈的……道理总是在你们这一边……你倒有骨气咧……等着日本兵来了你也这样和他们讲讲道理……我才佩服你!"

为了站长这样坚强的决定,人们的力量就开始沿着这"决定"崩雪似的松落下来了。那先前筑起的坚强的人的围墙,如今也一层层……在剥退……直到最终,站长的阴白而狭长的脸幅也出现了。他好像还不相信这围攻就这样已经解除,眼睛还是不正常的遭了惊恐似的亮亮地看向远方,嘴唇也还扣得很严紧;另一只手无主张地时时抓着那窄窄的胸膛。

我要寻找段同志,好决定车厢,因为红他们是约定了和他们乘一个车厢到运城,我提着那些过重的行李和皮箱,到这里,又到那里……虽然汗水已经开始在我的头脸各处以及周身开始浸透,滴流……但好像是要试验试验自己的体力,或是为了喜欢要逞一点强……便常常谢绝了别人的帮忙。

"你倒很会利用时间,这时候还在做标语哪!"我显着有点惊奇地叫着。那个正在安静、专心、用手里的颜色笔描绘着标语的段服务团的一位团员,他也好像吃了惊,回头看一看是我,才笑笑地又继续使画笔活动下来,转过脸去说:

"开车总还要两点钟……趁着太阳还没全落,把这墙壁填起来总是好的啦……"

看工作人工作时候那专一的兴味把我吸引住了,竟忘了自己是要去寻找段同

志的。

“你知道段主任到哪里去了吗？”

“呐……她大约在站台东边和才来的王主任讲话吧？听说敌人很近了……临汾——你认识吗？那个瘦得像一只鹳鸟似的王主任？”

“见过的……我去了……”我不忍再打扰他。他虽然和我说着话，手里的画笔并没有过一刻停留：迅速，准确，勾勒着每个匀整的字形：先用白色，再用红色镶了一次边……。那“国共合作，抗战到底”方形的大字就更增加了鲜明和漂亮。

“找了你有半点钟……”我在站台的极东端才算寻到了段。她却仅是笑笑地向我用眼睛招呼了一下，还是和那个鹳鸟似的王主任低声不断地谈着什么。我知道在此刻自己是不应该扰乱他们，便扬了一下手：

“回头我再来——”我走出车站的栏栅。

太阳已经完全没落下去。自己深深地呼吸了几口，这里的空气是随处带有尘土味的；接着也把那四周的景物——土原和荒山和正在弥漫着晚烟的城廓浏览了一下。

在我回到站里面来，段服务团已经有了两个车厢。红正倚在一个车厢的窗口，样子像在看热闹，又像在等待什么人。我就近买了两个梨子使她不提防地递进她的手中。但她并不立刻就吃，只是茫然地接过去。向我看着，接着她的眼睛就被泪水浸泡得不能再张开……她抓紧我的手急速地说：

“我不要去运城了啊！我要同你进城去……死活在一起罢！在一起罢……若不，你也就一同走……留你一个人在这里我不放心，我懂得你的脾气……”

“不要发傻！”我的手翻转来掐紧了她那过度细瘦的手指，摇动着说：“……你们先走一步……如果学校没有变动仍在这里……你们就再回来……这里一样的啊；也许……马上我也就来运城……一同在那里工作或者去西安，不然，就到延安去会合。你跟段他们一同走比较安全，他们有团体。我强壮……应该留在这里……学校已决定单成立一个‘艺术系’了……这是好的啊！我们的人，怎能一个不留在这里呢？这是说不过去的。我们来的目的，不就是要在‘这个时期’工作吗？”起始我还是勉强笑着，装着愉快……可是接着眼睛和鼻子被一种强烈的不能形容的酸痛刺激着了，像是要流泪的样子，但我制止住它……

“你太关心他啦……嘻嘻……”

“他比我们强壮……打游击也可以打，跑也跑得比我们快……他是应该留在这里哪！”

第一个说话的人是凹鼻子杜；第二个说话的是长个子鲁。他们把眼睛全挤成一样的缝，半玩笑半讥讽地拉长着脖子探着脸从车厢里向外叫着。

“你们也并不软弱啊！为什么不留一个在这里?”红转过脸去阴冷地向他们这样回答了一声。我松开了她的手,自己的心感到一点寒凉,同时牙骨不知为什么忽然咬扣到有点发疼。

“哪里……嘻嘻……我们怎能比起萧军呢……这正是他‘建功立业’的时候啦……却是我这类人吃瘪的年头喽！嘻嘻……”

长个子鲁不再言语,只是一闪一闪地吃着烟;凹鼻子杜说完了这俏皮的话,也悄默地退回到自己的座位旁边。但他并没有坐下,两只胳膊抱起来了,两条穿着带有拍车的细腰马靴的小腿,又用着大角度的距离在叉开……。在站着的时候,他的小肚子总是喜欢挺在外面的。他的脖子并没有毛病,可是平常时候那长形的葫芦头总是更多一点离开中心线侧垂在人的左边,以致那留得过于长的‘菲律宾’式的头发深深就要像梳结得不结实的女人们的鬟发垂流下来了。为了这,女人们开玩笑就也叫他作“姑娘”,但他并不为这生气的。

“是的吗,我确是强壮的。怎样,杜君也要留下吗？在这里一齐工作罢,省得我自己孤单……这里也有千多个学生呢！”我明知他不会留下的。

“不啊……不……我要到运城去喽！这样牺牲在我是不值得的呢。”

他说话总是一只鸭子似的带点贫薄味地响彻着。这声音和那凹根的小鼻子,抽束起来的袋口似的薄嘴唇,青青的脸色……完全是调配的。近来我已经几多天没有和他交谈,我厌恶这个总企图把自己弄得像个有学问的“大作家”似的人,也总喜把自己的幸福建筑在别人的脖子上的人——我不独憎恶他,也憎恶所有类似这样的可怜的东西们。

“不要傻吧……还是好好去运城……我们不久就会再见的……”我又拿过红的手来——她的手已经是不正常地烧热着了。

“说过一千遍了……我不仅仅是为了你是我的‘爱人’才关心你！就仅是同志的关系……我也不乐意你这样……你总是不肯听我的话……你……”

模糊中大概她又在流泪了！

“不要紧的啦！我不是经过很多次应该死的关头全没死吗？我自信我是死不了的……”我笑着摸一摸她的脸,她却轻轻的避开去……

“这怎又比先前呢？你总是这样……我真不赞成……”她的声音从尖锐转到了激怒。很快的说着,从我的手中也把手指抽出去,用手巾伤心地揩着鼻子和眼睛,接了说:

“随你的便罢……你总没有一次好好听过我的话……”明显地她开始了气愤。

“一切还不是为了工作吗？第一,我们要工作……不然为什么我们要到这里来？要你们到运城去也还不是为了工作吗？那里人太少……这并不是请你们逃跑……”

我的说话也变得粗鲁和流动,像一个辩护士似的争取着自己留在临汾的理由。

“随你的便罢……”她说着扭过头去和长个子鲁、凹鼻子杜寻找着交谈去了。我也就离开那窗口。当我离开窗口的时候,凹鼻子杜愉快地咂着嘴唇,喳喳唧唧的:

“你让他留在这里罢……他不比我们更愚蠢……他是懂得怎样处理自己的……嘻嘻……你真是太爱他了! ……”

“这样……被爱的人会不舒服的……”火光一闪,这是长个子老鲁的声音。

“不是这样说……“在红的声音哽咽地断下来,我就不再听下去,急快地离开那窗口,要去寻找段同志。

……

她有孩子也有妈妈

寻到了段同志,她也问我:

“你决定要留在这里? 将来怎样呢? 今天王主任说——你认识那个人罢? 瘦得像个鸟儿似的——临汾的情形不大好……我们从洪洞来时路上遇到×司令和其余的人们,司令部已经向前挪了……你还是随她一同走吧,省得红不放心……”

她一半玩笑一半正经地说。军帽有点靠后地随便戴在她那有点过大的脑袋上,日间扎扣得很整齐,并且看起来还有点耀眼的黄呢军外套。如今却也是随便地散披在肩头上了,仅是用两只手在里面不甚用力的样子扯着那前襟,准备万一的滑脱,或是被风掀落下来……。从不甚昏黑的夜色中和偶尔从什么地方闪过来的光亮里,看得出她那圆圆的脸幅的颜色,比起日间更显得健康而发红。

暂时并不回答她,我只是寻思地用靴子尖擦弄着站台上的细砂——有时无缘无故也把一些小石块随便踢开——向她提议:

“向东走一走好吗?”我静静地看着她,等待回答。

“车不会开吗?”她眼睛缓慢地向车厢停在的地方看了一下。

“你们的车已被截留下,要等待下一次……总要十点钟大约才能开……”

“为什么?”她的声音有点激愤,眉毛也颦蹙起来。

“站长吃不消了他们的逼迫……只好这样做。”我说着,我们已经一齐转过身子,并排地向前走着了。

“这又是他们的军队。‘前进’是那样地慢,退却起来却是那样地凶! 这样军队……还要打仗吗?”

“兵士总是差不多的……成问题的是军队基本的组织和指挥官……”我说。

我们漫然地谈，也漫然地走……。停止在轨道上的列车，喘息着的机车，噪叫和嘈杂的人声，不定规，时时交闪着的手电灯的光亮……全被遗留在后面——我们已经走出了站台的木栏栅。

挟着浮尘，起了一阵不很小的旋风，当时，自己的眼睛和鼻子感到一种不能形容的不愉快，是一种辛辣，还是一种窒息？这是很难说得出的。像是中了一种“尘土性”毒瓦斯……。

“到那面铁轨上坐一下罢。”

忘了这是属于段同志我们之间谁的提议，一同从东面转到南，迈过几条铁轨，拣了一条较光滑的铁轨，便坐下了。在旁边有着几只残废的车厢停放在那里，这是着过弹伤和轰裂的，看起来很有点悲凉味——这时却可以代我们遮一遮风沙。

“你有什么话要说啊？说罢。”说着段同志把胳膊摸索地伸进大衣的袖子里，接着把那个平常总像没有多大需要，挂在脖子后面的‘风兜’也竖立起来了，接着声音里带着一点怨惘味地说：“我真有点怕了！这样的风，刮得你耳朵，鼻子……一天简直就没有干净的时候……”

“那么……还是关在屋子里去写文章罢。”我说着把帽子也压紧了一点，大衣的领子竖起来，这样，在这黑棉絮似的夜里，我们的影子却成了更黑些的棉团……仿佛是两个等待路劫的贼人！从那面机车上每一次添煤的时候，偶尔从炉口喷出来的火光，常常也能照射到这边来，就借着这每一次的光亮，段我们彼此看一看各人的脸，全笑了。她说：

“这像什么呢？旁人看我们坐在这里……”

“像同志……反正不像情人……谁会到这样地方，这样时候，来谈情话呢？放心罢，决不会犯到这样的嫌疑……”我把手的骨节轻快地按得发响。

“笑……话……”她的“湖南腔”，总是习惯地把一句话开头的一两个单字的字音说得倔强一点，重浊一点，同时还带有一点村气和蛮气……。有时我却很喜欢这带点蛮味的倔强味的语言。

“笑……话……什么笑……话……？”我模拟着她，把“笑”字故意再重浊一点读成(cio)的声音。

“你这家伙……”她侧过头来说：“你究竟要说些什么鬼话？……”

一列列车，闪着不甚多的光亮开进来了。有的车厢里面闪动着一些不匀齐的人头影；有的车厢完全没有灯火。

“这列车开进来，我们的车就可以开出去了，站长不是这样允许的吗?”……“但至少还要一个钟头，这里还要添煤添水……”我一直用眼睛迎接着这列车停止下来。

列车虽然停止了，但却很少见有人走下。我们站起来沿着一条空闲的轨道的辙间，每步踏着一条枕木的身子又向西走——是想要慢慢的接近停止着我们车厢的地方。

“我没有别的话，还是关于红……”

“是了呀……让我好好代你照顾她……你已经说过有几遍了……”她不等待我说下去，就把话截留下来。声音说得是那样尖锐，笑得也有点刻薄……如果在日间，一定又可以看到她那浓厚的修长的眉毛怎样高高抬举；不甚大的两颗棕色的玻璃似的眼球静静地站在那发着青白色的眼白中间。

“就是。实在的……她的身体不好！而处理一切人事又不及你熟练有把握……。并且你们是有个团体的……对于什么全要容易些……她到运城可以不必停留，就随你们到西安，她如果乐意，而后你设法把她送去延安的车……不然就暂时住在你们团体里罢，总之不要使她一个人孤单单地乱跑……反正……我们会见到的，只是……”

“对了么……为什么那天晚上竟说那么厉害？如今又是这样关心。”她把头引向后面停止着的列车。不甚清明，我感觉到她又是在笑我了。这使我也记忆起昨夜时才和红的吵嘴，微微感到一点悲凉！接着在感情的急流上起了这样一个漩涡：

——送她一道去运城吧！让她自己走，她会为了过度牵心我永久也得不到安宁……长个子老鲁及其余的人她是不大能谈得来的，更是那凹鼻子杜，她比我还要憎恶他……。

这个漩涡很快就复原了，接着却是这样一个漩涡：

——还是让她自己去罢，我是应该留在这里的……。惯了就好了。

我此刻倒很羡慕段——我除开把自己的衣领放下，把帽子推向脑后，也代段把头上的风兜扯落下来——风已经不再那样乱吹。

“我此刻倒很羡慕你……没有牵挂……”

“是啊！……但你忘了，我还是两个孩子的母亲咧！”

“看样子……似乎你并不常常想念他们……也许偶尔想一想……”我们已经快走近那停止的车厢——人影，歌声……一齐在车厢里面动荡着：

我们都是神枪手……
每一颗子弹消灭一个仇敌……
我们都是飞行军……
那怕那山高……水又深……

在一个歌还没有终结的时候，另一组的歌声又起来了，这要终结的歌声，就被新起来的歌声所替代。有时也响着几个腔调完全不同的歌；也响着女团员们的尖锐的和男团员们有点破裂味粗犷的笑声……。段同志此刻完全忘怀了一切的样子，眼睛闪亮着，仰起头，一个孩子似的贪婪地看着那些车窗：

“看啊！这就是我的家！这里面就有我的一切，也有我的儿子们……”

我没有回答。

相反地红他们的那车厢，没有光亮也没有声音，静止地，相同一块长形过大的黑色木块。我疑心他们也许完全走出了这车厢，或是完全睡着。一个烟火长长地闪动了一下，才看到了坐在原地方的长个子老鲁的垂闭的细眼睛和垂头的鼻子尖。似乎红也还是偎靠在窗口那原来的地方。

“我们再走一转……”

像一个兵似的我先敏捷地转过身子来，段却好像并没有听见，只是随便地就转过来了。她脸上的欢喜忽然变成了忧愁，眉毛抖着，对车站抱怨起来：

“怎么还不开呀？搞的什么鬼呀……”

“快了。”我排解着她的焦急，“这时候，焦急是没有用的……迟早今夜他总得要把你们送出站去的——你们到运城要有几天停留？”

“原来拟定是一星期……看现在这情形，恐怕不能了。”

“还要演戏吗？”

“看临时的情形……你？”

一声汽笛很短促地响过来了，接着机车嗞嗞……地也响叫着在排除着过多的蒸汽。

“我？就是想要和你商量商量关于我的问题。红是不乐意我留在这里，更不赞成我同‘民大’的学生们去打游击……她说这对于我是不必要的，即使牺牲了，这价值并不比我活着从事文学的价值更大些……她的意见对于我自己是很好的，也很对，但我这人，好像总带点过多的罗曼感情，总觉得拿起枪似乎更要直接些。说老实话——这近乎有点自私——就是对于自己更舒服些。拿笔的工作实在太使人沉闷了啊！至少是在目前这情形——我决定了，万一学校当局迁移以后不负责任，我就同他们去打游击……”

“去同学生们一道打游击吗？唔……这是不大靠得住的……”她停住脚步静静地对着我。

“为什么靠不住？”

“打游击是脱离不开当地的民众的哪，不然，粮食，地理……全成问题……。如果你在晋南各地走过就知道了……恐怕民众全要跑光了……”

“总之,回武汉去再写文章的心情简直一点也没有。……临离武汉时就没打算回去。问题又来了:打游击去吗?对于自己在文学上一点没干完的工作总有点牵挂,就是说万一被敌人打死了——因为要去打人,当然也就得准备被别人打——那好像有点不甘心的样子……。又一转念,若大家全这样借了‘没干完的工作’而不去打仗,那么,谁就应该先死呢?……”

“那你到八路军去打游击罢……那里绝没有像其它的部队存心或是为了愚蠢把自己的同志们白白地牺牲的事……让我来做你的政治指导员,你做队长……好吗?”

“这倒配合得很啦……”我们全响起声音来大笑。

最后段帮助我决定:去五台罢。她说,这样可以使我那过于激动的感情有所寄托;也不至于像在普通不可靠的游击队里时时可以遇到牺牲,红也可以放心了。再则,看一看那里新建起来的游击区人民、军队、行政、交通……全是在怎样进行着。这对于将来写作方面,也是有着相当的益处……。

“我写一封信给王主任,让他再给你写一封正式的护照,他们那里有着印信的……”

一种开朗的不可说的喜悦冲洗着我了。我扯起她的手叫着:

“走,回到车上去写信啊……”

“你高兴啦?……”她却停止着不动了。这又使我突然感到一种突然来的压迫,这是很沉重的击打到我的心!我看着她那面对着我的,略略可以认清的眼睛,我的头轻轻地低垂下去。“我如今……什么都不想……我避免着我的灵魂的苏醒……我有孩子,也有妈妈……但是我什么都不想……我只想工作,工作,工作……从工作里捞得我所需要的。……。我没有家,没有朋友……什么也不是属于我自己的,有的只是我的同志……我们的党……我怕恢复文学工作……这会使我忍受不了那寂寞的折磨……”她每说一个字,全使我的神经感到一种寒凉、一种颤动。……

“但,我还希望你有一天仍然要回到‘文学的家’里来吧!只有在这个‘家’里,我们才能够常常的相聚……朋友!我们在等待着你的归来……”我说。

“也许有那么一天?……不过,不可能的话先少说些罢。”她又笑着了。并排地我们走进了站台的栏栅。

“死别已吞声，生离常恻恻”

人生，什么样的离别也不是愉快的啊！——除开和仇敌、监狱或医院。我一直是贪恋地留止着，留止着……只是等待着外来的一种什么力量好把我分开。机车在那边喘息着，虽然做出了马上就可以出发的样子，可是它还是一直等待在轨道上——已经是夜间九点钟。

“你回去罢……再晚就不能进城门了。”红揩着眼睛，接连地催促着我下车。

“不忙……等车开动了我再走……”像被海攻打着的礁石一样，我也一直坚持着自己的主张。

“反正……你总是要下车喽……若不……你就同我们一道去运城……”

段同志的大衣扣得很整齐了，皮带也束扎得妥当，一个准备受检阅的小兵似的，直直地站在车厢地上，两只手插在大衣袋里，愉快地大笑，有时说话完了，就在车厢的过道中踱来踱去。对比起来，红的脸却是显得那样出奇的阴暗和惨白，无感觉似的嘴微微的张开着，看得出那是在勉强挺立着身子，直直地坐在座位上，用着身上那件过小的皮外衣，一次又一次地束裹着自己的身子，像是抵御着这夜间的寒凉。眼睛没有光彩也毫无动转地对着自己面前那火焰跳得很不安详的蜡烛——烛汁在焰心的周围很快地溶解和滴流着……。

“那何必呢？明天还要回来……还是早一点进城罢……这里的车是没有时间开的……”红冷冷地说着，头慢慢低垂下去。

“萧军是了不起的伟大呀，怎能和我们相比呢？他应该留在这里……至少也可以领着学生们打游击……”

这话像一支贯串着悲凉的愤怒的箭，刺痛着我了。这使我对于凹鼻子杜和高个子老鲁这带有讥讽味的玩笑，不能不开始一个回击：

“当然是伟大的！……了不起的！……至少他不是一条尽为自己打算的自私的蛆虫……也没有‘故意地’把自己弄得像个‘伟大’的样子……”

遭了这回击，长个子老鲁只是脸色红红地嘻嘻地笑着，不断地吸着烟；凹鼻子杜却把脑袋勾垂下去了，勾垂到不能再勾垂……使自己的嘴巴也尽可能地插进大衣的领子里面去……。

这记忆我是清明的：一次，学校要凹鼻子杜到运城去担任“文艺指导”，因为那里也有一千多学生。可是，凹鼻子杜却发了愤怒，在院子里就叫骂起来，而且同学生们发着牢骚：

“我要回武汉写我的第三部长篇小说去啦……谁他妈稀罕干这个……我到这

里来也是为的写小说哪……”他的两只穿着骑马靴的小脚,哒哒哒……在院子里的砖地上走来走去的响叫着,拍车就也跟着小声地哒哒哒的响叫着……学生们笑着,装作恭谨的样子,赞成着这杜先生的主张:

“是啊……杜先生是应该回武汉去创作您伟大的作品啦……这里有什么意思呢……我们也要不干了……”

杜也在向学生们诉说着他在北京作学生运动的光荣:

“……我用不到几煽动……这学校的学生们就会全跑空了……阎锡山他办这学校,是预备把你们牺牲在山西的……”

为了发自己的牢骚,而向学生们发这种破坏的危险性的理论,使我恼怒了,我几乎要扯过他来打他的嘴巴;那时候,红在屋子里也焦急地小声骂着这个神经错乱的人:

“杜是怎样了呀!疯了么?怎么可以向学生们说这些呢?谁去阻止住他罢……”

我终于压制下去自己的愤怒,深深地叹息了一口说:

“随他去说罢!全忘了我们在临由武汉出发之前共同的约言:一切为了救亡,一切为了巩固统一战线的任务而工作!时才在学校发来‘通知’的时候,我向他说:‘杜你应该去的……那里也需要我们去工作呢……’但他却是一只疯了的狗似的,露出尖尖的牙齿要咬伤人似的向我大叫‘我怎么该去呢?我怎么该去呢?’为了院里有学生,我只好沉默地垂下头……啊!‘一切为了工作’!这就是他的‘工作’的表现……妈妈的……”

从那一次,这个人的印象深深地在我的记忆里就生了不良的根芽。

这一次去运城,当我向玩笑着说:

“杜,留在这里工作罢,你不是不喜欢去运城吗?”

“嘻嘻!这里有你一个就够了……嘻嘻!”他笑的时候,眼睛眯细得要不存在了。

“那么……我就回去了……”我举起一只右手,准备着告别。

人们全哑默住。从隔邻车厢飞过来的歌声,却显得格外清明:

> 要活命的……别彷徨……
> 打起火把……拿起枪……带足了子弹干粮……
> 赶快上战场……

站台上来往的人们也已经不少了。一盏昏暗阴沉的玻璃灯,高高悬挂在车站出口的门额上，火焰像是时时有被风吹断的可能。

我走下了车，段同志已经去到那个车厢，发动他们的团员准备为我唱一支送行的歌。凹鼻子杜和老鲁，随在我的后面也走下车来，大家一齐集合在站台上。段团体几个比较熟识的团员，也从那面车厢走下来，其余的人就从窗口探出半截身子或一个脑袋来，愉快地说笑……。

红却没有走下车厢，她只是从车厢的这面窗口探出身子，无言地望着我……这才是一种真正的沉重的压迫！我几乎不能忍受了，我要过去拥抱她——这面的歌声却响了起来。段同志，王团员和其他几个人噪叫地把我抱在了他们的核心……于是在临出车站门口，到了那昏暗的门灯的下面，我才回过头来——他们还在挥扬着胳膊，叫着“萧军万岁”；唱着“满腔的热血已经沸腾……满眼的热泪总不干……到明天……”

什么也全看不十分分明了，红还是倚坐在那个窗口吗？微微地透着一点苍白，那就是她的脸存在着的地方吗？……

我斩然地扭回头来，急速地走下了出站的斜坡……

到城里去的方向没有灯火，没有人声……看起来只是一片无止尽的黑茫……。

一只雁飞得很低的……

路上我回忆着这个第一次和我们会面的，一天能行一百七十里路的女共产党员——李同志。

“你的身体很好啦……看样子……”这是我问着她。

“很好……”她把那细长的有点吊梢的眼睛笑眯了一下，牙齿，在准备要落下去的太阳的光辉里闪烁了一闪烁。

“你一天最多走多少里？”红看着她那较自己低了一个头的身材，也微笑着问一句。

“一百七十里。参加长征的时候，所有的女人只有我没病。”

红顽皮地吐一吐舌头，大眼睛急速地转了几下。

我们是并排行走着的。为了说话方便，她就位置在中间，我和红陪在两边，比较起来她低矬得竟像一个孩子。她固执地非要送我们到村庄外，我们也就依从了她。

“本应该留你们住下，怕于你们‘工作’进行不方便……有工夫常来罢……这里只有我一个女人，真是……有点寂寞！也没有书，下一次来给带点书来吗……”

同时，真的，我们好像也被她的寂寞感染着了，也跟着有点寂寞起来。大家全默默地走，忽然我发见她的"耳垂"上还存在着耳孔，这是从"被侮辱与损害"社会里生长起来的标记；奴隶的印记。

"你的故乡是……？"因了这耳孔，使我想到她的故乡。同时我又看看低头走着的红的耳朵——那上面也是存在着这同一的奴隶的印记。

"四川——可是已经十三年没回家了。"

"你也是穿过耳孔的哪！"

"喳……"她似乎下意识地抬起手来随便摸了一下自己的耳垂，抽了一抽她那有点发红的尖鼻子说，"有耳孔……可不会拿针呢！"有点抱歉似的，她把那穿在她身上显得过于宽大了一点，从日本军军官身上获得的黄呢军外套整理了一下，"真的，连一条简单的短裤子，我也做不来……"

"这拿针并不是女人绝对应该会的玩意儿呢！不过已经学过了就利用它，自己方便一点……"

红是很能做针线的。她说着也摸一摸自己的耳垂，记得，为了游戏她还曾带过一天耳坠子，晃晃悠悠地摇着。

走出了村庄，在堡门前我停止住——三条不匀齐的长长的怪物似的黑影，尖尖地伸向前边。

"就送到这里罢。"

"真的……不要再送了……"

红我们一齐阻止住她。

"再送一点……出了这圈墙……到那棵小树跟前……"

那棵小树距离这里还要有两百步的样子，我们又依从了她。

许是为了军帽过小一点的缘故，她的鬓发两边的短头发被排挤成两片小翅膀似的从耳尖上面向两边延伸出来。这大概也就是这个"女人"单有的风度，其余——灰色军衣，黄呢军外套，过小的军帽——一切是和旁人一样。

"我经过三次'草原'……有一次几乎被淹死……我平常很少闹病……可是闹一次就不得了……自从到临汾，真奇怪，常常小姐似的喜欢闹病了……昨天还骑马到城里去看过一次医生咧……"

"你能骑马吗？"

"骑是骑得的……这里很少有马，全是一些骡子……"

红每一次看到别人骑马，更是女人们，她总是带着希望和羡慕味地在叹息："什么时候我也能骑马啊？也能自由自在的跑……跑……"说着这些话，她真的似乎已经骑在马身上了；也必要要求着我说："有机会……你一定要教给我……"

"这是容易的啦！只要你不害怕，胆大，不嘎嘎叫就成，我担保……"我也常常是带着玩笑味回答她的。今天,她真能看到了能跑路也能骑马的女人,她好像感到了一点惘然!

“这次可以回去了!”

“好,就送在这里。”

她先和红握了手,也和我握了手,彼此全用得上喜悦的眼睛告别着,她不肯先转身回去,我们便先转过身子走出了十几步,可是当我们转回头来,她却还是用着那原来的立正姿势,标挺地站在原来的地方,脸色为了太阳的回照,完全变红了,眼睛细得更看不见,只是那白白的牙齿却更白得分明,红向她急速地挥着手:

“回去呀……”

她就原有的姿势,也向我们急速地挥了一下手,而后举手到帽边行了一个军礼,一只带有弹簧的机械人似的倏地转过身去,上身微向前边倾探着急急忙忙地半跑着去了。我们一直目送她进了村庄的堡门——这次,她却再没有转过一次头。

我们重新转过身子,各自长长地呼吸了一口,我说:

“她很强健……”

“她很活泼……不像一般作政治工作人员那样呆板……缺乏风趣……”

“她总有三十五六岁的样子了……”

“但她面容看起来虽然苍老些……可是她的动作还是青春的哪,这在一般家庭女人或是这样年龄的女人是不可能的……”

在我们还没走到一半的路程,太阳就已经完全没落了……。

……

我咀嚼着这回忆,感到一点轻轻的不舒服。过了汾河,行走在沙滩上,太阳还很高,一只飞得很低的但是急速的雁,从我的头上无声地掠过去,飞向了北方……。记得那一次和红从刘村归来,行经这沙滩上,也是有一队雁群飞向了北方,那是成群的交错鸣叫着的。

零落

萧　军

得知了她死底消息，我没什么特殊的感觉，只是觉得心里有一些闷塞，呼吸比平常仿佛困难了些，正好新换了一册日记，就把从报纸上剪下来的消息贴在了第一页上，用墨笔画了一个边框……

——萧　军

本文载延安《文艺月报》第15期（1946年6月15日）“纪念萧红逝世特辑”。题图照片为萧军。

师我，友我者死了，
知我，爱我者也死了

得知了她死底消息，我没什么特殊的感觉，只是觉得心里有一些闷塞，呼吸比平常仿佛困难了些，正好新换了一册日记，就把从报纸上剪下来的消息贴在了第一页上，用墨笔画了一个边框，在左下角又写上上面那两行字。——这就算作纪念罢。

《月报》要出特刊纪念她时，我曾用这题目写过约二百多字的文章，被舒群给弄丢了，这又重新来写，依然也还是想不出写什么，字数也还是不能多一点，虽然这已经有了两个月的距离。

我应该写几句话纪念她，无论从哪方面说——六年相共的伙伴，一个给与她的民族、国家以及人类带过一些光与热的作家……——这决不是浪费。

让那些无良者们忽视她底存在和诬蔑她底功绩罢！我们却不能，……

几月以前谣传胡风被捕丧命消息，感而曾写下一首古体诗，兹把末两句抄存，并作结束。

年来故友飘萧尽，
待赋招魂转未能。

一九四二．六．一夜延安

鲁迅先生和萧红二三事

端木蕻良

她对北方的色彩,感应很强烈。她穿衣服,比较喜欢强烈的颜色。但是,在那艰苦的年代里,那里有选择衣着的条件呢? 能够作到饱暖,已经是很不容易了。……1938 年,萧红和我在汉口结婚。那天,池田幸子把一块很好的衣料亲自送来,作为贺礼。

——端木蕻良

本文原载《新文学史料》1981 年 3 期。题图照片为端木蕻良在香港。

端木蕻良:中国现代作家、红学家,东北作家群代表作家之一,著有《科尔沁旗草原》、《大地的海》、《大江》、《江南风景》、《曹雪芹》等。

无情未必真豪杰,怜子如何不丈夫。
知否兴风狂啸者,回眸时看小於菟。

这四句,是鲁迅先生在灾难生活里,携妇将雏时代写的诗。从这二十八个字里,我们可以体会到鲁迅先生对亲子之爱的感情,和对敌人无比轻蔑的冷眼。

我看过有关列宁的真实生活纪录片,还听到过列宁演说的录音。使我震动的是:和我在戏剧、电影、绘画等艺术作品上面所熟知的那种列宁形象,大不相同。

给我印象最深的,是列宁被刺后,在高尔克村生活的纪录片,他和克鲁普斯卡娅在小路上散步的情景,以及坐在长椅上休息的姿势。我看到的是一个经常看到的人,一个朴实无华的普通人。

世界上不少卓越的人民艺术家,创造出列宁的形象,是极其动人的。在人民心目中,建立了不可磨灭的丰碑,永远值得赞美,永远值得人们对他们表示由衷的感谢。艺术需要提炼,需要集中,更需要突出,也允许夸张。艺术家要有能力发现人物的个性和特征。他们对于列宁形象的塑造,取得的成就,都是使我心折的。

高尔基最初见到托尔斯泰时,他看到一位和他想象中完全不同的一个人,一个经常可以在俄罗斯遇到的一个小老头儿。

高尔基在听到普列汉诺夫的讲演时,发现这位思想家,有着十足的矜持和自负。他特别注意到,普列汉

诺夫把手指按在胸前的金属衣扣上，好像按在电铃上一样，和列宁全然不同。

列宁曾当面指责过高尔基，但高尔基丝毫没有感到列宁有什么盛气凌人的地方，而是感到亲切无间，从而认识到自己某些看法的失误。

萧红曾经和我谈过，鲁迅先生对她的关心与爱护。

萧红喜欢绘画，还参加过画会。她画过一些水彩画，喜欢用大笔触，对水彩画的水份，用得很适当。

她对北方的色彩，感应很强烈。她穿衣服，比较喜欢强烈的颜色。但是，在那艰苦的年代里，那里有选择衣着的条件呢？能够作到饱暖，已经是很不容易了。何况，她又一心扑在创作上，根本没有时间和心情去考虑到衣服的颜色，只是胡乱穿着罢了。

我不记得，是马克思的女儿，还是克鲁普斯卡娅，曾经谈到过这个问题，谈到在创立了无产阶级政权之后，妇女的服装问题，是应该提到日程上来的。

1938 年，萧红和我在汉口结婚。那天，池田幸子把一块很好的衣料亲自送来，作为贺礼。我们看了，觉得她不该买这样贵重的东西。池田幸子笑着说，不是她买的，是一个“名人”送的。

原来，这件衣料，还有一段故事呢。池田告诉我们说，她初到上海时，找不到工作，生活没有着落，没法生活下去。她的房东给她出主意，要她去当伴舞的舞女。是临时性的，不签长期合同。因为她是日本人，舞场老板认为“奇货可居”，很想利用她，广为招徕。

有一次，老板为她介绍一位微胖的舞客，关照她好好伴舞。池田很单纯，没有那种世故，也不打听这位客人到底是干什么的，有什么来头。第二天，池田又和他伴舞时，这位客人就把这件贵重的衣料带来送给了她。这时，池田才知道这位客人就是大名鼎鼎的孙科。后来池田摆脱了这种生活，把这贵重的衣料丢在一旁，再没去动过它。

池田笑着开玩笑说，因为萧红结婚，她没有钱买礼品，所以就把这件衣料权充礼品送过来了。

这衣料里面，有着池田的辛酸，也有着她的心意，当然我们只能收下。但是，萧红并没有把它作成衣服，更谈不上穿它了。也正是由于这段插曲，萧红才和我谈起了鲁迅先生对于她衣着色调的意见来。

萧红在上海时，常去鲁迅先生家，鲁迅先生对萧红穿着的颜色，觉得不够调和，曾经对她说出自己的意见。鲁迅先生感到她的衣着和上海的一般情调相比，显得突出。上海滩，在那个恐怖的年代里，人们的衣着过分显眼了，容易引起一些不必要的麻烦来。萧红说鲁迅先生不但是轻描淡写地来谈论这个问题，同时，还故意提到许广平先生,用许先生来作陪衬,以便把气氛冲淡了。鲁迅先生说:“你看,许先生因为忙得很,连纽扣绊断了,都没有来得及修整……”许先生听了这话,看着自己大襟下的纽扣绊儿,也笑了。

从鲁迅先生对萧红的衣着提过意见以后,萧红在衣着方面,就尽量使色感作到调和。有条件作件新衣服时,总是尽量不用原色,而是选择混合色的料子来作了。池田幸子送的这件光闪闪的衣料,萧红当然更不会把它作衣服穿了。

上海打响抗战第一枪的时候,我是在亚尔培路,一个木器店的后楼上住着。

原先住在这儿的,是我的朋友杨体烈,他是弹钢琴的。那时,他在江湾国立音专学习,还没毕业呢。(解放后,他是沈阳音乐学院副院长。)他几次要我和他同住,我想,我一个人住着,确实有许多不方便。如果,出了什么麻烦事儿,连一个向外通风报信的人都没有,这是不行的。杨体烈对我很好,很可靠,所以我就听了他的话,搬过来和他同住了。

上海战起,他先回四川老家去了,我也张罗着离开上海到内地去。胡风知道我一个人住,便约我到他家去住,生活上可以方便些。我想,等我买到车票,就离开上海了。所以,就搬到他家去住了一个短时候。记得那时,他正在写一篇向妇女致敬的、不算短的新诗,题目大概是《致妇女》,后来在《七月》上发表。

我单独住在一个小房间里。胡风招呼我,为我拿过一双拖鞋来。这是一双十分破旧的皮拖鞋。所以,他就向我作了解释。当我知道这双旧拖鞋的历史以后,使我不能不肃然起敬!我的心情十分激动,当时,我便向他要了这双旧拖鞋,今后,由我来保存。

原来,这双拖鞋,是瞿秋白同志住在鲁迅先生家里时,亲自买回来的,他走了,便留给了鲁迅先生了。鲁迅先生又继续穿,所以才这么破旧了。这就是我在《七月》第一期上发表的《哀鲁迅先生一年》一文中,所提到的那双拖鞋的由来。

当我在胡风家中居住,穿着这双拖鞋时,并没有想到,另外还有什么人曾经也穿过它。

当萧红和我从重庆准备动身去香港时,萧红清理行装,在我小箱子里发现了这双拖鞋,她瞪着两只大眼看着我。我连忙将这双拖鞋的来历告诉她,没想到,她感慨万千地告诉我,她,也穿过这双拖鞋!

原来,有一次,萧红到鲁迅先生家去,途中遇大雨,她由于心情不好,也不想避一避,径自走去。待她到鲁迅先生家时,全身都湿透了。许先生急忙找些衣服为她换上,并知道鲁迅先生要许先生拿过来一双拖鞋给她穿。她穿起来觉得大得不得了,几乎连路都走不起来。许先生笑着告诉她这双拖鞋的来历,她听了,也和我开初听了一样,不由得心头一热,唤起了敬重的感情来。她绝没有想到,这双拖鞋居然我们俩都穿过它,并且还到了我们家。从这双拖鞋破旧程度,看到中国革命的艰苦历程,我和萧红亲眼看到两位巨人走过的道路。

我们把这双拖鞋包裹起来,仍然放在我珍藏心爱东西的小箱子里。

后来,萧红去世了,我只身回到桂林,然后是湘桂大撤退,日本投降,解放战争……在我流浪生活中,几乎失去了所有的一切,但是,这双拖鞋是不能失去的,因为它是历史的见证。在1948年上海白色恐怖又加剧的时候,我准备再次去香港。临行前,我把这双拖鞋托付给我的二哥曹汉奇,并把这双拖鞋的重要意义告诉他,他保存会比我安全些,损失的机会也少些。他对鲁迅先生和瞿秋白这两位巨人是十分崇拜的,我知道,他一定会很好地珍藏它。他,和他的全家,一直珍藏着它,保护着它。在他被错划成右派,从上海迁到东北时,虽然失去了不少东西,但这只小箱子却始终被保存下来。

但是,当林贼发出所谓的"第一号命令"把城市居民全部疏散。也就是把知识分子大批从城市赶到乡下去的时候,我二哥一家首当其冲。乡下并没有给他们什么安排,搬下去的全部东西,都散乱地丢在露天地里,任凭风吹雨淋,你取我拿……我二哥在上车时未站稳,车就开了,把他摔在地上还拖了几步……等他们老两口惊魂稍定,首先想起这只小箱子时,却从此没有踪影了……他用尽了方法去寻找,假如是一双新的拖鞋,也可能找寻回来,这样一双破旧的"敝屣",早已被人扔掉了。为此,二哥长久没有给我写信,他和二嫂都感到辜负了我的托付,辜负了……

这双拖鞋,经历了无数次的炮火,无数次的颠沛流离,都保存下来了,但是,它却消失在浩劫之中……再说什么,也无须了!

在重庆当萧红写完了《回忆鲁迅先生》这本小册子的时候,书店马上要出书,恰巧,许寿裳先生从香港去台湾,他和我们见面时,萧红把这本小册子拿给他看,寿裳先生非常高兴。我们便说,这本小册子,字数少了些,想征求他的同意,把他写的一篇有关鲁迅先生的文章,也编辑进去。寿裳先生愉快地答应了。并且,鼓励萧红说,还可以再写,积累起来,作为续篇。

《回忆鲁迅先生》编好时,萧红要我用她的名义代她写一篇后记,我记得,里面曾有过这样的话:……关于鲁迅先生治学、思想等方面,等将来有机会时,容再续写。我写这几句话时,也是受到寿裳先生的启发才写的。但是,萧红不同意。她说,我怎么敢这样说呢?她要我把这话删去。我说,个人有个人的感受和理解,把个人的感受如实记录下来,对将来研究鲁迅先生的人,还是能提供一些有参考价值的资料呢。许寿裳先生也说,不要删,将来写续篇时,知道多少说多少,知道什么写什么,怎样理解就怎样写,读者还可以从你的理解中多得到一些看法呢。所以还是没有删去。(因为手边没有这本书,仅就记忆来写的,等找到原文时,再核对。)

萧红写了回忆鲁迅先生的文章，洪丝丝先生知道了，从南洋来信，要她把稿子寄给他发表。为了南洋的读者，这当然是应该的。可是，萧红的稿子大部分已经发表过了，虽然拿到南洋再发，两地读者不一样，但萧红还是带病把文章作了些调整和改动，使它和原来刊物上发表的，尽量作到此有彼无。实在作不到的，也在文字的表达上，有所不同。催稿催得再急，逼挤出来的文章，她也决不马虎应付，她从不会敷衍人家，她是以自己的实际行动，学习鲁迅先生一贯严谨的作风。她对鲁迅先生关心青年人，有着极为深刻的印象。

有一次，萧红告诉我，在她心目中，一直想解决一个问题，就是，鲁迅先生对青年的态度。她说，在她没见到鲁迅先生面时，猜想鲁迅先生一定是位很严厉的人，但见到面后，便觉得鲁迅先生是很容易接近的。这是什么道理呢？她调皮地说，她想从鲁迅先生口中得到这个回答。因此，有一天，萧红便直古拢桶地问起鲁迅先生来：

"您对青年们的感情，是父性的呢？还是母性的？"

萧红笑着对我说："这话，我早就想问了，看来是一件小事，但它是关系到我们将来怎样刻划鲁迅先生的大事，是非问不可的大事！"

她接着告诉我说，鲁迅先生靠在藤椅上，手指夹着纸烟，吸了一口，沉吟了一下，慢慢地说：

"我想，我对青年的态度，是'母性'的吧！"

1981 年 4 月 28 日于北京

我和萧红在香港

端木蕻良

萧红临死有这样的一个遗言:要葬在鲁迅墓旁。但当时情况做不到,我说只有将来办到了。她说:那你把我埋在一个风景区,要面向大海。这样我选定了香港风景最好的浅水湾。

——端木蕻良

本文原载曹革成主编《端木蕻良和萧红在香港》,白山出版社2000年版。题图照片为香港浅水湾。

一九三九年，重庆被日机轰炸越来越频繁，尤其北碚，据说那里有个军火库，日本人总轰炸那里，萧红受不了了。另外又出一个隧道大惨案，这样，我想萧红在这儿要活不长了，因此决定离开重庆。我的原意要到桂林，那里已有不少朋友在，如艾青他们都在，而香港朋友少，海外情况又不了解。但萧红说，到桂林，然后再轰炸，我也受不了，这样就准备到香港。我事先跟华岗谈，当时他是《新华日报》副总编。他跟复旦文摘社的人谈过，其他人就基本没有通知，因为怕一传开国民党政府不让走。飞机票是托中央银行职员袁东衣买的，他现在是天津政协委员。

到香港后，后来艾青告诉我，我们去香港，胡风就给艾青写信，说随着汪精卫去香港，端木也去香港了。后来胡风发表的信中，说端木在香港按下一个“香寓”，这是何居心？当时作家的生活是疲于奔命，我们在香港还能建立一个“香寓”？所以后来就和胡风不大来往了。

到香港，我们工作量就大起来了。萧红对创作有一种宗教感情，她认为一切都要服从创作，既然到了香港，环境安定了，避开了轰炸，免去了负担。我们都年轻，都希望拼命写东西，但是香港的气候并不利于肺病。开始，我们并不知道肺病应在干燥气候下，在西安，那是高原地带，她的病就减轻了，而香港正适合肺病，这个，我们开始没有估计到，但也不能再回重庆，因

此她肺病加重了。当时并没有注意这些,因为肺病不像别的病,没有太多症状。萧红身体本来就较虚弱,原来还喜欢喝酒、抽烟,和我结婚后,不抽烟喝酒了,身体比较恢复过来。在香港,创作紧,我在写《大时代》长篇,又写了很多稿子,供《大公报》、《星岛日报》,萧红也写东西,我又编《时代文学》,那时编刊物很费力的。柳亚子给我们介绍了几位大夫,一个叫李国基,很有名,但肺病不是几服药就能好的,另一个叫黄大维,也有名,也吃过他的药。他们都说主要是休息。中国人都是掩着病来干活,外国人眼光就不同了。史沫特莱来后说:"哎呀,你都这样了,还不到医院去赶快治。"她觉得我们住房条件、环境条件都很不相称,因此把萧红接到地哨号玫瑰园。萧红和她在一起,精神也比较愉快,有时我也去看看。但史沫特莱只是在香港等船。她说太平洋战争要爆发,劝我们也离开香港好,这样一是回重庆,二是到南洋。我们愿去南洋,史沫特莱给南洋朋友写了信,还介绍一位女士来过我们家,名字记不得了。对史氏的安排,我们也同意,但我们不知道战争会在珍珠港爆发。

史沫特莱在玫瑰园就要萧红去玛丽医院治病,那是香港最大的医院。医院当时对治肺病是打一种空气针,萧红对此非常不耐烦,一是对这种方法没有信心,二是对医疗方法很不喜欢。玛丽医院靠海,有一个大平台,上放着病床,病人为吸新鲜空气,就等于露宿了。这时医疗费由周鲸文支付,他的负担由于毅夫来担负。萧红几次说要回家来住。她这观念和外国人不一样,家里条件虽然不好,但仍愿意回家来住。我就跟朋友商量,认为要照顾病人情绪,于是就接回来了。但不久病情发展,仍要住院,于是又回玛丽医院。

一天夜里,玛丽医院打电话说萧红病危。那天正是 12 级台风,夜里就我一个人过海,这时的心情是可以理解的。我当时奇怪,怎么会病危?前几天我还天天过海看过她。结果到医院,萧红在睡觉。她说:"这么晚了,你怎么来了?外面还刮台风呀。"我找护士,护士说打错了电话,当时我很生气,医院对这个问题还搞错了?同时我也感到是一种不祥预兆。萧红看见我很高兴。

史沫特莱来港,她带来了新四军里的材料。有欢送她的诗歌和壁报、歌曲等等,她准备带回美国作为写书的资料。我问过她在美国的通讯地址,她说她在美国的家族已分散,就一个姐姐是洗衣服的,多年不见了,还要回美国后联系。另外,当时好多报纸、杂志都不登她的文章,好像只有一家德国报纸《法兰克福报》登她的东西。因此她走时留下十篇短篇小说,都是打字稿,我在《时代文学》发表了几篇。

史沫特莱回国不久,太平洋战争爆发,香港很快失陷,我们都无认真的思想准备,这时更感到史沫特莱有远见。南洋当然去不成了,跟史氏也断了联系。

史沫特莱把萧红的小说带给斯诺夫人,就是发表了的那篇(是小说《手》——成按)。还带给《石太因》的作者辛克莱,他寄来一本书。他是搞和平运动的,那本书有他亲笔题名。我当时还未来得及细看，那封面是丝绒的，还有一个袋，他是在佛罗里达州竞选州长。那本书好像不是小说。斯诺夫人为《亚细亚》给我们来信约稿，还给萧红邮来200元港币稿费，未取出来呢，香港就失陷了。

战争一爆发，我和萧红就想日本人还未到香港，从九龙到深圳回内陆。当时《时代文学》有我一个助理编辑叫袁大顿（他现仍在香港，前不久来过北京），他家在东莞，我们计划出九龙到东莞，万一出不去，可住他那儿。可是当时他已回家结婚（袁大顿是在十二月六日，战争爆发前一天离港回家的——成按），原以为他会很快回来，所以也没留下地址。我们不会说广东话，脸型、习惯也不像广东人，若去找他，万一找不到，就暴露在外，这是很危险的。另外，日本人行动很快，没等我们动身，东莞已失陷，我们就困在九龙，涧上水乐道十八号，现是在凯悦大酒店。已看到日本人的铁丝网。日本人步步逼近，我们就回到香港。先住在思豪大酒店，那是张学良弟弟张学明在那儿开的长期房间。当时空着，我们就住在那儿。不久，思豪大酒店中弹，人家都跑到地下防空洞，但萧红走不动，整个楼里只有我们俩人。这样又得搬家，搬到哥罗斯达大酒店，但日本人一上岸，就把它接管了。这样我们又搬了几次，等到二十五号圣诞节，港英政府投降与日本人签订占领合约，我就上街找医院，但都不营业。当时香港的港币，美金都不能用了，只有日本的叫军票，我们哪有军票？当时大街上到处都是兑军票的，一块钱最通用，十块钱就不行，香港叫税值。我找到养和医院，这是私营里最好的医院，玛丽医院是公家最好的医院。医院最好的大夫叫李树魁，只有他还在开业，我接触的是他弟弟李树培，现在大概不在了。这个人，后来我估计他就是要骗钱。因为当时最需要军票，因此他说，我可以给你介绍一个房间，但不要美金、港币，只要军票。当时我哪有军票？即使找朋友能借到金子，银行也冻结了。我连斯诺夫人邮来的稿费都取不出来。另外，骆宾基写文章连点常识也没有。他不知道，在香港，你得先付医院手续费和一星期住院费，还需要付一星期的特别护理费，骆说一百块钱就怎么了，他一点常识都不知道。造谣也该有点常识。我得把这些钱都准备好，人家才允许萧红住院。特别是护士费，是一天，昼夜一个夜班要加二十五块钱。养和医院多半是外国护士，看护萧红的可能是个波兰人。

经检查，李树培说萧红肺气管里有瘤，要开刀，我知道肺病的人开刀不易封口，我二哥他患脊椎结核，在协和医院开刀，结果在医院躺了八年，还是孟继懋开的刀。因此在这种情况下，我不同意开刀，但李树培说，你是听我的，还是听你的！我们当然也要听大夫的。萧红说我：“你不要婆婆妈妈的，开刀有什么了不起。”但我有这个经验，我二哥那时还未起来床呢。可是萧红性格很倔强，她自己签了字。她一签字，医院就不理我了。手术很快做好，我看手术流血不多，手术还是很利落的，就比

较放心了，萧红被送进病房很快就恢复了，当时还很高兴，认为麻醉技术也高。但萧红对我说，她声音很低："我胸疼，是不是我的胸？"我说："对……"（语咽）这时，我又想起二哥的病，都是结核，但二哥还可以在北京协和的西山安静休养，可香港现在没有这个条件，大夫又……（哭泣）。到最后，医院说，我们束手无策了。这时你跟他们交涉没有用，一没时间，二没精力，我又找到玛丽医院，因为已经熟了，他们答应收留萧红。香港这时交通已断绝。从玛丽医院到城里来回 80 里路，有汽车是很方便，可当时就靠我一个人走路，萧红怎么送过去？我想找辆汽车。那时汽车都被日本人征用，要找汽车只有找日本人去。日本人也分两种，一种是军阀武士道，一种可能还有人道主义思想，如记者，万一有肯帮助我们的。当时只想快把车解决了，是什么后果就难说了，因为这样我就要暴露我的身份。我看到两个日本记者在用英语交谈，我就上前用英语说我是端木蕻良，不想他们知道，了解我的要求后，他们说好，于是一位把我带到他的办公室。他带记者臂章，记不清是什么社了（这次南下，杜宣说是朝日新闻社的），反正是随军记者。他找来车，把萧红送到玛丽医院。玛丽医院很快就被军管了，我又送萧红到法国医院，法国医院和大夫人非常好，我以前还记住他名字。后医院又被军管，法国大夫在圣士提反教会女校，设立个临时救护站，我问他：萧红还有希望吗？他说：在这个情况下，我很难说这个话，假使在正常的情况下，她是有希望的，我可以保证这点，现在这个情况，我一点办法也没有，只能维持现状。我尽量把现有的好药都拿出来，使出我最大本事。这样使萧红维持了一段时间。

这期间，那位日本记者表现很近，我就问他名字，叫小椋，在萧红最后的时际，他也去看过萧红。他也说，看萧红这样，希望不大了。我说都是养和医院开刀缩短了她的寿命。他说，不是开刀，也活不很长。我想至少能维持几年，他这么说无非是想减少战争的罪恶。但他本人还是帮了一些忙。萧红一死，我就把那个日本记者甩掉了。

萧红临死有这样的一个遗言：要葬在鲁迅墓旁。但当时情况做不到，我说只有将来办到了。她说：那你把我埋在一个风景区，要面向大海。这样我选定了香港风景最好的浅水湾。骆宾基根本不了解这情形。当时日本人军管，死人很多，都是乱七八糟地埋在一个公墓，我当然不能让萧红埋在那里，将来根本无法辨认，成了万人坑了，日本人就搞这种万人坑么。我去找管理的人，他也是高级知识分子，懂英文，我用英文跟他说，他很高兴，他问葬在哪儿，我说葬在浅水湾，他也不知浅水湾是哪里，因为那里根本不能葬人，但他批准了。我当时没有用他的车子，要甩开他们，我是抱着骨灰瓶走去的。

我想立墓碑在当时没有条件，就找了一块木板，写了"萧红之墓"。当时连锹都没有,是用手或拿石块挖的,那是人家的一个花坛(在当时的丽都酒店前方——成按),面向大海,路上一个人也没有。埋她,我心里很不放心,我知道香港是一定要收回的,但这个墓会不会保存呢?将来英国人是不会保存这个墓的,因为这不是埋人的地方。因此处理骨灰时,装了两个骨灰瓶。那时候,买不到骨灰盒,是敲开古玩店的门,买的古玩瓶,一个埋在浅水湾,一个后来埋在圣士提反女校中。

浅水湾埋了萧红后,我住在香港大学文学马纪明(又叫马鉴,香港大学的教授——成按)家里,他对我很好,劝我在他那儿住,恢复一下。他家住半山,我把另一骨灰瓶也带去了,在中国来讲,这是犯忌讳的。我想这个骨灰瓶要找一个不同于浅水湾的地方,这样毁了一个,还能保存一个,因此把它埋在圣士提反女校。

在战争前,我和萧红都不认识骆宾基,一天,忽然一个电话,说他是骆宾基要见我,我看过他的《边陲线上》,知道这个名字,就到旅馆看他。他说他在香港没着落,要我安排他。我就安排他到周鲸文的《时代批评》社里。有了吃住的地方,我又问他有无稿子,我给他发表,好拿稿费维持生活,他拿一个《人与土地》。这样他的生活解决了。战争中,他想回内陆,我想此时找一个人照顾萧红很困难,水电交通都断绝了,旁边没有一个帮手,很困难,当时他住在香港,我住九龙。他打电话与我告别,我就打电话请他留下帮忙。这以前是我带他到我九龙的家,他才第一次见到萧红。萧红死后,我们一起回的澳门,而不是像他说的,你先走了,他后走了(当时还有于毅夫留下的王福时同志陪着端木他们一齐走的——成按)。我们坐的日本船"白银丸"号,我们买的票是去广州湾。但那儿已被日本人控制。澳门有画家黄新坡,我南开中学的老师田聪,我们在香港见过面,所以是从澳门下船,转辗回到内地。

萧红和创作

端木蕻良

创作,是萧红的"宗教"。……1939年,我在重庆复旦大学教书时,教务长孙寒冰和《文摘》负责人贾开基,请萧红在复旦也教一些文学课,但她连连摇头,坚决谢绝。她对我说:"……讲课日久天长,就会变成一位学究,要搞创作也可能只会写教授小说了。"

——端木蕻良

本文原载《龙之渊》,1988年10月香港第10期。题图照片为萧红与端木蕻良在西安。

创作,是萧红的"宗教"。

她经常流露出她对创作有一种宗教感。1939 年,我在重庆复旦大学教书时,教务长孙寒冰和《文摘》负责人贾开基,请萧红在复旦也教一些文学课,但她连连摇头,坚决谢绝。

她对我说:"教书必得备课,还得把讲义编好,要吸收的和要说出的,和写小说、散文可不一样。讲课日久天长,就会变成一位学究,要搞创作也可能只会写教授小说了。有些人写的小说,就是这样。还有一些人巴不得进入学院来教几个钟点的课呢,那是他们的事。"

萧红积累的题材很多,人们不难看到她在重庆歌乐山和沙坪坝的创作高潮刚刚掀起,就以重庆大轰炸作为结束了;她写的散文《长安寺》刚刚发表,这座古庙便被炸得踪影全无;她的短篇小说《山下》,刚刚写好,歌乐山下遭到了轰炸。所以,我们只有离开重庆。

当时,艾青还在广西,他写的诗《女青年》,由画家阳太阳配画,这些事情,很能吸引我。我拿给萧红看,她对诗对画都说好,她是学过画的,在上海还参加过白鹅画会。所以,我说,咱们何不去桂林?看来桂林也是一个可以写作的地方。那时桂林还有一位搞出版的朋友,他也希望我们去桂林,并来信说,桂林刊物不算多,我们如果写出成品,可以自费出版,他可以为我们搞发行。我们研究了一下,认为虽在战时,但还是可行的,因为这位朋友,是可以信托的。

但是，很快就知道艾青离去了，桂林局势也不知道能保持多久。萧红说，奔波到桂林，再转移到别地，我身体怕吃不消，还不如直接去香港，那里至少能有一段较长的时间，可以写出作品来。

当时由重庆去香港，只有乘飞机这一条路，而买机票是极困难的。不过我知道航空公司的每次航班，都有保留机票，这些机票都是为当时的大人物或中央银行等机关准备的，在飞机起飞前几个小时，如果还有空位，就可以把机票买到。这种弹性售票办法，外国也很流行。恰巧，我的朋友袁东衣，那时就在银行工作，我便要他为我们订了两张机票。

没两天，袁东衣就把机票拿在手里，来找我们了。因为时间仓促，我们甚至连向朋友告别的时间都没有。

我们到香港后，其实也没有甚么家务可操持，但还是请了一位保姆，就是为了把节约下来的时间都投进写作上面去。

在我主编的《时代文学》创刊后，时代书局的创办人周鲸文便倡议由萧红主编《时代妇女》，作为《时代文学》的姊妹刊物。每月出一期，开本和《时代文学》一样。

萧红身体一向不好，周鲸文也知道。他说："这好办，事务性工作，自然有人来作，甚至看稿，也可以由别人代劳。"

萧红还是连连摇头，坚决谢绝。

她责任感强，不愿担个名儿就了事。大家都知道，要办好一种定期刊物，几乎没有喘息时间可言，必须要占用写作时间，同时，也是要以健康来作抵押的，而被牺牲的，当然还是创作。

我们去香港，也就是为了赢得创作的时间。谁能料到战火不久也烧到了香港呢！从萧红的创作年表上，不难看出，她在香港也确实写出了不少作品，留下了她生命最后的瑰丽多彩的篇章，而这些篇章，正是她永久的生命！

纪念萧红，向党致敬！

端木蕻良

由于早年的流浪生活，萧红早就有了很重的肺病和胃病，在香港最困苦的时候，接连吃了庸医的亏，又受18天战火猛烈袭击，最后被买办医生李树培（养和医院）说是气管结瘤，盲目开刀，不治而死。

——端木蕻良

本文原载《广州日报》1957年8月16日。题图照片为端木蕻良。

在国家建设这么繁重,好多烈士战士还没来得及迁葬的时候,党和政府托作家协会广州分会把亡妻萧红同志的遗骨迁葬到广州银河公墓。知道了这个情况,使我感动得不禁热泪盈眶。

萧红同志,生于1911年。她出生的那一天,实际是端阳节。在旧中国人们都认为生在这一天是不祥的,所以要错开它,说她是阴历五月初八生的。在很年青的时候,她就以一个女战士的姿态出现。她反抗封建家庭,不避饥寒,流落在外。在哈尔滨就以"悄吟"这个笔名,发表了一些作品,并开始了抗日生活。她从东北逃到青岛,那时她只有22岁,在青岛完成了《生死场》。后来到上海受到鲁迅先生和许广平先生的帮助,把这本书列入"奴隶丛书",这丛书是鲁迅先生拿出血汗的稿费来印的。先生并亲为校对,亲制序文,评为"力透纸背"之作。萧红同志对先生体现党的文艺政策,培植后备力量,参加对反动势力的战斗,永远铭感于心,她每一提起,都是怀着无限的严肃崇敬之情。

由于早年的流浪生活,萧红早就有了很重的肺病和胃病,在香港最困苦的时候,接连吃了庸医的亏,又受18天战火猛烈袭击,最后被买办医生李树培(养和医院)说是气管结瘤,盲目开刀,不治而死。在萧红得病的时候,党知道了,曾倡议为她筹募了一笔医疗费,使她可以安心调治。萧红同志曾经拒绝了一个有钱人的假意的关怀,而接受了党的这个办法。但在日本帝国主义发动太平洋的战争中，由于带病转移，躲避轰炸，受尽了折磨，最后死于市侩医生之手。时在1942年1月22日上午10时。

虽在病中，萧红同志仍然带病写作。在那段困苦生活中，她写了长篇《呼兰河传》、《马伯乐》，中篇《小城三月》，编辑了《萧红散文》。躺在病床上，她还计划写了10个短篇，连题目都拟好了。《还乡人》、《采菱船》、《珠子姐》这几个故事，她都对我讲过，就差写出来了。她还计划写长篇《晚钟》，是描写哈尔滨女学生的斗争生活的。她还计划写《泥河》，是写北大荒开荒生活的，这是上部，她说待全国解放后，她马上就去北大荒，再写一部社会主义的开荒，这是下部，和上部对照起来看，就可以看出生活是多么不一样呀！在萧红短促的一生中，她把自己全副的力量都放在中国人民的解放事业中，她是谦虚的，她从不想自己得到什么，她一直过着朴素简单的生活。

萧红没有完成她的志愿就死了，这种损失是无法弥补的。但在今天，她的遗骨能够迁葬在解放后的祖国怀抱，她一定会含笑于地下的，萧红，安息吧，你是银河里的一颗星，在党的照耀下，显得特别光辉。萧红，安息吧！我愿在这儿，同你一起向党和政府和作家协会的同志们致以无限的感谢和最高的革命敬礼，并愿继承你的遗志，永远以文艺的武器为人民服务！

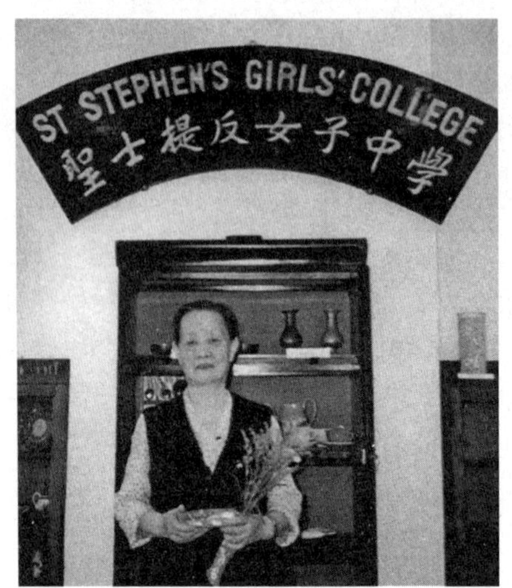

端木与萧红

钟耀群

第二天清晨，萧红要端木拿纸笔来，在纸上写："我活不长了，我死后要葬在鲁迅先生墓旁。现在办不到，将来要为我办。现在我死了，你要把我埋在大海边，我要面向大海，要用白毯子包着我……"

——钟耀群

摘自《端木与萧红》，中国文联出版公司1998年版。题图照片为钟耀群。

钟耀群：端木蕻良夫人。

一、上海初见

由于战火迅速蔓延，上海一些文学刊物都被迫停刊。这时胡风准备筹办一个刊物，便约端木参加。当时到会的有艾青、萧军、萧红等十来个人。这是端木第一次见到萧红和萧军，因为都是东北人，很快就谈到一起了。尤其萧军是辽宁省的，关系就更近了一层。当萧军萧红知道端木到上海已经一年多了，萧红便睁着一双大眼睛奇怪地问：

"我们怎么没听到老胡说起过你呢？要不我们早该认识了。"

端木笑了笑，没有吭气，同时接过萧红为他端过来的茶。

在会上，胡风提议刊物的名字就叫《抗战文艺》。萧红不喜欢这个名字，便说："这个名字太一般了。现在正'七七事变'，为什么不叫《七月》呢？用'七月'做抗战文艺活动的开始多好啊！"

端木听了，很同意这个意见，心想，萧红不愧是北方女性，有一股质朴豪迈的味道。不过看到她老练吸烟时的样子，又想到这大概就是女作家的派头。之后，端木在胡风召集的组稿会上，也还见过萧红一两次，不过萧红不主动找他讲话时，他是不会主动找别人说话的。

二、小金龙巷

没过多久,萧军萧红为了办刊物方便,便搬走了。

临走的时候,萧红笑着对端木说:

"我们走了,没人给你作饭吃了,看你怎么办?"

端木笑着说:"我有煤气炉,下面条吃还是可以的,饿不死。"

萧红还想说什么,萧军在外面喊她,她笑着打了端木一下就跑出去了。

……

萧军和萧红虽然搬走了,但也常来,有时是两人一起来,有时是萧红独自来。一次,萧红来看端木,来了就笑端木的脏乱差,边说边顺手帮他理一理。萧红见到毛笔、墨盒和纸,高兴地铺在桌子上又写又画起来。端木这才知道萧红也是学过画的。因为端木小时也学过画,很自然地谈到一些对画的看法。谈得晚了,萧红要端木出去吃饭,端木正赶写一篇稿子,便说在家吃,要萧红尝一尝他下面条的手艺。

萧红兴致很高地说:"今晚月亮这么好,还是出去吃吧,我请客。"

端木看了看窗外,月色确实不错,便和萧红一起出来了。挑了一处江边的小馆子,坐在靠窗边的桌子,要了两个菜和些零吃,边吃边聊,从手头的创作谈到各自的理想。萧红只想能有个安静的环境写东西。当个好作家,这是她最大的愿望。端木仍想当战地记者,只要有机会,他就走这条路。萧红听了直摇头,说他那样的身体根本不是那块料……这顿饭吃了足足有两个小时。回来路过一座小桥,萧红拉着端木在桥上看了会儿月亮。

萧红依着栏杆,轻声念道:

"桥头载明月,同观桥下水……"诗明明没完,但却不念下去了。端木觉得萧红有些兴奋,便说:"不早了,咱们回去吧。"

萧红说:"好吧!"便挽着端木的胳膊往回走了,走到小金龙巷口,萧红说声"再见!"便转身回去了。

有一次,端木出去办事回来,看到桌上铺着纸,在一些行书草书中间,很明显地题了几句诗:

"君知妾有夫,赠妾双明珠。感君明珠双泪垂,恨不相逢未嫁时。"最后一句重复练习了好几行。

端木知道萧红又来练过字了。不过她引用张籍的诗,没引全。

有时萧军过来也到屋里来,提起毛笔在毛边纸、报纸上挥挥洒洒地练字写诗。有一次边题、边念出声来:

"瓜前不纳履,李下不整冠。叔嫂不亲授,君子防未然。"

还写了"人未婚宦,情欲失半"八个大字。

萧红见了,笑道:"你写的啥呀? 你的字太不美了,没一点文人气!"

萧军瞪了她一眼:"我并不觉得文人气有什么好!"

由于外屋胡风他们在讨论问题,把他们三人叫出去了,也就没有争论下去。但萧红走到外屋,偏偏挤在端木旁边坐下,端木不得不往那边挪一挪。萧军却靠在门口,歪着脑袋看着他们。

端木那时一心扑在创作上,只想写出好作品来,对这些迹象就没往心里去。

三、在西安

在西安,他们住在八路军办事处大院。端木、萧红、田间、聂绀弩等分住在高台阶上一排屋子里。

一天下午,塞克兴冲冲地抱来几根树枝,告诉端木,这种木头做手杖最好,有弹力,不易折断,并掏出小刀,边说边刮。端木也挺有兴趣,在院外石堆中找到一块玻璃碎片,也来刮木棍。

塞克对端木说:"你穿马裤马靴,拿一根马鞭,再合适也没有了。"

二人正干得欢,萧红在屋里听到外边的欢笑,放下笔也走了出来,看见他们在削木棍,过来拿起树枝看了一下,笑着说:

"这树枝再好,也没我的好!"说罢,转身入内,不一会儿,拿出一根竹子作的小棍来。这小棍二尺来长,上面有许多节,光滑嫩黄,确实很精致。

萧红用小棍轻轻敲了一下端木问:"怎么样?"

端木接过小棍,轻轻闪了两下说:"确实不错,这是南方才有的竹子,北方哪有这样精致的东西?"

萧红高兴地说:"对喽! 就是从南方带来的,我一直放在箱子里,从没拿出来过。"

聂绀弩、田间听到外面说话,也出来了,看到小棍,也不免讨论了一番。塞克和端木尽管做两根小棍,而比起萧红那根小棍来是逊色多了。但毕竟是自己劳动的成果,也还是挺喜欢的。

傍晚,他们各自拿着小棍散步的时候,端木有些恶作剧,拿着自己的小木棍,乘萧红不备,轻轻地敲打了一下她拿着的小竹棍,小竹棍应声就掉在地上了。

端木笑着说:"你那漂亮的小棍,还是没有我们的结实吧?"

萧红捡起小竹棍笑着说:"我就不信,我这棍儿没你的结实!"边说边拿着竹棍

向端木手中的棍儿打将起来。

旁边的塞克、田间、聂绀弩等都笑着看他俩的"棍仗"。没想到端木手中的棍儿,被萧红的竹棍狠狠一击,断裂了。

萧红得意地大笑:"怎么样?还是我的结实吧?"

端木也笑着说:"好!我辛辛苦苦削成的棍儿被你打断了,你得赔我!"

萧红说:"你不是说你的棍结实吗?"

端木说:"这么着吧,把你那根小棍送给我吧,就不要你赔了!"

萧红还没回答,聂绀弩在旁冷冷地说:

"萧红这根小竹棍儿,我早就向她要了。"

萧红听了不觉一愣,但马上说:"这么着吧,我把小棍儿藏起来,明儿早上你们到我屋里来找,谁找到就送给谁。"大家说好,一边笑着,一边向宿舍走去。

第二天一早,萧红到端木屋里悄悄对端木说:"我的小棍在门背后,就看你找不找得到了。"说完就笑着走出去了。

吃罢早饭,聂绀弩叫着端木,一起到萧红屋里找棍儿。

聂绀弩直奔萧红的皮箱,端木却用眼睛扫了一下门后,见墙犄角除了扫把外,什么也没有。心想没准萧红在"涮"他。但看到门后钉子上挂着萧红的外衣时,便沉住气了。

这时,聂绀弩翻完了萧红的箱子,又准备翻萧红的床。

萧红笑着说:"别乱翻,不在床上。"

而这时,端木却伸手在萧红外衣下面摸到了那根小棍儿,高兴地叫着说:"小棍儿在这儿了!真是'踏破铁鞋无觅处,得来全不费功夫'。"

这以后,端木穿着茄克马裤马靴,头上戴着船形小帽,这小竹棍儿的马鞭,就几乎从未离过手。有的人看着他这副装扮,觉得没什么,可有的人看了就觉得很不舒服。加上他不爱理发,又很少主动找人交谈,一味沉浸在他创作的天地里。

在上演话剧《突击》时,端木、萧红、聂绀弩、田间等,也在台下看戏,正看得入神,一位战地服务团的人来把萧红叫走了。直到戏快结束时,萧红才从后台走出来。在回宿舍的路上,萧红告诉端木说,丁玲出了点问题,很快要回延安去,整个服务团还留在这儿。

端木听了高兴地说:"那我们可以和丁玲一起去延安了?"

萧红却半天没有回话,到了驻地,才低低地说了一句:"听说萧军已经到延安了。"没等端木回话,就到自己屋里去了。

在西安这段时间,萧红似乎比以前快活,显得自由自在。和别人交谈,虽然有时争论得也很激烈,但没有赌气、逞强的味道。和端木接近得更多了。常常主动找端木谈创作,谈她想写的题材,以及对写作的看法。也谈她的身世,她的祖父、她的有二伯……

端木觉得萧红想象力非常丰富,不论看到什么,都会引发她一些联想。有一天晚上,他们几个人从外面回来,不知是谁拿着手电筒在前面边走边照路,萧红看到手电筒射出圆圆的光,便对端木说:

"你看,那手电筒射出的光,像不像海蜇在海里浮游?"

端木看了说:"像!"但心里却想刚才谈论的根本与这一点关系也没有的事,她的思想怎么一下就转到海蜇上去了?从而觉得她的联想力特别丰富。端木认为,只有想象力特别丰富的人,才能写出好作品来。

丁玲有事要回延安,聂绀弩约萧红、端木和他一起随丁玲去延安。但萧红因为知道萧军已经去了延安而坚决不去,并且要端木也别去。本来极想去延安的端木,也就没去。

西安名胜古迹很多,端木最爱去的地方是"碑林"。尤其爱在《三藏圣教序碑》前观赏琢磨。因为端木知道这是唐代和尚怀仁从王羲之遗墨中选集的字书写而成的,内容是唐太宗为唐僧玄奘法师译佛经所作的序文,和太子李治作的记,以及玄奘写的谢表及心经,所以统称《三藏圣教序碑》。

端木从小就喜欢王羲之的书法,这回到了西安,便要欣赏个够了。萧红知道了,也要和端木一起去欣赏,并要端木讲解。因为萧红也爱书法。端木讲起这些问题,也和他写东西一样不落俗套,深入浅出,有他自己独特的理解,时时夹杂一些诙谐的语言,使萧红很爱听。两人常常乐而忘返。误了吃饭时间,就在街上吃小吃。萧红特别爱吃西安街头的粉皮儿,而且爱放很多醋。端木发现她特别爱吃酸的,还开她玩笑。和他俩常在一起的还有塞克、王力等。他们都喜欢在一起聊天,无拘无束地谈论问题。

不久,丁玲、聂绀弩从延安回来,没想到萧军也一起来了,这是萧红没有料到的。大家一阵欢迎之后,端木回到自己屋里,准备写他正在写的文章。

萧红走了进来,端木转过身看见她一副情绪低落的样子,便问:

"你不舒服么?"

萧红还没有回话,萧军就大踏步地走了进来,完全一副"家长"的气派,粗声粗气地对萧红和端木说:

"萧红,你和端木结婚吧!我和××结婚!"当时端木屋里还有一架破钢琴,萧军说完还用手在琴键上打了一下,发出"当"的声音。

这一阵旋风,把端木和萧红都刮愣了,待缓过气来,萧红生气地说:

"你这是什么话?你和谁结婚我管不着,我和谁结婚难道要你来下命令吗?"

端木也生气地说:“你也太狂妄了！你把我们当成什么人了?”

萧军怒气冲冲地说:“我成全你们不好吗?”对着端木说:“瞧瞧你那德性!”

端木也怒冲冲地站起来说:“你想干什么？你怎么随便侮辱人!”

萧军说:“我就是要好好教训教训你这小子!”

萧红看萧军那架式是准备打架,急忙插了过去,推着萧军说:“走！走！咱们有话到外边说去!”连推带拽的就把萧军拽出去了。

端木极不平静,没想到突然来了这一阵风暴。他想到和萧红这些时的交往,可以说是志同道合,都欣赏彼此的才华,很谈得来。萧红虽是有夫之妇,萧军虽有过对不起萧红的地方,脾气粗暴,使萧红有时感到很痛苦,尽管萧红不止一次在他面前说起过,但他俩毕竟是患难与共在一起生活了好几年,两口子吵架是常事。他从来都是把萧红当姐姐样地对待。萧红对他好,关心他的生活,他也认为是理所当然的。因为端木从小就在女性无微不至的关怀下成长的。但现在萧军突然说出了要他和萧红结婚的话,这说明他和萧红要彻底分开了。他们真要彻底分开,他自己能和萧红结婚吗？……

那时,端木还从未考虑过要结婚的事,虽然他母亲一直在关心他的终身大事,有时他为了使母亲放心,也想为母亲找一个妻子,安慰她老人家。但现在是战争时期,却是从未考虑过要结婚的事。现在,目前的现实,却迫使他不能不考虑这个问题。他知道萧红一直都很关心他,彼此也确实相投,但还没有达到恋爱的程度。自己是退出来,还是听其自然？……真是辗转不能成眠了……

这时听到萧红屋里萧军和她争吵的声音,时而大,时而小。他们之间的火山爆发了。

第二天,端木看到萧红的眼睛是明显哭过的,而萧军仍然是一副毫不在乎的架式。

这一天,萧红没有到端木屋里来找他,见到他也没像往常一样地有说有笑地打招呼。在这种情况下,端木也没和她打招呼,吃了饭就回自己屋了。但思想里是极不平静的,坐在桌旁,对着铺开的稿纸,一个字也写不下去。……

这时,萧红悄悄地进来了,站在端木背后,轻轻地说:“端木,我们出去走走吧!”

端木站起来说:“好!”顺手戴上他那小船帽,拿了围脖,就和萧红一起出来,慢步向公园的路上走去。

足足有半个小时,谁也没说一句话。往常萧红总是主动挎着端木的胳膊,今天却没有挎他,只是两人并排默默地走着、走着、走着……

到了公园门口,端木犹豫了一下,意思是征询萧红是到公园去,还是不到公园去?

萧红却连看也没看他一眼,就进了公园了。端木当然立即紧跟在后面。

萧红走到公园树丛密集的地方,突然停下脚步,转过身来拦着他,两眼直直地看着端木说:“我和萧军彻底分开了。我将他给我的信全部还给他了。我向他索取我的信,他却不给。他力气大,我也抢不过他,只有随他去。”

端木沉默了一下,慢慢地说:“这么说,你自由了!”

端木说完这话,以为接着而来的是萧红爽朗的笑声。殊不知接着而来的却是萧红掩面痛哭。

这下可把端木哭慌了,从来没有主动碰过萧红的端木,急忙过去扶着她的肩膀问:

“怎么了?怎么了?”

萧红一语不发,索性扑在端木怀里更加伤心地哭了起来。

端木生平还没有碰过女人哭倒在他怀中的事,更是慌乱不堪地拍着萧红的肩膀,连连地说:“别哭,别哭!怎么了?怎么了?”

萧红哭了一阵,猛然抬起头,坚决地说:“我要告诉你一件事。”

端木问:“什么事?”

萧红退出端木的怀抱,往后站了两步,睁着一双大眼睛定定地看着端木说:“我和萧军有孩子了。”

端木一时转不过弯来:“有孩子?”

萧红死死盯着端木的眼睛,一个字一个字地说:“我已经怀了四个月的身孕。”

端木直觉地问:“萧军知道吗?”

萧红:“当然知道!”

端木惊诧道:“那他还要你和我结婚?”

萧红仍毫无表情地死死盯住端木的眼睛说:“是的!他就是这样的人。”

端木不自觉地喊了一声:“天哪!”便不顾一切地扑过去,将萧红紧紧搂在怀里,气得全身发颤地说:“你,你怎么能和这样的人生活在一起啊……”

萧红依在端木怀里,更加痛哭起来。

萧红起先一直担心将自己怀孕的事告诉端木,端木会拒绝她,没想到端木不但没拒绝她,反而同情她,紧紧拥抱了她……

端木第一次尝到了亲吻的滋味……

他俩手挽手地轻松愉快地回到驻地。

萧军和萧红分开的消息,驻地的同志们、朋友们都知道了。萧红和端木也就坦然地在一起了。

萧军似乎还不甘心,常常手头拿一根大木头棒,走在萧红和端木的后面。有一

天晚上，萧军突然踢开端木的房门，探头往里面看了看，气汹汹地说：

“走！端木，我们去决斗！”

端木看着这位心甘情愿把怀孕的妻子双手送给别人的汉子，又来找人决斗，简直理解不了。只得站起来说：

“到哪儿去决斗？”

萧军：“到城外去！”

端木：“证人呢？”

萧军大声说：“用不着！就我们两个！”

他的声音被住在那边屋的萧红听到了，便急忙走了过来，厉声说：

“萧军！你要什么野蛮？这里是八路军办事处，不是其他地方，你这种宪兵作风还是收起来吧！我告诉你，我的脾气你是知道的！你要把他弄死，我也把你弄死！我是说话算话的！这一点你应该知道！”

没想到萧军看了萧红这副架式，“哼”了一声，倒转身走出去了。

萧红恨恨地说：“这种人就得这么对付他！”

接着，萧红和端木商量定：萧军要去延安，他俩就回武汉，萧军要去武汉，他俩就去延安。后来萧军决定随丁玲去延安，端木和萧红就回武汉了。

四、结婚——武汉

端木和萧红一九三八年五月下旬，在汉口大同酒家结婚。主婚人请了端木三哥未婚妻的父亲刘镇毓（号秀湖），还请了胡风、艾青等文化人士，再就是刘国英和她的武汉大学同学。

刘老先生首先举杯，以主婚人的身份致祝词，并感谢大家的光临，众人也频频举杯祝新人幸福，白头偕老！刘国英坐在胡风旁边，胡风还时不时和她们开玩笑，为她夹菜。

当时，端木和萧红并不想为婚礼来个大大的操办，只是想在亲友面前表明一下他俩的关系。端木从来的观点是，两人既要在一起共同生活，那就首先应该结婚，明确关系。这一点，萧红也是同意的。

当晚，送走主婚人及客人后，两人回到二楼包的头等房间，一张锃亮的大铜床，紫檀木的梳妆台，在红宫灯下也熠熠生辉。他俩从大镜子里，看到自己，看到对方，都是闪亮的眼睛，白里透红的脸庞……他们紧紧地拥抱在一起了。

当他俩洗了澡，换上睡衣，躺在床上，熄了灯以后，端木可有点犯愁：他活到二十七个年头,也写过小说,但真正接触女人,还从来没有过。同时,他想到,女人在怀孕的时候,是不能发生性关系的。皇帝有那么多妃子,据说也有这个原因。小时,母亲怀小妹妹了,父亲就不来和母亲睡觉了,说这是"胎教"。他一边抚摸怀里的萧红,一边喃喃地告诉她这些想法,问她知不知道这些"古训"。

没想到萧红听他说完,更加紧紧地搂着他、亲他,庆幸地说:

"我可遇到一个懂礼的人了,我的亲人!我的兄弟!……"说着说着,不由地又哭了起来。

端木惶恐了,忙搂紧说:

"说得好好的,高高兴兴的,怎么又哭了呢?亲爱的!"

萧红抽咽着说:"我想起在哈尔滨快生第一个孩子的时候……"

端木用嘴堵着她的嘴说:"别想了,别想了,过去的事情想它干什么?挑愉快的想,想我们今后怎么好好生活,好好写东西!"

五、教授家属·女作家——在重庆

端木和萧红的小家,就在北碚黄桷树镇复旦大学教职员宿舍的"秉庄",一栋两层楼房的楼下。当孙寒冰和贾开基知道萧红已回到重庆,身体也好时,便到家来看萧红,并且邀请萧红也能在复旦大学担任一两节文学课。

没想到萧红连考虑也不考虑地一口就回绝了,使得孙寒冰和贾开基几乎下不了台。端木虽然也不会"圆场",但他还是说和萧红商量商量。等孙寒冰和贾开基走后,萧红说:

"我怎么能去教书?教书必得备课,还要把讲义编好。这和写小说散文不一样。讲课时间长了,就会变成'学究',要搞创作也只会写'教授'小说了。有人写小说,就有学究味儿,我不教书,还是自由自在地搞我的创作好。"

端木知道萧红崇尚的就是自由,觉得她说得也对,就再没有提教书的事了。

萧红笑着说:"有人巴不得到大学去教书呢,我可不稀罕什么教授头衔。"

端木笑着说:"不去就不去吧,干吗把矛头对准'在下'呢?"

萧红咯咯地笑着说:"我现在是教授家属,否则连住的地方还没有呢!"两人高兴地笑作一团。

这段时间,重庆的局势也很危急,敌机随着逃难的人群轰炸,五、六月间更是变本加厉。听说北碚有个什么兵工厂还是弹药库,敌机经常来炸。端木和萧红忙于写作,对警报声常常置若罔闻,总是同事们来敲他们窗户,要他们快走,才夹着稿子走出来。有时就在山坳的小茶摊上边躲警报边写作;或是在山坡旁的大树下靠着,把纸放在膝盖的硬板上写作。因为敌机有时就在头上盘旋，既不投弹，也不飞走，使人烦躁不已。

端木与萧红都有些支撑不住，便想离开重庆。那时艾青已经去了桂林，端木就和萧红商量，是不是也去桂林。

萧红不赞成去桂林，说在那儿也免不了遭到敌机轰炸，不能安定写作。她说不如去香港，那里《大江》正在连载，有稿费，至少生活不成问题。

端木也觉得对，但也考虑到内地抗战正热火朝天，去香港是否合适。

萧红觉得一个作家能写出作品来，就是对抗战的贡献，其他都不是主要的。

为了听听有关同志的意见，端木和萧红决定去找《新华日报》前主编华岗同志。

华岗正在重庆乡下养病，同时编写《中国民族解放运动史》。他很高兴端木、萧红的来访。他分析了当时的抗战形势，还是赞成他俩去香港的。他说香港的文化阵地是很需要人的，不是没事干，而是有许多事要干。不过经济方面要有保证。他告诉他们，香港的生活各方面的消费比起内地来都要高得多。

萧红告诉他，端木和她在香港报纸上都有一些文章发表，估计生活是不成问题的。

华岗放心地说："那你们就去香港。"

六、香　港

一九四〇年一月十八日，端木从萧红那里拿了买飞机票和兑换港币的钱，到袁东衣那里换到港币和两张飞香港的机票，除告诉了几个好友外，就和萧红于十九日飞香港了。

他们在九龙金巴利道纳士佛台找到一间相当大的楼房，向南，前面直通一个大阳台，空气很好，对萧红的身体大有好处。房主人是一位能说几句普通话的年轻小姐，她的家人都到西沙群岛作买卖去了。室内家具都是现成的。

端木和萧红刚刚安顿下来，准备出去熟悉一下周围的环境，真是"鬼使神差"，戴望舒不知从哪里跟踪到他俩，突然出现在他们面前，首先自报家门："我是戴望舒！"尽管这是他们第一次见面，但却像多年老友一样亲切地融和在一起了。他们一起出去吃了饭，约好次日一早，戴望舒来接端木萧红到他的住所去。并告诉他们，报上要发他们到港的消息，文协分会准备开欢迎会。香港这块文化园地，太需要外来的春雨了。

次日一早，戴望舒来接端木与萧红。他家住在薄扶林道香港大学网球场对面的山坡上，是座背山临海的三层楼房。四周树木环绕，屋旁有小溪，远处还有一线飞瀑。戴望舒告诉他俩,他将住处取名"林泉居"。

端木微笑地说:"贺知章《题袁化别业诗》中有'生人不相识,偶坐为林泉'。名字取得太贴切了。"

戴望舒高兴地为他俩详细地介绍左邻右舍国籍与身份,有的是作家,有的是诗人,有的是教授,都是和笔杆子打交道的。戴望舒和夫人穆丽娟、女儿朵朵同住二楼,很宽敞,他极力欢迎端木和萧红搬到他们这儿来。戴太太也热烈欢迎他们来同住。

端木与萧红也觉得环境非常好,他们到香港的目的也是要找一个安静的环境写东西。"林泉居"是再合适也没有了。但不巧的是,端木风湿病又犯了,出入"林泉居"要走一段不短的山坡小路;加上刚刚在金巴利道纳士佛台租了房子,马上就搬也不太合适。因此,萧红看看端木,对戴望舒夫妇说:"还是过一阵子再说吧。"

没多久,孙寒冰来港办事,告诉端木,大时代书店隔壁已腾出了房子,同在尖沙嘴金巴利道纳士佛台,是三号,希望他和萧红能搬过去,对编"大时代丛书"有许多方便。萧红因对房东小姐不喜欢,立刻就同意了。

一九四〇年春,由于孙寒冰的关系,端木和萧红搬到九龙尖沙嘴金巴利道纳士佛台三号二楼,一间不到二十平米的房间,房间对面是《经济杂志》主编许幸初的办公室。许幸初不常来上班,即使来,也坐不了多久,处理一下事务就走了。有电话可以使用,有朋友来,还可以在他办公室接待,就像是他们的客厅一样,非常方便。端木和萧红都比较满意。还请了一位计时保姆,按时来打扫卫生。尽管生活不太富裕,但在小窝内也其乐融融。

屋里放了一张大床,一张大写字台,仍然是两人相对而坐,各人铺摆自己的稿子。

端木写作时,一时想不起用什么词确切,常常会直愣愣地盯着前面看。

萧红坐在他对面,低头专心地写着、写着,偶一抬头,见端木盯着她看,不禁娇嗔地:

"你看什么呢?"

端木猛地回过神来:"我什么也没看呀。"

萧红不依地:"你坏!你明明是盯着看我来着!"

端木也调皮地笑着:"我自己的老婆还不让看呀?"

萧红不饶他拿着笔伸过手来敲了一下端木的脑袋:"我不和你面对面的坐着写东西了!"说着就要搬挪稿子。

端木忙按住:"别搬,别搬!我不看你还不行?"接着,身子往后一靠说:"我在想,你这部长篇取你家乡一条河作名字,什么'泥河'、'土河'都不合适!"

萧红想了一下说:“我家是呼兰县,县里有一条河,叫呼兰河。”

端木听了,高兴而肯定地大声说:“好! 你这部长篇,就叫《呼兰河传》。从你童年写起,就像呼兰河一样涓涓流过,你跟着这涓涓流水成长……多美!”

萧红也高兴地说:“好! 就叫《呼兰河传》!”

端木乘机:“那,请我去吃一顿,犒劳犒劳我!”

萧红起身拿了钱,转身又赏给端木一个“响吻”,高高兴兴挽着他就下楼上小馆去了。

一九四〇年二月,中华文协香港分会在大东酒店举行会餐会,邀请端木和萧红介绍重庆开展抗战文化的情况,萧红谈到重庆文化食粮还是很缺乏的,香港应该多往内地输运;“三八”妇女节时,廖梦醒还约请萧红参加纪念会,谈女学生和“三八妇女节”问题;《大公报》“学生界”栏目,还聘请端木、刘思慕、许君远、李纯青等担任“每周创作研究”指导。在端木指导下,黄涛的文章发表在“学生界”上,同时附有端木指导的意见,对学生文学创作起到一定的推动作用,颇得学生好评。学生反映《大公报》开辟的“学生界”,在每周创作研究的先生指导下,才成了真正的学生园地了。四月中,端木和萧红参加中华全国文艺抗敌协会香港分会第二届年会,端木被选为候补理事,和施蛰存一起负责文化研究班的工作,还应邀参加岭南大学组织的“艺文社”,谈抗战文艺的一些问题。

端木和萧红都热衷于创作,不愿出去参加什么活动。但宣传抗日的责任又迫使他们不得不去参加。他们到香港后,不用跑警报,不用担心逃难,觉得比较平静,思想里早就酝酿要写的题材,就像开了闸的水一样奔流出来。他们白天出去参加活动,晚上就开夜车写文章,彼此把自己的时间挤得满满的,忙得连喘口气的时间都没有。彼此的体质又都不好,有时端木白天要参加各种会,常常早上出去,要到深夜才能回来。萧红独自在家写东西,广东保姆的语言又不通,常常连个说话的人都没有,觉得有些寂寞。她常和端木说,还不如回内地好。

端木也觉得香港尽管目前没有战争,但和抗战气氛热气腾腾的内地比起来,也还是有些孤寂的。五月得知重庆大轰炸,孙寒冰不幸遇难,端木和萧红深为悲痛,端木写诗文痛悼这位为抗战文化事业奔波不辞辛劳的战友,更加深了要回内地的念头。但往哪里去,这是得考虑好的。

萧红说还是写信和华岗商量商量好。端木就要她给华岗写信。没想到很快就接到华岗回信。信中说香港也非久留安居之地,因之,端木和萧红仍在考虑往哪儿去的问题。

这期间,端木的长篇《新都花絮》、《蒿坝》(出集时改名《江南风景》),萧红的《呼兰河传》、《后花园》等长短作品,分别在《星岛日报》“星座”、《大公报》“文艺”、

"学生界"、"文艺综合"等报刊连载。

一九四〇年六月,香港文协筹办纪念鲁迅先生诞辰六十周年大会。杨刚来找萧红,对萧红说:

"只有你见过鲁迅先生,只有你才能形象地将鲁迅先生搬上舞台,你来写个剧本,我们排了演出纪念他。"

萧红从未写过剧本,不知从何下手。

端木也觉得话剧不易体现。鲁迅先生要在台上说话,除了他演讲,其他的场面说什么呢?

这可难坏了萧红……

端木猛然想起他在南开上学时,曾经看过一位外国哑剧大师的表演,不如用"哑剧"的形式来写鲁迅先生。他马上把这个想法告诉萧红。

萧红高兴地说好!但具体怎么写,也还是没法下笔。

端木看着萧红发愁的样子,禁不住怜爱的自告奋勇,要萧红提供素材,由他来起草。不到两天时光,他就将提纲写出来了,两人再互相研究、补充后定稿。

端木的终生遗憾是没有见到鲁迅先生。但送葬时,鲁迅先生遗体上盖的"民族魂"却深深印在他的脑海中。因此,哑剧写成后,他脱口而出,说应以《民族魂》命名。萧红很赞成。第二天就向杨刚交卷了。

杨刚接到剧本很高兴。看后,硬要端木扮演鲁迅先生。

端木从未演过戏,这突如其来的任务,实在接受不了,多亏萧红帮他解了围说:

"端木化起装来不会像鲁迅先生,他演不合适。"

当时唯一见过鲁迅先生的"权威"说话了,杨刚这才作罢。

事后,端木好一通感谢萧红,因为杨刚当时那架式,是非要端木扮演鲁迅先生不可的。

一九四〇年八月三日,香港文艺界联合举办纪念鲁迅先生诞辰六十周年大会,萧红根据鲁迅先生自传,在大会上介绍了鲁迅先生生平事迹,晚上演出根据哑剧《民族魂》编排的大型节目及话剧《阿 Q 正传》等。演出结束后,萧红还上台参加谢幕。

十月十九日,端木萧红又参加鲁迅先生逝世四周年纪念会。

十月二十一日至三十一日,《民族魂》以萧红的名义在《大公报》副刊连载,结束时,附作者的话,也是端木手笔:

"鲁迅先生一生所涉至广,想用一个戏剧的形式来描写,是很困难的,尤其用不能讲话的哑剧。所以这里我取冷处理的态度,是用鲁迅先生的冷静、沉淀,来和他周围世界的鬼祟跳嚣作个对比。"

同时，端木的《略论民族魂》也在《星岛日报》“星座”上发表。

十一月四日《星岛日报》“星座”刊登启事：“《论阿Q》因被有关当局检删太多，不能成篇，只得中止。”

端木写了一些介绍鲁迅先生及鲁迅先生作品的文章交给戴望舒，但到了有关部门审稿处，常常被删去一些字句和段落。遇到这种情况时，戴望舒尊重作者，总是将开了天窗的稿子送来给端木过目，端木同意才发稿，如不同意，就撤下来。有时为了向读者揭露审查者，干脆连着“天窗”一起登。但是这篇《论阿Q》已被删得不能成篇了，所以就以“登启事”的方式告诉读者书报检查已到了何等程度。其实也就是一种斗争的方式。

一九四〇年十一月前后，端木萧红结识了“国兴社”社长胡愈之。通过胡愈之的介绍，又与江北民主运动活动家周鲸文相识。周鲸文是香港颇具影响的杂志《时代批评》及时代书局的主人。他相当器重端木与萧红，马上就和他俩商议，由他出资筹办大型文学刊物《时代文学》。他和端木任主编，他只挂个名儿，实则完全由端木负责。与此同时，筹建《时代妇女》杂志，请萧红任主编。周鲸文话刚说完，萧红立即说她身体不好，不能干。

周鲸文微笑地说：“什么事也不要你干，只要你挂一个名，具体事都由下面人来干，甚至审稿也不用看。”

萧红是从不图虚名的，仍然坚决不干。

周鲸文自找台阶，婉转地说：“那就请萧红女士再考虑考虑吧。”接着就和端木商议筹办《时代文学》的具体事宜。

周鲸文具有典型东北人的性格，豪迈，讲义气。从他主办刊物《时代批评》的名字上，就知道他毕生追求的是什么了。他和张学良的弟弟张学铭是好友。他在香港丰山有一幢房子，经常请朋友到家里喝咖啡、饮茶、聊天。朋友有困难，即解囊相助。爱结交文化界朋友，早就看过端木、萧红的作品，一旦结交，便引为知己。常请他俩到家来饮茶、便饭。他的夫人也很好客，总是热情接待。他的小姨妹见了作家，更是问长问短，盯住不放。这年圣诞节前夕，端木和萧红买了礼品，准备送去周家，临出门，戴望舒送“小样”来。因为等着发，端木要留下看稿子，就由萧红独自送去了。

端木到香港后，在写稿、编《大时代丛书》的同时，能按照自己的意愿编《时代文学》这样一种纯文学刊物，是很高兴的，人的抱负和才华能够有施展的地方。他首先想到的是要将世界著名人物的头像，绘在每期目录上面，向读者介绍。第一位就是鲁迅先生。然后是高尔基、萧伯纳、茅盾、左拉、果戈理、伯林斯基、恩格斯、歌德、海涅、普希金、华盛顿·欧文、契诃夫、萧洛霍夫……这些世界名人头像，要找画家画，首先得有资料。

香港是个商业城市，寻找进步文化资料，是很困难的。萧红也在为他想办法、出主意。后来终于在《世界文库》的扉页上，找到这些名人头像，但只有指甲盖那么大，加之时间紧迫，找画家画是来不及了，端木只有硬着头皮自己来画。为此，萧红特意为他买了放大镜。好在端木在南开中学读书时，参加过美术学会，学过一阵子素描，所以画出来还看得过去，受到萧红的表扬。

端木在画鲁迅先生头像时，对萧红说：

“我不想将鲁迅先生画成‘剑拔弩张’的样子，我想画出鲁迅先生悲悯的神态。”

萧红非常赞成，并说：“鲁迅先生对世人就是很慈祥的，对敌人才横眉冷对呢。有几个敌人会去看？更多的是人民大众呀！”

端木高兴地竖起大拇哥说：“真是英雄所见！”

端木开始画了起来。但连画了两张不满意，在裁纸的时候，不小心把手指划破出血了，怕萧红骂他，也没吱声，想起读书时，常常用墨汁来涂伤口，便顺手把划破的手指往墨汁里捅了一下，拿出来后，看着手指上的墨，忽然想起他家乡的清代名画家高其佩，就是以手指作画的指画家。端木不禁也用蘸了墨汁的手指在纸上画起鲁迅先生头像来。没想到画出来比用笔画得好，特别是在神态上，有一些悲悯的味道。端木得意极了，忙叫萧红过来看。

萧红过来看了说：“哟！真不错！快署上名字。”

端木不想让人知道自己会画画，略为想了一下，提笔就署上“金咏霓”三个字。

萧红：“何典？”

端木：“楚辞，‘虹霓纷其朝霞兮！’也就是曙光在前的意思！”

萧红不禁赞赏地说了一个字：“好！”并且要端木为她的新作《小城三月》画插图。

端木当然很乐意，但他对小说里写的哈尔滨不熟悉，不知从哪儿下手。萧红就具体告诉他，要他画一架马车在大雪中飞奔，另外画一幅书中女主人公翠姨站在松花江畔，以及对岸的景色和近处的啤酒桶。

端木略略思考了一下，提起笔就在纸上画了起来。

萧红一直在旁边看着，待端木画得停笔打量的时候，她就从端木手中拿过笔，顺着马车飞奔的走向，题了篇名《小城三月》，并签了“萧红”两个字。

整个画面非常协调，两人看了不禁相视而笑。

端木皱着鼻子看着她：“赏个什么？”

萧红撅着嘴在他脸上又亲个响吻。这是她对端木的最高奖赏。

端木就像孩子似的乐不可支。

年底，端木要在《时代批评》上发他赶写的《科尔沁前史》时，萧红为了回报端木，主动的为他题了篇名。

萧红在重庆的时候，就酝酿写《马伯乐》。原先是叫《马先生》，端木觉得这不像个书名，便改成《马伯乐》了。同时也准备写《呼兰河传》，南洋的洪丝丝知道萧红写了《回忆鲁迅先生》，就来信要她将稿子寄去，要在南洋出版，萧红为了寄出的稿子应和内地发表的有所区别，上心上意地作了增删改动。她对创作的态度是非常虔诚的。再加上短篇、中篇、散文、应急文章，几乎就没个喘息的时间。在端木赶稿、审稿、编稿开夜车的时候，她也不去睡，以致有些咳嗽、发烧。

端木这个从来被人照顾而不会照顾人的“老”儿子，和萧红在一起，也学会了不但用手摸摸萧红的额头，还会用嘴和脸蛋去碰碰萧红的脸和额头。最后，还是专门出去买了支体温表回来，对萧红说：

“相信科学!”要萧红含着试体温，隔了两分钟拿出来一看：“37.2”，说明有点发烧。

但萧红说她的体温从来都是 37 度以上，各人体质不一样。

端木说不服她，买来退烧、治咳嗽的药她也不吃，拿她一点办法也没有。

一九四一年二月中，因为端木萧红住的尖沙嘴金巴利道纳士佛台三号要调整房子，他们就搬到尖沙嘴乐道八号，时代书店二楼一间房子里。仍然是一张大床，一张大写字台，仍然是面对面而坐。只是有抽屉的这面让给端木用了，因为端木编刊物类别太多，用起来方便一些。不过就这样，也常常是要用的东西找不到了，还得萧红一边骂，一边帮他找。

二月下旬，香港文协分会在思豪大酒店开茶会，欢迎史沫特莱、夏衍、范长江等来港。要萧红当主持人。萧红和史沫特莱三十年代在鲁迅先生家中见过，这次萧红来主持会，只是作了礼节性的欢迎，没有多谈。

过了不久，史沫特莱突然到九龙乐道八号来看端木与萧红。上楼进门后，看到他们的住房这样简陋，竟惊讶地叫了起来：

“你们这两位大作家，竟然住在这么小的一间房子里，太不可思议了！……这怎么能生活？还创作作品？……”

端木苦笑地接待她，要她坐。

史沫特莱没理会端木的招呼，嘴里仍念着：“不可思议！不可思议……”转身拉着萧红的手，仔细地打量她：“瘦了，比我见到你的时候瘦多了！不过，更美丽了！更美丽了……”

端木乘机就向史沫特莱“告状”，说萧红身体不好，不看病、不吃药、不休息，试了体温表发烧,还硬说她的体温就是比一般人高……

史沫特莱听了皱着眉头说:“这怎么可以?健康是最主要的,特别是战争时期,我这次回美国,就是为了治病。”随即讲了国际局势:战火不但不会很快熄灭,还有扩大的趋势,香港也不是久留之地,不如去南洋,她可以为他们联系去新加坡。

接着,她要萧红收拾一两件换洗衣服,随她一起去香港主教罗纳德·霍尔的玫瑰谷去住些时,说那里很宽敞,阳光、空气都好极了。

萧红在犹豫。

端木说:“不妨先去看看。合适就住几天,不合适就回来嘛。”

萧红:“我走了,你怎么办?”

端木:“在家吃,有保姆,出去吃,有馆子,我会管好自己的。你就放心吧!”

萧红睒了睒眼睛,从小柜子里拿了两件内衣,从抽屉里拿了一些钱放在提包里。同时告诉端木放钱的地方,便准备随史沫特莱走了。

临走,史沫特莱将玫瑰谷的地址、电话留下,欢迎端木有时间也去小住。端木问史沫特莱手头有稿子否?他主编的《时代文学》创刊号希望能有幸发表她的大作。

史沫特莱高兴地答应一定将稿子交给他,便挽着萧红下楼了。

萧红随史沫特莱住到玫瑰谷后,端木便废寝忘食地投入到编《时代文学》的工作中去了。他罗列了一系列名单,不论内地、延安,但凡有联系地址的,他都发了约稿信,他主编的这本刊物几乎要发全世界的名著。

他首先写信向许广平先生汇报,希望得到许先生手迹和海婴公子的相片;给华岗写信索稿,说有了自家刊物,发自家的文章……,加上他写稿、讲课、参加会议,常常不在家,有时晚上也回来得很晚。萧红给他挂电话,常常为找不到他而着急。

一天夜晚,端木回来正上楼时,听到屋内电话铃响,他三脚两步赶到门口,拿着钥匙开门,连门都顾不上关就去接电话,但拿起一听,那边刚好挂上,他躺在椅子上动都不想动了。

半夜,电话铃响声将端木惊醒,急忙起来去接。

端木:“哈罗……”那边没等问是谁,便响起了萧红着急的声音:

“那么晚了你都没回家,你到哪儿去了?我打一天电话都没找到你。”

端木立刻想起他上楼时听到的电话铃声,准是萧红打来的。便抱歉地说:“晚上我回来上楼的时候就听到咱屋电话响了,我只要紧赶两步,就肯定接到了。可是亲爱的,我的腿不听使唤呀……”

萧红焦急地:“怎么?你风湿病又犯了?我不在家,你每天晚上还用热水泡脚吗?”

端木:“我没犯病,你放心！你怎么样？还发烧吗？还咳嗽吗?”

萧红在那边不回答他的问题,而是着急地:“我问你呢,你拿热水泡脚了吗?”

端木只得说:“泡了！泡了！每天晚上都边写东西边泡,和你在家时一样。”紧接着也是着急地:“你咳嗽怎么样？每天试体温吗？还发烧吗?”

萧红不耐烦地:“我根本不发烧！咳嗽好多了,这里环境很好。何鸣华主教的华语说得很好,史沫特莱很忙,常常不在,我很寂寞,我想你,我想回家。”

端木安慰她:“你才去了几天？那里环境好,就多住些日子,我把稿子发了就来看你,现在已经两点多了,你赶快睡觉吧,我的亲爱的,吻你!”接着对着电话送去一个响吻。

电话那边的萧红显然得到了安慰,声音柔和地说了一声:“小坏蛋!”就挂上了。

抽了一个星期天,端木穿得整整齐齐,过海叫了计程车,找到了香港大主教何鸣华的别墅玫瑰谷。当他走完林荫道,便看见这栋两层楼房下面绿丝绒一样宽阔的草坪,史沫特莱和萧红正在阳台上饮咖啡。

“密斯特端木!”史沫特莱首先欢叫了起来,萧红转身也见了他,便一起高兴地迎了下来。

萧红气色好多了,白里透红,不过端木拉着她的手时,仍感到手心里有灼热。

何鸣华主教不在家,他们玩得很自在。史沫特莱告诉端木,她正把在新四军收集的战士写的情报等资料给萧红看,说端木来得太好了,她已准备了十篇文章,要交给端木,在他主编的《时代文学》上发表,还有图片、照片……

她边说,边从屋里往外拿。甚赞中国人吃苦耐劳的精神。

端木对这些意外的收获,非常高兴,便向史沫特莱要了纸袋装起来准备带回去。并且告诉史沫特莱,她的这些作品和资料,会在《时代文学》上一篇篇地介绍和发表。

史沫特莱说不准备在香港看病,打算回美国去彻底治一治。关于萧红的健康,她通过何鸣华主教,联系了玛丽皇后医院,可以有一定的优惠,随时都可以去检查、治病、住院。这是香港最好的英国皇家医院。

这样,端木就比较放心了。

中午,他们吃了西餐,简单而富于营养。

午餐后,端木为了将史沫特莱的稿子和相片、人物介绍赶在创刊号上发出去,便告辞了。临走,要萧红好好再住些日子,乘着史沫特莱在,可以去玛丽医院检查一下。萧红不置可否地和史沫特莱一起送端木走出大门。

由于原先约定的稿子,没能按时收到。为了《时代文学》创刊号能在一九四一年四月一日出版,为凑够篇幅、字数,端木使出浑身解数,日夜赶写诗词、散文、杂文、评价……中外古今几乎无所不包。但这些作品不能都用端木蕻良的名字发表,因此为起笔名也费了不少脑筋。如红楼内史、度曲郎、庄生、东方亮、野马、苦介亭、金咏霓等等,终于凑够字数,送到印刷所,报刊也开始作宣传,专等四月一日出版了。可三月下旬,办刊物的助手袁大顿跑来告诉端木,四月一日因故出不来了,得往后拖些时。端木知道印刷所不是自己开的,找周鲸文也没起到作用,只有等待,继续将第二期、第三期继续编下去。

四月中,茅盾先生和夫人到香港,端木在开欢迎会的同时,请茅盾先生为《时代文学》撰稿,要发茅盾先生像、手迹。茅盾都高兴地答应了;周鲸文先生倡议人权运动、倡议营救张学良将军等活动,都得到文协分会的支持,端木写了一系列文章配合,几乎没有喘息的余地。

这时,萧红来电话,她不准备在玫瑰谷住下去了,要端木去接她。

端木从电话中听出萧红的口气,是没有商量余地的。因此,端木只得过海去将萧红接了回来。

尽管端木事先还将家中清理了一下,和萧红一起进屋后,还是没有得到认可。不过家中有了女主人,她就自然带来了温馨,端木又有了"坐享其成"的福气。

五月下旬,史沫特莱定了回美国的船票。到乐道八号来向端木和萧红告别。并向端木、萧红要文章带去美国。

萧红拿出《生死场》单行本,题签后交给史沫特莱,请她带回美国赠给辛克莱。同时就手头的短篇给史沫特莱带去美国发表。

史沫特莱说她一定带到,并留下她的地址。希望能互相通信、寄文章。临出门,还叮嘱萧红去玛丽医院看病。

史沫特莱走后不久,《时代文学》创刊号出版了。其中不但发了史沫特莱的文章《这样微小的事》,还发了利士卡介绍史沫特莱的文章和史沫特莱的照片及签名。

端木拿到《时代文学》创刊号,就立即给史沫特莱寄去了。

不久就接到她的回信,和辛克莱写给萧红的感谢信。说已经收到史沫特莱带去的《生死场》了,同时寄赠了他的作品给萧红。

萧红从玫瑰谷回来后,看到端木成天那么忙,心里有些着急,又看到他在《时代文学》第二期上要连载一部长篇小说《大时代》,就责备他太贪多了。可端木觉得创刊号出来后颇有好评。这样一种纯文学大型刊物,得想尽一切办法办下去。萧红觉得也对。但她不想在《时代文学》上发表更多的文章,免得大家说闲话。因此她写的长篇和短篇,多半发在《时代批评》和一些另外的报刊上。在这些方面,端木觉得毕竟是女士想得比男士周到。

一天晚上,端木冒着暴风雨从外面回来,进门看见室内窗户未关,窗帘被风吹

得鼓起好高，而萧红却躺在床上睡着了，他急忙关好窗子，来给萧红盖上毯子。

萧红醒了，问："几点了？"

端木："快十二点了，你怎么睡觉也不盖东西呢？"

萧红："我有些头痛，就便躺下，没想到睡着了。"

端木急忙摸萧红额头："糟糕！发烧了！"急忙打开抽屉取体温表。

萧红："又大惊小怪了！"

端木一边用酒精棉擦体温表往萧红嘴里放，一边焦急地说："这回决不止37度！"

萧红含着体温表说："你就赶快泡脚吧，十二点又过了，我们什么时候能在十二点以前上床呀？都是你这小懒虫，晚上不睡，早上不起。"

端木："别说话了，你就试你的表吧。"拿着水壶就到卫生间去洗脚了。一会儿端木出来，看见萧红拿着体温表就着床头灯看，便问："多少？"

萧红慢条斯理地："怎么我没什么感觉呢？"

端木着急地："多少？"

萧红："38度多。"

端木一把拿过体温表，就着灯光转着，好不容易看到了水银柱已经紧靠39度了，大声地："都39度了！不行，我打电话叫急救车！"

萧红急忙起来拦住："你什么大财主？发一点烧就要叫急救车？38度多也不算太高嘛！等天亮了，如果烧不退，咱们就到玛丽医院看病去。"

端木心想：谢天谢地，萧红总算愿意去玛丽医院看病了。于是依了萧红，没有打电话要急救车。但是，端木一夜几乎未合眼，时时用手摸萧红脑袋：烧退了？还是高了？……倒是萧红咳了一阵后，在他怀里睡着了。

早上醒来，萧红体温稍稍退了一些，但头痛却加剧了。

端木打电话，请袁大顿过来陪他们去玛丽医院看病。因为袁大顿是广东东莞人，在语言上可以当翻译。

袁大顿很快就来了。叫了车，端木扶着萧红上车，到海边上了轮渡过了海，又叫车到了玛丽医院，找到史沫特莱留下名字的医生，很顺利地为萧红看了病。

大夫态度很好，建议还是先住院彻底检查一下，费用是遵照罗纳德·霍尔主教嘱咐的优惠价收取的。

端木当然很感谢。

袁大顿去问了头等、二等、三等病房的价格，都是成倍增长的。

端木和萧红合计，既然是作检查，住不了几天，就决定住三等的。告诉院方，预交费用，下午送来，领了住院证，便将萧红送入病房了。

端木要萧红安心躺下,下午会将漱洗用具送来。

萧红情绪也不错,笑着说:“还没为检查身体住过院呢。这回检查检查也好放心。”

端木也笑着拍拍她,便和袁大顿回九龙准备筹钱去了。

端木萧红在香港发表了许多文章,但是,稿费和住院费是无法成正比的。玛丽医院尽管给予优惠,也还是差得很多。为此,端木不得不首先向周鲸文谈了萧红需住院检查的情况。

周鲸文很爽快,告诉端木,要萧红放心,一切费用都由他负责,把病治好是主要的。随即开了支票,要袁大顿去医院办理。

下午,袁大顿去送支票时,来找端木取萧红的漱洗用具,由他带去,就免得端木再跑一趟了,因为他知道端木腿也不利索。

但端木知道,如果他不去送东西,萧红肯定会不高兴,同时他也不放心,便清了东西,买了水果和袁大顿一起过海到玛丽医院。袁大顿去交费处办手续,端木直接上病房。

萧红看见端木来了,很高兴。告诉端木,她的头痛好多了,还向端木介绍了同房的病友,告诉端木,医院探视病人是有时间规定的,要端木记住。说着便从手提包里拿了小本,将时间写上,撕下放在端木西服上衣口袋里,免得端木记不住。

端木笑着说:“这点时间,哪会记不住呀?”

萧红仍不放心地:“对你可说不好!”

这时,袁大顿办了手续来到病房,摇着脑袋说:“还是优惠呢,一天住院费,就够老百姓一月伙食费了。”

萧红担心:“很贵吗?”

端木忙接过来:“这你就别管了。周先生开了支票来了。”

萧红:“好说,有财东作后台,就住几天吧!”看看表后说:“你们回去吧,到时间了。我送送你们。”说着便换鞋。

端木:“你别送了,我们又不是小孩,你就好好躺着吧。”

但萧红执意要送,没想到了这个病区门口就被拦住了。只得乖乖地说“再见!”

萧红经医院确诊为肺结核后,就从普通病房搬到隔离病房了。那时对肺结核病人的治疗,主要是空气与阳光,休息与营养。人称“富贵病”。有钱人得了不怕,穷人得了就只有死路一条。

玛丽医院的结核病房区,是一溜临海宽敞的阳台,一排间隔的病床。面对无垠的大海,阳光明媚,空气清新。

萧红搬到这里,开始是很喜欢的。曾发奇想:要是端木也能搬来和她同住,那

该多好！并对端木说，以后出院了，也找一处临海的房子住。端木也爱大海，完全同意她这个想法。

萧红的肺结核病是相当严重的。X光检查，两叶肺上均有空洞，需要打空气针治疗。

萧红很害怕。但医院方面坚持这样的治疗，否则空洞不能愈合。

端木拿不定主意，征询了周鲸文夫妇、于毅夫夫妇，还有夏衍。他们都说肺部有空洞，打空气针，还是当时一种先进的治疗肺病的方法，病人当时可能有些痛苦，但过后就会习惯的。

于毅夫和周太太还去医院看了萧红，劝她进行空气针治疗。

萧红后来也想通了，既然住在医院里了，也只有听从医生的了，第一次打空气针后，萧红痛苦得嚷嚷不如死了好！但过了一两天，便觉着不那么憋气了；进行第二次、第三次后，就没什么太大的反应了；咳嗽也减轻了，胃口也好了，嚷嚷想吃罐头了，端木买去她最爱吃的凤尾鱼罐头后，她还说端木"抠门儿"，一次才给她买一个。

其实端木一次就给她买了一大盒，只是怕她凭着性子吃，一次能吃两三个，所以每次去看她只给她带一个。当然！端木看着她爱吃，还是高兴的。

十月份的香港，气候宜人。

萧红倚着床栏，面对大海，又进行创作了。

端木每次按规定时间去看她，她总高兴得像孩子一样向他介绍旁边病人的情况。有一次孙夫人宋庆龄还来看望那边一位病人，据说是位工人，孙夫人是来慰问她的。萧红告诉了端木，她真想过去和孙夫人握握手。舞蹈家戴爱莲，也在这个病区住过一阵子。

端木见萧红病情日渐好转，心情也不错，袁大顿能按时来取《马伯乐》下部的稿子，也就比较放心了。

萧红住院后，端木除去探视萧红的时间外，全身心地扑在编《时代文学》和创作上。由于《时代文学》发行后，反应不错，各地来稿也就多了。丁玲来信还介绍延安作家雷加和小说《旅港东北人士"九·一八"十周年宣言》，端木代萧红签了字。

九月的一天，端木突然接到一个陌生人的电话，他说他叫骆宾基，是从内地来的一个青年作家，到香港后，找不到工作，现在困居旅店，请求能够给予帮助。

端木马上想到鲁迅先生对青年人的态度，立即问清骆宾基在香港旅店的地点和名字，要时代书店的张慕辛和林泉按地址去了解情况，既然是位从内地来的青年作家，理应尽可能的给予帮助。并打电话告诉周鲸文，是否可以将这位青年作家安置在时代书店的职工宿舍？周鲸文同意。张慕辛找到骆宾基，为他付了旅店的钱，取出行李，就搬到时代书店的职工宿舍了。

端木为了使骆宾基有稿费生活，便在《时代文学》第五、六期合刊上，撤下自己的长篇连载《大时代》，换上了骆宾基的小说《人与土地》，骆宾基很感激。

香港气候由秋季转入冬季后，虽不算冷，但玛丽医院阳台式的结核病区，就不如夏季和秋季那么舒适了，特别是海风变凉了。

萧红觉得不适应，想出院，端木也怕她经不住海风吹，万一病还没好，又感冒了怎么办？就去找医生。

医生对端木说："你太太的病很严重！两边肺上的空洞，进行了这几个月的治疗，继续扩大被控制住了，但离出院还很遥远。你要劝你太太打消出院的念头，冬季到了，我们医院是会采取措施的，怎能使住院的病人患感冒呢？"

医生这一席话，使端木凉了半截。他回到萧红身旁不敢照实说，只告诉萧红医生说治了这一个疗程再说。萧红以为没几天了，也就没嚷嚷要出院了。

一天夜里，端木在家专心赶稿。外面正刮十二级台风，窗户被吹得呜呜直响，似乎不吹开决不罢休的样子，端木什么也没感觉到，只听到笔尖下刷刷的声音。

忽然电话铃响，端木拿起电话，原来是医院来的，说："萧红病危！"

"什么？"端木如遭晴天霹雳，再问时，那边已将电话挂了。

端木放下电话，什么也不顾地带上门就往楼下跑，出门一阵风，几乎将他吹倒。他这才想起今天的天气预报说，有十二级台风。

此时，就是二十四级台风也阻拦不了他，他一边走，一边想：萧红怎么会病危呢？昨天从她那儿回来还好好的呀……

到了海边，轮渡停了，什么渡船都没有了，只有狂风刮着海水撞冲海岸的声音。端木正焦急得不知如何是好，一个老船夫划了划子过来问他是不是要渡海？

端木如遇救星，感激地忙说："要渡海！要渡海！"说话之间，就踩着水爬上小划子了。

老船夫："给几多？"

端木："你要几多就几多！"

老船夫："十二级台风哪，你看着给吧！"他要端木坐好，抓牢船边，就往对岸划去了。

端木告诉老船夫划到离玛丽医院近的码头靠岸即可。

老船夫很有经验，并不像想象中在十二级台风下的海上行船。

到岸后，端木抽出一张十元港币给老人，老人忙说："找不开，找不开！"

端木："不用找了！"便上岸叫车到医院。直奔萧红病房而去。

整个医院静悄悄的，大阳台上除了棚布被风鼓起的声音和海水击岸的声音，都没什么异样。他轻轻走到萧红床前，看见萧红侧着身子睡觉。

萧红听到声音，睁开眼睛看见端木在床边喘气，奇怪地问："你怎么来了？"

端木看到萧红好好的，一时竟不知说什么才好，只傻笑了笑。

萧红关心地："今天是十二级台风呀！"

端木："敢情就是十二级台风把我吹来的。我要看看你们的病区在十二级台风下情况怎么样？"说着，便去找护士问怎么回事？

护士说她是刚刚换班的，没有打过电话。要打，就是上一班护士打的，一定是她打错了。

端木非常生气，对护士说："医院护士，在这样的问题上，怎么能打错电话呢？"

但是这位护士也无法回答，端木只得不了了之。在往萧红床边走的时候，心里忽然有一种不祥的兆头，就像一朵乌云在脑袋顶上一样……

当他走到萧红床边，看见萧红因他来而显得高兴时，那压在脑袋顶上的乌云才散了。

萧红告诉端木，她在医院结识了一位北方女友，叫金秉英。

端木："那是萨空了的夫人，怎么？她也住院了？"

萧红："不是，她是来看朋友的。我们在电梯里听到彼此都是北方口音，就交谈起来了。她和她先生都爱好文学。"

端木告诉萧红，他认识他们夫妇，还向他们约过稿子，并且告诉萧红，文协要召开鲁迅先生逝世五周年纪念会。

萧红没等端木说完，立刻道："我要出院，我要参加！纪念鲁迅先生的会，我怎能不参加呢？"

端木："那得医生同意才行呀。"并且安慰她说："我正在托人找面临大海的房子，找到了就来接你出院。"但很显然，萧红住医院已经显得很不耐烦了。

十月十九日，文协在福建商会举办鲁迅先生逝世五周年纪念会，端木在会上见到柳亚子先生。

柳亚子是国民党元老，由于爱国、正义，受到"通缉"，带着夫人和女儿辗转来到香港。端木早就慕名，见面即成忘年交。柳亚子诗文横溢，出口成章。端木向他求诗，一挥而就。在十一月一日出版的《时代文学》五、六期合刊上，辟了纪念鲁迅先生专刊，发表了柳亚子、周鲸文、陈君葆、胡绳、林平、于毅夫等的诗文。

十一月中，端木和袁大顿一起去医院看萧红。袁大顿告诉萧红在《时代批评》上连载了《马伯乐》下部，再发一期就没有稿子了，下面怎么办？

萧红直愣愣地对袁大顿说："不行！现在没心思写长篇，你就替我在《时代文学》上登个启事,就说‘作者生病,暂停’。”

袁大顿看看端木。

端木:“就这么办吧!”

接着,萧红又嚷嚷要出院。端木说待他问问周鲸文的意见,因为住院费用都是周鲸文资助的,出院与否,也得向周鲸文打个招呼呀。

这才使萧红暂时平静下来。

没几天,香港文协分会在漫莎餐厅为郭沫若举行“祝寿会”,柳亚子、茅盾、端木等近百人都参加了。会后,柳亚子邀端木到他寓所询问东北沦陷史。柳亚子听了端木的讲述后,悲愤地即席题诗赠端木,并呈萧红。

端木拿着柳亚子赠诗去医院给萧红看,恰逢于毅夫先生也去看萧红。萧红身边放着大包小包,端木感到很奇怪。

萧红高兴地告诉端木:“于毅夫先生来接我出院了。”

于毅夫说:“萧红既然那么想出院,看她目前的情况,硬要她住在这医院里反而不好。不如出院试试看,不好再回来嘛。肺病之人,心情是很主要的!”

萧红:“毕竟年长的比你知道得多,咱们赶快走吧!”

端木要给周鲸文打电话。

萧红着急地:“回去再打吧。”

端木无奈,只得和值班护士说家中有事,回去几天再来,好在还不结账呢。

这样,便将萧红接出院了。

萧红到家,高兴极了,往还未叠被的床上一坐:“终于回来了!”

端木没有任何思想准备接回了萧红,看见屋里实在脏乱得不像样,只有硬着头皮等挨骂了。但由于萧红情绪好,一时竟未顾上。

第二天,太阳老高了,他俩还没起床。萧红很兴奋,也很疲乏。

这时,外面有敲门声。

端木急忙起来问:“谁?”

外面一位老者的声音:“是我。”

端木一听,是柳亚子先生,慌忙告诉萧红。

二人急忙穿上衣服,铺好被子,萧红进卫生间,端木便去开门。

柳亚子先生笑眯眯地走进来,说他去九龙医院看女儿,顺便来看看端木。

端木接待柳亚子先生坐在书桌边,一边为他沏茶,一边说:“萧红昨天出院回来了。”

这时,萧红梳洗了一下出来,红红的脸蛋,一双闪亮的大眼睛,高兴而尊敬地向柳亚子先生问好。

柳亚子握着萧红的手，眯着眼睛端详说："才女！早就久闻大名了！幸会。"

萧红微笑着，多少有几分忸怩："这怎么敢当呀？我们还得请柳先生多多指教呢。"

端木担心萧红身体不支，将被子叠好放在床头，要萧红靠在床头说话。同时告诉柳亚子，萧红刚出院，怕她累着。又转身告诉萧红："柳先生是长辈，不会介意的。"

柳亚子也说："对，对，快躺下，我可以把椅子挪到床边来谈话。"

萧红只得顺从地靠在床上。端木忙将柳亚子的坐椅挪到床边。他们相见恨晚地聊了起来。

柳亚子聊了一会儿便起身到书桌旁，提起笔赠诗与萧红。

谔谔曹郎莫万华，温馨更爱女郎花。
文坛驰骋联双璧，病榻殷勤侍一茶。
长白山头期杀贼，黑龙江畔漫思家。
云扬风起非无日，玉体还应惜鬓华。

柳亚子边念边写，写完抬头看看端木与萧红，将诗文又从头至尾念一遍后，双手拿起送给端木。

端木忙躬身双手接过："能得柳先生墨宝，太荣幸了。"

柳亚子转身和萧红握手告辞："贱内还在家等着呢。"

萧红要起来送，被柳亚子制止了。萧红在家住的这些日子，柳亚子常来和她聊天，萧红觉得很愉快。

袁大顿知道萧红出院，到家来看萧红，告诉端木和萧红，他已定于十二月上旬回广东东莞去结婚。同时谈到这几天外面风声有些紧，如果港九有什么骚乱，欢迎端木萧红到他家乡去。乡间房子还是可以的，粗茶淡饭也是招待得起的，希望他们不要嫌弃。

端木和萧红忙恭喜他，希望他结婚后带喜糖来吃。

临走，袁大顿还依照萧红的要求，和端木把原来顺着墙放的床，挪到中间来一点，以便两边都能上下床。这位年轻人，从来都是乐呵呵助人为乐的。看看没有什么事，便回书店去了。

金秉英知道萧红出院，也常到家里来看她。萧红和秉英非常谈得来。只要两三天没来，端木不在家，她便写条子要保姆去请金秉英来聊天。

萧红出院回家后，从精神、言谈上看，比在医院里要好得多，端木挺高兴。

但是，过了没有多久，萧红咳嗽又加剧了，体温也开始升高了，头痛又开始了。端木不得不又将她送回医院。好在医院护士都熟悉她，端木还是比较放心的。

一九四一年十二月八日，太平洋战争爆发，文化界进步人士纷纷逃往内地。端木住的九龙乐道楼上，就能看到铁丝网和炮火。端木立即过海将萧红接回。

萧红非常害怕，要端木打电话，请柳亚子先生来，商量怎么办。

这时，端木接到骆宾基电话，说香港眼看要打起来了，他准备回内地去，特向端木辞行，并致谢。端木心想，骆宾基光杆一人，不如请他留下来，帮助自己照顾一下萧红，以后可以一起走。因此，就把这个想法向骆宾基说了。

骆宾基说当然可以，能够协助端木照顾萧红女士，对自己是莫大的荣幸。当天，便从香港过海到九龙乐道八号。这是他第一次，也是唯一的一次来到端木萧红的家。

端木介绍骆宾基和萧红认识，并且告诉萧红，这就是那位困在香港旅馆的青年作家骆宾基。

骆宾基仰慕地和萧红握握手，便默默坐在一旁了。

柳亚子接到端木电话也来了。他一进门便说："我小女儿听到大炮声不断，起先还以为是演习呢。"见萧红特别害怕，便安慰她，和她聊天，互相作诗。

萧红对学术界的长者，从来都特别相信和尊重，情绪很快就稳定下来了。

这时，于毅夫急匆匆地赶来告诉端木，今晚得过海到香港那边去。九龙呆不住，很快会沦陷。他已经预定了小划子，等天黑下来就走，要大家准备一些吃的、用的。

端木随即收拾东西，送柳亚子回去，同时买一些食品回来。

天黑以后，枪炮声更紧，端木和于毅夫、骆宾基雇了两辆三轮车，扶着萧红上车到海边，乘上雇好的小划子过海，就直接往时代书店，准备找张慕辛、林泉他们，先有个落脚处。

时代书店的店员告诉端木，大炮响了之后，张慕辛、林泉住到思豪大酒店去了。于是，端木这一行人就着原车赶到了思豪大酒店。这已是第二天清晨了。

思豪大酒店的女老板，是个东北人。和时代书店的人都很近乎。张慕辛和林泉想找钢筋水泥结实的楼房住，又知道张学铭长期包的思豪大酒店五层楼的房间，一直是空着的，所以他们就通过女老板住进去了。现在看到端木萧红来了，萧红还生着病，便毫不犹豫地将这套房子让给端木萧红住了，他们又住到别的空房子里去。

端木和萧红在香港有了临时落脚处，端木便托骆宾基照看萧红，他和于毅夫一起出去了解情况。

香港整个局势越来越糟，越来越乱，一些“烂仔”也乘机出来抢劫，水、电、交通都停了，不论到哪里就凭两条腿。

端木从于毅夫那里知道南方局书记周恩来已经致电廖承志，尽快地接出滞港的进步文化人。于毅夫还告诉端木，过几天要在格罗斯打大酒店地下大厅召集滞港文化人，布置撤走事宜。但是，于毅夫知道，这些撤走的行动，萧红都因为生病无法参加。不过有什么他会来告诉端木，并要端木有事便来找他。

十二月中旬，外面大炮声不断，端木正在酒店房间炉子上为萧红做吃的，突然“轰隆”一声巨响，大楼都震动了。骆宾基仓惶夺门而出，端木急忙放下碗跑到床边搂紧萧红。这些天的逃难，很明显，萧红的病体加重了。到晚上稍稍平静后，骆宾基显然在外面吃饱了，才上来对端木说，酒店的人都往半山一幢空别墅里跑，我们是不是也去那里躲一躲？至少不会被炮弹打死。

于是端木和骆宾基扶着萧红，两步一走，三步一歇地到了半山腰一幢空别墅里，那里的主人显然早就撤离了，端木看那情况，最多也是临时避避炮弹，根本无法在那里生活，便要骆宾基照看萧红，自己再去找于毅夫。

于毅夫也有些一筹莫展。不过他想到周鲸文的房子在半山腰，那里比较安全，便准备将萧红送到周家。那时什么交通工具也没有了，只有用高价请了两位搬运工，把躺椅绑在两根木杆上，抬着萧红，一起到了周鲸文家。

周家人很多，看到萧红被抬来，周鲸文夫妇也还是很亲切热情地让到客厅沙发上躺着，一方面安慰萧红别害怕、别担心，一方面考虑如何安置才合适。和端木、于毅夫商议后，决定还是暂时住坚固的大饭店比较保险，比较方便，随即，住进了格罗斯打大酒店。

香港在飞机炸弹、大炮轰击下，很快被日军占领，烧杀奸淫，无恶不作。所有大医院、大饭店，一律军管。萧红住的格罗斯打大酒店变成了日军司令部。端木扶着萧红只有立即搬出，暂时到了一个裁缝铺里躺着，等端木找到地方后再来接她。

端木又去找周鲸文，周鲸文要人协助端木将萧红从裁缝铺暂时抬到斯丹利街时代书店宿舍去住下再说。那里人倒不挤，还有一间小屋给他们住。

由于战乱，往返搬迁，吃不好、睡不着，萧红除了咳嗽、发烧外，又增加憋气，时常会觉得透不过气来。人更瘦了，脸更白了，眼睛更大了……端木心急如焚，说什么也得让萧红住进医院治疗才行。

端木只得又去找周鲸文，在香港酒店门口，遇到萨空了，谈了谈朋友们撤退的情况和萧红的病。萨空了问端木干什么去，端木告诉他找周鲸文。萨空了说他知道周鲸文在交易所。他刚好有事也要往那边去，便一同去了。端木找周鲸文主要是借钱设法为萧红看病。

圣诞节那天，英政府挂白旗投降。战事停了。交通、水电也逐步恢复了。但医院仍被日军占领。

于毅夫来告诉端木，在有关方面安排下，三十多位文化人由东江纵队保护，撤离港九地区。端木、萧红均在名单上。但萧红病成这样是无法走的。于毅夫又告诉端木，他也要走了。他走后已安排了王福时协助你们撤离，并交给端木一笔钱，以便为萧红治病和撤离用。

那时，柳亚子还没走，但凡萧红精神好点，便要端木给柳亚子挂电话，端木挂通后便将话筒递给萧红，能听到柳亚子的声音，萧红也觉得是一种安慰。

一月九日从电话里知道柳亚子要陪何香凝撤离香港回内地了，萧红便要端木带了还没有启封的鱼肝油去送给何香凝，代表她去送行。

到了柳亚子那里，柳亚子详细询问了萧红的病情，安慰端木，只要停战了就好办了。临走，也送了一些钱给端木，表示他的心意。

端木有了钱，什么也不顾了，先找到医院再说。从当地人那里打听到跑马地，有一家颇具名气的私人开设的医院。院长李树培是位博士。香港有钱人多半去他那里看病，条件设备都是一流的。听说没有被日本军队接管，端木就按地址找去了。

养和医院不大，但很考究。它已经开始接待病人了，端木急忙去办手续。院方要先交一周的预金，端木拿出港币交付，院方不收，日军占领后，市面上港币美金都不收了，得兑换成“军票”。

端木看没有通融的余地，便出来兑换“军票”。那时，满街都是兑换“军票”的，既没有牌价，也没有银行兑换处，胡乱在票贩子手里兑了几百元军票，回到医院交了预定金，马上回去接萧红。

当端木急匆匆进门的时候，骆宾基不小心将床边茶几上的杯子碰掉在地上了，萧红正憋得喘不过来。

端木立即扶萧红坐起来，一边为她拍脊背，一边对骆宾基说：“快！我已经找到医院了，你赶快收拾一下萧红的漱洗用具，咱们这就走。”

萧红靠在端木身上，憋气稍为好了一些，脸也不那么红了。端木吻着她的头发说：

“亲爱的，现在不怕了。我找的这家医院是香港最好的，钱也有了，你就安心的治病吧！”

到了养和医院，第二天，李树培院长亲自来检查。当他知道端木、萧红是当时香港文化界有名之士时，态度稍稍好了一些，他检查的结果是萧红喉头有肿瘤，需要手术切除。否则就有封喉的危险。这就是感到憋气的原因。

端木一听就急了。因为他知道有结核病的人是不能开刀的，开了刀根本封不了口。他的二哥就因为有结核病，腰上长了东西，开刀后一直封不了口，已经躺在床上好几年了，因此坚决不同意开刀。并将二哥的例子说给李大夫听。

李树培大夫微笑了一下："是听你的，还是听我的？"

端木："当然听大夫的。"

李树培："那么签字吧。"

端木不签字。

萧红治病心切说："开刀有什么了不起的？别婆婆妈妈的了，你就签字吧！"

端木坚决地："我不签！"

萧红发急地："你不签，我签！"说罢，自己就在手术单上签了字。

李树培拿着签字单就走出病房了。

萧红几乎平躺不下来，端木为她把床摇起来，憋气才稍稍好一点。这也就怪不得萧红自己签字了，但愿这手术能解除她的痛苦。

这时，护士推来了手术床，将萧红抬上去就推走了。端木紧紧跟在后面，进手术室时，萧红还回过头来看了端木一眼。随即手术室的门就将端木隔在了外面。

端木这时真是坐立不安，在手术室门外，可以听到刀钳和盘子碰撞的声音，一会儿又什么都听不见了……这时间，不知过得是长还是短。不大工夫，手术室门开了，萧红躺在手术床上被推了出来往病房去。端木乘机溜进手术室，想问问大夫开刀的结果，看看切出的瘤子，但什么也没看到，只看到盘子里一堆带血的药棉。

端木随即出来到病房，护士已将萧红抬到床上。端木看着萧红气色还好，脖子上缠了纱布，一根橡皮管从纱布中露了出来，插到一个瓶子里。萧红精神还不错，但眉宇间透着焦虑。

端木靠近问她感觉怎么样？

萧红声音很低很低地对端木说："我觉得胸痛。"几乎用气音又说："我听到大夫说，没有肿瘤……"

端木惊呆了！

但事已至此，怎办？他返身入内，去找李树培，护士告诉端木："院长作完手术就走了。到哪儿去，我们也不知道。"

端木只得憋住火，回到病房安慰萧红。

萧红低声说："这里不能住，咱们还是到玛丽医院去吧。那里有专治肺病的。我是老病号，他们会接纳的。"

端木也和萧红同感。但玛丽医院离养和医院有几十里，再说那里接不接纳病人还不知道，但为了救萧红，端木还是决定跑一趟。

端木将萧红托付给请的一位荷兰籍的女特护,便出来找车,但车全被征用了。正一筹莫展,忽然听到路边有用英语谈话的声音,有一个青年人还戴着“朝日新闻”的红臂章。端木想,日本也有“反战分子”,硬着头皮上前就用英语自我介绍了:“我是端木蕻良,我的妻子是萧红,她病得很重,我需要车子送她去玛丽医院,不知你们能不能帮助我?”

他们似乎知道这两个名字,便要端木随他们到办公室,告诉端木他们是“朝日新闻社”的记者,另一个还将他的名字告诉端木叫“小椋”。他们马上为端木派了车,连夜将萧红送回玛丽医院。因为萧红不久前是这里的病人,账还没结,又是“朝日新闻社”的车送去的,所以很顺利的就住进去了。

但是,没两天,日军司令部一道命令:“玛丽医院接受军管。”于是,一切病人撤出,有的和法国医院合并,萧红又被迁至法国医院。

法国医院的大夫非常好,端木问大夫:

“萧红的病还有希望好吗?”

大夫:“假如在正常情况下,病人是有希望的,但在这种战乱情况下就不好说了,能维持现状就不错。”

这期间,日本记者小椋也到医院来看过端木与萧红。端木抱怨都是养和医院开刀开坏了,否则不会这样严重。

小椋说:“不开刀,萧红女士也活不长了,这都是战争的罪恶。”

端木随时用皮管为萧红吸痰,喂她水和牛奶,萧红痴痴地望着他。在没有人的时候,要端木用手搂着她,用气喃喃地说:

“我对不起你,是我拖累了你,我们本来是可以和他们一起突围的,可因为我,你也没走成……”

没有两天,这家法国医院又被军管,萧红只有和医院搬至圣士提反女校,一所临时医疗站,没有医药,没有任何医疗条件。萧红喉头的痰更多了,端木几乎不停地为她吸痰。否则就会窒息了。

这一夜,萧红有些昏迷,屎尿都不会喊端木了。

第二天清晨,端木为她倒便盆回来,忽然觉得萧红比夜里好了,清醒了,她要端木拿纸笔来,在纸上写:“我活不长了,我死后要葬在鲁迅先生墓旁。现在办不到,将来要为我办。现在我死了,你要把我埋在大海边,我要面向大海,要用白毯子包着我……”端木强忍着泪水安慰她说:

“你不会死的,等你病好了,我们一起回内地去,我们还有好多东西要写呢……”

萧红:“你看,咱们是不是把《呼兰河传》的版税送给骆宾基,也算是给他的报酬。版权不能给他,版权是咱们自己的。”

端木说好。

这时萧红又出现涌痰现象,端木急忙用吸管吸出。萧红爱怜地问端木:

“你是怎么吸出来的?”说完,微笑了一下头就歪过去了……

一九四二年一月二十二日上午,萧红再未睁开眼的去了,永远的去了……

端木看着吸痰管,痴痴地看着萧红苍白安静的脸,脑内一片空白。

半晌,不知是谁,来抽出端木手上的吸痰管,他才看见了骆宾基。即要骆宾基去找照相的来为萧红拍遗容。骆宾基答应着走后,端木将萧红遗体摆正,将头发整整平,忍不住在她嘴上长长亲了一个吻,感觉到她余温犹存。

这时照相的来拍了遗容后,端木随着护士将萧红送进了太平间,当护士关上太平间的门时,端木再也忍不住,像孩子一样扑在门上大哭了起来……

天快黑了,端木心力交瘁,独自一人走到香港大学文学系主任马季明家中。马季明充满同情地留他在他家住下。

当时香港死人很多,每天都有专门收尸的人,开着车辆到医院运存放在停尸房的尸体,送去埋葬。无人认领的,不分男女,不穿衣服,统统埋葬在一个大坑里。

端木为了实现萧红的遗愿,一早就来到停尸房的门口,看到收尸的人中,有一位像是主管,因此,走过去找他,说明自己和萧红的身份和关系,请求他给予帮助。

这个人很好,知道死者是萧红,是端木蕻良的妻子,他在报上看过他们的作品,所以毫不犹豫地答应将萧红和其他尸体分开,单独安放在一个车厢里,并且从医院里取来白毯子将萧红裹上,送到日本火殓场火化。同时告诉端木去找日本军政府有关部门办理死亡证、火葬证和认领尸体允许单独安葬等手续。

在送萧红遗体去火化的过程中,端木看到萧红露在毯子外面的头发,他几乎没用大脑地取出挂在钥匙链上的小剪子,剪了一小撮萧红的头发,放在他西服里面的小口袋里。他天真地感到萧红没有完全离他而去……

火化后得过两天才能去领骨灰。这时间,端木跑到日本军政府有关部门,用英语和那位又高又大的日本人说我妻子死了,她是位文学家,她的遗言是要将她葬在海边,面向大海,请允许他实现妻子的遗愿。

那日本人因为听端木说的是英语,态度很好地问端木,准备葬在哪里?

端木告诉他,妻子生前很喜欢在浅水湾散步,希望将她葬在那里。

看来那日本人也不知道浅水湾在哪里,当时就批了许葬证交给端木。

端木从那里出来,就想去买骨灰瓶,他敲开了家古玩店。端木是爱好古董的,一进去就看中了一对挂釉的陶罐,价钱也没还就捧了回来。因为他想到浅水湾不是埋人的地方,战争结束后还不知会遭遇到什么命运。因此,决定将骨灰分装在两个罐子里，埋在两个地方。这样总可以保存一份，将来带回内地，葬在鲁迅先生墓旁。

过了两天，端木去火化场领取萧红骨灰，路上还遭到“烂仔”的抢劫。

第二天，端木抱着一个骨灰瓶，带着毛笔和墨汁，要骆宾基和他一起走到浅水湾，路上一个人也没有。端木找到一个用砖砌起来的花坛，用手和瓦块在中间刨了一个坑，将里面的土挖出来。好在花坛中间的土不那么坚硬，终于挖出了一个深坑，将骨灰瓶正正地放了进去，填上土后，环顾四周，不远处，在被炮火打坏了的更衣室旁，拣了一块木板，端木端端正正写了四个大字“萧红之墓”立在墓前，用土和石块压得牢牢的。

这时天已快黑了，端木默默地在萧红墓前立了一会儿，轻轻地说：“你安息吧，萧红，总有一天会接你回去的。”说罢，深深一鞠躬，含着泪，便和骆宾基往回走了。骆宾基回时代书店，端木回马季明家。

马季明家经常有学生出入，也有个别住在他家的，对端木都相当好。

当夜，端木用白毛巾包着另一个骨灰瓶，约了一个学生和他一起出来，想找一个安全、不易被人发觉的地方埋葬。

端木想起圣士提反女校离这儿不远，萧红就在这儿去世的，香港再怎么变迁，这个学校总是会存在的，因此在校园里转了一圈，挑选了面向东北方向坡上的一棵小树下，挖坑埋葬了萧红另一半骨灰。

那位同学在校园里找到一把铁锨，便帮端木挖了起来，那时校园里一个人也没有，只有淡淡的月光照着他们。端木和那同学轮流地挖，终于挖出了一个深坑。

端木将骨灰瓶子仔细擦拭干净，轻轻地放了进去，先用手往里撒土、压紧，然后再用锨往里填土，当那位学生为了将土压紧，在上面又踩又蹦的时候，端木几乎吼了起来。这是萧红骨灰呀！但随即就清醒过来：如不压紧，尽量作到不显眼，又如何能保住呢？

待一切就绪，端木靠在树上喘息了一阵，又对着萧红的坟地深深地一鞠躬，那位学生也随着端木鞠躬后，两人就默默地往回走了。

到了马季明家，端木深深感谢这位同学，这位学生也感动地握着端木的手，要端木赶快休息，不要太悲伤了。

端木回到卧室，什么也顾不上地躺到床上，浑身像散了架一样。不一会儿，感到脚底剧烈地疼痛，不得不起来脱鞋查看，原来一双新皮鞋的鞋底已经磨穿，脚底板都流血了……

月底，端木给许广平先生写信，告诉她萧红逝世，骨灰埋在浅水湾，请许先生给内山完造写信设法对骨灰进行保护。

回忆我的姐姐——萧红

张秀珂

萧红曾问我："在陕北净吃黑馍，你受得了吗？"我说那又算得啥，你顾虑得太多了。以后，我就离开了他们，带着一封萧军写给红军里熟人的信去了西安。谁知这一去竟成了永别。直到十年以后，我才知道他们那时闹意见，并不是完全怨萧红的。

——张秀珂

本文载《黑龙江文史资料》第8辑。题图照片为青年张秀珂。

张秀珂：萧红胞弟。

1954 年冬天，我因病来京治疗。听骆宾基先生说：人民文学出版社应读者要求，正给萧红著作出文选，我想趁此机会，就我对萧红的了解写一点东西，以求给读者对萧红的认识有一点帮助。

一、我和萧红

萧红原名张乃莹，1911 年生于黑龙江省呼兰县城内南街一个古老的地主家庭里。

萧红长我五岁，是我的长姐。本来在我三岁我们的母亲逝世时，留下我们姐弟四人，其他两人在幼年便相继死去，所以只剩我和萧红两个亲姐弟了。

母亲死后，我们的生活虽然没有怎样挨饿受冻，但条件的确是恶化了，失去母爱，无人照顾，给我们身体和精神造成了很大损失。唯一还关心爱护我们的，就是萧红在《呼兰河传》中所提起的祖父了。的确，每当萧红在吃饭时向父亲和继母吵着要念书而受到驳斥的时候，总是由祖父出来给维护圆场，这才能把饭吃完。而我的吃、喝、拉、撒、睡，几乎全是由祖父来处理的。但也正因为如此，一年到头，总因祖父多给吃了一些糕点、干粮之类的食品而经常拉肚子。

在我记事以后，萧红给我的印象并不太亲密，这主要是因她常年在外读书很少接近的缘故。但我还是很喜欢靠近她，她也是很关心我的。我六岁时曾随她到

学校——呼兰女校玩过，她把我放在她和同桌赵同学之间，我趁她们听课时，竟偷偷吃了赵同学的馅饼，之后赵同学和姐姐都没有责备我，还继续欢迎我去玩；又一次萧红在哈尔滨女中读书放假回来，给我带回一个五颜六色的万花筒，使我高兴了不少天；最后一次萧红从北京上学回来，给我买了一个幻镜（一头装放大镜，一头装幻灯片的玩具），这在我想看电影而不得的当时，是多么大的满足啊！

随着我们年龄的增长，所受的熏陶教育不同，思想上逐渐产生了距离。我对萧红有些事情就不能完全了解了：比如她爱看毛边的鲁迅、蒋光慈等人的新小说，而我觉得那有什么好看呢？能比我正在看的《西游记》、《济公传》还有意思吗？又如不愿意同家庭订的汪姓人结婚，那就"离婚"好了，何必要打官司告状呢？再如因家庭封建意识太深，在众口一词的逼迫下，令人无法出气，那就慢慢避开好了，何必在死冷寒天，孤身一人跑到哈尔滨去呢？最后当在哈尔滨困极，没东西吃没衣穿的时候，即使不愿向家庭索要，也可向留在哈诸叔伯弟妹们要一点钱物，何必受那么大的罪呢？

这些糊涂思想，直到我入高中以后才逐渐领悟过来：原来要做一个真正的人，是必须作这样斗争的呵！

1934 年，我在齐齐哈尔高中念书。该校孤处城外，冬天冷得令人不敢挨床板，春天大风掠过，砂石使你睁不开眼，而令人尤其枯燥烦闷的是精神上的寂寞与空虚。我偶然从报纸上看到悄吟与三郎的名字，后得知悄吟就是萧红。我便写信向报社探询，不久萧红回了信来，对我表示热烈的欢迎，并要我转学到哈尔滨去，当时给我以极大的鼓舞。

从这时起，我和萧红不但恢复了姐弟关系，而且在思想上也达到了姐弟的亲密。我们此后便音讯不断了，等到秋天我转学到哈尔滨时，萧红和萧军已匆匆离哈去青岛了。在我读高中这期间，得到他们二人很大的教益，萧红经常写信来，我除了经她指点读了一些进步小说外，还收到了萧红偷偷寄来的他们的作品：《生死场》、《八月的乡村》、《丰收》（叶紫著）等书，对我的启发很大。当时伪满逮捕思想犯很严，往往株连到无辜者，我直觉到这种压迫，竟有些神经过敏，谁也不敢相信，但又走投无路。高中毕业后，我于 1936 年到日本留学半年多，听说萧红当时也在日本，但我竟未敢去找她，怕特务发觉。在日本又受不了被当做"亡国奴"的轻视，就于是年冬转道东北跑到上海了。先见到萧军，以后萧红也从日本回来了，我靠他们的帮助在上海逗留了半年多。

这期间，我对萧红又有了新的误解。她经常和萧军闹意见，一次我刚进屋，萧红就告诉我：方才他们争吵，萧军把电灯泡都打坏了。萧军就马上抢过来说："是碰坏的。"并分辨说，他是如何有理等等。而我问萧红到底为什么，她反支吾不答。所以我当时是拥护萧军的,不赞成萧红的。从此,有些事情我就不大听她的话了,她准备上北京访友,问我去不去?我说不去。我觉得北京乌烟瘴气,汉奸日寇横行,有什么去头呢?“七七”事变爆发后,我决定去陕北参加革命实践。萧红曾问我:“在陕北净吃黑馍,你受得了吗?”我说那又算得啥,你顾虑得太多了。以后,我就离开了他们,带着一封萧军写给红军里熟人的信去了西安。谁知这一去竟成了永别。直到十年以后,我才知道他们那时闹意见,并不是完全怨萧红的。

我到西安后,还常与他们通信。一个月后,当我随着新改名的八路军渡河东下以后,就和他们断了音信。五台、广阳战后,部队绕到汾阳、孝义。整军时,我竟不知他们正在附近的民族革命大学任教,以致失之交臂,未见一面。

半年以后,我随游击队活动,抽时间写了几篇通讯、报告之类,给在延安的他们寄去(我当时以为萧红也在延安)。光复后听萧军说,他当时并没有收到。又过四年,我在苏北新四军某师工作,偶然看到当时军部出版的文艺副刊载有萧红困居在香港的消息。我写了一封信去,请她到根据地来,但据端木君后来说,他们也未收到那封信。

最后,噩耗传来,1942 年夏,同样在该副刊上看到了悼念萧红的启事。我当时悲痛得很,写了一首极尽哀思、怀念的长诗,先想发表,后觉不好,便毁掉了。

光复回东北后,从诸友人处陆续打听到一些关于萧红和我分别后在西安、武汉、重庆和香港等地的生活情形。直到最近来京卧病后,才了解到较为详细一点。听友人说,萧红直到最后还经常说怀念我这个弟弟,而我除了幼稚、浅薄的误解和怀疑外,竟对她丝毫没有帮助。每当我想到这里,常引起我的自恨与自责。

二、萧红的思想

萧红从中学时代开始接受新民主主义思想起,直到最后一息,始终是一个反封建主义、帝国主义、官僚资本主义的勇猛战士。这不仅贯穿在她的全部作品中,也贯穿在她的一生行动中。这表现在:幼年反愚昧,要求上学;其后反封建的打“离婚”;在报纸上写文章讽刺当时的封建堡垒——家庭;同家庭断绝关系,忍受饥寒痛苦;后又离开东北流浪在关内各地,不甘俯居人下碌碌一生,总想自己独立的生活下去,为社会做一点有益的事情。听友人说,她直到在香港病死之前,还在计划着写《呼兰河传》第二部,这不就是很好的证明吗?

虽然她斗争的各个时期有不同的特点:如开始反愚昧、反落后,直到反封建,是满腔热情、锋芒毕露、大刀阔斧、尖锐无比;中期则因受了一些人生的磨练,便有些含蓄和选择了;晚期则比较更加成熟,幽默中带辛辣,极尽冷嘲热讽之至。《马伯

乐》与《呼兰河传》正是这样的代表作。但她反抗黑暗反动势力的勇气始终没有衰退，斗争的精神也始终没有熄灭，从她最后的几部作品看来，勿宁说是更深刻化了吧？写到这里，我但愿我们的青年和儿童永远不要再受到萧红所经受的折磨、痛苦与刺激了。

三、对萧红的纪念

听友人说，萧红逝世前谈到希望把她的坟埋在鲁迅先生的墓旁。除了这件事外，我还想在条件允许的情况下，以萧红的名义办一些社会福利事业。我病重了，这些事恐怕不能一一做到了，但我已告诉我的近人替我完成这个志愿，当然我更希望热爱萧红的朋友们能帮助这样做。

1955 年 4 月 28 日

张秀珂同志是萧红的胞弟，1955 年在北京和平医院治疗时，卧床口述了这篇纪念姐姐的文章，经别人读后，本人不甚满意，准备进一步修改，后因病情日重，不堪此任，故终未了却此愿。现按原记录稿誊写出来，以供研究。①

① 此注为初刊时编者所加。

重读《呼兰河传》回忆姐姐萧红

张秀琢

有一次母亲找来一个算命先生，是个盲人，他吹嘘自己如何未卜先知、通晓生死，姐姐却非常讨厌他，站在窗外大声喊："瞎子瞎子来干啥，瞎说瞎算骗钱花。"惹得孩子们哄然大笑。

——张秀琢

本文载《萧红身世考》，哈尔滨出版社2003年版。题图照片为张秀琢。

张秀琢：萧红同父异母的弟弟。

最近在几家报刊上陆续读了有关萧红和她所著《呼兰河传》的评介文章，勾起了我对故乡和姐姐的深切怀念。萧红，这个曾每天见面，但又似陌生的姐姐，在我的心目中，占有重要的位置；对我的生活产生过不小的影响。

萧红还不满十岁的时候，母亲姜氏就患肺病逝世，留下她和比她小四岁的弟弟张秀珂。父亲带着他们生活了一年多，继母（我的生母）梁氏来到家。我出生的时候，姐姐已经十几岁，我刚记事儿，姐姐就离开了家。关于姐姐的身世，报刊上有的说她原来可能不姓张，她和弟弟是随着母亲一起嫁到张家来的，这种说法与事实不符。还有的说，萧红的父亲对萧红的母亲系属逼婚，这就更荒谬可笑了。

萧红姐姐的学名张乃莹，在家乡——呼兰河城里度过了近二十个年头。读了小学、高小后，又到哈尔滨市第一女中读了一年多。

姐姐从小性格倔犟。父亲曾对我讲述过这样一件有趣的事儿：姐姐出生后不久，母亲在她睡前照例要用裹布缠住她的手脚以便使她安睡，她却拼力挣扎着不让人抓住她的胳膊。来串门的大婶看到这个情况笑着说："这小丫头真厉害，长大准是个'茬子'。"由此，亲友们都说她这种倔强犟劲儿是"天生的"。姐姐热爱生活，她有一颗赤热而善良的心。但是她生长在半封建半殖民地的社会里，封建思想的严重束缚；帝国主义侵略战争造成的颠沛流离的生活折磨;幼年丧母的过分悲痛;使她的性格变得孤独、倔犟,爱反抗。好像什么都不顺她的心,不中她的意。

姐姐小时最喜欢我家房后的菜园,它虽不大,菜的种类却很多,晶莹闪光的紫茄子,足有一尺多长;粉红、金红交相辉映的西红柿,远远望去像一丛丛盛开的鲜花;攀藤而上结出硕大果实的大南瓜,像一个个大灯笼……其中最吸引姐姐的是那片用秫秸搭成屋顶形的三角架,被绿盈盈的瓜叶和瓜秧罩满的黄瓜地了。一条条像翡翠般碧绿的黄瓜吊在上面;那周身长刺,一朵小黄花还顶在头尖的青翠欲滴的嫩黄瓜,给少年时代的姐姐带来了许多乐趣,姐姐很喜欢藏在黄瓜架下。记得有一次有二伯到园里来干活,把她领来了,临走时就找不见她,喊她,也不答应。后来发现她在黄瓜架下睡着了。

我家的后菜园种了各种花草,有晚香玉、夜来香、百合、西番莲……后窗下花丛中搭了一个小棚,是姐姐乘凉、学习的地方。夏天,她多半在这里读书。姐姐读起书来是不知疲倦的。有时到了吃饭时间,她还不回屋来,常常要人去喊她。姐姐喜欢在书里夹花叶,常常顺手拿起一片花叶夹在书中"备忘"。姐姐还很喜欢画画,画小房、小鸟给爷爷看,还说长大要当画家。后来随着年龄的增长,连她喜爱的后菜园也被丢在一旁而钻进那个又小又黑,必须端灯进入的小后屋,翻腾着那些多年用不着的老古董。这可能是她有意避开令人厌恶的社会生活的一种反抗行为。

我家生活状况是比较优越的,从某种意义上讲,对姐姐也算得上娇惯了。但她不喜欢这种生活,不喜欢这个家。她在《呼兰河传》里写了和家人的关系。除祖父外,和别人似乎都没有什么感情。她和祖父的感情深,正像她自己说的:

"……我会走了,我会跑了。我走不动的时候,祖父就抱着我,我走动了,祖父就拉着我。一天到晚门里门外,寸步不离,而祖父多半是在后园里,于是我也在后园里。"

舒适的家庭生活,没有使她感到快活,家人的娇惯,没有使她感到温暖,她刚满二十岁就离开了家,而且是一去不复返。她不但倔犟而且刚强,生活上遇到多大困难,她也不愿向任何人求助;思想上遇到多大压力,她也不肯向任何力量屈服,她的整个生平充满着战斗性。

姐姐自幼就同情穷苦人。《呼兰河传》里描写的有二伯,实际生活里确有此人。不过他姓李不姓有,因为他的乳名叫有子,叫惯了,大家倒忘了他的真姓,就随口叫起有二伯来了。

有二伯的身世详情,我不大清楚,只知道他无依无靠,没有什么亲人。他从三十岁就到我家,一直呆了三十多年。形式上是家人,实际上是一个不挂名的长工。我家房后有个菜园子,种着蔬菜、苞米、黄烟等作物。虽然忙时大家也到菜园里干

点活儿，但主要劳动却落在有二伯身上。他每天很早就起来，侍弄菜园子，供给家里食用的相当一部分蔬菜。有二伯不挣钱，家里只供他吃穿，但是生活待遇是很不平等的，他干活在先，吃饭在后，多半是和老厨子一起吃。穿用也是破旧不堪，姐姐同情他，同情这位在有钱人家里劳动了大半生，孤独、贫寒的老人。姐姐在《呼兰河传》中用了不少笔墨叙述有二伯的生活。"有二伯的行李是零零碎碎的……有二伯的枕头……花花的往外流着荞麦壳。"

姐姐常常和有二伯在一起。有二伯到后菜园干活，她也去；有二伯锄地，她拿着一把小铲子挖草；有二伯浇水，她提起小喷壶弄水玩儿；有二伯挺喜欢她，干活时常常主动地把她带着。有时嫌她碍事儿让她躲开，她立刻撅起小嘴儿生起气来，弄的有二伯没有办法，不得不放下手里的活儿哄她。

姐姐关心这位老人，帮助他缝补破旧的衣物，送给他吃的东西，有时背着家人把落花生、冻梨送给有二伯。有二伯性情古怪，有东西你若不给他吃，他就骂："有猫、狗吃的，有蟑螂、耗子吃的，就是他妈的没有人吃的……"若把东西送给他，他还不要，可每当姐姐送去东西时，有二伯脸上立即露出笑容，"嘿嘿！小荣华(姐姐的乳名)，你二伯不吃这个，你们拿去吃吧！"姐姐离家后，还打听这位老人的情况，惦念着有二伯。

我家西院住着好几户人家，大都是生活比较困难的房户，其中崔家、李家最穷。李家的男主人在外边打短工，有时卖点蔬菜，女主人在家里为别人缝洗衣服。夫妻俩从天亮忙到天黑，仍然养活不了他们一家。一年过去了，又转过一年，照旧是缺吃少穿。四个孩子都是夏天光着身子秋天还光着身子。九月中，在南方的人们穿着衬衣还觉得热的时候，北方的呼兰河边却要穿绒衣，早、晚甚至要披棉袄了。一次姐姐到李家，看到家中最小的女孩光着身子蜷缩在炕的一角，冻得小脸都发青了，姐姐看了一下自己身穿的绒衣，便飞快地跑回家去，把母亲新给她买的一件绒衣拿到李家给小女孩穿上。这个刚刚懂事的小女孩，第一次体会到人间的友谊和爱怜，她用兴奋的目光怯生生地望着姐姐。由于身体暖和了，发青的脸蛋儿也变得红润了。姐姐上下端量着小女孩，小小的个儿穿起一件大衣服，显得笨拙而有趣儿，便乐得拍手大笑，抱起女孩亲了又亲说："这衣服送给你穿了！"为这件事，惹得母亲生了一顿气，埋怨她不该把新买的衣服就送了人。由于她对街坊邻居中的劳动人民很同情，从不歧视贫苦人，而且尽自己的力量去帮助他们，因此大家都说她不像有钱人家的姑娘。

呼兰城里东二道街，在离我家不远的地方有个大水坑，实际上是走车马的大道，地势低洼又没有人修，一下雨就积满了泥水。对行人以及由此经过的车马说来，是一个不小的威胁。大车陷下去，行人掉进水里的事是经常发生的。姐姐上高小读书的时候，大水坑是必经之地，如果绕行要多走二三里路。好在人行道旁是一家住户的板墙，过路的人，只能借助这道板墙贴着墙根一个接一个地走过。姐姐第一次过水坑时，也是紧张得心里扑腾扑腾直跳，男孩子们很快就过去了，他们带着嘲笑的口吻朝姐姐喊："绕着走吧，这道你们女孩子走不了！"姐姐当时把眼睛瞪得溜圆，"哼，你们等着瞧吧！"说着挽起裤腿，两手扒着板墙，虽然很吃力，但还是过去了，从此男同学便不敢轻易地讥笑她了。姐姐上学是这样走过的，后来我们姐妹兄弟也和姐姐一样像接力赛似的天天都从这里经过。这种安排似乎是预示着我们姐弟未来道路的坎坷不平。

姐姐在《呼兰河传》中还有一段描写，是意味深长的：

"车马陷下去，过路的人都去帮忙，不过帮忙救马的过路人，都是些普通的老百姓，是这城里提葱的、卖菜的、瓦匠、车夫之流……一种穿着长袍短褂的，非常清洁，看那样子也伸不出手来，因为他的手里也是很洁净的。不用说那就是绅士一流的人物了，他们是站在一旁参观的。"

这段简短的描述，鲜明的对比，纯朴的感情，充分反映了姐姐对绅士与劳动者两种人的两种截然不同的态度，反映了姐姐的爱与憎。

姐姐反对封建礼教、封建道德，她是封建家庭的叛逆者。她反对封建迷信，对于抽帖算命、拜鬼敬神等事从来是很反感的。四十几年前的呼兰河，小城不大，封建迷信活动却很猖獗。大寺庙就有好几座，小土庙到处皆是，"铁嘴"、"金口"等卦摊儿的幌牌飘摇街口，活动最猖狂的算是跳大神儿的了。它不仅骗人而且害人，轻病加重了，重病闹死了，有一些侥幸好了的病人，白白地被他们骗走了钱物，真是害人不浅。姐姐不相信这一套，她把这些骗人的把戏揭示出来，告诫人们不要相信神鬼，不要相信什么因果循环、因果报应。

记得我家到了年节，总要有一番举动，最热闹的该是春节了。我们童年时代都盼着过春节，吃点好东西，穿件新衣裳，放放鞭炮，算是我们孩童的最大乐趣。家里从旧历腊月中旬以后就开始忙碌，蒸黏糕、做馒头、杀年猪、包冻饺子……一边干着活，一边叨念着流传的顺口溜儿：二十一，杀年鸡；二十二，写字块儿；二十三，灶王上西天……直到三十晚上坐一宿。对这些举动，姐姐不大感兴趣，敬门神、供灶王、烧香上供，姐姐连看也不看一眼。说起这些，还有一件有趣的事儿：春节照例要祭祖，供上祖宗牌位，摆上干鲜果品；到了除夕晚上，夜半要吃顿饺子以表吉利，之前要敬祖先。拜祖要按辈数排列顺序，首先是祖父、祖母、父亲、母亲，然后是我们。父亲有个习惯，他不愿当着我们的面下跪，总是偷偷地磕了头走开后才叫我们进去。姐姐也学会了这一手，虽然规定姑娘不磕头，只要鞠躬就行了，但她也不叫人看见，偷偷点了一下头，甚至在供桌前转了一圈便高喊："我拜过了，我拜过了！"

我家没找过跳大神儿的，但算命却是常事。有一次母亲找来一个算命先生，是个盲人，他吹嘘自己如何未卜先知、通晓生死，姐姐却非常讨厌他，站在窗外大声喊："瞎子瞎子来干啥，瞎说瞎算骗钱花。"惹得孩子们哄然大笑。

呼兰城里东二道街有两三个扎彩铺，这是为死人而预备的。扎彩铺里做活的人每天忙碌着，扎出了双双对对的奴仆，华丽闪光的车马、豪华壮观的住宅、数不清的金银财宝……让它们伴随着死去的贵人进入阴曹地府。但是连扎彩匠自己也不相信这是真的。姐姐在《呼兰河传》里写得很深刻："……没有人看见过扎彩匠还活着的时候为他们自己糊一座阴宅，大概他不怎么相信阴间，假若有了阴间，到那时候他再开扎彩铺，怕又要租人家的房子了。"

在姐姐青年的时代，封建思想的束缚是很严重的。闺女，顾名思义，是房门里的女子，即所谓大门不出、二门不入的闺秀。可是姐姐却像一匹不驯服的小马，横冲直撞，不受封建礼教的束缚，好像她天生不懂规矩似的。那时候姑娘要扎一条长辫子，穿上拖到脚面的旗袍，走起路来必须是步履姗姗，否则就是不懂规矩，缺少管教，甚至说成是大逆不道。父亲治家颇严，虽然不像他人那样要求"女子无才便是德"，但也要求女孩子稳重文雅，三从四德。这一切在姐姐看来，都是对她不可容忍的精神束缚。她敢于改变现状，第一个剪掉长辫子，梳短发，拉上几个女同学上街"示威"，当人们以奇异的目光望着她、发出种种议论的时候，她却毫不在意。家人劝阻，她干脆就说："我又不是做什么坏事情，不要你们管！"第二天她像是故意和那些封建制度的卫士们挑战似的，穿起了白上衣、青短裙，从南街到北街，游了个遍说："你们不是要大发议论吗？好吧，再给你们提供一点新内容，看你们怎么样！"

在姐姐的鼓动下，不少姑娘都剪了短发，有的还是她亲自动手剪的。街坊的几个小姑娘，也把辫子剪掉了，加入了"示威"的行列。我们家的一个远亲、王家的大姑娘，当时只有十来岁，就是姐姐给剪的辫子。现在我们遇到一块儿，提起当年剪发辫儿之事，仍觉得很有意思。

姐姐开始在龙王庙小学读书，这个小学就在我家的斜对过，后来改名叫南关小学。姐姐、哥哥和我都是在这个学校毕业后考入劝学优级学校的。听爸爸说，姐姐特别好学，读小学时就学唐诗。家里藏书不少，她几乎每一本都翻一翻，有些开始她看不大懂，可她坚持学习，随着年龄与学识的增长，就愈来愈用心了。姐姐读起书来是不知满足的，她从同学、亲戚家里，从父亲朋友的手中借书看。她在中学读书时，就先后阅读了鲁迅、茅盾的小说，冰心的散文和苏联及外国的翻译作品。她学习成绩很好，从读小学起就是班级的高材生，常常受到老师的夸赞，说她天资聪慧，很有前途。

姐姐小学时的文稿，我没有见过，我看到过她中学时期的作文簿。全册都是用毛笔书成，封面端端正正地写着她的名字。这个文本和姐姐一张叼着烟斗的照片（据说这张照片是一九三四年在上海参加鲁迅先生一次宴会之后拍摄的。从照片上姐姐诙谐的面部表情看得出她是闹着玩的，因为她根本不会吸烟），这两件东西在我手里一直珍藏了多年，可惜在一九六八年随着批判三十年代反动文人的急风暴雨，也同其它"污泥浊水"一样被荡涤地不知去向了。

"九一八"，日本帝国主义对我国进行了野蛮的侵略，由于卖国贼蒋介石的不抵抗政策，致使我东北的大好河山横遭蹂躏，东北同胞陷于水深火热之中。呼兰河小城怒吼了，学生们高举着写有"打倒日本帝国主义！""日本侵略者滚出中国去！"的小旗走上大街示威游行，姐姐走在队伍的前头，带头高呼口号："打倒日本帝国主义！""打倒小日本，保卫我中华！"那一天，她的嗓子喊得都嘶哑了……

战争，改变了人们的生活，家人随着逃难的人群东奔西跑，姐姐则参加了斗争的行列。她在《有感》中写道：

"……穿着长袍短褂、西装革履的大人先生们，打扮得花枝招展的太太小姐们，手举着'美丽的'红白膏药旗，耳听'悦耳的'东洋大炮声，眼望着踏着东北大地行进的'武士们'，口喊着万岁，万岁……他们似乎顷刻就要进入天国而早已把祖宗的姓氏忘得干干净净了。"姐姐为祖国大好河山惨遭蹂躏而悲愤，为东北广大同胞横遭涂炭而彻夜不眠，对那些卖国求荣、奴颜媚骨的汉奸则是切齿痛恨。姐姐在另一篇文章中又写道：

"……夜里突然来了一场暴风雨，绿油油的草儿枯黄了，红艳艳的花儿凋零了。虽然还没有到深秋季节，人们却感到寒气逼人，好像大地要封冻了……"

姐姐的反帝思想，感染了她的弟弟秀珂，他们写了不少反对日本帝国主义的诗词，油印成传单，散发给人们，我曾看到过油印的诗抄，可惜目前连一首也记不起来了。

环境突然变化，形势急转直下，使姐姐离开了家。姐姐出走不久，哥哥张秀珂也留学日本，就学于早稻田大学。那时姐姐已经进关，由于他们之间的消息传递和书信来往被日本特务机关察觉了，日本"刑事"多次搜查哥哥的住处，甚至在他的饮食里偷偷放入慢性毒剂，企图暗害他。是旅馆一位好心的下女（服务员）暗示哥哥，他才死里逃生，而后回到了祖国。

1934 年冬，姐姐在上海结识了鲁迅先生。一段时间经常去鲁迅住处，接受鲁迅先生的指教，有时一直谈到深夜。鲁迅给姐姐写过许多书信，指点她写文章……在鲁迅先生的熏陶教诲下，姐姐在思想上得到了启示，在写作上得到了提高。

在姐姐的影响下，秀珂哥哥在江苏参加了革命队伍——新四军，在黄克诚同志率领的第三师政治部工作，开始了对于他和我们一家都具有重要意义的战斗生活。

姐姐没有和哥哥在一起，她先在青岛、上海，1936年去过一次日本，回上海后又去武汉、重庆，1940年去了香港。12月她在香港完成了她最后的一部长篇小说——《呼兰河传》。她对二十年的家庭生活感到寂寞、孤独、痛苦和凄凉。从这点看，《呼兰河传》不仅反映了她童年时代的苦闷情绪，而且反映了她在香港时期的悲伤心境。

1942年，年仅三十二岁的姐姐被战争的灾祸、婚姻的不幸、生活的漂泊、疾病的折磨，夺去了她年轻的生命，长眠于香港的浅水湾。

1945年"八一五"，呼兰小城沸腾了，人们都拥到街头，欢呼雀跃："解放了！""咱们是中国人，再不当亡国奴了！"

这时父亲才告诉我们："你姐姐（萧红）、你哥哥（秀珂）都参加了革命。"光复后，呼兰镇里，地下国民党活动频繁，一些伪官吏一下子投入了国民党的怀抱，可是由于姐姐、哥哥早期参加革命，对我们影响颇深，使我们坚信中国共产党，并从而促进了我们弟、妹几人较早地走上了革命的道路。1946年哥哥从关内回到了阔别多年的呼兰家乡。哥哥的归来，给我们带来了欢欣，使我们初步懂得了什么叫革命，什么是共产党，国民党、蒋介石是个什么货色……

当我们谈到萧红姐姐时，哥哥很悲伤，他面色严峻地对我说："她是个好姐姐，虽然她不是共产党员，但思想是革命的，她写了不少进步的作品，鲁迅先生不止一次勉励过她。"哥哥又说："参加革命后就与姐姐分手了，谁曾想离别的那天竟然成了我们姐弟的最后诀别……"说着，哥哥流下泪来。"后来我们通信不多，甚至有一段时间完全断绝了联系。在香港时她很难过，她病了，病得很重，她希望活下去，和疾病作了不少斗争，但是她终于倒下去了。临终时，跟前一个亲人也没有……

姐姐生于1911年，1942年死于香港时只有三十一岁。她写完《呼兰河传》是1940年，离现在已经三十七年了，如果从姐姐离家算起，四十几年了。四十多年来，呼兰河经过了多少次的风风雨雨，经历了翻天覆地的变化，变得叫人认不出来了。

东二道街的大水坑不见了，变成了宽阔平坦的林荫大道，过路的车马再也不用担心陷下去了，上学的孩子们再也无须手扶板墙进行紧张的"抢渡战斗"了。过去只有几家商店、药店的十字街，如今变成了繁华的地方，老十字街东又兴建了一条新十字街，八米宽的柏油马路两旁，百货商店、食品商店、饭店、旅店等大楼比比皆是。人群熙熙攘攘，车辆川流不息，一片繁荣景象，再也不是"晴日风沙满天飞，阴天雨落满街泥"的呼兰城了。

解放前,呼兰城里只有一家火磨,几家碾磨房。如今老火磨已经变成了现代化面粉厂,原来的小铁匠炉已经发展为年产千台中耕机的农业机械厂。此外还有已具相当规模的亚麻厂、电机厂、水泥厂、化工厂、晶体管厂……呼兰城变了,成了一个新兴的工业城镇了。

农历四月十八的娘娘庙会没有了,野台子戏也不再唱了。代替它们的是人民俱乐部、电影院、剧院、文化馆、工人文化宫和室内体育馆。那里每天都准备了丰富多彩的文艺、体育节目和各种娱乐活动,让呼兰人愉快地度过他们工作劳动的余暇和节假日。

我家南面的南大营,建设为一座有现代化医疗设备的结核疗养院,琉璃瓦顶的大楼在丛丛绿树掩映之中,十分幽静,成为全省重要疗养地之一。

姐姐在《呼兰河传》的尾声部分讲到了我们的家。

"呼兰河这小城里边,以前住着我的祖父,现在埋着我的祖父……从前那后花园的主人,而今不见了。老主人死了,小主人逃荒去了。"

"那园里的蝴蝶、蚂蚱、蜻蜓,也许还是年年仍旧,也许现在完全荒凉了。"

"小黄瓜、大倭瓜,也许还是年年地种着,也许现在根本没有了。"

我家原有的五间砖瓦房还在,这可能是最后一点痕迹了。荒凉的院子歪歪斜斜,房顶长了蘑菇、青苔的破房子没有了;长着小黄瓜、大倭瓜,蝴蝶飞、蚂蚱跳的后花园也没有了。代替这些的是一幢幢新的砖瓦住宅,居住着在"四化"的征途上勇敢进发的人们……姐姐关心着东邻西舍的人们,他们和他们的儿孙后代活了下来,而且活得比他们的先辈更美好了。

像姐姐希望的那样,呼兰河人在党的关怀和领导下,翻开了《呼兰河传》的新篇章。萧红姐姐,您可以瞑目安息了!

第三编

寂寞滩头十五年
——记萧红骨灰迁送离港始末

叶灵凤

为了不想惊动太多的人,举行送别会的时间定得很早,而且并没有发通知,但是在这天早上,留港文艺界人士差不多都不约而同的闻讯提早起身,赶来参加了。萧红死得寂寞,这次的走,总算走得热闹了。

——叶灵凤

本文原载《文艺世纪》,1957年9月1日香港9月号。题图照片为叶灵凤。

叶灵凤:中国现代作家,藏书家。1925年加入创造社,曾主编《洪水》、《幻洲》、《戈壁》、《现代小说》等文学期刊。著有《菊子夫人》、《红的天使》、《时代的姑娘》、《忘忧草》、《读书随笔》等。

一九四二年十一月的某一天，由于一位日本朋友的协助，我同戴望舒先生进入当时还是禁区的浅水湾，在荒凉寂寞的滩头，第一次拜谒了萧红墓。

据骆宾基的《萧红小传》所载，萧红是在一九四二年一月二十二日去世，二十四日火葬，二十五日黄昏葬在浅水湾海边的。我们去时距离她的安葬时期已经有半年以上，但是由于当时的浅水湾是荒凉少人迹的，墓上的情形似乎并没有什么改变，在一道洋灰筑成的大圆圈内，有由乱石堆成的另一个小圈，这就是萧红的葬处，中央竖着一块三尺高的木牌，写着“萧红之墓”的四个大字，墨色还新，看来像是端木蕻良的手笔。当时我们放下了带去的花圈，又照了两张相。这两张相片，在当时本是由于偶然的机缘才得以留下来的鸿爪，不料十五年后竟成了借以确定她葬处的唯一可以依赖的材料了。

今年春天，萧红墓已经被糟踏得到了令人难以忍受的地步，朋友们奔走相告，商议要筹划一个能够阻止这令人心痛的状况再发展下去的对策时，大家认为我是现时留在香港曾在十五年前见过萧红墓原状的唯一的一个人，便怂恿我对这个问题作一个公开的报告，这就是今年三月我在本港中英学会为这问题所作的那一次公开演讲的由来。当时为了时间匆促，萧红的著作除了一本《生死场》以外，其他什么也找不到，骆宾基的那本《萧红小传》更不用说了。我只好从《鲁迅书简》

中勾稽了一点有关《生死场》的资料，而作为这次演讲骨干的，就全靠十五年前第一次谒萧红墓时无意摄得的那两张照片，我将这两张照片请朋友复制放大了，又将今日已经变成出租游水衣小棚的萧红墓地也摄了一张，将这三张照片放在一起，在会场上给大家传观：这几张照片的对照真是太强烈了，构成了一种无言的控诉。因此我的演讲虽然极拙劣而空洞，但是这几张照片却激动在场许多人的情感，大家一致要求对于萧红墓一定要想一个办法，不能再放任不问。于是这次演讲就获得了预期的效果，当场由中英学会的代表们答应接纳大家的要求，在理事会上正式提出议案，负起保存萧红墓的责任。这次萧红骨灰的发掘与迁运回广州工作，能够获得港府市政局的协助，得以顺利进行，可说都是中英学会这一诺的力量。

由于萧红的骨灰的埋葬地，根本不是指定的墓葬区域，又太接近海滩，要保存下去，问题很多。今年七月初，这地段的所有人忽然要在墓地上开始一些建筑工程，而且已雇工将墓地上面添筑上去的那一大块混凝土掘开了，幸亏给关心萧红墓地的人士发现得早，奔走骇告，几经交涉，这才答应暂时停工，等候我们商定一个妥善的善后办法。这时大家觉得既然无法将原墓地保全了，不如先将骨灰掘出来再想迁葬办法。恰巧这时中国作家协会广东分会已经有信来了，他们已经接纳端木蕻良的委托，拟将萧红的骨灰迁葬广州，要求予以协助。于是我们决定自己正式进行发掘工作，并由本港文艺界人士和萧红生前友好，临时组织了一个“香港文艺界迁送萧红骨灰返穗委员会”负责办理此事。但是在这里，开掘墓地迁移骨灰，是要事先领取执照的，而向例只有死者的亲属才有资格申请领取，但是急切之间哪里找到萧红的亲属呢，可是情势又迫切得刻不容缓了，于是大家就推定我以“友好”的名义去申请。这样奔走多日，终于获得谅解，居然在七月二十日拿到了这张执照。

萧红骨灰的正式发掘工作，是在七月二十二日上午十时开始的。当时在场的人，除了我和陈君葆先生以外，还有港府市政局派来督工的华布登先生。五个泥工从上午开始掘土工作，到了下午就发现了骨灰罐。这时正是下午三时，我们都亲眼见到了她的骨灰罐初露出土面的那一瞬间情形，因此骨灰罐的盖子虽然给一个泥工的铁锄不慎打破了一点，但是由于收手得快，损破的情况并不很严重。我们郑重的用手拂去了四周的泥土和砂砾后，就将骨灰罐搬了上来。

在浅水湾滩头寂寞的长眠了十五年的萧红骨灰，就这样又再见天日，而我们奔走经月，提心吊胆的发掘工作，也就十分顺利而且圆满的完成了。

由于大家决定在迁送萧红骨灰返穗以前，要举行一次简单的送别仪式，于是骨灰罐就暂时寄存到九龙红磡的政府厝房里，承市政局的好意，还赠送了一具很精致的小木箱来安置骨灰罐。举行送别会的日期择定了八月三日的早上，地点就在厝房的永别亭内，接着就乘搭当天十一时半开出的列车送往广州。为了不想惊动太多的人，举行送别会的时间定得很早，而且并没有发通知，但是在这天早上，留港文艺界人士差不多都不约而同的闻讯提早起身，赶来参加了。萧红死得寂寞，这次的走，总算走得热闹了。

十二时半，火车抵达香港边境，护送骨灰的代表们，在车站的长廊入口，郑重的将用绸布裹着盛有骨灰罐的木箱，交到中国作家协会派来的代表手里，于是香港代表们所负的这一项不寻常的任务，就宣告完成了。在那一瞬间，我想起了送别会上的一副联语，不禁暗暗的向她祷祝着：

"魂归乐土，看山河壮丽，待与君同！"①

一九五七年八月八日写于香港

① 这是当时香港文艺界挽联的下联，上联是："人赏奇文，证才气纵横，亦遭天妒。"——编者注

剩挥热泪哭萧红

梁羽生

那时候萧红墓上还有一株独柯的树，现在则连这株独柯的树也已被人斩去，坟地也给填平，只剩野草芊芊，杂垢遍地了。行过浅水湾头，又有谁知脚底下就埋有天才女作家的慧骨？

——梁羽生

本文选自《笔·剑·书——梁羽生散文选》，湖南文艺出版社2002年版。题图照片为梁羽生。

梁羽生：香港作家，中国当代三大武侠小说家之一。著有《白发魔女传》、《七剑下天山》、《萍踪侠影录》、《大唐游侠传》、《武林天骄》、《三剑楼随笔》（合著）等。

最近在人民日报看到陈凡兄的一篇文章，谈的是萧红墓的近况，萧红是中国出名的女作家，抗日战争期间死在香港，埋骨浅水湾头，聂绀弩在香港的时候，曾填有一首“浣溪沙”词道：

淡水湾头浪未平，独柯树上鸟嘤嘤，海涯时有缕云生。

欲织繁华为锦绣，却伤冻雨过清明，琴台曲老不堪听。

那时候萧红墓上还有一株独柯的树，现在则连这株独柯的树也已被人斩去，坟地也给填平，只剩野草芊芊，杂垢遍地了。行过浅水湾头，又有谁知脚底下就埋有天才女作家的慧骨？陈凡兄那篇文章，就是看了萧红墓的这种情况，有感而作的。陈凡兄是一位诗人，善于用诗来表达感情，那篇文章便是以一首律诗开头的。诗云：

年年海畔看春秾，每过孤坟惜旅筇。
黑水白山乡梦渺，独柯芳草旧情空。
沧波不送归帆去，慧骨长堪积垢封。
生死场成安乐地，岂应无隙住萧红？

萧红是东北人，原名张迺莹，诗中的黑水白山就是点明她的籍贯的。《生死场》是一本她最出名的小说，在那本小说里，她描画了东北沦陷期间，善良人民在日本统治下的苦难和反抗。鲁迅先生很欣赏这部小说，曾亲自给她写序文道：

"这本稿子的到了我的桌上，已是今年的春天……但却看见了五年以前，以及更早的哈尔滨。这自然还不过是略图，叙事和写景，胜于人物的描写，然而北方人民的对于生的坚强，对于死的挣扎，却往往已经力透纸背；女性作者的细致的观察和越轨的笔致，又增加了不少明丽和新鲜。"

萧红写这部小说时不过是二十多岁的少女，赢得鲁迅先生"力透纸背"的评语，那确是不容易的事。萧红是肺病死的，死时只有三十一岁，在临死之前半年，还抱病写成了一部短篇小说《小城三月》。

陈凡兄是一位有近二十年报龄的记者，现在还在香港大公报工作，他的诗写得很有才气，据我所知，他的旧诗词都是没有诗承，自学出来的。有一次我和他黄昏散步，忽然谈起佛经。学佛的一向分为两派，一派主"渐"，一派主"顿"；"渐"是"渐进"，讲究修持；"顿"是"顿悟"，讲究性灵。他笑道，我写诗也如禅宗，主张妙悟，功力不深，但自信还有性灵。的确他的诗"学究气"很少，而"才子气"颇浓。不过说"功力不深"却是他自谦之词，对于中国的旧文学，他是曾下过一番工夫的。当然，他不是什么"学者"（新闻记者的生涯也不可能使他成为学者），但他却是脚踏实地，肯下工夫的人。在香港的诗坛中，我想他应该有一席地的。名导演翟白音先生，在报上读到他这首诗，称为不可多得的佳作。这里为篇幅所限，关于他的旧诗，只好以后再谈了。我还记得柳亚子先生也有一首吊萧红的诗，诗云：

杜陵兄妹缘何浅，香岛云山梦已空。
公谊私情两愁绝，剩挥热泪哭萧红。

绀弩的词，陈凡的律诗，柳亚子的绝句，一词两诗，都是有真性情的佳作。萧红地下有知，也会感激他们的关心吧！

寂寞滩头（外一篇）

卢玮銮

那里，每天早上或者黄昏，都响起婉转鸟语，许多女孩子无忧地踏上人生道路。你沿着柏道下来，或依着般含道向西走，就回头看看那个小花园吧！哪一棵树？我不知道，但那里一定有缕寂寞孤魂，向北遥望。

——卢玮銮

本文选自《香港文学散步》，商务印书馆2007年版。题图照片为卢玮銮。

卢玮銮：香港中文大学教授，作家。著有《路上谈》、《承教小记》、《日影行》、《香港文学散步》等。

夏季过后,我去浅水湾!

乘公共汽车去,不必像戴望舒:走六小时寂寞的长途。不过,我也没有带一束红山茶,因为在那里,已找不到可放茶花的坟。

望着海一片,当年,就为了这个原因,两个男人把萧红的骨灰埋在滩头?多病的女作家,在一九四〇年到了香港来——多雾而潮湿的小岛上,有没有来过浅水湾?好像不见有人提过。她写商市街,写呼兰河,我多么渴望有一天,在发黄的报纸堆里,竟然读到她写香港的文字,特别是写浅水湾。

日本人占领了香港,萧红辗转在两间医院的病床中,挨不尽的恐惧与病痛折磨,终于死在临时的战时医院里,两个男人——她爱的或爱她的,把她火化了,一九四二年一月二十五日的黄昏,把骨灰埋在浅水湾海边。

那里,已经没有了骨灰,因为繁华的旅游点容不了一个凄凉人的痕迹,一九五七年,关心她的人几经辛苦才把小小半瓶骨灰移到广州去了。但远方来客,到今天,总会对我说:我想去看看萧红葬身之所。每一次,我都很难过,究竟在哪里呢?浅水湾变了许多,"萧红之墓"四个大字的木牌,早已消失了,只能凭着当年的一帧照片,去找有栏杆的梯阶。和一棵大凤凰木,树下就是曾埋萧红的土壤。

有一位诗人写下这样的"萧红墓志"……而漫长的

十五年,/小树失去所踪,/连墓木已拱也不能让人多说一句。/放在你底坟头的,/诗人曾亲手为你摘下的红山茶,/萎谢了,/换来的是弄潮儿的水花。/浅水湾不比呼兰河,俗气的香港商市街,/这都不是你的生死场。……

浅水湾,无端地在中国文学上留下了刻骨铭心的名字,都同女作家有关。张爱玲借着白流苏范柳原,让浅水湾变成无尽又不断翻新的爱情故事舞台。而萧红,却是一个浪荡的孤魂,找不到归路,流落在太平洋的边缘,叫许多人想起浅水湾。

我站在滩头,许多凤凰木的其中一棵下,仿佛听见萧红说:

"整个城市在阳光下闪闪灼灼撒了一层银片,我的衣襟风拍着作响,我冷了,我孤孤独独的好像站在无人的山顶。每家楼顶的白霜,一刻不是银片了,而是些雪花,冰花或是甚么更严寒的东西在吸我,全身浴在冰水里一般。"

海天一片,潮涨潮落,浅水湾,有过一个萧红的故事!

一九八七年六月十五日

幽幽小园

五十年前,带着病体的萧红来到了潮湿而寂寞的小岛——这个南方小岛跟她北方的故乡大地多么不同,她这样对朋友白朗说:

"不知为什么,莉,我的心情永久是如此的抑郁,这里的一切景物都是多么恬静和幽美,有田,有漫山遍野的鲜花和婉转的鸟语,更有澎湃泛白的海潮,而对着碧澄的海水,常会使人神醉的,这一切,不都正是我往日所梦想的写作的佳境吗?然而啊,如今我却只感到寂寞!在这里我没有交往,因为没有推心置腹的朋友。因此……我将尽可能在冬天回去。"

冬天,她没有回去,而且,永远没有回去。两个男人把她的骨灰埋在寂寞滩头,一九五七年,关心她的人又把埋在那里的半瓶骨灰移到广州去,但还有一半,在哪里呢?在西环的半山山坳上。

你听过一条叫屋兰士里的小街吗?你当然知道那里有一间著名的圣士提反女子中学。斜坡上,绿树成荫的小花园,铁闸永远用链子锁住,多么恬静和幽美,萧红的一半骨灰,就埋在这里,一棵大树下。

端木蕻良当年,买了一个花瓶,偷偷藏起一半爱人的骨灰,为的是甚么原因,旁人真难说得清楚,据说是为了很快就可以把她带回故乡去。

那里,每天早上或者黄昏,都响起婉转鸟语,许多女孩子无忧地踏上人生道路。你沿着柏道下来,或依着般含道向西走,就回头看看那个小花园吧!哪一棵树?我不知道,但那里一定有缕寂寞孤魂,向北遥望。呼兰河,原来与圣士提反那么不相关,可是,一生一死,可怜的萧红就把它们联系起来了。萧红的重要作品都在香港这小岛上完成,萧红的爱情故事,也永埋在那幽幽小园里。

一九九〇年六月

萧红笔下的女人

梅　娘

萧红在民族存亡的大时代里，把家乡挣扎在生活底层的芸芸众生推向读者，重点叙述了女人的痛苦。那些威武不屈、富贵不淫的人们，似乎仍在我们的耳畔呼唤温饱、呼唤自由、呼唤女性的尊严。感谢萧红，为历史留下了这力透纸背的强音。

——梅　娘

本文选自《梅娘近作选》，同心出版社 2005 年版。题图照片为梅娘。

梅娘：中国现代女作家，著有《第二代》、《鱼》、《蟹》等小说，20 世纪 40 年代与张爱玲并称“南玲北梅”。

萧红说："女性的天空是低的！"

萧红在她生活的年代里，在当时那超稳定的男性中心社会传统、超稳定的封建文化传统及其心理积淀，以极其悲怆的心灵感受，写下了这句名言。尽管时代已跨过了半个多世纪，读萧红的作品时，特别是接触到她笔下的女人时，你完全会从心底认同：女性的天空确实很低。这低压的天空，钳制了一代又一代女性的生活方式和生存方式。

可以说，萧红对女性的这种低气压下的生活方式和生存方式，从很小就积累了很痛心的感受。她把无限的热爱给予她们，也把哀其不争的愤懑给予她们。她热爱和她共饮呼兰河水的姐妹、母辈、祖辈。篇篇流露出对按着传统生活着的乡亲们的纯情。

鲁迅先生在介绍萧红的作品时说："萧红把北方人民的对于生的坚强，对于死的挣扎描写得力透纸背。"萧红笔下的女性，由于气压之低，这种昂扬的生活之情，尤其使人震撼。成名作《生死场》中的王婆，虽是个没有文化的乡村妇女，但你却不能不承认王婆身上体现了中华女儿的优秀品质，是个令人佩服的女性。

农忙季节，她把小女儿放在草垛上自己犁地，抽空儿去照看耕牛时，小女儿从草垛上跌到犁头间惨死。面对这一可怕的情景，王婆心儿发颤，但一看到眼前的麦田时，却一点也不后悔，一滴眼泪也没滴下，因为她知道自己还得活下去。(《满洲女作家短篇作品选》)

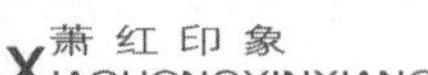

王婆去照看瘫痪在床奄奄一息的月英，月英是这小渔村美如女佛的少妇，人们说月英的目光扫向你时，你便会感到像落到棉被中那样愉快和温暖。当王婆为月英清洗完身子走出小屋来到阳光之下时，她晕眩了，为着强的光线，为着瘫人的气味。她的思路被一些烦恼的波遮拦。难道月英就这样在“自然的暴君”和“两条腿的暴君”(胡风先生语)的淫威下白白地凋谢吗?

半生忧患的王婆以她特有的机敏觉察到了男人们秘密组织了反抗地主的镰刀会。她懂得这是对付恶人的，便在一切场合中保护这个组织。当村中的女人风闻有这个可怕的组织吓得惊慌失措时，王婆从从容容地说：“男人们想到100里以外的荒甸子里去打狐狸，弄几张兽皮来大家分用。”在妇女间起了主心骨的作用。当参加镰刀会的丈夫被地主又哄骗又压服吓得丧失了斗志的时候，王婆说：“没见过这样的汉子，起初看来还像一块铁，后来越看越像一滩泥了!”就是这个坚强的王婆，面对日帝对家乡的践踏，挺身而出，为黑胡子(义勇军)藏枪、放哨、撒传单，心悦诚服地接受了抗日的道理。她认为：为抗日而死，是露脸的死，比当日本鬼子的奴隶活着强得多。萧红不吝彩笔，更如实地展现了气压低得窒息人时，王婆也曾有过瞬间的动摇，这就使得王婆的形象更加真实可信。可以说，萧红笔下的王婆是呼兰河畔的一棵青松，呼兰河最优秀的女儿。

处女作《王阿嫂的死》中的王阿嫂，面对着被地主借故践踏丈夫尸身，鼓着肚子，张开肺叶般地哭，她的手撕扯着衣裳，牙齿噬着自己的嘴唇，像匹吼叫的狮子一样喷迸着愤怒。她在哭丈夫，更是在控诉低气压的社会。

王阿嫂被地主踢得震动了胎儿，她平静地说：“张地主踢了我一脚，踢得我简直发昏。”话说得平静，被创的身体却无法平静。王阿嫂早产了，淹死在自己的鲜血之中。没有一丝哀告、没有星点乞怜。王阿嫂勇敢地迎接身体的崩裂，迎接着生活的崩裂。这力透纸背的生的倔强、满蘸着萧红的无限情思。你无法不慨叹：“女性的天空是低的!”

萧红在《王阿嫂的死》中还塑造了一个聪颖的小姑娘小环，当王阿嫂只说自己头疼不能上工时，小环哭响着鼻子说：“不是呀! 我妈妈扯谎，她的肚子太大了，不能做工，昨夜又是整夜地哭，不知是肚子痛还是想我爸爸。”几句话就凸显了一个挣扎在生活底层、过早地懂得了生活艰辛的小女儿的灵魂。小环是个孤儿，被王阿嫂收养，王阿嫂又被迫害致死。萧红这样描写着濒临巨变的小环：“小环是被大风吹着的蝴蝶，不知方向，她惊恐的翅膀痉挛地在振动，她的眼泪在眼眶子里急得跟水银似的不定时地滚动，手在捉着自己的小辫，跺着脚，破着声音喊‘我妈……妈……怎么了……她不说话呀!’”

这是一段精彩的白描，正像胡风先生的评说：这个小女儿是“发着颤音，飘着光带”站立在读者面前的。正因为小环是如此聪颖、如此质朴可爱，人们不能不担心她将如何生活下去。这一点，萧红没有给予回答，只静静地说：“小环再次流浪了！”理所当然，萧红不愿意给小环安排一个光明的出路，因为那将违背呼兰河的真实。

在呼兰河沉重的两岸，呼兰河人按着几千年传下来的习惯而思索而生活（茅盾先生对《呼兰河传》的评说）。这里的天空对人间是低的，对女性就更低。尽管如此，萧红在展现呼兰河人生活的同时，把她捕捉到在低压天空下的一缕亮色呈现给读者。在叙述了几个企图穿出封建牢笼的女性无视吃人法规的同时，她着重塑造了一个以求知为生命的染房的女儿王亚明。王亚明幸运的是有一个开明的父亲，这位染房主明白要改变生活处境就必须拥有知识。于是，他送女儿去上中学了。这是在特定的环境制约下给予女性的宽松，停滞在偏见中的社会却不接纳这种亲情的宽松。王亚明被富有的同学挤兑、嘲笑，被道貌岸然的女校长蔑视。起因是王亚明有一双说青不青、说紫不紫被染料浸丑了的手。这篇以“手”命题的小说，陈述了那些富有的、“讲卫生”的女士们屈从于社会的偏见，不懂得劳动在生命中的重要而认为那双手丑。那位自以为有知识的女校长，不懂得在男性中心的社会中劳动妇女掌握知识是生死攸关的大事。表面上富有的女同学、有学问的女校长比王亚明整洁、美丽；实质上，她们缺乏的恰恰是王亚明那坚决地为改变生活而奋斗的可贵精神。当王亚明被女校长以不可能考试及格的理由推出校门时，王亚明仍满怀信心地说：“回家把书好好读读，再来。”多么铿锵的语言，萧红为王亚明安排了一个虽然迷濛却是意味深远的结尾：“出了大栅门，他们（王亚明和接她回家的父亲）就向着远方，向着迷濛朝阳的方向走去。”

萧红在民族存亡的抗战大时代里，把她家乡挣扎在生活底层的芸芸众生推向读者，重点叙述了女人的痛苦。那众多体现着中华传统美德——威武不屈、富贵不淫——的人们，似乎仍在我们的耳畔呼唤：呼唤着温饱、呼唤着自由、呼唤着女性的尊严。感谢萧红，为历史留下了这力透纸背的强音。

读萧红作品记

孙犁

中国女作家少,历史观之,死于压迫者寡,败于吹捧者多。初有好土壤而后无佳气候,花草是不容易成活壮大的。自身不能严格要求,孤标自赏,生态也容易不良。一代英秀如萧红,细考其身世下场,亦不胜惆怅之感。

——孙　犁

本文载《大地增刊》1981年第6期。题图照片为孙犁。

孙犁:中国现代著名小说家、散文家,“荷花淀派”创始人,原名孙树勋,曾任天津作协副主席。著有小说《荷花淀》、《铁木前传》、《风云初记》,散文集《白洋淀纪事》、《津门小集》等。

大概是前两个月吧，一位相识者去东北参加纪念萧红的会，回到北京，曾给我来信，要我谈谈萧红作品的魅力所在，探索一下她在文学创作中的“奥秘”，这确实不是我的学力所能完卷的。不过，我总记着这件事。近日稍闲，从一位同志那里借来一册《萧红文选》，一边读着，一边记下自己的感触。

此书后面附有鲁迅写的《〈生死场〉序》和茅盾写的《〈呼兰河传〉序》，对于萧红，评价最为得当。特别是鲁迅的文章，虽然很短，虽然乍看来是谈些与题无关的话，其实句句都是萧红作品的真实注脚。不只一语道破她在创作上的特点、优长及缺短，而且着重点染了萧红作品产生的时代。一针见血，十分沉痛。文艺评论写到这样深刻的程序，可叹观止。

对于萧红的作品，鲁迅是这样说的：

这自然不过是略图，叙事和写景，胜于人物的描写，然而北方人民对于生的坚强，对于死的挣扎，却往往已经力透纸背；女性作者的细致的观察和越轨的笔致，又增加了不少明丽和新鲜。精神是健全的，就是深恶文艺和功利有关的人，如果看起来，他不幸得很，他也难免不能毫无所得。

茅盾对萧红的作品，是这样说的：

而且我们不也可以说：要点不在《呼兰河传》不像是一部严格意义的小说，而在它于这“不像”之外，还有些别的东西——一些比“像”一部小说更为“诱人”些的东西，它是一篇叙事诗，一幅多彩的风土画，一串凄婉的歌谣。

我是主张述而不作的，关于萧红，我还能有什么话说呢？

人们常把萧红和鲁迅联系起来，这是对的。鲁迅对于她，有过很大的帮助。但不能像现在有人理解的：“没有鲁迅就没有萧红”。先有良马而后有伯乐。萧红是带着《生死场》原稿去见鲁迅的。鲁迅为她的书写了序，说明她是一匹良马。

鲁迅对她的帮助并非从这一篇序言开始，我们应该探索萧红创作之源。鲁迅以自身开辟的文学道路，包括创作和译作，教育了萧红，这对她才是最大的帮助。

我现在读着萧红的作品，就常常看到和想到，她吸取的一直是鲁门的乳汁。其中有鲁迅散文的特色，鲁迅所介绍的国外小说，特别是苏联十月革命时代的聂维洛夫、绥甫琳娜等人短篇小说的特色。

但更重要的是她走在鲁迅开辟的现实主义道路上。她对时代是有浓烈的情感的；她对周围现实的观察是深刻的，体贴入微的。她对国家民族，是有强烈的责任感的。但她不作空洞的政治呼喊，不制造虚假的生活模型。她所写的，都是她乡土的故事。文学创作虚假编造，虽出自革命的动机，尚不能久存，况并非为了大众，贪图私利者所为乎。

萧红的创作生活，开始于1933年，而其对文学发生兴趣，则从1929年开始。此时，苏联文学中左的倾向正受批判。同路人文学，开始介绍到中国来。鲁迅、曹靖华、瞿秋白等人翻译的《竖琴》和《一天的工作》两书，其中同路人作品占很大比重。同路人作家同情十月革命，有创作经验，注意技巧，继承俄国现实主义传统。他们描写革命的现实，首先通过对现实生活的描述。较之当时一些党员作家，只注意政治内容，把文艺当作单纯的宣传手段者，感人更深，对革命也更有益。在我国，1930年以后，经过鲁迅和太阳社的论战，文艺创作也渐渐走上踏实的、注意反映现实生活的道路。不久，鲁迅等人创办译文杂志，进一步又介绍了普希金以及国外现实主义的古典著作，大大开拓了中国文学青年的视野，并有了营养丰富食品。萧红的作品明显地受到同路人作家的影响，她一开始，就表现了深刻反映现实的才能。当然，她的道路，也可能因为不太关心政治，缺少革命生活的实践和锻炼，在失去与广大人民共同吐纳的机会以后，就感到了孤寂，加深了忧郁，反映在作品中，甚至影响了她的生命。

“五四”以来，中国的女作家，在文坛之上，一呈身形，而立即被广大青年群起膜拜于裙下者，厥有三人：冰心、丁玲、萧红。当然，这与其说是追慕女作家，不如说是追慕进步思想,追慕革命。冰心崛起京华,乃"五四"启蒙运动的产物;丁玲崛起湖南,乃第一次国内革命战争的产物;萧红崛起哈尔滨,乃东北沦陷、民族危难深重时期的产物。时代变革之时,总是要产生它的歌手的。多难兴邦,济济多士。伟大的时代,在暴风雨中,产生海燕之歌,产生伟大的作家。太平盛世,多靡靡之音。这是文学历史上的常见现象。但像"文化大革命"这样人为的、祸国殃民的所谓"革命",是不会也不能陶铸出它自己的"作家"来的,有之,则将是批判的现实主义作品。

现在是八十年代,我读着萧红写于三十年代之初的作品。

她所写的生活,她的行文的语法,多少有些陌生了。但它究竟使我回忆起冰天雪地、八年抗战,使我想起了多少仁人志士前仆后继的牺牲,使我记起《大刀进行曲》的雄壮歌声。但在我的周围,四邻八家的青年们,正在用录音机大声地,翻来覆去地,无止无休地,播送着三十年代为革命青年所不齿的《桃花红》、《毛毛雨》。就是听到重播的革命歌曲,也不复是当年的气派。才知道任何文艺作品,离开了那个时代,没有共同的感情,就只能领略其毛皮而已。以上种种,真使我废卷叹息,不胜今昔之感了。

中国封建历史悠久,女作家寥若晨星,而对于她们的作品,特别是有关她们的身世,评论界多不实之词。有庸俗的作家,就有庸俗的批评家。但对于像萧红这样革命而严肃的现实主义作家,那种习惯于把捧作家和捧戏子同等看待的无聊之辈,是不敢轻易佛头着粪的。

萧红可爱之处,在于写作态度赤诚,不作自欺欺人之谈。

其作品的魅力,也可以说止于此了。评论家最好也作如是想,要正心诚意。有些评论家,几十年来,常常要求作家创造"新的人",但想来想去,究竟不明白他们所要求的新人,是何等样人?而他们所称许的作品中的新人,又常常不见于中国的现实生活,却见于外国人的几十年前的小说。如此人物,可得称为新人乎?

萧红小说中的人物,现在看起来,当然不能说是新人,但这些人物,尤其是令人信服的现实基础,真实的形象,曾经存在于中国历史画幅之上,今天还使人有新鲜之感。她所创造的人物,就比那些莫须有的新人,更有价值了。

真正的善恶之分,是没有历史局限的。人亦如此。忘我无私,勤劳勇敢,自是我们民族的美德所在。具此特点,为今天的事业工作,则为新人。难道还有什么离开历史,离开固有道德,专等作家凭空撰写的新人吗?

远处屋顶上有一个风标,不断转移。那是随风向转移。星斗在夜间看来,也在转移。然有时转移者非星斗,乃观者本身。有些评论之论点多变,见利而趋,可作如是观。

中国女作家少,历史观之,死于压迫者寡,败于吹捧者多。初有好土壤而后无佳气候,花草是不容易成活壮大的。自身不能严格要求,孤标自赏,生态也容易不良。一代英秀如萧红,细考其身世下场,亦不胜惆怅之感。

萧红最好的作品,取材于童年的生活印象,在这些作品里,不断写到鸡犬牛羊,蚊蝇蝴蝶,草堆柴垛,以加深对当地生活的渲染。这也是三十年代,翻译过来的苏联小说中常见的手法。萧红受中国传统小说影响不大,她的作品,一开始就带有俄罗斯现实主义文学的味道,加上她的细腻笔触,真实的情感,形成自己的文字格调。初读有些生涩,但因其内在力大,还是很能吸引人。她有时变化词的用法,常常使用叠句,都使人有新鲜感。她初期的作品,虽显幼稚,但成功之处也就在天真。她写人物,不论贫富美丑,不落公式,着重写他们的原始态性,但每篇的主题,是有革命的倾向的。不想成为作家,注入全部情感,投入全部力量的处女之作,较之为写作而写作,以写作为名利之具,常常具有一种不能同日而语的天然的美质。这一点,确是文字生涯中的一种奥秘。

脚踏实地,为时代添一砖一瓦,与人民同呼吸共甘苦,有见解有理想,有所体验,然后才能谈到创作。假若冒充时代的英雄豪杰,窃取外国人的一鳞半甲,今日装程朱,明日扮娼盗,以迎合时好,猎取声名,如此为人,尚且不可,如此创作,就更不可取了。严霜时,菽粟残伤;春暖时,蔓草滋长。文章的命运,是有很大的天时地利的不同的。

1981 年 8 月 30 日改讫

生命的夜里的河流

林斤澜

“文革”下放农场，派到果园守夜，摸黑旧习复苏。我说三十年代的女作家，文采萧红数一。有人斟酌，历数女作家。骆宾基大声喝问：男作家又怎样？气势仿佛兴师动众。

——林斤澜

本文载《文学自由谈》2003 年第 1 期。题图照片为林斤澜。

林斤澜：中国当代作家，曾任北京市作协副主席，《北京文学》主编，原名林庆澜，曾用名林杰、鲁林杰，笔名林斤澜。著有《台湾姑娘》、《矮凳桥风情》、《十年十癔》、《门》、《舞伎》等。

文起寄来一堆稿子，要我写篇序。我读读前边的文章，不少在报刊上见过，大体可以归类在游记里。不但走南闯北，还飞渡大洋，奔驰西土。眼界开阔，手段勤奋。

可是这个序又怎么写好？

后边文章大部分是序跋，（原来他自己写过那么多序），我想和他的工作职务有关，从哪一方面说都是当地的头儿脑儿。少不得会议如海，事务似山，恨不得赶海拿龙，敲山震虎。巴不得一灯如豆，一壶清茶，一张白纸，一支梦笔，一篇序跋……

请看，给"滨海小镇文化站干部"的《民间故事集》的序言中说："对他讲了一遍自己的'看法'……其实是信口开河……是文人好为人师通病的瞎话，对于具体作品的修改，肯定毫无用处，且让人无所适从的。"可是这位青年作者，天天晚上"厮守""孤灯"，"厮守""格子搭成的围城"，"目不斜视，枷首写作"，"那是怎样一种执着的精神呢？"

《三叶草自跋》中，文起"我想不管是什么文学体裁的作品，其共同的一点，该都是性情之作。当我铺开稿纸，让生命在笔底流走时，笔底留下的其实也是我另一个生命。当我厌倦了生活中的平庸和做作时，我更渴望用文章与社会真实而自由地交流。""用我的笔，守住我最后一点人的勇气和自尊，守住思想的自由和尊严，把文章作为我生命的另一条河道畅流。"

好了，只要再诌几句我的感慨，就可交卷。或者把这些意思演绎一下，作为我的感慨，更足足是一篇序言了。

是为序。

下边说几句序外的话，也就是无序的“小鸡啄米”。

这本集子不少是游记，勾起或实或虚的联想。虚者凭空或是道听途说，比如《萧红故居》。

我在北京选择了写作行业的时候，萧红早已在战争年代辞世。“东北作家群”里三位男作家，萧军、端木蕻良、骆宾基，先后曾是萧红昙花生命的伴侣。我有幸和他们同在一口锅里舀饭，他们的故事先是文坛的佳话、花絮、罗曼史，后来惹出是非，成为打不清的官司。再后来卷入运动，交代审查不消说，批斗起来也上纲上线，私下背后却尽是观赏性，可比“三堂会审”。三位都是写书的人，还有当事人、见证人、关心人、不平人、采访人都写得有事有情。编到一起可成争议丛书。不过星换斗移，热点逐渐冷却，三位男士也一一仙逝，谁愿意说什么也无大麻烦了，只是尚略有纠缠就是。

记不清哪位哪本书上，有一个生动的片段。这之前，“文革”中，听说过一个见证人类似的交代。其实无关国计民生，也不算隐私神秘，没有虚假的必要，虚假也不伤害什么。

话说抗日战争初起，山西临汾有一个革命学校。这时萧军去了延安，萧红留在学校任教，与端木蕻良日夕相处。不想萧军从延安出来，身怀利刃，来到学校，直奔住处。端木才高体弱，炕头歪着，萧红在做家务。萧军进屋，箭步炕前，天然武功身手，更不搭话，飕飕匕首在握，仰面大叫——

端木没有动弹，萧红只有发呆，说时迟那时快，萧军叫声未绝，利刃落地，口吐白沫，吧唧栽倒地上，不省人事。

萧红过来，端木下炕，一抱前夫，一掐情敌中眉，同声呼救复仇英雄。

萧军后来返回延安，当时延安是大家向往的地方，特别是流浪各地的文化人。端木和萧红没有去，有人以为缘故在萧军。我想不能过多强调。文起那一段“不合时宜”，说出了“真实的萧红”，也说出了一个深沉的见解。

文起还有一个说法也深沉，“萧红一生在逃避，但什么都逃避不了”。“到最后能逃出萧红故居的张家大院的院墙么？”院墙倒是逃出了，但逃不出院墙的时代。

“她逃避日本人的轰炸，最后却死在日本人轰炸的惊吓之中。”文起始终没有提到骆宾基，这最后守在病床旁边的男人。这位不练武，也不斯文。性倔守拙，宁折不弯。

“文革”下放农场，派到果园守夜，摸黑旧习复苏。我说三十年代的女作家，文采萧红数一。有人斟酌,历数女作家。骆宾基大声喝问:男作家又怎样?气势仿佛兴师动众。我回答男作家不好说,排名排定了,鲁郭茅巴……骆宾基倒吸一口气憋住,喉间犹有喘息。

“东北作家群”历尽劫难,一一辞世。端木蕻良熬成病秧子,却最后离去,享年八十有五。还能够出门时,不断到南方萧红墓前,烧诗焚词。

生死相隔不相忘,落月满屋梁。梅边柳畔,呼兰河也潇湘,洗去千年旧点,墨镂斑竹新篁。

惜烛不与魅争光,箧剑自生芒,风霜历尽情无限,山和水同一弦章。天涯海角非远,银河夜夜相望。

1987年,端木偕夫人钟耀群为萧红扫墓。

萧红的魅力

刘心武

我一直觉得实在神秘:怎么萧红竟有那么大的魅力,能把这三位都绝非庸常之辈的男士,即使历经了那么多的社会风云,甚至在穿越炼狱后,仍能丝毫不减对她的挚爱,甚至可以说是崇拜?而且,这份如同对待女神般的真爱,还能渗透到他们后来的家庭,究竟秘密何在?

——刘心武

本文载《读者俱乐部》2008年12月。题图照片为刘心武。

刘心武:当代作家,著有小说《班主任》、《钟鼓楼》、《我爱每一片绿叶》等,曾任《人民文学》总编辑。

1980年到1986年，我在北京市文联当了六年专业作家。那时候，还不兴将专业作家“折合”为行政级，没有什么一级、二级之分。但作家们开会，必分为两组，而且要错开时间。开头儿，我不知何以为此，一次，我们那组开会，一贯给我忠厚温和印象的骆宾基老前辈，在一位发言者平淡的话语中，忽然满脸溅朱地大声插入一句：“端木是个坏人！”大家愕然，发言者才知自己不该偶然提到端木蕻良。我事后听林斤澜大哥指点，才知道事情原委。

萧军、端木蕻良、骆宾基三位东北籍作家，都深爱同籍的萧红，他们老辈子的感情纠葛，我们晚辈不好去问。萧红1942年2月病逝于香港，享年不过31岁。萧军是把萧红从困顿中解救出来的生死恋人，到上海后又一起深得鲁迅喜爱——甚至可以说是溺爱，但他们终于因性格冲突分手。萧红后来跟端木结合，又一起流亡到香港，两人在香港各自写出了最重要的作品，尤其萧红，出版了堪称经典的《呼兰河传》。但日军突占香港，在一片混乱中，病笃的萧红几经转移，最后在临时作为医院的圣士提反女子学校的小楼里奄奄一息。

按多年来一直苦苦追求萧红的骆宾基的说法，端木是在最关键的时刻遗弃了萧红，萧红在绝望中遂接受了骆的求爱，表示愿和他结婚；但端木其实是筹措医药费去了，并且在“失踪”若干时间后，又带钱赶回到了萧红病床边。萧红撒手人寰后，他们两人一起操持了火化，并联袂将骨灰埋葬在了浅水湾丽都花园海滨。不过，端木自己准备了一只花瓶，装入了一部分萧红骨灰，后来，埋在了圣士提反女子学校花园凤凰木下。

打那以后，三位男士都分别娶妻生子。我在他们晚年得以接近诸位，发现他们家里别的方面差异很大，有一点却绝对相同——萧红的照片，大大小小，出现各处，三位妻子对此绝无意见，子女们也都安然接受。端木 1996 年去世后，陪伴他年头远超过萧红的妻子钟耀群，还认真执行他的遗嘱，将端木的一半骨灰，拿到香港圣士提反女子学校与萧红“仙聚”。

三位跟萧红全有过刻骨铭心爱情的男士，直到晚年也不能和谐。萧军较为潇洒，跟那两位大体上还能以礼相待；骆宾基不能见到端木，提起来搞不好就激动得浑身发抖；端木呢，十分儒雅，但有时为躲避骆宾基，拄着拐杖加快步伐，也难免显出尴尬。其实，三位老前辈在我眼中，都属性情中人，都很可爱。他们之间那点是非，在我看来无是无非，只不过我一直觉得实在神秘：怎么萧红竟有那么大的魅力，能把这三位都绝非庸常之辈的男士，即使历经了那么多的社会风云，甚至在穿越炼狱后，仍能丝毫不减对她的挚爱，甚至可以说是崇拜？而且，这份如同对待女神般的真爱，还能渗透到他们后来的家庭，究竟秘密何在？

林斤澜大哥告诉我，一次闲聊他偶然说冰心是上世纪中国最杰出的女作家，没想到骆老又激动起来：“那么，萧红呢？啊？”我曾对端木老说，他的《鴜鹭湖的忧郁》真好，他和蔼认真地指导我：“《呼兰河传》才真好，要细读。”萧军老则对我说过：“你写城市，写街，这街那街，没人写得过《商市街》！”

他们三位毕竟亲近过萧红。在美国，见到葛浩文，那可是地道的洋人，他年纪跟我差不多，哪里见萧红去？他家里竟也挂摆着不止一张萧红的像。他翻译萧红的小说，还写了本《萧红新传》，又多次去往萧红故乡，踏访萧红生命轨迹所至，到了萧红墓地，简直如同进了圣殿，满心崇敬，一腔爱意。萧红，萧红，你魅力竟至于此，当代女作家，几人修得到？

在北方，有一棵仙人树

张抗抗

萧红是多情的人，爱人像盆火，往死里爱。爱得太狠，失望的也多，那颗心，就比别人寂寞。没有这多情，也没有那多恨，那多的坎儿，也写不出那多的文章书信。她死在这上头，也活在这上头。

——张抗抗

本文载《女作家》1985年第1期。题图照片为张抗抗。

张抗抗：当代女作家，中国作协副主席，著有《隐形伴侣》、《赤彤丹朱》、《情爱画廊》、《作女》等。

一个雨天，呼兰城湿漉漉的，城边儿上的西岗公园，也是湿漉漉的。

它就静悄悄地躲在公园角角上的花窖里，佝偻着腰背，收缩着胳膊腿，默默注视着往来的行人，想着自己的心事。

它委实是太老啦。老得青青的脚掌都早已纠成一团，变成了灰褐色的树杆，又粗又硬地缠绕在一起，足有一人多高，像一位饱经风霜的老人的双腿，没有光泽的皮肤粗糙而坚韧。谁要是看见这样的树杆，决不会认为这是一棵仙人掌。

可它又实实在在是一棵仙人掌，就在这变了形的树杆上，还残留着绿色的针刺，像一根根细细长长的竹签儿，仍是尖利的；又像一簇簇流苏或是老人的胡须，软软地耷拉下来。但如果顺着树杆往上瞧，它那一丛丛苍郁的手掌全胀开着，鼓鼓地挤满了小小的玻璃门楼。一面掌有半张荷叶大，狭长而厚实，重重叠叠，如堆砌的岩石一般，往天空伸展上去。一根根约有火柴棍长短的绿针，密密地从掌心穿出，挺拨而坚硬，耸立着，很有一点锋芒毕露的架势。

这树杆和上半部的绿掌相加，有三四米高。

老吗？不，不老，鱼美人，鱼尾人身。或是一尊雕塑，树杆是基石，而油绿的仙人掌，是少女的头像。是她。是她当年。健康、秀美、生气勃勃……

谁也不知道它究竟活了多少个年头。人们只是记得，萧红还在呼兰镇的时候，就有了它。萧红小时候到西岗公园，就见过它。

我轻轻地唤它仙人树。

我在远处、近处，瞻仰它，欣赏它，怀着那么多的敬意，又有一点小小的惆怅，凄恻。却说不出来，是为什么。

我发现，在仙人掌那墨绿色的叶片和针尖上，挂着一串串晶莹的水珠，好似它的眼泪，正从它汁水饱满的心房里，汩汩地溢出来……

而在它那巨大的叶丛的顶端，绿掌的边缘上，却奇迹一般地开着几朵小黄花，绒球似的缀在半空中，火红色的花蕊，在晶莹闪烁的水珠里，如滴血一般鲜丽……

人说，仙人掌六十年才开花。

这西岗公园的仙人掌，自打去年，才头一次开花。萧红没见过它开花。她走了五十年了。

我惊异。愕然。我默默地站在它的脚下，仰视它。它，无声地垂首，凝望着我。

我不知站了多久。

我想，开了花的仙人掌，定是有灵气的罢。

小雨渐渐地落着。在这清凉的雨雾中，我与它，有了以下的这段对话：

——“你是第一回来呼兰吧？”

——“是的。可是我早知道呼兰河，早就想来看它了。”

——“你知道我是谁哩？”

——“仙人掌。不，仙人树呗，要不你咋会说话呢！”

——“唉，年轻人，说句悄悄话给你，我，是萧红的朋友。”

——“我也这么猜。呼兰城，数你活得长久。……你，给我讲讲萧红吧，我就是为她而来的。”

——“介个，行。不过，我得先问你几句话儿。”

——“问吧，我高兴听你说话。萧红要活着，七十七了，怕是顶爱同人絮絮叨叨地唠嗑呢。”

——“你头晌来，可去了萧红故居了？”

——“别提了，那叫啥故居？还故——居哩，《呼兰河传》里写到的她家前院后园，东厢西厢，全没了。只剩孤零零一座正房，里头还有一户住家没迁走。萧红当年捉蝴蝶、采天星星的花园里，只留下一棵半截的枯树，也不知是不是那株大榆树。有人在树底下种了一圈牵牛花，紫嘟嘟地绕着树干开得热闹，倒添了几分凄凉。”

——“别这么说，孩子。这故居修成现在这样儿，就不易了。前年省政府拨下五万块钱叫修，刚够作那几户住家的动迁费。萧红就一个亲弟弟，还出去当了兵，有个侄，在省城，老家没根了，土改时这房就归了公。圈回这块园子，还是政府说了话的。荒废了几十年,哪能说修就修起来了?钱哩?不瞒你,圈这矮院墙,砌这砖门楼,还是县里挪了别的款子垫上的。如今要花钱的地儿忒多,你寻思……”

——“可我还以为能到故居买个纪念册、买套书、照片什么的……谁知啥也没有,连坐的地儿都没有,打八〇年就开始纪念了,四年了,还这样?萧红要回家,一准伤心死……”

——“三十年也没纪念不是?怨谁去?三十年都纪念谁了?有啥可伤心的?真宝贝埋多少年挖出来还是宝,到时人们还不是想起她来?我就知道早晚有这天,我的花儿就是留给她开的!”

——“你瞎说,我看见你哭了。你的手掌上,全是眼泪。没有人来的时候,你悄悄哭。因为啥?你别以为我不知道……”

——“这孩子,你这孩子……唉……你去了萧红小学没哩?”

——“萧红小学、萧红大街,我全去了。刚命名的,多好听。你兴许又会说,你的花儿是为这开的。可你不会走路,你只会呆在玻璃房子里听别人瞎嘞嘞。你去亲眼看过吗?萧红小学,窗子全用板条钉着,没几块玻璃;教室里墙皮剥落,像大水泡过似的;萧红大街就更棒了,萧红写过的那个大坑怕是还在哩,可以放鸭子了,一辆装满火柴盒的大车从坑里过,一颠全散了架。这大概可以算呼兰城里保存最为完好的古迹了。街道的茅草屋顶上,还长着几只白得晃眼的蘑菇,又肥又大,就是萧红在《呼兰河传》里写过的会长蘑菇的屋顶,像是要千年不倒地流传下去——你不为萧红落泪,还不为水坑和草房落泪?”

——“……别寻根究底儿,年轻人。人岁数大了,眼睛花了、酸了、倦了,会落泪;要高兴,也会落泪。你走的地方多,还有哪块,用女作家的名字命名的大街?你不知足?到底儿,萧红不是啥伟人,啥英雄,只是个写小说的哟……”

杜甫草堂、郭沫若故居、三味书屋、三苏祠……有鲁迅大街?茅盾小学?没有没有。充其量,只有一条白堤、一条苏堤。它说得对,没有。该知足了。一个古老的文明国。只有英雄没有文化;有的是人没有的是钱。萧红小学,萧红大街,你来得太晚,但毕竟,你来了。在这块土地上,你了不起。为着不能忘却的纪念,为着不能忘却的历史——祖国,怀念你。也许,以往那一切疏忽、遗漏、不公,你都会谅解?

——“你为什么不说话?年轻人。”

——“你还要问什么?”

——“你见着县长了吗?那个胖胖的豁牙子。”

——“见着了。他正忙着修路,贯通县城的柏油马路,全铺上下水道。还忙着办公司、建粮仓，忙得脚跟不着地儿，倒是他亲自陪我去的故居。”

——“他说什么来着？”

——“他说，亏得我今年来。要明年来，街上的大坑就见不着了，他要把这‘古迹’破坏了。还说，等他赚了大钱，不用再打报告求爷爷告奶奶，他动动手指头，萧红的故居就修上了。花点儿钱，把萧家散落到老百姓手里的八件家具收回来，恢复原样，再做个大沙盘，把那《呼兰河传》里有的，都给摆上。他还想着，把萧红的墓，从香港浅水湾迁回一部分来，再在西岗公园里，盖上一座纪念馆，成立一个呼兰河萧红研究会，来开会的人，顺便儿，还可以参观你！”

——“参观我？”

——“可不是。这豁牙子县长，说话半点不漏风。他说：那棵仙人掌，是呼兰河的骄傲；是呼兰河历史和文明的见证。怎么，你又掉泪了？”

——“……这县长！他常爱上我这儿来，同我叨叨咕咕的，我就知道，他心里有主意，这呼兰河，要涨水了。呼兰的人，有奔头了。我这花儿，也是为他开的。他明白萧红是啥样宝贝，说起来，他爹还管萧红的爹叫老师哩……”

——“你问得真够多的了，可还没给我讲萧红呢！”

——“怕是我讲的，同别人的不一样。”

——“不一样才好，我就爱听不一样的。”

——“好吧，我讲。才刚，我问了你三个题，这会儿，我答你三句话，行不？”

——“行。”

——“第一句：萧红生在阴历五月五，这圪有句老话：‘男不生重阳，女不生端午’，她的生辰，是鬼胎。依我看，她的才气、灵气是不凡。天上地下带到人世，旁人比不了。没有这样的才，也甭求身后的名。你要好好读过她的书，就明白了，我不诳你。她死得早，死得可惜，后人纪念她，修个屋子建个碑，只为了那几本书的遗产，不白白地带回天上地下去，不白白浪费了那份儿才气……”

——“……”

——“第二句：萧红是呼兰的闺女，呼兰河养育的骨肉，她到死也忘不了故乡。可是，她要不走出这呼兰，不走进那又脏又黑的大世界里去闯荡，她也成不了萧红。像我似的，一辈子窝在这花窖里，啥出息？萧红早不是呼兰的闺女了，她是黄河的闺女，是长城的闺女。她留下的书，是大家伙的财富。我总想着，替她说句公道话，她那三十二年，是为别人活了，像支蜡烛，烛芯比别人都粗，火焰倒是欢实亮堂，可熬的也快，烤干了，熄灭了，那世界一口吞了她，她还爱那世界。到底没回呼兰河。到底把自个儿的魂，在那陌生的地方，风散给那多不相识的读者了……”

——“……”

——“第三句:看你也是个女人,说就说了吧。萧红是多情的人,爱人像盆火,往死里爱。爱得太狠,失望的也多,那颗心,就比别人寂寞。没有这多情,也没有那多恨,那多的坎儿,也写不出那多的文章书信。她死在这上头,也活在这上头。薄命人,可也永生。任人说萧红如何,我明白她。你琢磨去吧,这条路……”

——“……”

——“再来呼兰,别忘了来看我。我想,打这以后,这小花儿年年都会开着,开到萧红回来……”

小雨淅淅落着。西岗公园,湿漉漉的;我的头发、衣裳、裤腿,全是湿漉漉的。

当然,萧红不是呼兰的,是全中国的。她心里有那么多爱,不会怪我们忘掉了她许多年。真正的人,真正的作家是忘不掉的。尽管那故居简陋破旧,但我相信,如果发起一场募捐运动,定会有那么多天南海北的作家、文学青年,那么多热爱她的人,解囊相助。故居修复的那一天,也许大榆树也会复活,请她回到家乡的怀抱里歇息,让那个不安定的灵魂重新得到宁静。她太累了,在那异乡的浅水湾。

等她回来的时候,也许再也见不着草屋顶上的蘑菇了。红砖房、鱼鳞片似的黑瓦,雕花的屋檐,很快就会覆盖呼兰城,屋顶上站着一只只吉祥和平的鸽子,永远也飞不走。那位忙碌的县长不会忘记自己的使命,他要让呼兰河流淌过的地方,有闪亮的黄金、有不倦的生命、有无边的爱、有永久的情……

走远了,那仙人树,在雨中变得模糊。像一堆岩石,一位沉思的老人,宽厚而又严峻。

你这开着黄色的小花的仙人树,你这噙着泪珠的仙人树。多么难以捉摸的一棵树呵。你究竟有多少年纪?你究竟是欢乐还是悲伤?我走了:你留给我耐人寻味的思绪。

我从未见过这样的仙人掌,在北方。

一九八四年九月北京

浅水湾畔 最忆是萧红

肖凤

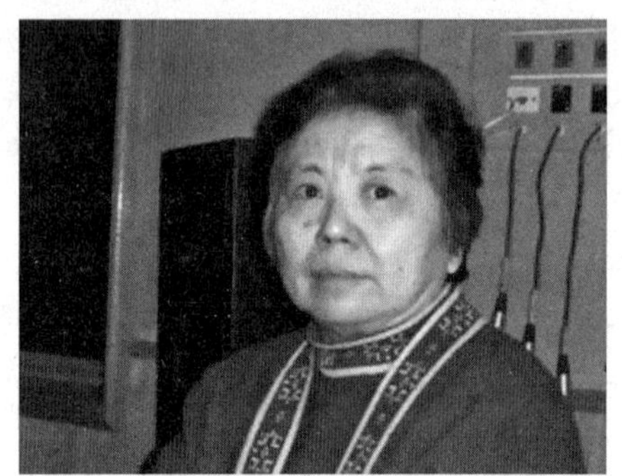

希冀过要改造国民性中的愚昧与落后因素的女作家萧红，告别这个世界已经半个世纪之久。此地虽然曾经埋葬过她的骨灰，现在却没有留下她的丝毫遗迹。物转星移，斯人已逝，这里早已是另外的世界。

——肖　凤

本文摘自中国广播网，原载何处不详。

肖凤：北京广播学院（今中国传媒大学）教授，传记作家，本名赵凤翔，笔名肖凤，著有《萧红传》、《冰心传》、《庐隐传》、《肖凤散文选》等。

香港的浅水湾畔是我久已想去看看的地方,因为那里曾经埋葬过我国现代抗日女作家萧红的骨灰。当我七十年代末撰写《萧红传》的时候,手头的书面资料中曾有不少关于浅水湾的传说。然而由于众所周知的原因,那时候的社会氛围还不允许我在撰写该传之前先去浅水湾畔走访。所以当时有关萧红在香港的创作活动与悲惨去世的情况,只能根据有关当事人与目击者所提供的文字资料或口头资料进行写作。

我的《萧红传》于1980年由百花文艺出版社出版,这是建国以后第一本有关萧红的传记,当时在大陆的文学界及香港的文学界都引起了强烈的反响。可是我一直觉得有个遗憾,那就是我不曾看见过萧红写作她的最辉煌的小说《呼兰河传》以及她“不甘”地告别了人生的香港。在这本传记出版了十一个年头之后,历史终于得到了巨大的发展,我终于能够在1991年的春天来到了美丽的浅水湾海滨。这是我生平第一次到香港,当时是去迎接从海峡彼岸飞来与我会面的母亲大人的,由于众所周知的历史原因,我们母女二人已被隔绝了将近半个世纪。

浅水湾是一个景色如画的地方。苍穹显得格外蓝,云朵显得格外白,淡蓝色的海水轻柔地抚摸着岸边的沙滩,亚热带的气候滋养出来的芭蕉树张开了巨大的伞盖,半山腰上的郁郁葱葱的树林仿佛是绿色的屏障。坐在沙滩上欣赏海景的有各种肤色的游人,还有在海边嬉戏的活泼的孩子，这一切组成了多姿多彩的动态景象。然而，这里虽美，我却无论如何都找不到萧红留下的点滴痕迹。

五年之后的1996年秋天，我第二次来到香港，这次是在宝岛去来的往返途中的两次路过。我再次走到浅水湾畔寻古，看到的仍然是如画的景致。又在绿色的树林背后，隐约地看见了建筑在半山腰上的公寓大厦和别墅群。树影婆娑，游人如织，一派现代化的气象。

与这现代化极不相称的是在紧靠着浅水湾的海边，又盖起了几处庙宇式的建筑物，还有几尊非常高大的石头雕塑人像，这些人像都着古装，好像既非皇族也非平民，既非和尚也非尼姑，据说它们不是帮助人们发财就是帮助人们长寿的，不少信男信女也就站在它们的面前拍照。这种带着愚昧迷信色彩的景观与大自然恩赐的浅水湾的天然景观形成了巨大的反差，极不谐调，令我想起了中国的一句俗话老话："杀风景"，也让人对这种人为地破坏自然美的行为产生了深深的遗憾。

希冀过要改造国民性中的愚昧与落后因素的女作家萧红，告别这个世界已经半个世纪之久。此地虽然曾经埋葬过她的骨灰，现在却没有留下她的丝毫遗迹。物转星移，斯人已逝，这里早已是另外的世界。在这些迷恋于沙滩，迷恋于海浪，还有迷恋于发财，迷恋于长寿的游人当中，能有几个人读过萧红，理解萧红，知道这里曾经埋葬过一位抗日女作家呢？早慧又早逝的女作家萧红，只能留在同情她的命运，喜爱她的作品的读者心中。

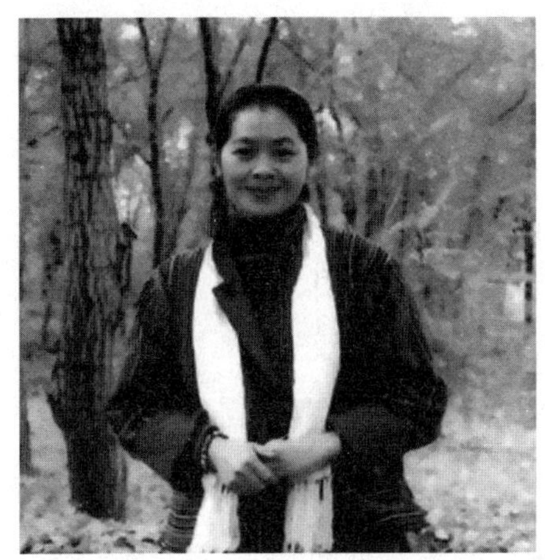

落红萧萧为哪般

迟子建

萧红出生时，呼兰河水是清的。月亮喜欢把垂下的长发，轻轻浸在河里，洗濯它一路走来惹上的尘埃。于是我们在萧红的作品中，看到了呼兰河上摇曳的月光。那样的月光即使沉重，也带着股芬芳之气。

——迟子建

本文载《文汇报》2010年5月10日。题图照片为迟子建。

迟子建：当代女作家，黑龙江省作协主席。著有小说《树下》、《晨钟响彻黄昏》、《伪满洲国》、《额尔古纳河右岸》，小说集《北极村童话》、《白雪的墓园》、《向着白夜旅行》等。

萧红出生时，呼兰河水是清的。月亮喜欢把垂下的长发，轻轻浸在河里，洗濯它一路走来惹上的尘埃。于是我们在萧红的作品中，看到了呼兰河上摇曳的月光。那样的月光即使沉重，也带着股芬芳之气。萧红在香港辞世时，呼兰河水仍是清的。由于被日军占领，香港市面上骨灰盒紧缺，端木蕻良不得不去一家古玩店，买了一对素雅的花瓶，替代骨灰盒。这个无奈之举，在我看来，是冥冥之中萧红的暗中诉求。因为萧红是一朵盛开了半世的玫瑰，她的灵骨是花泥，回归花瓶，适得其所。

香港沦陷，为安全计，端木蕻良将萧红的骨灰分装在两只花瓶中，一只埋在浅水湾，如戴望舒所言，卧听着“海涛闲话”；另一只埋在战时临时医院，也就是如今的圣士提反女子中学的一棵树下，仰看着花开花落。

我3月来到香港大学做驻校作家时，北国还是一片苍茫。看惯了白雪，陡然间满目绿色，还有点不适应。我用晚饭后漫长的散步，来融入异乡的春天。

从我暂住的寓所，向南行五六分钟吧，可看到一个小山坡。来港后的次日黄昏，我无意中散步到此，见到围栏上悬挂的金字匾额是“圣士提反女子中学”时，心下一惊，难道这就是萧红另一半骨灰的埋葬地？难道不期然间，我已与她相逢？

我没有猜错，萧红就在那里。

萧红1911年出生在呼兰河畔，旧中国的苦难和她个人情感生活的波折，让她饱尝艰辛，一生颠沛流离，可她的笔却始终饱蘸深情，气贯长虹。萧红留下了两部传世之作《生死场》和《呼兰河传》，前者由鲁迅作序，后者则是茅盾作序。而《生死场》的原名叫《麦场》，标题亦是胡风为其改的。可以说，萧红踏上文坛，与这些泰斗级人物的提携和激赏是分不开的。不过，萧红本来就是一片广袤而葳蕤的原野，只需那么一点点光，一点点清风，就可以把她照亮，就可以把她满腹的清香吹拂出来。

萧红在情感生活上既幸运又不幸。幸运的是爱慕她的人很多，她也曾有过欢欣和愉悦；不幸的是真正疼她的人很少。她两度生产，第一个因无力奉养，生下后就送了人；而在重庆生下第二个孩子时，萧红身边，却没有相伴的爱人，孩子出生不久即夭折。婚姻和生育，于别人是甜蜜和幸福，可对萧红来说，却总是痛苦和悲凉！难怪她的作品，总有一缕摆不脱的忧伤。

萧红与萧军在东北相恋，在西安分手。萧军移情别恋，使萧红心灰意冷，她东渡日本。那期间，她的作品并不多，有影响的，应该是短篇小说《牛车上》。赴日期间，鲁迅病逝，这使内心灰暗的她，更失却了一分光明。萧红才情的爆发，恰恰是她在香港的时候，那也是她生命中的最后岁月。《呼兰河传》无疑是萧红的绝唱，茅盾称它为"一幅多彩的风景画，一串凄婉的歌谣"，可谓一语中的。她用这部小说，把故园中春时的花朵和蝴蝶，夏时的火烧云和虫鸣，秋天的月光和寒霜，冬天的飞雪和麻雀，连同那些苦难辛酸而又不乏优美清丽的人间故事，用一根精巧的绣花针，疏朗有致地绣在一起，为中国现代文学打造了一个独一无二的"后花园"，生机盎然，经久不衰。

萧军、端木蕻良和骆宾基，这几个与萧红的情感生活紧密相连的男人，在萧红故去后，彼此责备。萧红身处绝境，一盏灯即将耗掉灯油之际，竟天真地幻想着尚武的萧军，能够天外来客一样飞到香港，让她脱离苦海。萧红临终前写下的"半生尽遭白眼冷遇……身先死，不甘，不甘！"可以说是她对自己凄凉遭遇的血泪控诉！事实是，萧红去了，但她的作品留下来了，她用作品获得了永恒的青春！

我想起了多年以前，追逐着萧红足迹的美国著名汉学家葛浩文，对我讲起他当面指责端木蕻良辜负了萧红时，端木突然痛哭失声。我想无论是葛浩文还是我们这些萧红的读者，听到这样的哭声，都会报之以同情和理解。毕竟，那一代人的情感纠葛，爱与痛，欢欣与悲苦，只有他们自己最清楚。端木蕻良能够在风烛残年写作《曹雪芹》，也许与萧红的那句遗言不无关系："我将与蓝天碧水永处，留下那半部《红楼》，给别人写了"。而且，按照端木蕻良的遗嘱，他的另一半骨灰，由夫人钟耀群带到了香港，埋葬在圣士提反女校的树丛中，默默地陪伴着萧红。只是岁月沧桑，萧红那一抔灵骨的确切埋葬地，没人说得清了。只知道她还在那个园子里，在花间树下,在落潮声里。

萧红在浅水湾的墓,已经迁移到广州银河公墓,而她在呼兰河畔的墓,埋的不过是端木蕻良珍存下来的她的一缕青丝而已。一个人的青丝,若附着在人体之上,岁月的霜雪和枯竭的心血,会将它逐渐染白;而脱离了人体的青丝,不管经历怎样的凄风苦雨,依然会像婴孩的眼睛一样,乌黑闪亮。

圣士提反女子中学规模不大,但历史悠久,据说范徐丽泰和吴君如就毕业自这里。它管理极严,平素总是大门紧锁。有一天放学时分,趁学生们出来的一瞬,我混进门里。然而一进去,就被眼尖的门房发现,将我拦住。我向她申明来意,她和善地告诉我,萧红的灵骨确实在园内,只是具体方位他们也不知道。如果我想进园凭吊,需要与校方沟通。她取来一张便条,把联系人的电话给了我。我怅惘地出园的一瞬,忽闻一阵琴声。循声而望,那座古朴的米黄色小楼的二层,正有一位梳短发的女孩,倾着身子,动情地拉着小提琴。窗里的琴声和窗外的鸟鸣呼应着,让我分不清鸟鸣是因琴声而起呢,还是琴声因鸟鸣才如泣如诉。

我没有拨那个电话。在我想来,既然萧红就在园内,我可以在与她一栏之隔的城西公园与她默然相望。圣士提反,是首位为基督教殉难的教徒,他是被异教徒用石块砸死的。以他的名字命名的女校,有一股说不出的悲壮,更有一股说不出的圣洁。其实萧红也是一个虔诚的教徒,只不过她信奉的教是文学,并且也是为它而殉难。她在文学史上的光华,与圣士提反在基督教历史上的光华一样,永远不会泯灭。

清明节的那天,香港烟雨蒙蒙。黄昏时分,我启开一瓶红酒,提着它去圣士提反女子中学,祭奠萧红。我本想带一束鲜花的,可萧红在园内四季有鲜花可赏,那红的扶桑和石榴,紫色的三角梅和白色的百合,都在如火如荼地盛开着。萧红是黑龙江人,那里的严寒和长夜,使她跟当地人一样,喜欢饮酒吸烟。我多想洒一瓶呼兰河畔生产的白酒给她呀,可是遍寻附近的超市,没有买到故乡的酒。我只能以我偏爱的红酒来代替了。

复活节连着清明,香港的市民都在休长假,圣士提反女校静悄悄的。我在列堤顿道,隔着栏杆,搜寻园内可以洒酒的树。校园里的矮株植物,有叶片黄绿相间的蒲葵,有油绿的鱼尾葵,还有刚打了骨朵的米子兰。我把它们轻轻掠过,因为它们显然年轻,而萧红已经去世 68 年了。最终,我选择了两棵大树,它们看上去年过百岁,而且与栏杆相距半米,适合我洒酒。一株是高大的石榴树,一棵则是冠盖入云、枝干遒劲的榕树。铁栏杆的缝隙,刚好容我伸进手臂。我举着红酒,慢慢将它送进去,默念着萧红的名字,一半洒在石榴树下,另一半洒在树身如水泥浇筑的大榕树下。红酒渐渐流向树根,渗透到泥土之中。它留下的妖娆的暗红的湿痕,仿佛月亮中桂树的影子,隐隐约约,迷迷离离。

洒完红酒,我来到圣士提反女校旁的城西公园。一双黑色的有金黄斑点的蝴蝶,在棕榈树间相互追逐,它们看上去是那么的快乐;而六角亭下的石凳上,坐着一个肤色黝黑的女孩,她举着小镜子,静静地涂着口红。也许,她正要赶赴一场重要的约会。如今的香港,再不像萧红所在之时那般的碧海蓝天了,从我居所望见的维多利亚港和它背后的远山,十有七八是被浓重的烟霭笼罩着。大海这只明净的眼,仿佛患上了白内障。而圣士提反女校周围,亦被幢幢高楼挤压着。萧红安息之处,也就成了繁华喧闹都市中深藏的一块碧玉。不过,这里还是有她喜欢的蝴蝶,有花朵,有不知名的鸟儿来夜夜歌唱。作为黑龙江人,我们一直热切盼望着能把萧红在广州的墓,迁回故乡,可是如今的呼兰河几近干涸,再无清澈可言,你看不到水面的好月光,更看不到放河灯的情景了。我想萧红一生历经风寒,她的灵骨能留在温暖之地,落地生根,于花城看花,在香港与拉琴的女生和涂红唇的少女为邻,也是幸事。更何况,萧红临终有言,她最想埋葬在鲁迅先生的身旁。

走出城西公园,我踏上了圣士提反女校外的另一条路——柏道。暮色渐深,清明离我们也就越来越远了。走着走着,我忽然感觉头顶被什么轻抚了一下,跟着,一样东西飘落在地。原来从女校花园栏杆顶端自由伸出的扶桑枝条,送下来一朵扶桑花。没有风,也没有鸟的蹬踏,但看那朵艳红的扶桑,正在盛时,没有理由凋零。我不知道,它为何而落。可是又何必探究一朵花垂落的缘由呢!我拾起那朵柔软而浓艳的扶桑,带回寓所,放在枕畔,和它一起做星星梦。

宁静的萧红故居

阿　成

如果你们到哈尔滨来,不知道萧红,就像到法国不知道雨果、巴尔扎克,到意大利不知道薄伽丘,到荷兰不知道伦勃朗,到法兰克福不知道席勒一样……

——阿　成

本文选自阿成著《远东背影》,百花文艺出版社 2006 年版。题图照片为阿成。

阿成:当代作家,原名王阿成,黑龙江省作协副主席。曾任哈尔滨市作协主席、《小说林》总编辑,著有小说《年关六赋》、《良娼》、《空坟》、《小酒馆》等。

与哈尔滨隔江相望的呼兰县,那个全国闻名的古色古香的呼兰小城,现在已经划归到哈尔滨市了,成为了哈尔滨的一个区。

在上个世纪的二三十年代,呼兰小城十分宁静,甚至看不出它是一座城,更像是一处乡间的别墅。在这个偌大的乡间别墅里,在城南二道街那条短巷里,有一座老式的大屋顶式的宅院,它就是三十年代著名女作家萧红的出生地,如今的萧红故居。

每天都有很多游人到这里参观。资料上对于萧红介绍得很简洁:“萧红,原名张秀环,后改名张廼莹,小名荣华。1933 年在哈尔滨从事文学创作,署名悄吟、玲玲、田娣。1935 年在上海出版中篇小说《生死场》改用‘萧红’。萧红 1911 年 6 月 1 日(旧历端阳节)出生在黑龙江省呼兰城东南隅的张家大院。萧红 1930 年初中毕业,为逃避包办婚姻离家出走,到北平女师大读书。后因家庭断绝对她的经济供应,被迫返回哈尔滨,流浪街头,困居在道外东兴顺旅馆。萧军给她予帮助。1942 年 1 月 22 日,因庸医误诊,病故在香港,终年 31 岁。萧红的一生历经坎坷,颠沛流离,尝尽了人间的酸甜苦辣,最后在才华刚刚显露之时含恨离世。这位英年早逝的女作家,创作生涯不到十年,却留下了一百多万字的作品,她的代表作《生死场》、《呼兰河传》、《小城三月》等已成为享誉世界的传世佳作。”

我从另一份资料里看到的描述更具文学色彩:

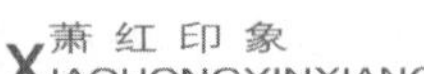

“……来到哈尔滨的萧红,先住在好友的家里,等待找工作,以便独立谋生。萧红的堂弟、堂妹去看萧红,还带钱给她,萧红坚定地表示不回去,也不要钱,但身无分文无处安身的萧红不得不与未婚夫汪恩甲到道外十六道街的东兴顺旅馆(现为萧红展室)租住……不久萧红发现自己怀孕……只好继续住在旅馆里,生活非常凄苦,住旅馆先后共欠六百多元,旅馆老板时常逼债,并扬言如不还债就将她卖入妓院。逆境中的萧红以悄吟的署名给《国际协报》副刊寄去了求救信……萧军到东兴顺旅馆(把她解救了出来)。当年,哈尔滨发大水,道外一带被淹,萧红坐救难的船逃出旅馆……”

我的老父亲讲,呼兰,原本叫呼达兰。但是,究竟是地名还是人名,他没说,便是说了,他老人家的这种说法准确吗?老父亲还说,先前,从呼兰到哈尔滨只有一辆私人的公车,那是一辆老式长鼻子的日本“通河车”,由父子俩经营,如果是父亲开车就由儿子收钱,如果儿子开车就由父亲收钱。从呼兰到哈尔滨中间隔着松花江。至于收多少钱,他老人家也没说,相信也不会太贵吧。因为从呼兰到哈尔滨半个小时的路程就够了。在宁静的呼兰区还可以听到从哈尔滨来的教堂钟声。那么,这辆长鼻子的通河车从哪儿过江呢——乘摆渡能过江么?还是绕道太平区,从那个老江桥上突突突地开过来?这些,萧红在她的文章里都没有说。我想,大约车到了江边就会停下来,人下来之后再坐船过江的罢。

倘若从哈尔滨方向进入呼兰,还要过那条清凌凌的呼兰河。呼兰河的下游流去哪里我不知道,但是,呼兰河的上游段郎乡我倒是去过的,从哈尔滨去那里至少要坐五六个小时的火车呢。

我每每过这条呼兰河的时候,都明显地感到萧红的魂魄一直在这条河边游荡着。魂归故里,落叶归根。这是生命终结者的一个梦想啊。

到了每年的7月15日盂兰会,呼兰河上又开始放河灯了。

萧红写道:“河灯有百草灯,西瓜灯,还有莲花灯。和尚、道士吹着笙、箫、笛,穿着拼金大红缎子的褊衫。在河沿上打起场子来做道场。那乐器的声音离开河沿二里路就听到了……大家一起等候着,等候着月亮高起来,河灯就要从水上放下来了。”(《呼兰河传》)

记得在一次座谈会上,我询问几个与会的外国朋友是否知道呼兰,他们一律摇头,他们摇头也就罢了,可一位当地的官员却在一边小声地嘟哝说,他们怎么会知道,这都是文人小圈子里的事。我对那几个洋人说,如果你们到哈尔滨来,不知道萧红,就像到法国不知道雨果、巴尔扎克,到意大利不知道薄伽丘,到荷兰不知道伦勃朗,到法兰克福不知道席勒一样,至少说,你们会对这座城市缺少三分之一的了解。那几个洋人听了以后非常震惊,样子颇为尴尬。

……

萧红居住的这幢秦砖、汉瓦、格窗、飞檐的大宅院是很大的。这样的建筑在江南寻常而普通，但在此地（当年哈尔滨人多为外地人，山东的、河北的等等，一见面，总要问对方是哪里人。对方说“此地人”，就是本地人的意思。“此地人”这个词至今还在市面上流通着）的乡下就有点大户人家的气派了。加上前庭之雪地，后园之冬草，故居中无一不透着那种封建人家的闲适品性。我想，一个青年女性离开这里，去过一种流离颠沛的苦难生活，大抵就是对这种闲适的反叛吧。

大院的临街处有一个不大的木门，吱呀一声，推开门，嘘着身子小心地走进去。那宅子的模样纯粹是中式的，在灿烂的阳光下温情地宁静着。这里已多年没人住了，萧红一家人大部分都过世了。她的亲人、后人和当地的政府为了纪念她，多方呼吁，十分努力，积极地保护了这幢伟大作家的宅子。屋子里依旧是老式的格局，东西房里依旧是过去的陈设，火炕、桌椅、炕琴——这就是萧红的家呀。在这里，虽然你看不见她，但能清晰地感觉到她的存在。

萧红是在这个小县城里念的书，1925 年萧红 14 岁的时候（高小二年级）便随着人流上街游行，声援上海学生的反帝爱国斗争。16 岁的时候，这个当时还叫张迺莹的萧红，终于坐上那辆长鼻子的日产通河车，过了清凌凌的、鸦阵如云的呼兰河，穿过长满高高的蜡式芦苇和紫色荻花的土道，然后，再乘船横渡松花江，去哈尔滨东省特别区第一女子中学读书。

萧红的字写得很清秀，有人说“笔正则心正”，心正字自然才好。其实，若将萧红的字归到书法艺术也是毫不为过的。顺着萧红一行行娟秀逸美的小字走进她的文章，似乎进入了一个至圣至纯的天地。大凡世界上的文章难免有一种表演与装饰的成分，但是，萧红天籁的文字品性绝不是那种作态的表演，她的每一篇文章都是其灵魂的袒露。她坦率与真诚的品质在中国近百年文坛上可以说前无古人后无来者——萧红是呼兰小城文化化身，呼兰河的化身。

呼兰小城因萧红而留名历史。

萧红的故居我曾去过多次，每次到了这里，总有一种暗自神伤的心情。这样一位才气弥大的女士，为自由故，为文学故，抛富贵而甘贫穷，足以让人看出她品格的不俗和意境的高远。只是天不假年，让她早离尘世，成为千古一叹。

记得十几年前，哈尔滨市作家协会曾组织几名小作家去呼兰，去萧红故居住宿，睡在萧红曾睡过的火炕上。那时候，他们还只是十几岁的小孩子，如今，他们或为作家，或为诗人，或为电视编导，或在美国做传媒……难道这一切都是无缘由的吗？

在故居的庭院中，塑着一尊萧红女士的全身坐像，尽管比之萧红的血肉之躯逊色得多,但毕竟借了她魂灵的神采,音容笑貌栩栩如生。

……

记得有一次陪同几位外地作家参观萧红故居返回,途中到了呼兰河时,我建议停车下去看看。

一行人走在冰冻的呼兰河上,由远及近,冻船、铁桥、沙洲、冬树,一一奔入眼底。冥冥之中,我觉得萧红就在身边。

这时候,覆雪的河沿上,几百只乌鸦兀然地一齐射上天空,满天的哑哑声不绝于耳,苍凉成一派严冬里的奇观。

呼兰河从此不朽。

寻找光明的心愿

林　白

如果要我列十本我最喜欢的书，一定是要有《呼兰河传》的。每当想起萧红，我就会找出这本书……

——林　白

本文原载《文学自由谈》2001 年第 5 期。题图照片为林白。

林白：当代女作家，著有长篇小说《一个人的战争》、《说吧，房间》、《守望空心岁月》、《玻璃虫》、《万物花开》等。

我最早看到的散文，是否就是《红旗飘飘》呢？

在沙街昏暗的阁楼上，有一个大木箱，里面有许多书。我蹲在地上，一本一本地把它们掏出来。掏出一本，是《代数》，又掏出一本，是《物理》，再掏出一本，是《生物》，这些书都不好看。直到掏出一本红颜色封面的书，这本书有一个好听的名字，有动感，有风声，也许这里面会有一些打仗的故事吧，我于是翻开书页，看了起来。

《红旗飘飘》，它的故事到底是长征？或者是第几次国内革命战争？现在想起来，完全是一片模糊，就连它的封面，可能也已经被我的记忆改写了。当时我七岁，或者八岁，已经认识了不少字，有了一知半解的阅读能力，但就我的智力而言，我更愿意读《红岩》。

接下来我读到的散文是鲁迅的《朝花夕拾》，这是我们县城的新华书店里所能买到的最像样的书，是一本很薄的小册子，有一个美丽的名字，我一下十分喜欢。直到现在，在鲁迅的所有著作中，我还是最愿意读这本书。我喜欢读所有作家的朝花夕拾，比如，普鲁斯特的《追忆似水年华》，又比如，萧红的《呼兰河传》。

如果要我列十本我最喜欢的书，一定是要有《呼兰河传》的。每当想起萧红，我就会找出这本书，深蓝的封面，白色的书名，只有萧红二字是红色的，定价只有五角九分。我热爱萧红，但我多年来一直读不进去她的《生死场》，我知道它同样也是很好的，但既然有《呼兰河传》,我就不要读《生死场》了。

《呼兰河传》我也只读前半部分。

到了第五章,每次都是只读一页就不往下读了。我不知道批评家们是怎样看的,在我看来,《呼兰河传》的前半部分是散文,后半部分可以称为小说。其实对于萧红,我尤其不愿意纠缠文体,只是为了叙述方便,我想说,我是从《呼兰河传》这样的小说里认识散文的,或者说,我就是从那里,认识到了一种超越文体的光芒四射的文字。

我的有些小说,也被人认为是散文化的小说。所以我把这些小说中的一些像散文的段落摘出来,安一个题目,就成了一篇散文。我觉得有点像一个人换了一件衣服,看上去也是很舒服的。

我想,无论写小说还是写散文,都是一份为自己黑暗的内心寻找光明的心愿。

2001 年 8 月 10 日于京郊火神营

萧红故里

季红真

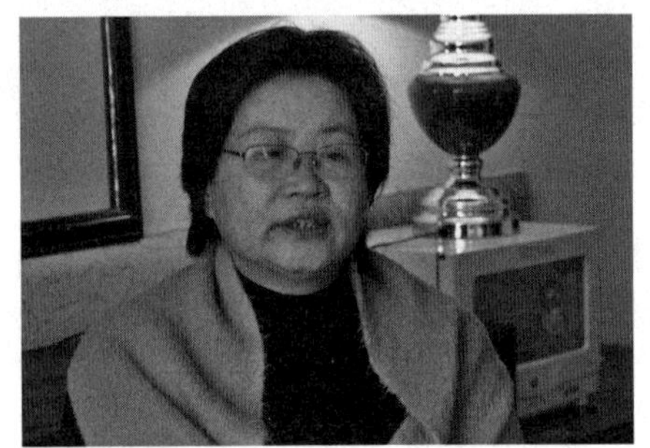

萧红已经化作了这个城市的传奇,和热闹的脚步一起离开初始的场景。萧红,这是你的期待,还是你的悲哀?遗忘的方式是多种多样的,你被人们自由地阐释着,也许那座萧瑟庭院中的冰冷塑像,更真实地象征着你身前身后的寂寞。

——季红真

本文摘自《散文》2009年第6期。题图照片为季红真。

季红真:文学评论家,作家,沈阳师范大学中国文化及文学研究所研究员。著有《萧红传》。

去年腊月，年关将近，青春作伴一路北行，到教堂之城的哈尔滨，寻访萧红早年的踪迹。D车疾驰在沉寂的枯黄泛白的原野上，静卧的村庄，萧条的野树，像是在转盘上掠过。思绪已经穿过谜团重重的混乱历史，回溯呼兰女儿艰难跋涉的最初时刻。萧红，我的梦魇！从少年时代长辈围炉夜话的闲谈中，就仰慕你星月一样闪烁的身影。几十年间，反复阅读、查找资料、走访专家、编写传记、开课授徒……你的生命占据了我不小的人生。剪不断，理还乱！是怎样的精神华彩，吸引我对你长久痴迷？我的生命融进了你的世界。然而，竟然没有去踏查过你的故里家园，没有寻找你文学最初萌芽的园圃。同学曾笑问，不去呼兰，你怎么能写出《萧红传》？我无言以对，只有以穷和忙为遁词。这惭愧可以释怀了，朋友已经为我们定好了房间，找好车辆。萧红，抱歉了，迟来的造访也是我们特殊的结缘方式。

清晨的凛冽寒气激励着身心，积雪铺缀成斑驳的街景。行人微弯着身体低头缓行，色彩鲜艳的服装在冷色的背景中晃动成一片印象派的画面。面包车走走停停，徐缓地绕来绕去，在人流和车辆的空隙中游刃有余地行进。一开出繁华的哈尔滨，速度立即加快，视野越来越开阔。随行的章先生是朋友为我们请来的向导。他是江南迁徙东北的年轻报人，在哈尔滨生活了多年。他办起了萧红网站，妻子为辅助他而辞职。为了还原一个真

实的萧红，他遍访了萧红早期居所，下大功夫查找萧红文章的原发刊物，结识了一批知情者和同好。有这样一位年轻的识途老马引路，此行可谓幸运之极。

雪野中的风景是单调的，村落好像埋在积雪中，树木也颤抖成灰黑色的暗影，零星的行人像散落的点。未久，车就开过了宽阔的呼兰河大桥。萧红的母亲河徐缓地流过桥下，河床很宽，虽然是在冬季，水量也应该算是充沛。两岸的人烟不算稠密，仍然给人以荒凉的感觉。当年的野台子戏就是在这开阔的河床上演，为了祈雨成功庆祝丰收而敬神，那些赶了马车载了亲友礼品的四乡农人，在艰辛劳碌的农事空闲中，穿上体面的衣服聚集到这里，看戏、会亲戚、暗中相亲……人神共娱的热闹气氛，冲破了高天广地的终年沉寂，抗拒苦寒中像季节一样无穷循环的单调生活。呼兰河流淌千年，淹没了多少微小的人生?！只有一年一度的盂兰盆会，在暗夜中点燃无数的荷花灯，为孤魂野鬼们照出回家的路。岸边道场的灯火色彩与锣鼓丝竹的悠远乐声，都以虚幻的形式安慰着实实在在的苦难生存。当人造的色彩和声音都消逝的时候，有一盏灯在暗夜中仍然不息地燃烧，伴着响彻古今的涛声，随着奔流的河水，漂进浩渺的银河，化入永恒的星海。呼兰河，她就是你优秀的女儿萧红的英灵。一个被故乡和亲人抛弃的人，一个自我放逐的逃亡者，在另一个空间里注视着你美丽的身姿，也注视着你养育的微小人生……

呼兰城已经被哈尔滨浸润融合了，成为这座中国早期现代化城市的郊区。现代商业的潮流，漫卷当年破败沉寂的小城。楼房矗立在东二道街和西二道街边，上上下下布满商业字号和广告。十字街口，车辆排成了行，喇叭远远近近地按响。着装时髦的行人匆忙地走在拥挤的人行道上，像大都会边缘的街市。喧闹的市声覆盖了大泥坑，也覆盖了萧红古旧悲凉的记忆。呼兰城的诗性已经流失了，更像情节简单但细节繁复的现代派小说，匆忙地演绎着现代人琐碎的悲欢。也像浮世绘一类的民间绘画，以当代的形色改写着萧红作品的构图。

崭新的萧红故居坐落在呼兰城的东南隅，酷寒中很是清寂。“日出东南隅，照我秦氏楼”，善桑蚕的罗敷不会住在闹市。养育了萧红才情的也正是这小城边缘的清寂，被她一再咏叹的荒凉与寂寞，构成了它诗性乡愁的基调。门前的路是新规划出来的宽敞大道，名为南二道街，标识萧红故居位置的是204号。早年大约只是自然状态的小路，旧居最早的地理称谓是龙王庙路南，没有门牌号，可见地理位置的偏僻。龙王庙在张家老宅的东北角，经常的水患使它曾经一度香火旺盛，现在只剩下一座结构谨严而破旧的大门，落寞地萎缩在水泥预制板楼房拥挤的角落中。以它命名的道路从张家北面墙外通过，也曾经随着政治文化的变更而显赫。1913年，因为驻防呼兰的军人英顺设公馆在它的西头，而改名为英顺胡同。它见证了张家的兴旺，萧红祖父张维祯八十大寿的时候，黑龙江军政要人马占山等前往祝寿，将它改名为长寿胡同,因为他的儿子已经是呼兰学界的头面人物。时年,萧红已经18岁,不会忘记当年的排场,但是她终生铭记的是故居的衰败与荒凉:曾经威严而已经破损的门楼,粮食少而老鼠多的粮仓,西院歪斜的茅草屋,后花园里四处透风的磨坊,还有乱扔着的石磙、犁头和没人的荒草……距初建的1908年,到她记事的少年时代,张家老宅也不过十几年,和1986年开始陆续修复开放的新建故居,前后的时间也差不多,何以衰败成那个样子?!政治革命、军阀混战,外来资本的疯狂侵袭,迅速崩溃的乡村经济,使张家这样的乡绅地主也无法遏制逐步破落的家道。只有维新的家风保留下来,在萧红的精神引领下,使这个家族的后人都走出了逐渐倾圮的老宅。张家老宅的主体建筑却维持了七十多年,好友曾亲眼见证了正房后墙坍塌的历史瞬间,激动的感受记忆至今。

老宅曾经占地7 125平方米,仅萧红幼时的乐园后花园就占地2 000多平方米。为了萧红父母的喜期,张家规划建造了这座祈求平安吉祥、子孙永续的住宅。正房宽敞整齐,跨院布局均衡,具备东北乡村经济的全部设施。复原以后的老宅范围只是原来的四分之一,玻璃钢的萧红坐像着短袖旗袍的夏装,风寒寥落中,在古建的空间格局里显得格外凄清。萧红,你冷吗?你一生憧憬着爱与温暖,竟在冰雪之中独处萧瑟的庭院,宿命的结局延续到身后。二十多间新房,按照二十年代北方民居的式样,在缩小了的地面上重新布局。当地专家潜心多年考证出来的大量细节,只能被忽略。平易的正门没有精美的砖雕也不威武,门上的辅首造型简单。整齐的花木代替了半自然状态的野生植物,后花园就是在冰雪中也显得过于整饬。跨院中的房屋辘轳水井都整齐得死板,连猪食槽子都干净得像是电脑制作的图案模型,加上院外水泥高楼的背景,一切都给人以虚幻的感觉。只有弯曲的晾粉架子,在空荡荡的庭院中保留了拟真实的细节。所有的房门边都钉着木牌,写上了人名,对应着《呼兰河传》中的人物,却更强化了虚构的效果。

只有走进正房的时候,才有返回现场的感觉。火炕、糊纸的玻璃窗、描金的躺箱、烧瓷花卉镶门的炕柜、各种古旧的木质家具,烟火熏染得失去原色的针线笸箩……还有挂在墙上的镜框中模糊的黑白照片,都把人带入当年的生活场景中。这个中等人家的居室,浓缩了二十世纪初小城的文化氛围,在传统的整体格局中容纳了种种新潮的细节,叙述着萧红成长的精神空间。一个渴望自由的心灵逐步挣脱出沉滞、冷漠的环境,顺着那一脉维新的细弱空气,蹒跚着走向自己神往的天地。她出生的炕头好像带着微温,她读诗的房间仍然窗明几净,只有过于清洁的灶台,提示着人去多年的现实情境。萧红,我离你是多么的遥远?!

建筑是仿造的,缩小了的空间却是真实的。在生命接近终点的时刻,这里的恩怨情仇都化作了萧红思乡的诗情。慈爱的祖父、精明严厉的祖母、冷言冷语的母

亲、活泼的兰哥们、古怪的有二伯，都联系着她的血缘纽带，是她思念的故乡亲人。就连让她极端厌恶的冷酷父亲，在她接近生命终点的时候，也在梦中化作了一个姓耿的老乡绅，当多半个中国都燃烧着战火的时候，因为思念远方投身抗战的儿子而陷入魔障，被隐蔽在花园凉亭中，孤寂地死于炭火。萧红和所有的亲人和解了，但是却不能和这个世界妥协。像了断后事一样，将难以释怀的童年往事记下来，好像举行诀别的仪式。阴阳怪气的老厨子、忧郁的翠姨、憨厚悲惨的小团圆媳妇、因愚昧而残忍的胡家婆媳、贫穷坚韧的磨倌儿和淳朴的王大姑娘、迷信豪横的磨坊主人，还有自得其乐地唱着秦腔《叹五更》的贫穷漏粉工人们、肮脏而吵闹的养猪人家，还有那些无主名无意识的“善良”邻人们，以话语的暴力参与生命绞杀直至在观赏施虐的死亡中获得精神满足的庸常人众，都和跳大神的悲凉鼓声一起消逝了。所有的亡灵会在这里相聚，在他们生活过的地方。这个崭新空旷的庭院是他们灵魂共同的墓场，萧红早已经为他们做了不朽的祭奠挽歌，而且会千年传唱。后花园也许不再种植小黄瓜、大倭瓜，蝴蝶、蚂蚱和蜻蜓却会“年年仍旧”，黎明的露珠会落在整齐的花树上，黄昏时的晚霞也会继续变化出各种形状的动物，而且会变化出外星来客……

匆匆走过当年的龙王庙小学，和近旁通过故居东侧的南北街道一样，已经以萧红命名，整齐安静的校舍一派当代的风貌，寒假中没有人影。又专程去看了法国人建造的天主堂，那是坐落在空地中灰色土木结构的二层砖楼。规模之大令人惊愕，据说是仿照巴黎圣母院的形式建造的，只是规模略微小一些。历经了教案和战火而没有被破坏，连砖雕都依然完好。萧红来过这里，当年的看门人曾向她的同学提起。她为了升学与家庭斗争的一年中，也许不止一次走进木雕的大门，在绝望中向远来的神祈求精神的庇护，或者只是为了逃避家庭机器一样的精神碾压，到肃穆的气氛中寻求片刻的安宁。注定要为灵魂而历险的人，是很容易听从钟声的召唤的，尽管她对虚伪的基督徒们多有嘲讽，但是她所追求的精神境界却与所有的宗教一样超拔。萧红的青丝塚建在西岗公园。童年萧红随了有二伯到这里玩耍，少年萧红在五卅惨案之后，在这里初次登台参加募捐义演。疏疏朗朗的林木护卫着用铁栏杆围着的墓园，微黄的卧式墓体像是沉睡在雪地上，正面立式的白石小碑，镶嵌着萧红的照片。在肃静清幽的森林之中安放灵魂，萧红，你可以安息了！章先生献上从哈尔滨带来的白色百合花篮，向这位杰出的文学家表达了最纯粹的敬意，也是这次呼兰之行的庄严收尾。

回到哈尔滨的时候，已经是满街灯火。各种风格的高大西洋建筑被霓虹灯圈出轮廓，连路边的行道树也装饰着彩灯鲜艳如画。整个城市像是幻境一般，把人带进超现实的境界。晚上约了萧红的侄子张抗先生、写作《萧红传》的大学校友刘女士、为了研究萧红而从武汉到哈尔滨来工作的年轻博士叶先生，在萧红堂侄女经营的饭店中聚餐。张家后人的身材相貌遗传特征明显，高大瘦削、浓眉大眼，性格也有着萧红式的豪爽。经理已经做了外婆，看上去还像一个少妇。这些来自天南地北的人，由于对萧红的热爱一见如故。他们工作的深入与细致令我惭愧，再一次后悔来晚了。席间纵谈家国大事，交流各种信息，考证一些悬疑。他们都是文学的守灵者，被萧红的精神魅力吸引着，在一个商业社会中，坚守着基本的人文立场。张抗先生确认了萧红打官司的情节，尽管原始资料匮乏，但迷津中有了一个可能涉渡的路口。

又一个清晨，车驶向距哈尔滨三十多公里的阿城福昌号屯。这里是萧红被囚禁半年多的地方，也是张家的大本营。萧红父亲的血亲兄弟多数聚族住在这里，还有一个继祖母。章先生曾经来考察过，走访了不少老人，当地的一些人至今认为萧红是行为不轨的女人，用那个经典的隐语咒骂她。章先生画了大致的草图，复原了这个荒原中的堡垒。这是旧日东北典型的大户庄园，为了防御土匪，四周有土围墙和深水沟，大门外有吊桥，上面有用于瞭望的门楼，夜里有值更巡逻的武装家丁。张家庄园在屯子的中心，方言称作腰院。他们在这一带有良田上万亩，日本垦殖团随着军队进来以后，一块一块地被侵占。萧红的父亲虽然过继给伯父，但是兄弟并没有分家，这里仍然有他名下的财产。萧红被囚禁在腰院中，为了逃避大伯父的斥骂，只能躲在小婶的房间里，因为东北乡俗哥哥不能进弟媳屋，但是无法逃避继祖母的监视辱骂。这样防范森严的环境，萧红不要说只身逃出屯子，就连走出腰院也很困难。就算跑得出来，也走不出地理生疏的无边荒原。历史给她撕开了一个文化的缝隙，"九一八"爆发，战争打乱了日常秩序，她才在混乱中藏进去哈尔滨送白菜的马车，逃离这座精神的炼狱。福昌号屯的防御工事已经夷为平地，张家腰院为一个破了产的公司所有，锁着的钢筋大门露出陈旧的水泥建筑。四周了无生气的雪原上，有成片的光秃果木。衣衫单薄的少女萧红缩在冰冷的白菜堆里，在深秋的寒气中颠簸着，不知前路的吉凶……这样凄惨的画面，让人无法想象！

接下来的一天，是在市区中寻找萧红生活过的地方。她读书的中学已经以她的名字命名，宽敞的大厅里摆着胸像，商业的气息赋予她时尚的外形。门口宣传栏的标语，把她的精神纳入了合乎规范的话语体系。这所学校由最初私立的"从德女子中学"到"东省特别区立第一女子中学"，哈尔滨第七中学，到目前的名称，反映了政治文化的历史流变，另类学生的她曾经被罚站受训斥取消学籍，最终却成为激励学生的榜样。萧红与未婚夫住的东兴顺旅馆，目前已经属于玛克威商厦。经过当地文化人的多方交涉与疏通，保留了临街的一趟房屋，萧红搭上运木柴的小船出逃的房间，由于唯一的凉台而被确认，布置成了萧红纪念室，在繁杂的商业区为她

留了肃穆的一角。房间大约二十多平米,近寸厚的实木地板,加上整个建筑的排场外观,可见当年是属于规模不小的中等旅馆。这家旅馆地处道外十六道街上,封闭的灰砖四合院式楼房,泛称圈楼,实际是直角口字形状。区别于道里大量纯粹西洋风格的建筑,中西合璧是华洋杂处的哈尔滨典型的商业建筑风格。里面应该是回廊天井,至今仍然有类似的院子。有的在外墙屋檐柱头装饰上夸张繁复的西洋泥塑,最多的一种造型难以分辨,像鸵鸟的羽毛,又像是羽状的叶子,是张扬的巴洛克风格。一个日本建筑学家称这样的建筑是“东方巴洛克”,这是这座移民城市独特的文化标记。这样密封的楼房比东昌号屯也自由不到哪儿去,没有武装的家丁,但是有严密监视的领班和茶坊,债务在身的萧红不能用钱赎买自由,就要被卖进另一个圈楼妓院。尽管投书报馆,有一群年轻朋友护持,但是商业社会的法则比自然经济的法则更加严酷。这一次是暴怒的大自然帮助了她,洪水带来的混乱使她得以逃生。

哈尔滨儿童医院就是当年萧红生产的地方,在现代高楼之侧,保留了两栋欧式的二层建筑,墙体至今涂成黄色。门诊主楼有突出来的圆形门厅,北侧的病房则是露天的楼梯和开放的门廊。萧红的病房在一楼,萧军可以躲开医院的管理人员,从后窗跳进去看望她。窗外的美人蕉已经没有了,楼前楼后都是堆放杂物的空地。萧红在这里经历了女人最痛苦的时刻,失去孩子的无奈悲伤,珂勒惠支版画的悲痛主题重现在她的命运中。她与萧军共筑的爱巢商市街 25 号,已经变成一座不矮的楼房。当年冰冷狭小的耳房地面上,安放着高压电箱。病弱的萧红在寂寞中回忆着自己的奔逃之路,热血的年轻朋友们鼓励着她的才情,无数苦难的人物、大量点点滴滴的细节汇聚到她的笔端,都使她本能地汇入前卫的左翼文化运动。比高压电箱的能量更加巨大,她的才华思想在这里迸发出最早的火花,燃烧在漫长世纪的心灵世界中。

萧红曾经寄居过的友人家、蜜月租住的欧罗巴旅馆,还有曾和朋友一起度过了几个欢快日子的牵牛坊,都已经消逝在历史的烟尘中,了无痕迹可寻。她出入过的电影院、商店和当铺,也只有在图片中翻找了。她和朋友乘坐过的马拉冰车,已经简化成冰雪大世界中单人滑动的小座椅。只有当年送她到医院,在雨水中打转儿的俄式斗子马车,和车夫一起,铸造在中央大街横出的步行街上,凝固着一个城市顽强的文化记忆。她已经化作了这个城市的传奇,和热闹的脚步一起离开初始的场景。萧红,这是你的期待,还是你的悲哀?遗忘的方式是多种多样的,你被人们自由地阐释着,也许那座萧瑟庭院中的冰冷塑像,更真实地象征着你身前身后的寂寞。

萧红,你的物质遗迹在消逝,你渗透在文字中的精神血脉却依然流淌,我能够永久瞻仰的仍然是你星月一样闪烁的身影!

在萧红的青丝冢前

李 琦

我看到冰封的呼兰河水覆盖着皑皑白雪。河水是有灵性的。它会记住当年那个心神浪漫的小女孩。永远的萧红,就像北方天空下那些随处可见的麻雀——它们亲切朴素,勇敢地穿越岁月,飞过家乡父老的房檐,飞过四季,经久地,精灵一样飞翔。

——李 琦

本文载《成都日报》2010年12月17日。题图照片为李琦。

李琦:中国当代诗人,黑龙江省作家协会副主席,萧红文学院院长。著有散文集《从前的布拉吉》,诗集《帆·桅杆》、《芬芳的六月》、《最初的天空》、《莫愁》、《天籁》、《守在你梦的边缘》、《李琦近作选》等。

年初。农历腊八。零下二十四度。萧红去世六十八年的忌日。

早晨集合,我们一行人驱车去呼兰,去祭奠这位给故乡带来声名和荣誉、身世苦楚、作品却恒久动人的女作家。

天真冷啊。“腊七腊八,冻掉下巴。”凛冽之气弥漫着,好像就是要专为这句民谚来佐证。我想起前年,也这般寒冷的一天,也是去祭奠她,我的手脚都冻僵了。萧红凄然辞世,是在南国的异乡,可她告别人间的日子,却是故乡最冷的时候。

我不记得去过多少次呼兰了。每次去的路上,心思都不知不觉间沉郁起来。向呼兰而去的道路,好像设定了一个让人难过的程序。望着窗外那种常见的北方风物,我总是能看见一个女子单薄急行的身影——心比天高的萧红,从故乡小城跑出来,怀揣着对远方的梦想和憧憬,去外面的世界闯荡。当她如树叶飘浮在命运的秋风里,经历了那么多伤害和坎坷时,她对故乡有过怎样的回望和怀想?再没回来过的萧红,一定没有想到,此生最后,只是把一缕青丝,留在了故乡的墓园里。

我想起萧红留下的那些老照片——几乎没有一张是带着笑容的。一双大眼睛里,装的是深深的忧郁。颠沛与流离,战争与苦难,污辱与损害,疾病与逃亡。国土被蚕食,爱情被损害。她哪里还有由衷的快乐!

这个才华出众的北国女儿,用柔弱的身躯抵御着饥饿、寒冷、背弃、病魔、战火——在远离家乡的香港,年仅三十一岁的萧红在弥留之际,已不能说话,她只能用笔在纸上写道:“我将与蓝天碧水永处,留得那半部‘红楼’给别人写了”,“半生尽遭白眼冷遇……身先死,不甘,不甘”。

我常常想起这几句话就心酸。寥寥数语,写尽了苦楚与疼痛、挣扎与无奈。要强的萧红,野花和清风一样的萧红,多么让人心疼!以至于,每到祭奠她的时候,连天都悲伤得这么寒凉。

同行者中有作家、学者和编辑,都是一些平素谈得来的朋友。对于我们来说,萧红是文学前辈,也是我们一个心理情结。阅读她和阅读一般作家的感觉不同。她是我们黑土地上的家乡人,是我们感觉上亲近的人。这个早逝的天才,定格在年轻的岁月里,更像一个让人牵挂的姐妹。我们替她不公,替她难过,怀念她——尤其是,当她的忌日来临,那种从里到外的寒冷作为提醒和暗示的时候。

窗外是苍茫的原野。铺满霜雪的大地上,失去了叶子的树木枝干料峭,让人联想起萧红那单纯倔强的性格。这北方深冬的景致,已经铭刻在当年萧红的心里。她在异乡漂泊的岁月,一定会无数次地怀想起这里的场景。她作品里的那种苍凉和动人,艺术视野的疏朗开阔,语言的朴素优美,都和这里有着精神渊源。这是给了她最初灵感的土地。她就是从这里汲取了最初的能量,而后面对命运的风浪。

呼兰西岗公园萧红的青丝冢前,祭奠仪式肃穆庄重。和我们同来的,还有萧红的侄子张抗先生。当他意欲致辞,未及开口,泪水已纵横。他尽力控制着自己,也只能哽咽着说了句谢谢。他后来说,天这么冷,站在冰天雪地里,想到姑姑一生的悲苦,什么也说不出来了。萧红小学的孩子们站在纪念碑前,朗诵了怀念萧红的诗篇。清澈的童声在凛冽的北风里,有种直抵人心的动人。

六十八年的风,没有吹散萧红的名声。她不仅没有被人们淡忘,相反,透过岁月的尘雾,她的身影越来越清晰,常常让我们百感交集。作为黑土地上最优秀的女作家,她的一生,从故乡出发,在异乡安息。她受尽委屈,饱尝痛苦,却以其柔韧持久的艺术生命力超拔于那个时代。这个苦命的、大气的北方女儿,笔下没有闲愁和闺怨,也从未把创作当成个人情感的宣泄,她总是着眼于群体——女性、民族、人类。她的《生死场》成为一个时代民族精神的经典文本。正如鲁迅先生在序言中所说:“北方人民的对于生的坚强,对于死的挣扎,却往往已经力透纸背。”

所有来祭奠的朋友,都是庄重的。站在呼兰的土地上,自然想起《呼兰河传》。这里,就是给了萧红创作灵感的故乡。作为她的读者,我们都记得在她笔下那明亮的天空、美丽的后花园、慈祥可爱的祖父和老榆树下的童年,“是凡在太阳下的,都是健康的,漂亮的,拍一拍连大树都会发响的,叫一叫就是站在树对面的土墙都会回答似的”。这部发表于一九四〇年的小说以其优美朴素的笔法、深邃独特的思想内涵，超越了时空，让一代代读者记住并知道了：在中国东北，有个叫做呼兰的地方，有一条放过河灯的河水，从那里蜿蜒流过。

敬献花篮后，我们每人手执一枝菊花，依次献到萧红纪念碑前。菊花或黄或白，在白雪铺就的墓园里，带着清澈的寒凉。娇嫩的鲜花，在冬的凛冽里，自然马上就冻住了。冻僵的花朵在寂静的碑前，像定型的舞姿，反倒呈现了一种让人揪心的痛楚之美。这冰冻之花，更让人感怀萧红的命运。依次排开的鲜花，如一行素净的诗句，缅怀着我们由衷尊敬和喜爱的作家、一个乡亲和前辈、一个给故乡带来荣誉的好女儿。

归来的路上，我看到冰封的呼兰河水覆盖着皑皑白雪。河水是有灵性的。它会记住当年那个心神浪漫的小女孩。永远的萧红，就像北方天空下那些随处可见的麻雀——它们亲切朴素，勇敢地穿越岁月，飞过家乡父老的房檐，飞过四季，经久地，精灵一样飞翔。

穿越时空的对话

田沁鑫

我常常在冥想中和萧红沟通。在我的眼里，她一直就是24岁的样子，傻呵呵的。……我喜欢她的散文和小说，她的文字是那样的稚拙，童心盎然，不雕琢，不做作。

——田沁鑫

本文载《剧本》2000年第2期。题图照片为田沁鑫。

田沁鑫：中国国家话剧院导演，主要作品有话剧《生死场》（根据萧红同名小说改编）、《狂飙》、《赵氏孤儿》、《赵平同学》等。

半个多世纪前，萧红创作了小说《生死场》，她关怀着中国普通民众的命运，描写了他们的真实状况。她在孤独、飘荡、纷争中走完了自己短暂的一生。半个世纪后的今天，又一个女子田沁鑫，相遇了萧红，用心灵去对话、沟通。

关于彼此

萧红：很庆幸导演也是个年轻的女子，女性在心灵深处对生活往往有一种独有的不合时宜的敏感。若是男子改我的小说未必能够如此精心、如此体贴。我这短短的浓缩的一生遭遇了来自另一性太多的玩笑与折磨。而且这本小说集中描写了女人的苦难，这大概只有女人才能体会，即使现代，许多男子在彬彬有礼的绅士面目背后不也隐藏着对女性的歧视？《生死场》结尾，国难当头，男女斗争暂时退隐了，但到了今天，妇女问题是不是真正解决了呢？我很赞美你以一种惊心动魄的手段把这个问题又提给世人。

我当然会像许多人一样惊叹你的年轻——我写《生死场》时才24岁，31岁便病逝了。我羡慕你的活力与处境，若能多活几年，或许也能写出更多的作品。

田沁鑫：还是十五六岁的时候，偶然读到有关萧红的传记，一下子就被她凄凉的身世打动了。萧红说：我们女人具有牺牲精神，其实牺牲是一种惰性，可我们乐意。所以就这样坚信不疑地上男人的当,一点点往绝路上走。我常常在冥想中和萧红沟通。在我的眼里,她一直就是24岁的样子,傻呵呵的,有时很坏,说话酸酸的,常常扫人家的兴;有时又憨厚得可爱。如果我和萧红交朋友,我会非常地喜欢她,如果有人欺负她,我会帮着她。喜欢她,也喜欢她的散文和小说,她的文字是那样的稚拙,童心盎然,不雕琢,不做作。

关于改编

萧红:当我看完话剧《生死场》,很是惊讶,没想到,在20世纪末的今天,社会已变得相当物质,不少文人满脑子商机,竟还有人念叨我这个不谙生活技巧、坎坷活了三十年的女子。把《生死场》移植为话剧,我活着的时候也没如此奢望。

我很理解你的再创作,这不仅是可视性与戏剧性的需要,而且更有了现代色彩。我的小说底子是西方尤其是俄国的文学,我乐意实验各种不同的文学风格。我认为你将中国的民族气息与前卫的舞台意识揉合得很好,其中一幕,金枝躺在地上,你用灯光、音乐与人物造型显豁了金枝的大肚子,这是极有象征意义的一笔,女人的苦难往往从肚子开始。

田沁鑫:改编《生死场》,我前后共酝酿了3年。不少人说,《生死场》很难改编,因为人物太松散。可我却觉得正是这一点,为话剧提供了自由改编的基础。其实这个作品有一种很前卫的色彩,放到现在都不落伍。《生死场》是我编导的第三部戏,为了让小说在舞台上活起来,我很冒昧地对小说中的人物作了增删;打乱了原作中的情节,重新组合人物关系,让原来没有关系的二里半和赵三因为子女的恋爱而相互纠缠,部分台词还结合了你的另一部小说《呼兰河传》的内容,另外,在舞台表现手段上,我运用了电影的结构,如蒙太奇倒叙、插叙等。表演上借鉴德国皮娜·鲍什舞蹈剧场的语汇,强调肢体的释放,将生活动作放大,突出舞台的造型感。我试着让现代的观众理解你小说中意到笔不到的神韵。

关于国民性

萧红:写这本小说时,笔触还稚嫩,但不愿走风花雪月的路子,而是坚持学鲁迅努力刻画中国人的国民性。《生死场》就试图雕塑出农民对生活的麻木态度。这可能就是小说不如其他一些女作家那么流行的原因。你是不是也冒了被冷落的风险?

田沁鑫:对于人的生存状况的感悟,比起今天的作家,萧红一点也不差,她的小说中对国民性的揭示,在今天也同样具有警示作用。

演出了,我很惶恐,怕我不能传达出小说中中国农民"对于生的坚强,对于死的挣扎"的精神状态。《生死场》中的农民离我们有60年的距离,但其中反映出来的对生存的迷茫,对人与人之间的距离的疑惑,对国民性的揭示,同样令生活在现代社会的人感到深深的震撼。

寻不见归路的萧红

邱苏滨

我无法亲近你,甚至看不清墓碑上你的玉照,更不可能为你献上一束花了。我将自己的脸紧紧贴在铁栅栏上,瞪大眼睛,希图能看到什么,抑或感觉到什么,却只有一丝凉意掠过心头。

——邱苏滨

本文载《作家》1997 年第 12 期。题图照片为邱苏滨。

邱苏滨:当代作家,吉林市作协主席。著有《喜连成》、《闲居》等。

一

这就是你当年出走时的那条路线吗?

坐在破旧的郊线公共汽车奔向你在呼兰的故居;或者坐着豪华中巴去太阳岛游玩,我都在不停地思考着这个最最简单的问题。

几十年来,人们猜测你出走的原因,揣摸你出走时的心境,议论你出走的是非,却没有人关注你出走时的线路,交通工具或者行囊。显而易见,这是个最最形而下的问题,绝对形成不了一篇够档次的论文让人换回一个高级或者副高级职称来,更不可能因此成为研究专家应邀四处参观讲学。他们太过于学术上的探讨,却忽略了作为个体的人——你最最实实在在的生活。我想当初你或许会为了没有方便的交通工具而动摇过出走的决心,也或许会因为盘缠不足而苦恼再三。

你却终于还是出走了。

我终究是个俗人。

所以,我只能怀着一个后辈人崇敬的心情瞻仰你的故居,凭吊你的青丝冢。

然后,在你生活过的这一块土地上,凭着想象复原你的生存环境,在其中寻觅你的身影,灵魂附体般体验一把你的生活。

这里果然就是你的故乡。夹杂在老十字街熙熙攘攘的人群中，我体味着那种"忙着生，忙着死"的生活节奏。我遇见了几张似曾相识的面孔。我透过岁月的迷雾辨认出他们是老赵三，王婆，冯歪嘴子，有二伯，还有二里半。他们一如既往地做着自己的事，与邻人聊天，卖菜，烤羊肉串（我拿不准这羊肉是否就是二里半的那只老山羊）……我很想与他们聊聊往事，我还想告诉他们，在哈尔滨看见了金枝，那个为人缝穷遭人凌辱便跑回乡下的金枝。如今，她已在哈尔滨站住了脚，挣了很多钱，当然都是男人们自愿给的。金枝再也不感到羞辱了。她觉得这很正常，因而穿着露出腿岔儿的超短皮裙、胸罩式的外衣、叼着烟卷在大庭广众面前时也很坦然。

我朝着他们走近，试图通过我的微笑唤起彼此的亲情，但显然他们并不认识我，他们的漠视令我却步。其实，他们也并不真正认识你。他们只知道张家大院里有个大小姐。大小姐不歧视穷人，还常偷家里的馒头、鸡蛋送给邻居的穷孩子吃；大小姐还领头示威抗议日本人侵略，为抗日募捐，后来大小姐就离家出走了，一走就没了音讯。或许他们曾经就张家大小姐出走的原因议论纷纷甚至颇有微词，他们绝对想象不到出走的张家大小姐会成为著名的女作家萧红。

几十年后政府忽然就要为萧红修复故居。这时你故乡的人们才似乎猛然醒悟。他们并不一定要知道你成为作家后都做了些什么，只这官方的一个举动，就令这些世代默默求生的人们感到兴奋，继而自豪了，不由自主地就要絮叨起曾经在张家大院出没、在后花园嬉戏的那个倔强甚至有些乖张的小姑娘。没想到，这个小姑娘成了出名人物。这时候，乡亲们忽然就为了当初对于出走的张家大小姐的非议而后悔不安起来，就觉得当初的见识实在可笑。早知道她会成为萧红，那么她的一切叛逆的举止便也都是合情合理的了，也不该招致那样多的非议。此时，再回头来看张家大院，才突然发现，曾经兴盛过的张家大院已分崩离析，房舍被人分割，后花园荒凉衰败，不复有花草树木蜻蜓蝴蝶蚂蚱出没翻飞。

故乡的人们有些忐忑不安了。于是东挪西凑，甚至于不惜低三下四求来经费，在刚刚遭受了水灾之后，修复了你曾经出生、成长的地方。

他们说这就是你的故居。

我徜徉在你的故居。我在五间房屋中间进出，在后花园中冥想。我在据说是你的塑像前伫立，我无论如何也找不准感觉。

据说，你在临终前曾说：你要向与你站在两个极端的父亲"投降"，你要回家。这就是你一世漂泊身心俱惫后发出的叹息；这是你"半生尽遭白眼冷遇"时那颗单纯热烈的心碎裂时发出的呻吟。难道，你果真是要回来吗？回到这个似是而非的故居？

然后，像王婆那样，每日里屋里屋外地忙活，闲暇时与邻居的婆娘们闲聊聊天，假如男人们遇到某种庄严的问题你会偶然显示出一回刚烈;或者,以你的性格和处世态度,你会像王大姑娘那样,与一个你看准了的男人(权当作是爱)私通生下一串孩子,在邻人们的冷眼中或生或死;或者,像金枝一样,在饱尝着爱与恨、羞辱与贫困的生活中终其一生……

幸好,你没有回来。

但我知,你时时刻刻都在关注着你的故乡。在你已经升华的灵魂和超越的生命中,故乡的概念不再仅仅是一个小小的呼兰,于是,借助一颗最亮的星星,你眨动的大眼睛带着几丝忧郁注视着地球的东方。

于是,岁月和历史交织成一个醒目的坐标点,在你的眼中,定格在二十世纪末。

你听到了吗?——

有年轻的人们责问父辈:如果你们当初不打跑日本人,东三省会不会也和现在的日本一样发达起来?

你做何感想?该哭、该笑?该愤怒,还是该默然无语?

你看到了吗?——

那个险些让你沦落风尘的男人、你曾挺着几个月的身孕望眼欲穿地等待着的男人,已分裂出无数个变种,混迹于女人群中,很潇洒地活着。

你还会激动吗?是爱,是恨?是痛苦,还是无可奈何?

你想到了吗?——

曾和你相约共同撰写“那半部红楼”的作家们,纷纷投笔从商,有的商海翻船,有的腰缠万贯,独丢得那一枝秃笔在一旁冷落。

你感到惊讶了吗?是怅然,兴奋?是失落,还是莫名其妙?

我想你是搞不明白这个世道了。故乡的亲情诱惑着你,你是否还想着回来?

换了我,我仍是要出走的。

只是,不再重复你走过的路。

沧海桑田,便是这条呼兰河,你歌唱过怨恨过热爱过的呼兰河里流淌着的也不是从前的水了。

二

你漂泊着,一颗孤寂的灵魂无处依傍;你寻觅着,一颗充满爱情的心无处寄托。

女人的不幸,多为情累。

你亦不能例外。

失去了家园,就注定了永生永世的流浪。

站在你故居那座似你非你的塑像前，凝视着那张恬静、怡然的面孔，还有那卷握在手中充作道具的书本，我无论如何也不承认那就是你。

失去家园的人无论如何不可能是那样一副神态。

你一直都在寻找一座家园，一个充满温馨爱意、和平宁静的家，从第一次弃家出走，你就踏上了一条漫漫的求索之路。多少次，你曾以为你找到了，于是，你将全部的激情和全部的爱意都投入了进去，你以为男人呵护的臂膀会是一株挺拔的树，任你依靠攀缘，却不料有风吹动的时候，树也会摇荡震颤，给你一个措手不及的闪失，重重地摔在地上；你以为男人博大的胸膛，容得了天机地理也会容得下你那一份实实在在的情感，却不料当那负荷超重时它会第一个卸掉你这份累赘。

丈夫、情人、朋友，还有师长，你从一个男人转向另一个男人，你可以获得爱情、赞赏、同情或帮助，却唯独不可能获得真正意义上的家。男人有男人的生命哲学，他们是你构建家庭的全部家当，而你不过是他们家居生活中一件挺精致的摆设。这就注定了你一生的悲剧——一个感情丰富、才智超群的女人的悲剧。

悲剧是感人的，而当这悲剧与时代的大背景重叠时，便具有了庄严、悲壮的气氛。战乱迫使你从一地逃往另一地，就像你从一个男人的怀抱投向另一个男人的怀抱。每一次投入，都是那样真诚、那样奋不顾身，而每一次失落，又都是那样沉重，那样一败涂地，你在失去安身立命的生存家园的同时，也失去了灵魂得以休憩的精神家园。

命中注定你必客死他乡。

这样的一个你，还会有那样恬淡、怡然的神态吗？

我原谅雕塑家的浅薄，我却无法原谅我面对你时的那一副犹疑和困惑。我们的心应该是相通的。

流连在你的故居中，我寻觅着你活动的身影——你出生时的南炕，你搜索出无数“宝贝”的储藏室，你嬉戏玩耍的后花园，你读书幻想的葡藤下；我凝视挂在墙上的你的各种姿态及与各种人物的合影照片，那几乎都是同样的凝神不动的眼神令我怦然心动；我阅读你的著作，你跃动的灵魂撞击着我不安的灵魂。

冥冥中，你已经告诉我很多了，我已经明白很多很多了，你和我已经达成很多共识了。

我却为什么还在重复着你走过的路？

就如同你，你能把世事看得很开，你能将生活刻画得很深，你能把事理阐述得很透，你却唯独解释不了你自己的人生。

你就认着你的生活浮萍一般顺流漂泊。

其实，你的生命、你的女性意识始终觉醒着，所以，你总是想逃，从一个男人逃向另一个男人，从一地逃往另一地，呼兰——哈尔滨——北平——上海——日本——西安……香港，这条逃亡的路线，是你生命的轨迹，同样是你情感的链条。似乎冥冥中有一位卓绝的悲剧导演，一步步将你推向悲剧的高潮，最终将你毁灭。

这导演是上帝，还是你自己？

其实，作为女人，你还有另一件最有力的武器，那便是忍耐。男人的耐力是远远比不过女人的，因而在耐力的抗衡中，你会从容得多，至少不用消耗体力和智慧，你甚至可能如禅僧般微笑着静观男人们如囚笼中的困兽一样惶惶不可终日，你的温情，筑起囚笼的铁栅；你的耐力，便是那栅栏门上的钢锁；你的心，则是开锁的钥匙，你将它深深地埋藏起来，直到与你一同消殒。

当然，你和我一样清楚，这同样是一出悲剧，但却是能被大多数人看懂并能理解的悲剧啊！

你却选择了逃。逃之前，剖开你的心，取出血淋淋的钥匙，扔给了囚笼中的男人——父亲、情人、丈夫、朋友……然后，捂着伤口逃了，任着那血一滴滴地从指缝间往出流着，从此，每一步都沾着你自己的血迹。

这血迹足令我震颤了。既然悲剧是注定的了，我是否还会如你一样选择逃？

三

人说，荒原上的每一棵孤树下，都埋葬着一颗孤魂。

不知怎么，我总在想象中认为你就在那样的一棵树下。

事实不是。香港浅水湾畔，广东东郊银河公墓，呼兰西岗公园都有你的墓地。你的丈夫你的情人你的朋友，还有那些崇拜过敬仰过你的人们，尽管在你的生前他们曾伤害你远离你，但在你死后，却争抢着拥有你、占有你，为你安置了三处归宿，并自以为，你泉下有知该感到欣慰了。

我却依然看到你不安的灵魂。

无论怎样的怀念，也无法慰藉你伤痕累累的心灵；无论怎样的补偿，都不能修复你破碎的情感世界。我的耳旁总是响着你临终的悲声：半世尽遭白眼冷遇，身先死，不甘！不甘！

你实在无力与这个世界抗衡了，你最后的武器就是死。你用你的死亡实现了你最有力的报复，你用你的死亡，给了那些爱你同时也在伤害你的人们以最持久的打击。

你死的最是时机。三十一岁，最美丽的一瞬。悲剧的意义就在于将最美丽的东西毁灭了给人看。

许多人为你惋惜,许多人假设你如果活下来会有什么样的作为,我却不以为然。

你假上帝之手,完成了你一生最后也是最崇高的杰作。于是,半个多世纪的岁月风尘,仍然掩不去你最美的容颜。

满头的白发满脸的皱纹不属于你,满腹的牢骚和无奈不属于你,你留给世人的,是永恒的年轻、美丽和以你为主角的爱情故事。

还有,那些不朽的作品。

这些,本该可以慰藉你不甘的灵魂,不料,却时常地被俗人们借此对你表达一份同情、怜悯和惋惜。

你是否能够安息?

半个世纪后的今天,我去看你。我明知那不是你的归宿,但我知那里有属于你的青丝,那曾被男人爱抚过的青丝,那浸透了你生命热能的青丝。穿过西岗公园,越过游人如织的"百年仙人掌"展区,我寻到一处僻静之处——一处被铁栅栏包围着的墓地,最令我吃惊的是,那栅栏门处,竟有一把黑黑的铁锁牢牢地锁定着。

——那就是你的墓、你的归宿?

想你挣扎了一生,一次又一次地突围着,总是想要挣脱着某种看得见或看不见的束缚,却不想此时此刻,竟被你的乡人们用一份关爱和一份亲情锁定在这一方土地上。

我无法亲近你,甚至看不清墓碑上你的玉照,更不可能为你献上一束花了。我将自己的脸紧紧贴在铁栅栏上,瞪大眼睛,希图能看到什么,抑或感觉到什么,却只有一丝凉意掠过心头。

你故乡的人们是深爱着你的。尽管他们不一定就读过你的著作,尽管他们不一定真正知道你需要一个什么样的归宿,但他们仍然固执地为你选择了一方土地。他们很清楚你会给你的乡亲们带来些什么。因为你的伟大,你故乡也就变得伟大起来;因为你有名气,你生活过的小城也就变得有了名气。无论你是否愿意,你已经成为你故乡的一块招牌,一块烫了金的招牌。你会凭你的阴魂庇护你的乡人们;你已经成为你的乡人们招财进宝的一道灵符。

不是就有很多的人冲着你的故居来了吗?

不是就有很多的人冲着你的墓地也来了吗?

不是就有很多的人冲着你描绘过的世界就来了吗?

你的灵魂该是真正地不安了。但你无能为力,爱的枷锁是任何人也无法挣脱的。

隔着铁栅栏,隔着岁月,隔着时代的风尘,我用心与你交流着——

有爱无家,这是人世永远无法回避的悲剧。

竟就被你的人生验证了。

还有多少人要为此做出一生的诠释？这其中是否会包括我？

萧红：衔爱情橄榄枝的精卫

陈家萍

去世前的四十四天，身边尚有骆宾基作为情感慰藉——萧红，从不满足情感世界的灰白，她以热情和信念为彩，顽强地涂抹和油漆。萧红，是衔爱情橄榄枝填心灵沧海的不死精卫。

——陈家萍

本文原载《济南时报》2010 年 3 月 11 日。题图照片为陈家萍。

陈家萍：当代女作家，著有《惊鸿伤影》等。

汪恩甲、萧军、端木蕻良、骆宾基……他们如鸟般曾在萧红的情感天空滑翔过。

一直以来，我们都将汪恩甲斥为始乱终弃的浪荡弟子，曹革成匡正了汪恩甲形象，丢下萧红留守旅馆，并非出于蓄谋已久的报复心理，而是因为他真正地失踪了——可能被害于日本人手下。

这种说法让爱萧红者松了口气。无论如何，我们不愿才女萧红的人生以如此不堪的方式拉开序幕。

旅馆做人质时，萧军如超人般出现。“尴尬人偏逢尴尬事”，这句话几乎是萧红情感 QQ 的个性签名。短暂的三十一年，她总是以被侮辱被损害的孕妇的姿势，尴尬地面对她生命中的情郎。这是性格，抑或命运使然？

萧军去世，其妻撰文，总结萧军爱她的三大理由，之一便是她是处女。这段话显然是针对萧红所说。萧红不是处女了，在萧军之前，她有汪恩甲，在汪恩甲之前，萧红还有个初恋表哥——这绝非萧红泛爱，而是她追求自由恋爱的决心和行动力。

二萧关系中，萧红一开始便处于劣势。

萧红一直有扮嫩的倾向。在鲁迅家，萧红梳着系有蝴蝶结的辫子，蹦蹦跳跳的。潜意识里，她渴望回到烂漫的花季，但，她显然回不去了——她的身心皆有爱情和以爱情名义伤害她的男人的划痕。可她，偏以这个形象，承欢鲁迅，讨好萧军——萧红在情感方面的积极主动和迎合，思之，令人落泪。

她只是想拥有一份安全的爱啊。从祖父那儿,知道了人生除掉了冰冷和憎恶而外,还有温暖和爱,所以,她就对这“温暖”和“爱”,怀着永久的憧憬和追求。鲁迅夫妇,是萧红可以探手即触的“温暖”;萧军,是可以伸手攫取的爱。

萧军义气的拳头,曾数次痛击他所不齿者,拳头是他打出的另一种文章。拳头一旦如雨般落在共患难的妻子身上,便凸现暴力的狰狞面目。看见萧红左眼青了一块,梅志和许广平关心地询问,萧红掩饰说是晚上不小心碰的。萧军冷笑:别不要脸了,是我打的!

这段文字,将人的心攫住。语言暴力比拳脚,更为可怕。被打的弱女,扯块谎言遮蔽自尊也不可能!

彼时,萧军恰逢桃花运。

“我不知道你们男人为什么那样大的脾气,为什么要拿自己的妻子作出气筒,为什么要对妻子不忠实!忍受屈辱,已经太久了。”饱受痛苦煎熬的萧红写下一组《苦怀》诗:“我不是少女,我没有红唇了,我穿的是从厨房带来的油污的衣裳。为生活而流浪,我更没有少女美的心肠。”品咂这些诗句,深切地触摸到了与萧军同居的萧红的痛苦,这种痛苦是这么真切,这么鲜明,永远不结痂。

爱情,是萧红赖以呼吸的精神氧气。萧红产下汪恩甲的女儿,整整六天,没有看她一眼,奶水湿透了衣襟,萧红也没有喂奶一口。萧红狠心堵住母爱决口,她更看重萧军的爱情!她抛掷了她本应负重的累赘,指望轻盈如蝶,飞向爱情啊。

萧红在香港病危时,交代后事,嘱咐端木蕻良将来有机会一定要去寻找这个孩子——女儿,萧红何曾忘却一日。

萧军绯闻不断,萧红的痛苦无处可藏。一九三六年七月,萧红接受了鲁迅的建议,赴日本。萧红的离开,是希求借助别离的空间,挽救濒临灭绝的感情。

四十余年后,萧军同丛维熙说到萧红:“她的心太高了,像是风筝在天上飞……”萧军说萧红的心太高,明褒实贬,意指她不切实际,文学大于生活。我不能赞同,从那些自日本寄回的信中,我们感受到了萧红低首尘埃的手势,她的言行,堪称贤妻。

已怀有萧军骨肉的萧红,遇上生命的劫数:端木蕻良,将其视为情感出口,结束与萧军的同居关系。

提及六年爱情生活,萧军何其冷静,“如果从‘妻子’意义来衡量,她离开我,我并没有什么‘遗憾’之情!……在个人生活意志上,她是个软弱者、失败者、悲剧者!”而萧红,却给萧军留下《生死场》的版权。

去世前的四十四天,身边尚有骆宾基作为情感慰藉——萧红,从不满足情感世界的灰白,她以热情和信念为彩,顽强地涂抹和油漆。萧红,是衔爱情橄榄枝填心灵沧海的不死精卫。

雪里萧红

王炳根

四周一片雪白，穿着单衣薄衫的萧红，坐在冰冷的巨石上，手上有一本书，但她却是在托腮凝思，眼前是她描写过的荒凉的院子。站在萧红的身边，我立时感觉到一种寒冷，不是为我自己，而是为雪里的萧红……

——王炳根

本文选自《雪里萧红——亲临作家故居》，福建教育出版社 2007 年版。题图照片为王炳根。

王炳根：当代作家，冰心研究会会长，冰心文学馆馆长。著有《特性与魅力》、《逃离惯性》、《冰心与吴文藻》、《慰冰湖情思》、《雪里萧红》等。

在飞机上

在上一个千禧年的最后的十天，我在南中国的一个城市中匆匆打点行装，决意前往北中国的一个寒冷的城市。

从福州飞往哈尔滨，空中航程二千四百八十九公里。这种大跨度的远程飞行于我来说并非首次，但却感到神圣。飞机在南京机场降落上客再次起飞后，继续北行，午后四时，不知道是因为高空的原因还是错觉，此刻的太阳已在机翼的下方，满天燃烧的红霞与地平线上银色的雪国，蔚为壮观，而雪地中迎来又远去的村舍，让我想到机翼下方雪地之中人的渺小。

可我为何要做此远行，固执地要去寻找半个多世纪前就被冰雪覆盖了的灵魂？这个人与我无亲无故，也无任何的缘分，甚至也不是我的文学研究的对象，仅仅是为了一个人，为了这个人天才而短暂的人生。

这个人就是萧红。三十一岁的生命，雪国占据了她的大半生。当她走出这个雪国，便没有再回来了，然而，在她的作品中，在她的精神世界中，却又始终飘洒着雪，她的最精彩的作品最深切的回忆，全在雪国。我最早读到的是《呼兰河传》，记得当时立即被开篇那句话惊呆，说："严冬一封锁大地，大地就满地裂着口。"冻裂了的大地、满是裂着口的大地会是一个什么样？这对一个南中国的人来说，很难想象。还说，大地一到严冬的季节，一切都变了样，天空是灰色的，混沌一片，而且整天飞着清雪。“清雪”又是一个什么样呢？

那时，萧红在南中国温煦的香港，病中回望着她童年的雪国故乡。

哈尔滨的夜

哈尔滨的天五点便黑了，时差与我所在的城市差两个小时，这让我有些猝然。我在寒冷的夜晚，找不到七十年前的道外正阳十六道街的东兴顺旅馆位置，也找不到那个白俄开的“欧罗巴”，只能在可以称之为也是道外的一家酒店住下，这里恐怕离曾经留下过少女萧红求学身影的学校也很远。

我对哈尔滨和哈尔滨夜的感觉完全陌生。

将近七十年前的一九三二年仲夏六月，那时萧红还未诞生，那个叫张廼莹的女子，身怀六甲，被人抛弃囚禁在东兴顺旅馆，万般无奈之下，她拨通了一家报社的电话，于是引来了她的救命恩人、后来成为患难夫妇并且双双走上文坛的萧军。这个心酸的故事以“英雄救美”的方式流传文坛，画面强烈十分抓人，但是我印象最深的却是他们此后在哈尔滨的窘境和艰难。

他是一条受冻受饿的犬呀！

在楼梯尽端，在过道的那边，他着湿的帽子被墙角隔住，他着湿的鞋子踏过发光的地板，一个一个排着脚踵的印泥。

郎华仍不回来，我拿什么来喂肚子呢？桌子可以吃吗？草褥子可以吃吗……

我坐在小屋，像饿在笼中的鸡一般，只想合起眼睛来静着，默着，但又不是睡。

我饿了，冷了，我肚痛……肚痛，寒冷和饥饿伴着我，……什么家？简直是夜的广场，没有阳光，没有暖。

我再也不能抑止我的愤怒，我想冻死吧，饿死吧……

雪，带给我不安，带给我恐怖，带给我终夜各种不舒适的梦……一大群小猪沉下雪坑去……麻雀冻死在电线上，麻雀虽然死了，仍挂在电线上。行人在旷野白色的大树里，一排一排地僵直着，还有一些把四肢都冻丢了……从冻又想到饿，明天没有米了。

饿比爱人更累……

这些文字像冻雪般洒落在哈尔滨，有一篇散文，题目就叫《饿》，通篇都写饥饿的感觉，一个又饿又冷的少妇，在哈尔滨的街市在雪地的小屋中，等待一个又饿又冷加上又累的男人的归来。饥饿和寒冷，这就是萧红告诉我的哈尔滨的全部。我的行包中便有萧红这本散文集《商市街》，当然我不用翻阅也能记得清楚，夜的哈尔滨不仅陌生，而且充满了恐惧。我在夜色中走出酒店，我想体验一下萧红的感觉，那时也只有七点多钟，酒店前的街道上只有厚厚的积雪，看不到行人，稀落的汽车一辆一辆地从身边滑过，我一个人默默地走在雪地冰冷的路面上，脚下的积雪发出咔吱咔吱的响声，是不是被我碾碎了刚刚冻结的冰凌？果然也在下雪，可以从领口钻入我的脖子里的雪，是不是萧红说的清雪？说实在的，我完全没有必要在此时，独自一人走在寒冷的冰雪之中，我只是出于好奇与矫情，想让我的感觉与萧红接近一些。我在走上防洪大堤的时候，冰封的松花江就在眼前，我知道在冰封之下的松花江，隐藏着一些萧红与萧军的故事，但立即浮现在我面前的，却是大堤的坍塌，汹涌的洪峰冲进哈尔滨，处于道外的东兴顺旅馆立时便淹至二楼，店老板逃走了，萧红被人遗弃，留下的一身债务才算被大水冲掉，一只好心的运木炭船将那个大肚子的女人载走……

在冰封的大地上

从哈尔滨到呼兰县城，便是萧红描写过的冻裂的大地，我现在就行走在这东北松花江岸的大地上，没有萧红说的那种像小刀子般厉害的风，雪却是在不停地下着，没有感觉到冷，为了寻找冻裂的大地，停车走下水泥的路面走到有泥土的旷野上去，大片大片被积雪覆盖着的土地，就是没有看到冻裂的口子。

路上没有见到马车，更没有见到七匹马拉的大车，萧红对在旷野中奔跑的大车的描写，实在是精彩至极。

七匹马拉着一辆大车，在旷野上成串地一辆挨着一辆地跑，打着灯笼，甩着大鞭子，天空挂着三星。跑了两里路之后，马就冒汗了。再跑下去，这一批人马在冰天雪地里边竟然热气腾腾地了。一直到太阳出来，进了栈房，这些马才停止了出汗。但是一停止了出汗，马毛立即就上了霜。

司机说，现在当然是见不到这个情景。只能遗憾！那时，张迺莹上哈尔滨念书，马车在旷野跑着，恐怕也得小半天的工夫，而现在，只有半个多小时的汽车。

根据萧红的描写，呼兰河的南岸，尽是柳条丛，过了河到了北岸才是呼兰的县城。我从南岸而来，没有见到柳条丛，也许是十二月的寒冬，柳条都落叶了，隐退

了，见不着它的影子，倒是看到衰枯了的芦苇一大片一大片地倒伏在河的两岸，中间结冰的地方呈白色，冰层下便是呼兰河不息的流水，不知道七月十五的盂兰会，呼兰人还放不放河灯？萧红写夜深三更过后，河沿上一个人也没有，河里边一个灯也没有了的时候，呼兰河那是多么寂静至美：

河水是寂静如常的，小风把河水皱着极细的波浪。月光在河水上边并不像在海水上边闪着一片一片的金光，而是月亮落到河底里去了。似乎那渔船上的人，伸手便可以把月亮拿到船上来似的。

写作《呼兰河传》的萧红，有着横渡日本海的经验，所以这里出现了月亮在海上与在河上的比较，现在的河水被厚厚的冰层覆盖，纵是没有任何的污染，也是看不到那轮可以落到河底的明月的。

一九四〇年的萧红，叛逆了她的家庭，却是深恋着她的故乡。

现在我就站在了"萧红故居"的门前，一座典型的北方大地主的院落，七十年前，萧红反抗过的家庭，萧红叛逆了的家庭，或是萧红被开除出祖籍的家庭，我要探访的主人就出生在这个家庭之中。

在一列红窗灰墙灰瓦的房子里，在北方的土炕上，这里在一九一一年六月一日的那天产下过一个女婴，女婴起名张秀环，就是后来的张乃莹，再后来的萧红。女婴出生后的一百天，在南中国的武昌有一个以推翻满清王朝的起义，辛亥革命爆发。

南中国的大革命与北中国小女婴的出生，当然没有任何的联系，但是，如果没有相对的开明的社会环境，比如没有可以接纳女生入学的学校，包括办在呼兰县城的小学与哈尔滨的女子中学等，就不可能有一个作家萧红了。

最先进入这一列五间屋子中的东面两间，这是祖母的屋子：

我家住着五间房子，祖母和祖父共住两间，母亲和父亲共住两间。祖母住的是西屋，母亲住的是东屋。

现在的西屋存列着实物，管理者一概将其标明为文物，并且到处都是用粗重的墨笔写下的"禁止抚摸文物"的警示牌，继承了当年祖母的传统。这里有青花瓶、座钟、太师椅、书案、小炕桌、炕被柜、梳妆台，有枕头顶、烟袋嘴、小铜锁、铜烛台、老花镜、筷子等，还有萧红的父亲穿过的青大襟、兰士林上衣和用过的印章等，就像一个小小民俗馆。在我的印象中，东北的土地改革是很彻底的（我是在周立波的《暴风骤雨》中得出这个印象的），作为大地主的张家，怎么可能经过那样的一场革命，还能留下这许浮财，这些在当时看来是绝对的奢侈品？包括这个大院这座房子，都不分给贫雇农[①]？

我不知道这里的物件与萧红之间的具体关系，那个小炕桌，那个梳妆台，萧红曾经用过？都有这个可能，但我还是喜欢在想象中再现张廼莹儿时这两间屋里的情景：

祖母的屋子，一个是外间，一个是内间，当时的摆设是，外间摆着大躺箱、地长桌、太师椅，椅子上铺着红椅座，躺箱上摆着朱砂瓶，长桌上列着座钟，钟的两边站着帽筒，帽筒上并不挂着帽子，而插着几根孔雀翎。尤其是祖母的屋子里那两个钟，一个座钟，一个挂钟，座钟非常稀奇，画着一个穿古装的大姑娘，好像活了似的，好像会用眼珠子瞪人，那挂钟就更稀奇古怪，里面有一个长着蓝眼睛的毛子小人，眼珠子还会转动。这一切对儿时的张廼莹来说，都觉得十分的好奇，四岁的张廼莹五岁的张廼莹，便在这两间屋子里跑来跑去，对于那好奇的一切，总想用手去触摸，孔雀翎上金色的“小眼睛”、大躺箱上雕刻的穿着古装的小人，可是祖母总是不让沾边，手还未出，便招来喝斥：“不许用手摸，你的手脏。”这让任性、敏感而心灵脆弱的张廼莹十分地沮丧与不甘。一方面，屋子里有无数的好奇，处处都是诱惑，一方面却处处设防，不许触摸不许乱动，理由是你的手脏，若张廼莹洗净了手，是不是就可以随意触摸呢？

当时的祖母就像现在保护文物一样，处处禁止，绝不让充满好奇的萧红靠近，禁止的结果，要么是欲望的扼杀，要么就是反抗，儿时的萧红选择了后者，果然也就在这屋子里出现了惊心动魄的一幕：

我家的窗子，都是四边糊纸，当中嵌着玻璃，祖母是有洁癖的，以她的屋的窗纸最白净。别人抱着把我一放在祖母的炕边上，我不假思索地就要往炕里边跑，跑到窗子那里，就伸出手去，把那白白透着花窗棂的纸窗给捅了几个洞，若不加阻止，就必得挨着排给捅破，若有人招呼着我，我也得加速地抢着多捅几个才能停止。手指一触到窗上，那纸窗像小鼓似的，嘭嘭地就破了，破得越多，自己越得意。祖母若来追我的时候，我就越得意了，笑得拍着手，跳着脚的。

终于：

① 后来，我看到一个资料，一如我的猜想，这些实物都是从民间收集来的，这个院子和这座房子是做了大量的搬迁，腾出来后进行修缮的，才有了我们今天看到的萧红故居。

有一天祖母看我来了,她拿了一个大针就到窗子外边去等我去了。我刚一伸出手去,手指就疼得厉害。我就叫起来了。那就是祖母用针刺了我。

一排排捅破了的纸窗,我好像听到了萧红捅纸窗嘭嘭的声响,好像听见了纸窗被捅破时发出的噼里啪啦的声音,也好像听出了那一声刺痛的尖叫,被针刺痛了的小指头,从此结下的怨恨,在这间屋子里,在童年的心灵中。

我现在就站在屋子里,看着萧红儿时不能触摸的物件,还有那排玻璃窗,窗纸已不存了,小手留下的血的印迹却能感觉得出来。有一个秋天,美籍华人作家李硕儒先生来到这间屋子里,夕阳西沉,残照中,他看到有一只桔黄色的蝴蝶扒在玻璃窗上,一动不动地看着他,几次挥手都也不肯离去……李先生很快悟到,这可能是萧红灵魂的化身,为此深深地感叹。但是我想,纵是萧红的灵魂,也是不会停驻在这间屋子的玻璃窗上的。

后花园

有一处到可能是那灵魂的憩歇地,这就是"萧红故居"背后那一大片的花园,萧红称之为的"后花园"。

我从迎门堂屋走进后花园。如果说,祖母的屋子是萧红的禁地,那么,后花园则是萧红童年的乐园。"我家有一个大花园",叙述的口气自豪、欢快明亮,这是萧红作品中少有的亮色,是张廼莹童年的七彩光环,"这花园里有蜂子、蝴蝶、蜻蜓、蚂蚱,样样都有。蝴蝶有白蝴蝶、黄蝴蝶。这种蝴蝶极小,不太好看。好看的是大红蝴蝶,满身带着金粉"。"蜻蜓是金的,蚂蚱是绿的,蜂子则嗡嗡地飞着,满身绒毛,飞到一朵花上,胖圆圆地就和一个小毛球似的不动了。""花园里边明晃晃的,红的红,绿的绿,新鲜漂亮。"花园里,有一棵樱桃树,一棵李子树,一棵大榆树,还有一丛玫瑰。这就是张廼莹儿时的乐园,乐园的伙伴只有一人,他就是年迈七十岁的老祖父。祖父与祖母、屋里与屋外,简直就是两重天,"祖父一天都在后园里边,我也跟着祖父在后园里边。祖父戴一个大草帽,我戴一个小草帽,祖父栽花,我就栽花;祖父拔草,我就拔草……祖父铲地,我也铲地;因为我太小,拿不动那锄头,祖父就把锄头杆拔下来,让我单拿着那个锄头的'头'来铲"。干活干累了,一抬头看见了一个大黄瓜,跑去摘下来便吃,黄瓜没吃完,又见一个大蜻蜓,丢了黄瓜又去追蜻蜓,追不上蜻蜓便又采一个矮瓜花心,捉一个大绿豆青蚂蚱,待到一切都玩腻了,又回到祖父的身边,"祖父在浇水,我也抢过来浇,奇怪的就是并不往菜上浇,而是拿起水瓢，拼尽了力气，把水往天空里一扬，大喊着'下雨了，下雨了'"。这是一个绝对自由的天地，是"我"与祖父共享的乐园，不能让外人知道，更不能有外人介入。在幼时的萧红看来，祖母的屋子是压抑的，而长工们住的草房是荒凉的，只有这个后花园是自由的："花开了，就像花睡醒了似的。鸟飞了，就像鸟上天了似的。虫子叫了，就像虫子在说话似的。一切都活了。都有无限的本领，要做什么，就做什么。要怎么样，就怎么样。""人和天地在一起，天地是多么大，多么远，用手摸不到天空。而土地上所长的又是那么繁华，一眼看上去，是看不完的，只觉得眼前鲜绿一片。"

我现在就走在后花园，寒冬的后花园，没有萧红描写的万千景象，大雪覆盖，一片素白洁净，洁净到连雪痕也没有一丝，以至我的脚踩上去都有些揪心。为了突显后花园的欢乐与生机，萧红不忍写它在大雪覆盖后的情景，"大雪又落下来了，后园就被埋住了"。就这一句话，写的就是我眼前的情景，后花园被雪埋住了。现在这个后花园，在它夏天的时节，是不是也像萧红描写得那般热闹而富有生机？我在大雪覆盖后的情景中是看不出来的，但有一点可以感受得到，那就是这个花园现在可能太规整了一些，被那些横竖整齐的绿篱切割成一个方块一个方块，萧红那个自由的世界是不是这个样子呢？这使我想起绍兴的百草园，那一年我去的时候，可还是充满着野趣啊！

每一个作家都有他童年的圣地，而这个圣地不仅是他的生命之源，也是艺术之源。如果将百草园看作是鲁迅的童年圣地，将烟台东山上的炮台看作是冰心童年的圣地，那么，无疑，后花园就是萧红的童年圣地了。

我在雪地上，想象着萧红在这冰雪覆盖下曾有过的欢乐情景，思索着这个圣地对她的生命与创造的双重意义。

后花园还被萧红作了一篇小说的名字，《后花园》，一个悲凉的爱情故事，中年光棍冯二成子与邻家少女赵姑娘没有结果的爱情故事。也许这个爱情故事是从磨房长工冯歪嘴子与王大姑娘的爱情故事演变过来的。现在这个磨房被复制出来了，就在后花园的西边，我走到近前，门是关着的，看不到磨房里面的情景，那个牌子上说，这里是萧红常玩的地方，她曾偷家里的鸡蛋，分给穷孩子在碾盘上烧烤，让大家分享着她冒险偷来的美餐。但我想，当时张廼莹完全可能没有这种阶级的意识，甚至没有穷人与富人的区别，只有童年的欢乐，这就与她对后花园的描写相一致了。这个磨房藏着许多故事，最主要的故事当然是冯歪嘴子与王大姑娘的悲怆的爱情故事，萧红在《呼兰河传》中用了最后整一章为其爱情故事作传，她记挂着他们，最后的一句话是："至于那磨房里的磨倌，至今究竟如何，则完全不晓得了。"

而对于后花园，萧红在香港这样牵挂着：

> 从前那后花园的主人，而今不见了。老主人死了，小主人逃荒去了。
> 那园里的蝴蝶，蚂蚱，蜻蜓，也许还是年年仍旧，也许现在完全荒凉了。
> 小黄瓜，大倭瓜，也许还是年年地种着，也许现在根本没有了。
> ……这一些不能想象了。

可能令萧红最不能想象的是，这个后花园在消失几十年后又重新出现在世人的面前，并且是因了她，因了它的小主人而声名远播，以至像我这样的人，竟是从千里之遥专程寻来。

祖父的意义

祖父是萧红生命历程中至关重要的一个人物，在一定的意义上说，没有祖父就没有后来的萧红。祖父之于萧红，是童年快乐的伙伴，遇上麻烦的保护伞，求知路上的启蒙老师，是灵魂深处的感念与回忆。

《呼兰河传》中，萧红用前两章写风景风情，自然的风景与世俗的风情，到了第三章，开始写人物，第一句话跳出的就是：

> 呼兰河这小城里边住着我的祖父。
> 我生的时候，祖父已经六十多岁了，我长到四五岁的时候，祖父就快七十了。

以“我”来比照着写祖父，充满着亲情。祖父是与后花园连在一起的，祖父也是后花园的一道景色，就像在祖父的草帽上插满大红玫瑰花又将草帽戴在祖父的头上一样。萧红不把祖父放在屋子里叙述，因为那是祖母的天下，是一个压抑的空间，等到祖母去世之后，才允许祖父走到屋子里，但也必须有“我”。“祖母死了，我就跟祖父学诗。因为祖父的屋子空着，我就闹着一定要住在祖父的那屋。”

于是，开始了启蒙的教育。

学《千家诗》，没有课本，祖父念一句，“我”念一句：“少小离家老大回……”跟在后面念的声音比祖父的声音还大，不，不是念，而是喊。

于是，祖母的屋子才有了生气。

祖父不仅是萧红最初的启蒙老师，我甚至感到，他可能是萧红得以在县城上小学、至哈尔滨上中学的支持者，没有他的支持，萧红的上学有没有可能？那时，萧红的父亲在外地当老师，也当校长，还做过县的教育局长，从理论上有可能让女儿上学念书，但是，他对萧红冷淡、冷漠，不管她的事，甚至不管家事，主张萧红上学在实际上恐难做到。

如果从自述的《呼兰河传》中判断儿时的萧红，从常态看，确实是一个不讨人喜欢的小家伙："左手拿着木头刀，右手拿着观音粉，这里砍一下，那里画一下。后来又得到了一个小锯，用这小锯，我开始毁坏起东西来，在椅子腿上锯一锯，在炕沿上锯一锯。"这样的一种捣蛋和毁坏者的形象，竟然得到了祖父的容忍与保护，而祖父的容忍与保护又助长了她的任性和撒野，并且因为有了这种"无原则"的保护与宽容，对阻止者与禁止者生出了些许的仇恨，"使我觉得在这个世界上，有了祖父就够了，还怕什么呢？虽然父亲的冷淡，母亲的恶言恶色，和祖母的用针刺我手指的这些事，都觉得算不了什么"。只要有了祖父的爱，什么都不怕了，"有恃无恐"？当时我站在那间屋子里就想，祖父的宽容与爱对萧红意味着什么？祖父的爱无疑是纯亲情的（"等我生下来，第一给了祖父的无限的欢喜，等我长大了，祖父非常地爱我。"）与超功利的，祖父不仅与世无争，也不管家事，只爱给他带来欢乐的小孙女，这种对任性不加修饰的宽容与从纯亲情立场释放的爱，在客观上培养与浇灌了萧红心灵深处任性不羁的性格之花，极度的爱与极度的恨情绪的自由漫延，绝对的任性与绝对的不受约束，不畏强暴，反抗压迫等，再加上敏感与适量的后天教育，这几乎就是作家的胚胎了。是祖父一手培植了这个胚胎，后来为中国的现代文学贡献了一名出色的女作家；但若从人生而论，也是祖父给萧红留下了缺憾，如果祖父能将他的立场稍微偏移一点，那么，可能会影响那个文学小胚胎的发育，可能成全萧红人生的完美。

这是祖父的意义？

当然是我的推断与猜想。

不归之路

萧红出生的与父母居住的两间屋子，在迎门堂屋的西边，现在布置成了萧红生平与创作展览性质的展室，因为不完全是萧红的生平与创作展览，比较杂乱。萧红在不到十年的时间内，积累文字近百万，也就是说一年有十万字、一个月有近万字面世，包括她在生病的日子，包括她在旅途的时光，这在当时，应该算是高产的作家了，萧红的著作版本也是很多的，国内的各个不同时期的版本和国外的版本，但现在这里存列很少。研究文章与专著（包括传记）据说数量更大，是萧红作品的十倍（我未作过统计也无力作此统计，是否准确不得而知），说明研究萧红的人、萧红作品的爱读者很多，展览中，这方面也未得充分的体现。萧红的照片也不多，数了一下，大概三十多张，照片的画面质量不高，且说明也缺少动人之处，想想萧红的文字多么清新明快，萧红的展览说明当然应该有萧红的风格。

这也可能是我这人的挑剔。

有些逸出萧红生平与创作范围的存列，当然也有意义，比如，北京“吟红社”搜集到的一批艺术家、作家、诗人赠给萧红故居的著作，瑞士女作家赵淑侠的赠书，老诗人柳亚子寻找萧红墓的拜墓词，中国驻巴基斯坦大使馆参赞邱明伦等人的信函，尤里·苏罗夫采夫为团长的前苏联作家代表团赠给萧红故居的纪念章和一些作家的代表作品，日本著名电影剧作家大野靖子女士及其丈夫的信函，信中告之，他们从东京寄给萧红故居一千元人民币，表示两位异国作家对萧红的一份敬意，并祝愿萧红故居后花园早日建成等等。

在这个展览室中，有两件东西引起我的注意，一是《东昌张氏宗谱书》，也就萧红家族的族谱，十六开本。在萧红的父亲张廷举之页中，印有张廷举单人免冠照片一张，其下为萧红的生母姜玉兰和继母梁亚兰的单人照片。族谱的编撰者不是别人，正是萧红的父亲、张氏第五代张廷举，编撰的时间为伪满康德二年（即一九三五年）八月，此时的萧红离家出走已过五年，父亲张廷举在当时就将萧红的行为视为“大逆不道，离家叛祖，侮辱家长”，宣布开除其族籍。所以，在这本《东昌张氏宗谱书》中，根本没有萧红辈份中“张秀环”的名字。另一件是一张彩色的图表，“萧红一生所走过的路”，呼兰→哈尔滨→呼兰→哈尔滨→北京→哈尔滨→大连→青岛→上海→日本东京→上海→北京→上海→武汉→临汾→西安→武汉→重庆→北碚→香港。从她出生的呼兰到她离开人世的香港，这个图表标示出的是一条不归之路。

这两件展品引起我的思考是：一九三〇年夏天，也就是在萧红十九岁的头上，离开或者叛逆这个家庭的情景，这个情景是如何发生的，她对萧红的生命意味着什么？萧红的出走，形式上看是为了要继续上学，为了逃避包办的婚姻，但这个形式是在实质矛盾发生到一定阶段的外在表现，真正的原因则可能是发生在祖父的身上，那种宽容与超功利的爱所养成萧红的任性与固执；也可能发生在父亲与母亲的身上，无论是生母还是养母，她们不仅都没有给萧红以基本的母爱与父爱，而且表现为冷漠、冷酷、恶言恶色，再加上祖母在她小手指尖上留下的记忆，造成了萧红心底的反抗与叛逆，尽管她在小时候不知道这种反抗与叛逆会给她的命运带来什么，但她绝对的不屈从，不在心底给他们哪怕一点点的原谅，“祖母死了，我在后花园玩着”，“祖母死了，我竟聪明了”。因而，当祖父死后，萧红的出走几乎就成了必然，就是没有包办婚姻那件事，也是要出走的，这一行为的意义既可以理解为反封建，但确切地说可能是性格使然，她的命运之帆就是在这个性格必然的驱使下，驶出了呼兰河的港湾，而又由于性格的使然（当然也有客观环境的因素），使她走上了那条不归之路（包括对婚姻的处理与和朋友关系的处理，都可能从萧红的自身中寻找到答案）。我不太赞成将萧红的出走与早逝，一概归之家庭、社会与时代，因为，她本还是有另外选择生活之路的可能，但她的性格而不是因为外界的制约，只允许她选择这条只在三十一岁头上就早逝的不归之路。但事物往往就是这样，双刃之剑有着处世的锋芒也有创造的利锐，萧红正是在这条不归路上，创造了她的艺术的辉煌，《生死场》、《商市街》、《回忆鲁迅先生》、《马伯乐》、《呼兰河传》等等，成为中国现代文学中最富艺术个性、最具生命意义、最敏锐的感觉方式与叙述方式（比如，我们在新时期大谈小说散文化的倾向，并且从理论上论证它的创新意义的时候，那么看看萧红的作品就不至于那么亢奋了，还有关于凭感觉写作的问题，可能到现在还没有几个人能达到萧红敏锐的程度）、最不受艺术形式约束的女作家，她在行走不归之路的短暂时间，创造了永恒的艺术生命。

雪里萧红

在萧红故居中最能体现萧红的个性与命运的当属那座萧红塑像，一座孤单的萧红雕像。

这座雕像立于一列五间屋的前面，四周一片雪白，穿着单衣薄衫的萧红，坐在冰冷的巨石上，手上有一本书，但她却是在托腮凝思，眼前是她描写过的荒凉的院子。站在萧红的身边，我立时感觉到一种寒冷，不是为我自己，而是为雪里的萧红，四周没有一点温暖，没有一棵树，一丛草，一盆花，她就那么孤单地一人独自坐在雪地中冰冷的石头上？不仅是她的雕像，她的衣着，她的神情与神态，以及雕像与环境的理解与处理，都独具匠心。这座雕像的蓝本是萧红一九三一年在北京的留影，但雕塑家融进了萧红三十一年凄苦的岁月，深刻地表达了萧红的个性，表述了她与时代与社会与这个家庭这个院子的关系，萧红，就是在这种荒凉而寒冷的环境中，顽强地挣扎着，孤独、坚强而愁苦地生活着……萧红的一切都可以从这座雕像上得到解读，具象的人物雕像，却有着抽象的象征意义和力量，哈尔滨的寒冷与饥饿，与萧军曾有过的远逝的岁月，鲁迅慈父般的爱，香港最后的岁月等等，真是一件非凡的艺术杰作，我不知道这位艺术家的名字，但我知道他一准是萧红的艺术知己！

在这座雕像前，我还想起鲁迅先生说过的一句话："田军的妻子萧红，是当今中国最有前途的女作家，很可能成为丁玲的后继者，而且她接替丁玲的时间，要比丁玲接替冰心的时间早得多。"这是鲁迅的排列，然而，在生命的排列上，却出现了颠倒过来的现象，萧红（一九一一——一九四二）、丁玲（一九〇四——一九八六）、冰心

(一九〇〇——一九九九),我为萧红的早逝扼腕,但是,也许生命的能量与燃烧,瞬间的迸发,更具凄灿之美,萧红在她有限的生命之中,创造了无限的作品,留下了不尽的话题。

一九九三年,老诗人蔡其矫来此参观,面对这座萧红雕像,诗人写道:

生命承担爱的重负
难与庄生化蝶起舞
纤枝细条发声的年代
呐喊一朵花的半开

人海辽阔,世途多歧
呼兰河的灵魂
溶入南国滴血的心

受难的秘密,深藏墓碑下
大地之恋如老去森林
依然落叶纷纷

诗人是我的忘年之交,萧红的同代人,我在为他写传记时,老诗人讲到参观萧红故居的情景,那首诗是为在哈尔滨冰雪节上举行的诗歌朗诵晚会而临时写作的,但当他上台朗诵到最后一句时,自己已是泪流满面,全场一片寂然。

老诗人和我一样,也是从南中国而来。

现在我要走了,离开萧红故居,离开呼兰,离开哈尔滨。我来时匆匆,没有目的,现在又要匆匆离去,也无打算,甚至没有远行后的满足感。

千里迢迢,真的就是为了一次无目的的探访,与雪里的萧红作一次相会?

三年之后,我才写下这篇文章。

在萧红的城市

红柯

二十世纪三十年代的哈尔滨曾是俄罗斯流亡者在远东的文化中心，也差不多在这个时候，失去家园的萧红，写出了杰作《呼兰河传》，真正的天鹅之歌，苍凉哀恸又有民间生活的温情。

——红 柯

本文载《人民文学》2008 年第 6 期。题图照片为红柯。

红柯：当代小说家，陕西师范大学教授，陕西省作协副主席。著有小说集《美丽奴羊》、《金色的阿尔泰》、《跃马天山》、《黄金草原》，长篇小说《西去的骑手》、《咳嗽的石头》等。

接到通知立马买了去哈尔滨的机票，接着过年，忙碌之中翻阅最多的就是萧红的《呼兰河传》。我曾在一篇文章中回忆早年的阅读书目，当我是一个穷学生的时候，而且是一个农村穷中学生，一分钱两分钱积攒好久才能买一本书，中学数年间还是买了十几本书。有《梅里美小说选》、《这儿的黎明静悄悄》、《金蔷薇》、《中国文学举隅》、《月亮宝石》、《呼兰河传》等。我还记得读《呼兰河传》的情景，我先看了茅盾写的序，就决定买了，又看了骆宾基的后记，就合上书，匆匆走出书店，出县城，到野外，坐在渭北高原的寥天大地里，从最后一章往前读，我还记得那种雷电穿身的感觉。我给这本书包了很好看的封皮，我理所当然看了扉页上萧红的照片，下边一行小字注明在哈尔滨。上大学后就找了许多萧红的资料，更多地了解萧红的身世，以及东北作家群，由萧红开始读到骆宾基、端木蕻良、萧军。后来我去了新疆，执教于伊犁州技工学校，沉醉边疆史地以及边疆风土，伊犁州是个大州，辖伊犁地区塔城地区阿尔泰地区。我最钟情于阿尔泰，我的许多长中短篇都以阿尔泰为背景。在中国的版图上，黑龙江是鸡头，阿尔泰便是鸡屁股，都是产金子的地方，也都是中国最北最冷，水多雪多的地方。我忘不了阿尔泰的冰雪，喷出的凉气有一股天地间的豪情，沐浴在冰雪世界是生命的一种奇观。

二〇〇五年至二〇〇六年在陕西写《乌尔禾》时，

酷热难熬，画上最后一个句号时正是盛夏，我在这本书的后记中就坦言我对冰雪世界的向往，真想变一头北极熊或企鹅漫游在地球的天灵盖上。回陕西这些年一直暖冬，我都分不清冬天与春天的区别了，虽然去过几次新疆，都是七八月份，只能在想象中体验冰雪世界。二〇〇七年冬天，陕西跟全国大多地方一样迎来了暴雪，连下二十多天，我几乎天天外出，也稍稍满足了我对寒冷的向往。这才是冬天。

也是跟哈尔滨有缘，我本一书虫，直到中年才有了书房，这场大雪让我兴奋，转遍家具城，最后选中哈尔滨的书柜，纸箱里的一万多册书全上了架，就有了去哈尔滨的机会，就在书架上找到那本《呼兰河传》，当然还有《马伯乐》、《生死场》等等。

天气出奇的好，从飞机上可以看见大地，估计是内蒙古吧，有沙漠，有雪线，有河道、山峦。东北我只去过大连，算是在东北的边上遛了一下，到黑龙江算深入关东的腹地了。地面上没有想象中的冰天雪地、大森林，松花江也是枯水期，今年冬天东北就没怎么好好下雪，雪全跑到南方了，跑到不该去的地方了，东北也是少有的暖冬。

吃过饭，跟罗伟章去逛街。住的马迭尔饭店是个百年老店，紧挨有名的中央大街，石头地面，两边全是欧式建筑，亚洲最长的步行街，夜里十点了，行人稀少，有了寒气，也有了快感。欧式楼房都不高，四五层，许多俄罗斯商品城还在营业，专营俄罗斯特产，有浓厚的异域气息。我在中亚腹地天山脚下呆过十年，在乌鲁木齐，在伊犁，在塔城，在阿尔泰的布尔津、哈巴河，这种多文化多民族的气息太熟悉了，哈尔滨更浓烈更集中，清朝末年就有铁路，就有十几个国家的领事馆，民国初年就有东方小巴黎的说法。萧红的许多小说、散文写了哈尔滨，萧红的文学生涯从哈尔滨开始，终于炮火连天的香港，都是国际色彩比较浓郁的地方。短短十年的文学生涯，辉煌的文学成就与辛酸的人生遭遇，我总是告诉我的学生，尤其是女学生，萧红的作品多么好啊，可老师真不希望你们过萧红过过的日子，老师衷心希望你们过冰心老太太的一生，多么完满的一生，母爱，巨大的爱，给孩子们的爱，近于宗教的爱。也可能，是冰心老人的父亲遭受过甲午海战的大难，早早替孩子们承担了，冰心老人的一生平安而祥和，这也是中国人梦寐以求的理想生活，尤其是女性、知识女性。

另外一个与萧红相近的作家是张爱玲，可以说是民国的几大才女之一吧。也可能是阅读上的先入为主，也许是我本人是农民的儿子，生于大野，又久呆大漠，我还是更偏爱萧红。相对张爱玲的热心读者而言，我读张爱玲也是比较早的。人民文学出版社一九八六年二月出版的《中国现代文学作品原本选印——传奇》刚出版我就买到了，也很喜欢，带到新疆，当范文介绍给学生，教学生写作文，训练技校学生最基本的写作技巧。张的作品还真管用，我的学生作文还得过全国作文比赛奖呢。文学欣赏课就只能讲萧红了，欣赏艺术与美就不仅仅是技巧能解决的问题了。

在索菲亚教堂有许多图片,有俄罗斯人,有闯关东的山东农民,有赛马,有舞会,还有一张萧军萧红的合照,在书上见过,太小,这里的是大照片可以看见萧红手里的香烟。不用去萧红的故居,对我来说,在哈尔滨就可以了,这座城市对我而言,就是萧红,我购于一九八〇年的《呼兰河传》就随身带着,扉页上就是萧红一九三三年在哈尔滨。在哈尔滨我也明白了为什么上个世纪三十年代东北作家群能写出那么高质量的作品,当时让中国文学界大吃一惊,那种意境风格语言,是内地文坛少有的,一时还不习惯,国际化的大都市,欧洲文化的影响之外,还有东北亚特有的黑土文化、原始的萨满文化、森林草原渔猎文化,互相渗透杂交而优质,古老而现代。那个年代的巴黎现代艺术正是在发现了东方原始艺术以后发生了一系列的革命,顺着大铁路又回到东方艺术的源发地,东北作家群应运而生。《生死场》、《呼兰河传》的字里行间渗透着黑土地的精魂,也弥漫着现代艺术的气息,不能不使人想到康定斯基、夏加尔,这些俄罗斯流亡艺术家的艺术风格。二十世纪三十年代的哈尔滨曾是俄罗斯流亡者在远东的文化中心,也差不多在这个时候,失去家园的萧红,写出了杰作《呼兰河传》,真正的天鹅之歌,苍凉哀恸又有民间生活的温情。

晚上去松花江边看有名的冰雪大世界,用冰块垒起的童话世界,有天安门,有伦敦西敏寺,有法兰西建筑……冰雪世界让我兴奋的是零下十五度的寒冷,我十多年没有体验到这种寒冷了,我在阿尔泰体验过零下三十八度,呼吸就比较困难了,但身上舒服啊。在寒冷中脑子格外清晰,跟水晶一样,五脏六腑被擦洗过似的,每个毛孔都闪闪发亮。我从中学冷水浴,上大学时,没暖气,那时候冬天还是很冷的。雪也大,我早晨去长跑,回来用脸盆弄来雪,用雪擦身子,同宿舍的人就在被窝里啰嗦开了。白雪贴着皮肤,皮肤很快就热了,冒汽了,穿上衣服走到户外身轻如燕,整整一天都劲头十足。我总以为冰雪、生命、青春、童话是连在一起的。太感谢哈尔滨人了,用冰块人造一座冰宫,跟梦幻一样。我也明白了,为何在北欧有那么丰富的神话史诗,有那么动人的童话,还有哲学,还有雷电般的交响乐,人类精神世界的顶峰、人类耸入云天的灵魂总会有一个大自然背景。在寒冷中沉思幻想,充满灵气。如果说水有灵气的话,雪的灵气就丰满多了,雪是飞翔的,是充盈于天地间的精灵。我曾写了小说《雪鸟》,写天山脚下一条叫奎屯河的河流,奎屯,蒙古语"寒冷"的意思,阿尔泰山的主峰原来就叫奎屯山,我在长篇《大河》的结尾处写到了奎屯山。奎屯的纬度应该跟哈尔滨差不多,寒冷多雪且河流湖泊环绕。我们在冰寒世界还吃了冰糖葫芦,我吃了两串,让冰进入内心。

第三天去二龙山滑雪,确实是人生的第一次。唐晓渡、熊正良、罗伟章与我都是第一次滑雪。先在平地演练,就摔了好几次,练出胆来,就到坡上去,还是掌握不了速度与方向,前边有人,煞不住,只好自己把自己放倒,放倒了三次。回到休息室,脱下滑雪鞋抬脚走路好像要飞起来了。熊正良说:我终于明白轻功是怎么练出来的。明年这时候,世界大学生冬季运动会在哈尔滨举行,全世界的青春男女到这里来一展风采,想想就让人激动,过了四十岁又年轻了一回。

访萧红故里、墓地始末

葛浩文

我去的时候,萧红墓碑前面一个小脊上放着一小堆粉红和浅蓝色的假花,其他人的碑上全没有。我在墓前站了差不多一二十分钟,没说什么话(当时也想起萧红在1937年头次站在鲁迅墓前的情况)。最后拍了几张相,轻轻地行了几礼,就离开了银河公墓,渐渐地恢复了神智。

——葛浩文

本文载黑龙江作协《创作通讯》1981年第3期。题图照片为葛浩文广州银河公墓祭扫萧红墓。

葛浩文(Howard Goldblatt):美国印第安纳大学中国文学博士,美国圣母大学教授,著名汉学家、文学翻译家、萧红研究学者。

说老实话，我是一个“萧红迷”，曾经花了七八年的时间读这位三十年代女作家的作品，替她立传，追随她的踪迹。今年暑假终于获得了在工作上、情感上非常难得的机会：我到了她的家乡，见过她在若干地方的故居，拜过她的墓。

八月初到达北京，经过当地的“作家协会”有关人士的联系与帮忙，第二天便开始访问萧红生前的亲友，以及研究萧红生平与作品的学者、传记作者；五六天之内拜访了萧军、端木蕻良、骆宾基、舒群、蒋锡金、楼适夷、戈宝权和《萧红传》的作者萧凤等人（后来在杭州也拜访了当时《译文》杂志的主编黄源先生），得到了很多资料，使我对研究对象有更确实的了解，并对此研究有关的人与事有更深刻的印象。我这次访问的主要目标之一因此就算很充分地满足了。但浪漫的我，心思不在华北，而是在关外，套句萧红自己的话：“最东最北部——黑龙江省。”

搭上了“民航”的“三星”喷射式飞机北上的那天，我突然兴奋起来，巴不得一刹那便到达目的地；坐立不安地过了约两小时，飞机终于慢慢降落，到达了半中半俄，过去被称为东方的巴黎——哈尔滨。

我在哈尔滨从头到尾只住了三天，但所做的事情，所看的地方与人，所感觉到的情绪，比我一生任何半年内时间多得多，不过无论怎么说，三天中感情上的最高峰是参观萧红在离哈市约三十五公里的呼兰县的故

居，因为我不但愿意看看二十世纪初东北古老的建筑物，也很想看看我从萧红著的《呼兰河传》中所得到的印象是否正确——那就是说，萧红的描写技巧与能力是否像我在《萧红评传》中说的那么好。

萧红的家，虽然比不上几十年前当地八大家族的公馆那么阔气，但无疑要算是很舒服的。当时（即一二十年代）的情况，用黑龙江大学陈隄教授在《萧红评传》的说法：

她的家住在呼兰城内南关，东至裕国街（现名建设街），南至长寿胡同，北至英旅长（即过去东北军将领英积华旅长公馆所在地）胡同，西接邻居，占地约一千多平方公尺，在这块地方的中央，盖了五间砖瓦结构的正房；面临长寿胡同盖了七间砖瓦结构的门房，中间一间是大门洞，黑色的大门，经常关闭着。另外还有一些散落的房子，和起来不下一二十间。

萧红的家坐北朝南，也就是离她家约一里路的呼兰河那个方向。后面有个约四十米宽、二十米长的花园（如今后面又盖了房子，萧红的故居因此已没有花园），过英旅长胡同便是龙王庙小学（现名南关小学），也就是萧红念初小的所在地。

正房（门房现在没有了）虽然现在早就易主，但还保存得很好，与《呼兰河传》里所描写的“家”没有两样：进入前门便可看到具有两个大灶的厨房，东西两边各有两间睡房，东边原睡着萧红的父母，西边原睡着她的祖父母（祖母死后，萧红就睡到这边来）。房间后面是萧红童年时爱玩的小仓库——现在房间与仓库间的门窗上满贴着明星一类的海报——小仓库西北角外开着个小门。

经过几番较为详细的对比，除了房子本身显得比小说里所描写的住处稍微小点，仍然还是“一见如故”。要是这栋老房子能够成为正式的“萧红纪念馆”，届时我一定想办法再去看一次。

离开呼兰城之后，我回到哈尔滨，参观了萧红念书的第一女子中学（现名哈七中），然后参观了她在一九三二年在道外区的东兴顺旅馆被困的房间，也参观了她与萧军同居的商市街二十五号，最后我与当地主人一同上船游了松花江。此后又到一些萧红生前所去过的地方，像上海一类。

约一周后到达广州。如果在呼兰城建设街故居的参观算是我这次访问最兴奋的一段，则在广州的银河公墓站在萧红的墓碑前面，算是最难过与沉默的一段。据公墓管理员告诉我，今年已经有几个人来拜萧红之墓，在这以前根本无一人。她的墓并不难找，只要进入中间有红色的铁门，两边都有约三十尺高的“城楼”和小门的正门，随有中央径道走好几十米路，靠左便看到两排岩石做的，六尺多高，形式完全一样的墓碑，每排大概有十几个，两排下面埋着全是“革命烈士”，作家只有两位，萧红和男作家杨骚。

萧红的墓与其他唯一不同的一点是遗像不是照片,而是 1957 年迁葬时候香港报纸上所登的炭画;遗像下面刻着四行字:

“女作家萧红同志之墓”

“一九一一年生于黑龙江省呼兰县”

“一九三四年卒于香港原葬香港浅水湾”

“一九五七年八月十五日迁骨灰安葬于银河公墓”

我去的时候,萧红墓碑前面一个小脊上放着一小堆粉红和浅蓝色的假花,其他人的碑上全没有。我在墓前站了差不多一二十分钟,没说什么话(当时也想起萧红在 1937 年头次站在鲁迅墓前的情况)。最后拍了几张相,轻轻地行了几礼,就离开了银河公墓,渐渐地恢复了神智。

曾经有人建议过,将来应当把萧红的骨灰再迁回呼兰城或哈尔滨。这计划可能不大容易办到,不过,据端木蕻良亲自告诉我,一九四二年埋葬的那天,因为担心浅水湾的墓地保存不了,他特地将骨灰的一小部分另装一个小盒,埋在香港另一个地方。假如这第二个盒能够像二十年前的那盒被发掘出来,便可送回松花江边,让萧红终于得到机会回到她的家乡,与她热爱的呼兰河的青山绿水相依相伴。

悲惨的人生 温暖的写作

——写给萧红百年诞辰

魏 微

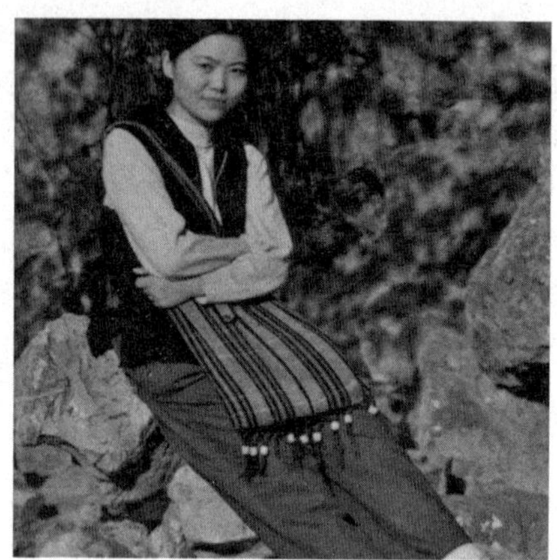

我曾经以为，萧红的文字是可能的，张爱玲的文字是不可能的；即，张更具有天才性。然而我现在推翻了这说法，这两人的文字都是不可能的，是我们这些平凡的写作者穷一生之力也难以企及的，因为她们不是在用力，她们是在耗自己的气血和生命！

——魏 微

本文载《文艺争鸣》2011 年 3 月号（上半月）。题图照片为魏微。

魏微：当代青年小说家，原名魏丽丽，1970 年生于江苏，1997 年开始发表作品。主要作品有《乔治和一本书》、《在明孝陵乘凉》、《储小宝》、《拐弯的夏天》、《化妆》等。

萧红的一生，泛泛而言是很惨的，短命，穷困，奔波，她从十九岁离家出走，这一走便再没回头——中间辗转回去过一次，和未婚夫住在哈尔滨的东兴顺旅馆，后来怀孕，未婚夫出逃，引出著名的“萧军救美”一段。

这一段堪比小说情节，然而萧红自己断不肯这样写，也写不出，因为她是散文化的笔法，她最好的文字几乎都是非虚构的，关于她童年的记述，在后花园里，和祖父、秋虫在一起；关于她的呼兰县城，东二道街，西二道街，十字街，那些穷邻居，翠姨和堂哥的恋爱……她以一个小孩子的眼光，就这样东看看、西瞧瞧，很多年后才想起把它写出来。

很多年后，也就是一九四〇年，她离家出走已经有十年了，这十年，她几乎是马不停蹄的，从东到西，从南到北，几乎大半个中国她都走过了——这大概是她一直以来的梦想：离开家乡，到外面看看去！萧红的出走是为逃婚，然而即便不为逃婚，她大概也会找其他的理由逃出去的，小小的呼兰县城藏不下她，不是因为她要写作，立志当个作家，而是她身上有太多活泛的、不安定的因素。

萧红是典型的“女文青”的性格，历朝历代的“女文青”大多如此：爱折腾，不愿守本分。李清照也折腾过，那是人过中年，赵明诚死了以后，她择人再嫁，嫁的是张汝洲，此人大概品行不端，贪慕李清照的钱财，因此夫妇不睦，常有恶语相向、拳脚相加的时候。我读李清照的生平，读到这一节，真是“惊且骇”，继而又有些欣喜，以为是看到了一个真女子，并不如常人所想的，总一副“凄凄惨惨切切”幽怨模样，而是具有真性情、大胸怀的，否则怎会扶窗北向，呼出“生当作人杰，死亦为鬼雄”这样的千古句？

总之，早晚都得折腾，这是一般文艺女性的通病——或许是所有人的通病——那些有才华的去折腾文艺，没才华的去折腾异性，世间人莫不如此吧？也有一些人，是连带文艺、异性一块折腾的，并且都弄出了很大动静的，大概算得上是人间极品了：非有巨大生命能量的人不能为，譬如毕加索，譬如拜伦。也有一类人，生命能量更大一些的，他把能量攒着，所谓“术有专攻”，攒到一定程度，世界就乱了，我所知道的拿破仑和希特勒，在私生活方面都是极其节俭的。

其实文艺创作也如此，才华是一方面，生命能量是另一方面，这两者缺一不可，就好比一枚钱币的正反两面。世间若真有个林黛玉，恐怕也是“空有才华自嗟叹”，因为她太弱了，耗不起。创作本身，该是对生命的一场消耗吧？很奢侈的，对女人来说尤其如此，大概是，女性无论身心两面，较之男人都弱了一层，若想做成一件事情，必得付出十分努力才有可能，其余事意难以顾及了。

倘若有人以冰心、凌叔华等人为反例——然而此两人实在不是做反例的合适的人选，第一，才华不够，凌叔华或许稍好些，然而太多的小儿女闲愁，格局终究有限；第二，不多的一点才华，冰心分出来了，用来爱全天下的小朋友去了；凌叔华也爱，比较合情理，她爱上了英国的一个年轻人，后来不了了之；妥协下来的结果是，生活圆满了，创作结束了——也许是，生活不圆满，创作也结束了。这是另一个话题了，涉及到才华。

不是说，生活和创作不可兼得，虽然兼得者很少；我想这其中最关键的是个性，创作尤其需要个性，而生活必不能有个性，除非实施分身术，否则谁能做到左右逢源，写作时是一副面孔，生活时另换一副面孔，一天中无数次的变脸，一月月，一年年，非发疯不可！

也有不折腾的，像张爱玲，我想，这是因为她有自知，太过冷静；就生命力而言，张爱玲是弱了些，远不及她的才华，幸好她那时还很年轻，是能够凝神、聚气写几篇漂亮文章的，再晚一些，恐怕就真来不及了。我能够想象，她住在上海的那间公寓里，不拘是书桌旁，还是阳台上，整个身心都打开了，每个毛孔都在呼吸，感觉、听觉、味觉、嗅觉、自己、世界全连成一片了……即便没有胡兰成，这样的写作怕也不会持续太久，她是整个把自己搭进去写了，两年已是极限了。

可是这样也好！张爱玲是，她把一生的精华集中在两年内挥霍殆尽了，无论是文字的，还是情感的，三十岁以后已是油灯将尽了。可是才华的体现本该是这样的吧？集中起来才叫绽放，分摊到生命的各个阶段，就看不见了，形同没有。

我曾经比较过张爱玲和萧红——很多人都愿意把她们作比较——其实这两人毫无共同点，除了都姓张，都写得好，都活得惨。——可是写到末一句，我突然有点怀疑，什么叫惨呢？谁不惨呢？也许是，并不是因为她们写得好才活得惨，而是因为写得好，读者“发现”了她们的惨。怎样的心理啊？深究下去很可怕的。

就譬如萧红，倘若有幸如冰心，去过那样一种安逸人生——究竟冰心是否安逸，外人又怎知道？不过是猜测罢了——她还能写出那样的文字吗？即便写出来了，好是好的，读者还会那样念记吗？这世上好的文字太多了，太多都被湮没了。

想来这是一切文艺女性的悲哀，“人文不分”是她们普遍的归宿，但凡以才华显世的，经历立刻被翻出来，翻尸倒骨尽挑恼人的部分来说，像费雯丽疯了，克洛岱尔也疯了，伍尔芙投河自尽，普拉斯煤气自尽，邓肯风流且死于非命，奥斯丁终生未嫁，嘉宝隐居又是同性恋……总之，一个个都很传奇，而且下场很惨。究竟未知是才华带来了噩运，还是噩运使才华得以名世？也许才华之于女性，本身就是一个传奇、一个魔咒吧？也许中国古话里的“女子无才便是德”，竟是有些道理的吧？

本来写这篇文章，是为纪念萧红百年诞辰，写到这里突然良心发现：萧红地下有知，当不会愿意被人这样纪念吧？统共就那点事儿、那几个男人，被人唾沫横飞说了几十年，几乎私生活的每一条缝隙都被扒开了，各种假设、可能性……一二三四都作了回答，她整个人已经被穷尽了。谁愿意这样被人嚼舌呢？谁禁得起这样嚼舌呢？若是因为文字的拖累，我想她一定会后悔她所写过的，虽然她所写过的，跟她后来所经历的没一点关系——可是，真的没一点关系吗？

所以我这里不能免俗，终究还是要“扒”一下她的经历。

我曾经作过一个设想，就是，萧红能否活得稍稍像样一点？答案恐怕是否定的，原因并不在于那几个男人，而是她身上有一团火，她是自己把自己烧死了。一般说来，萧红的生命力是很旺盛的，远胜于张爱玲，她若不是早逝，恐怕会一场接着一场恋爱谈下去的，每一场恋爱都很失望，消停一阵，欢天喜地又谈下一场去了；这并不是她不长记性，归根结底还是身体能量的问题，虽然她的体质又是很差的。

差不多她是靠直觉和本能行事的人，而不是靠头脑和理智。

她是十几岁的时候，家里给定的娃娃亲，后来祖父一死，父亲逼她成亲；逃，当然是要逃的，她是五四背景下的新女性，逃婚、叛逆、追求个性，几乎是那个时代年轻人的主流。先逃到北京，后来钱不凑手，又回去了；再逃，这一次未婚夫追出来了，萧红与他来到哈尔滨，竟然同居了。为什么要同居呢？不是白逃了吗？

未婚夫的兄长气不过，也许是面子上挂不住，一怒之下解除了他们的婚约，萧红的反应如何呢？她把夫家的哥哥告了！这一年，萧红差不多二十岁。

我后来总在想，我二十岁时在干吗？会去告状吗？应该不会吧，一般女性都不

会吧？差不多就是囫囵儿下，不了了之。是软弱？是胆小？是舍不得把自己砸进去！说到底，可能还是少一点力，萧红身上是有力量的，有一股狠劲儿，冷不防就会冒出来，一俟意识到，她自己也吓着了。

八百多年前，李清照做过同样的一件事，她把张汝洲给告进牢里去——才新婚三个月；代价是她自己也坐了牢。我没有证据地猜想，李清照在做这些的时候，一定是非常镇静的，她知道自己在做什么，每走一步都很清楚；她既然能不管不顾地下嫁张汝洲，那么在被骗得人财两空的情况下，她也会叫他把牢底坐穿。

我在想，较之萧红，李清照是个更有力的女性，所以一样是折腾，萧红把命赔进去了，才三十一岁。而李清照活了七十多岁，经历了梦幻一般的人生，先是童话里才有的前半生，书香府第，温柔富贵，神仙眷侣，洛阳城里去看元宵灯节；后是战争，离乱，夫亡，整个北宋王朝的覆灭，两个皇帝都成了俘虏……可是这些都不说了，不说了，往后退，往后退，慢慢竟退成她泣血的后半生的一个背景！她这样一个女子，站在偌大的舞台前，时代的帷幕已经拉开，眼见得风雨飘摇，残垣断壁……可是她竟然站定了，攒了一身力气，又是砰砰一阵作响，——她把自己捣鼓进牢里去了！同时，她还不忘创作，一时间词风大变，悲怆，雄浑，辽阔……这是个真的天才！

回头说萧红。萧红的未婚夫叫汪恩甲，世人多指责他的负心和不担责任，我想实际情形也许并不是这样，汪只是个普通的青年，小县城里的富家子弟，大约也知书达理，类似于苏青丈夫一样的人物，他们的麻烦就在于，他们都碰上了文学女人，一个要离婚，一个要逃婚；汪虽软弱，却也仁厚，萧红再次逃婚的时候，他追出来接济；同居期间，萧红告了他的哥哥，汪会站在哪一边呢？我想恁是谁都会选择哥哥。及至萧红怀孕，他逃走了，他纵有万般不是，前提是，两人的感情坏了。

好了，现在萧军出现了，他就如天神一般，在松花江决堤的那个夏天，满城的汪洋啊，萧红被困于东兴顺旅馆，饿，挺着大肚皮，交不起旅馆费，老板急吼吼想把她卖去当妓女……这时萧军现身了，在合适的时候，合适的地点，扮演了他最喜欢、也最合适的角色——英雄救美；可是萧军也没钱，因此，他像变戏法似的，也不知从哪儿弄来一叶小舟，搁于她的窗前，再系一根绳子把她从窗口吊下来……这一幕，简直像电影里的桥段。

萧红的一生，实际上比她的文字要丰富多彩，充满了各式各样的戏剧性，跟假的似的；也许那是乱世，人生人性的广阔翻飞，都不是我们这个时代的人所能设想的。

萧红漂泊的一生就这样开始了，她再没想到，她这一漂就是十年，好像漂成了习惯，再也不能停止，一直到她的死。可是，我们也不能因此就认定，她这十年一味总是凄风苦雨，恰恰相反，她这十年，生命真正在放光彩。

首先是，她的生命能量得以释放了，萧红的性格，是一定要奔走中才能焕发活力的，把她局限在一个地方，她会很快枯萎的；她没有在一个地方枯萎，却因为一路奔波、心力交瘁而死；总之，这个姑娘，是怎么也弄不好了。

起先，她跟在萧军身后，我能想象她那双单眼皮的不大的眼睛，鼓鼓的小圆脸，一路走着，跳着，看着，指点着，叽叽喳喳像个小麻雀似的。这是两萧的好时光，以至他们到了青岛，穷得去变卖家具的时候，我仍认为这是他们的好时光。其中主要一个原因是，他们适时扮演了对方需要的角色，萧军自不必说，此时的萧红，她是一个小鸟依人的小女子。——她性格里是有这一面的，虽然不全是。

此时，两萧开始真正意义上的写作了，在青岛，写《八月的乡村》和《生死场》。萧红最有意思的一点是，她很容易就受了别人的影响，却又能把自己的天性保持得很完好。倘若萧军是个画画的，那么中国美术界很有可能多出一个优秀的女画家，我猜想；倘若萧军是学音乐的，那么萧红呢，极有可能把个什么乐器摆弄得像模像样。

现在，萧军是个青年作家，比较“左”倾，身边的朋友也多是些进步青年……于是萧红便写了《生死场》，——可能是一群人聊出来的主题，跟萧红说：“这个合适你，你来写吧。”于是萧红琢磨一下，便开始写了。

这并不是她擅长的题材，这时候，她也没找到自己的题材，不过东一榔头西一棒的，什么都试着写写，写的时候，脑子里可能还想着时代、战争、革命什么的，这样一些大词汇，一时弄得她很茫然……可是她一旦想到自己的小城，小街，街坊邻居，她就又活了。

写得不错，因为鲁迅的推介一炮打响，大概是成名了。然而我以为，《生死场》并不能算做萧红的代表作，只是她在通向代表作的路途中必经的一座桥。这样一来，两萧又起程了，去上海正式拜见鲁迅，这是一九三四年的冬天，萧红二十三岁了。——此时，十四岁的张爱玲正就读于上海圣玛丽亚女校，是个文艺少女，以天才自视，可是面上很谦逊的，她不怎么爱讲话。她读一切文艺的、通俗的小说，给校刊投稿，后来也尝试写了像《牛》这样质朴的农村小说，以及像《霸王别姬》这样绮丽的历史小说。只是在继母治下生活，永远穿一件酱牛肉色的长袍，她是很不开心的。

在上海，萧红焕发了更大的活力，遗憾的是，和萧军的关系变冷了，很多人都认为是和鲁迅有关，我也这么认为，——几乎一定是的！未必真的发生什么；也许是什么都发生了，“只是在心里”。很多年前，我忘了从哪儿看到的一段，或许就是我的臆想：有一天深夜，两萧和几个朋友走在上海的马路上，萧红一高兴，提议说：“我们赛跑吧，”于是便开始跑……我至今都能听见她的半高跟皮鞋在柏油路上发出的

"啪嗒啪嗒"的清脆的声音,她的笑声,她也许还会尖叫一声;她个子蛮高的,她在路灯光底下渐长或渐短的影子。

萧红临死前的样子,我想象着,并不觉得太难受;可是一旦想起她在上海的某个深夜,在马路上,她撒腿奔跑,我便觉得心里堵得慌……萧红的天性,实在是很开朗的,很容易就快乐的,她是那种"给一点阳光就灿烂"的人,然而就这一点点阳光,上天对她也是吝啬的。

有一次她去鲁迅家里,一进门,什么话也不说,就咯咯笑了。鲁迅问:"为什么笑呢?"

她说:"天晴了,太阳出来了。"

很好。非常非常地好。我想萧红最可贵的一点是,她至死都保持了她少女的天性,她的淳朴和自然,她投向万物时如初生儿一般新鲜而好奇的那一瞥……她是永远的闺女,不管环境多么严酷,不管她是多老的一个老太太,有一天走在街头,若是看见了什么新鲜物件,她都会忍不住凑上前去,说一声:"咦?"

她这一点,和张爱玲是截然不同的,我难以想象她们会成为好朋友——真实的情况是,她们绝无可能认识,萧红写作的时候,张爱玲还是个中学生;张爱玲写作的时候,萧红已经死了。

两萧在上海待了不到两年,这也是鲁迅生命的最后两年。对于两萧来说,鲁迅差不多是半人半神式的、父亲一样的存在,所不同的是,萧红还是个年轻女人,偏偏又容易动情……起先,他们住在法租界,离鲁迅家很远,为了方便见面,他们就把房子换到鲁迅家附近了。

鲁迅家里,每天都有很多很多的客人,走了一批,又来一批。这些年轻人来到鲁迅的书房里,不拘站着,坐着,喝茶,抽烟……他们是什么都聊的,时局,人生,文艺,苦恼。鲁迅听着,附和着,或是给予他们一点意见。倘若他们说了什么笑话,鲁迅便笑了,放声的,明朗的,笑得烟卷都快拿不住了。

初始,萧红见到这一幕,以她那孩子似的好奇心,她一定会惊喜地在心里嘀咕一句:"咦,这个人也会笑呢!"或者是:"咦,这个人也会打喷嚏呢!"她大概是觉得很亲切了。

两萧常结伴来看鲁迅,每天都来……后来,就是萧红一个人来了。

萧红来到鲁迅的书房里,鲁迅也只是平常地问一句:"来啦?"萧红说:"来啦!"

家里来客人的时候,萧红便和许先生一起做饭,包饺子,包韭菜合子……两个女人一起闲话,许广平告诉她她从前的往事,她在女师大念书,怎么做家庭教师……两个女人之间,大概是什么都知道了,但什么都不能说。

萧军开始打萧红,他总有很多理由,但是真正的理由他也不会说的。我想象这一幕，真是难受得很，后来鲁迅逝世，萧军参与了丧事的全过程，行弟子礼，他是走在第一个的。

情况就是这样吧，每天萧红都要去鲁迅家，常常一待就是一天；萧军知道她去哪儿，又不方便总问的，或者就是问了，也未必问出什么来。他已经左右不了她了。这时候，也不知他看出了没有，萧红身上的那股子力量，和他的力量完全不同的，很韧的，很有劲道。她不复是从前那个柔弱的、顺从的小女人了。

萧红来到鲁迅家里，也不过是说点家常。鲁迅不在，她就和许广平说；许广平不在——然而许广平很少有不在的，她是家庭主妇；她就和他们夫妇一块说。或有就是，她陪着海婴公子玩一玩，海婴最喜欢她了，因为她有小辫子，他最喜欢抓她的小辫子了。

她心情好的时候，比如穿了一件新的红上衣，一家人都没注意到，她忍不住了，咚咚咚跑上二楼，问鲁迅："我这衣裳好不好看?"

鲁迅就会放下工作，打量她一眼，老实地作出评价："不大好看。"

隔了一会儿，他又告诉她不好看的理由，比如红的不能配紫的，也不能配咖啡色的；绿的也不能配紫的；又说到她的靴子……这是我们目前所能知道的两人独处的唯一的场景，然而也只是说说衣服，鞋子，搭配。——是啊，还能说什么呢？什么都在里头了。

说了一会，萧红看时间差不多了，大概又咚咚咚地跑下楼去了，第一，她不能耽搁先生的工作，第二，她得顾忌许广平的感受——如果这个家她还想每天出入的话。

站在萧红的角度，以她那自由奔放的天性，这段时间她是很压抑的。

又有一次，她要出门赴约，许广平替她打扮，找来各种颜色的绸条用来装饰她的头发，其中一根红绸条，扮得萧红似乎不是很好看，鲁迅生气了，大声地对许广平说："不要那样装她……"这一幕真是意味深长，在那不知是春天还是冬天的房间里，三个人，静静地站了一两秒，有什么东西似乎昭然若揭了，许广平很窘，萧红安静下来了，鲁迅呢，他把眼皮子往下一放……然而也就这一两秒，这艰难、隐涩、沉重的一两秒过去就好了，过去了，又是什么都没发生了。

后来，萧红便离开了，她去了日本，这是一九三六年夏天的事。她为什么要离开呢？据说是"养病"，又有说是"精神上的苦闷"，她走的时候，鲁迅正在生病，——已经断断续续病了大半年了；她走了三个月以后，鲁迅就去世了。

这三个月中间，她跟鲁迅没有任何联系；萧军也觉得蹊跷，很多年后，他跟牛汉说，"他们没有任何联系……"他似乎是欲言又止的。

这之前发生什么了吗？

然而这些不说了,再不会有人知道了。

上海的这两年,是萧红生命中最有意义的两年,——如果不能说是最幸福、或是最快乐的两年。首先,她没那么穷了,至少有饭吃,偶尔还能穿上新衣服;第二,稍稍安定了些,虽然是短暂的;第三,也是最重要的一点,她结识了鲁迅,每天朝夕相处,成了她精神上、感情上的最大的慰藉,也成了她忍受萧军的铁拳头的最大的慰藉,成了她生活中类似于支柱的东西,成了习惯!

这两年对于鲁迅来说呢,也是一种慰藉吧?我想像他那位于大陆新村九号的二楼的书房里,虽然也能照进阳光,不知为何总有一种阴天地感觉,隐隐的有点冷;一家三口并两个老妈子,三层楼,一个院子……填不下,填不下,太冷清了。所以他是很喜欢年轻人来家里的,来他的书房里,欢天喜地,海阔天空。

内中就有这样一个姑娘,开朗,天真,聪慧;起先她或许有些拘束,话不多,熟了以后竟完全变了个人,咭咭呱呱,爱笑,她是什么话都愿跟他说,——究竟她也说不出什么来,却总能把他从一大堆的书稿、校样、人事、烦恼中暂时解脱出来,使他知道他是活在人间。病中他一个人躺在书房里,眼看虚空,大约也意识到这是他的暮年,他是孤独的,他这样一个瘦弱的老人(他那时其实并不算太老)……身后响起熟悉的脚步声,他回过头去,顿时,满屋子的阳光啊,他打了个招呼:“来啦?”

她说:“来啦!”

鲁迅死了两个月以后,萧红回到了上海,先去万国公墓祭拜;这是一九三七年一月,半年以后,中日战争爆发。

这以后的一年多时间里,两萧都曾作过努力,从上海到武汉,到山西,到西安……然而终不行了,他们是在西安正式分手的。这时,萧红已有孕在身。

在西安,萧红和丁玲曾有过一夜长谈,谈了什么未可知;我在想另一个问题,她为什么没有去延安——就像丁玲那样;而且,她的朋友圈都是这一类型的,有信仰,有追求;萧军也是从延安过来跟她会合的……唯一的解释是,她和张爱玲一样,对政治既无兴趣,也不通。

而且这时,她和端木已互通情款了,我猜想。他们刚认识半年,这半年来,端木一直陪伴身边,——当然不止他们两个,还有萧军,还有一群人,俗称“东北作家群”的,他们是从武汉一路辗转来到西安的。

在西安稍作停留,萧红就又回到了武汉,不久,她怀揣萧军的孩子,和端木举行了婚礼,这已是一九三八年五月了。据载,萧红对这次结婚是很平静的,在婚礼上,主持人让她发表感想,她说,她没有别的希求,只想过安定的生活。——然而对萧红来说,安定是何其艰难的一件事,简直是难于上青天;先不说那个乱世,兵荒马乱的,一颗炸弹没准就家破人亡了;单说她的性格,即便在和平年代,她也是难能有一颗安定的心的。

她是走在路上想家的、一俟回了家又想上路的那种人,一句话,她是“生活在别处”的人。对于这样的人来说,安定、幸福都是一些抽象的词汇,是他们赴汤蹈水、飞蛾扑火、怎么求都求不来的词汇,慢慢地,它就变成了哲学的词汇。

两萧的分手,朋友圈里多有替他们惋惜的,然而对于萧红来说,我想这也是她性格的一个必然。她在生活上总有点稀里糊涂的,随意性很大,或有偶尔列个计划什么的,一二三四贴在墙上,执行不了几天就忘了的;就像一盆水泼出去,任由它自己流,她不过是遇上谁就是谁,遇上萧军是萧军,遇上端木是端木了。——后来她又遇上了骆宾基,生命的最后一截,就是这个年轻人陪她度过的。

人家对她一点点好,她就记着了,早已泯灭的对于生活的希望又起来了;这一点她不像张爱玲,张爱玲是先预设了人生是一场悲剧,她按着这预设往下走,不作一点反抗,很冷酷地看着自己往下掉;她对人性也不作奢望,也正因此,反能有喜悦和慈悲,有惊喜。她对于爱也是这样,她是可以去爱人的,而不单单是被爱。胡兰成避难的时候,她去乡下看他,忍痛替他的女朋友画像;私下里,两人还交流对这姑娘的看法,议论一下她的美。她回到上海,不拘自己是卖文为生,省吃俭用攒钱汇给他,因为她体会他的难处,知道他更需要钱。她做完了她该做的,心里平安了,就去了结这件事,写信告诉他不再联系了,这以后就真不联系了。这以后,她就彻底地放下了这个人,其实是放下了所有的人,——连赖雅都不算的。

某种意义上,张爱玲是比萧红更有力的人,咎在生命力不活跃;她对于这世界几乎是采取主动的态度,——虽然是以被动的方式:避世,旁观,悲观,独处……然而这也是她主动选择的结果。她是可以做到“文责自负”,敢承担,不推诿,不依傍任何人。我想这是因为她天性聪慧,——少有人达到的聪慧——把人生的来龙去脉过早地就看清楚了。

萧红却正相反,对于人世,我想她从来就没看清过,她就像一个小火炉,一个鱼跃飞身扑进这滚滚红尘,然而她这小火炉终究是不能烫伤任何人,她只是伤了她自己。甚至对于爱,她也从来就没搞清爽过,虽然她一直在“爱”里头,她是太需要爱、也敢爱,却不知道怎么去爱的人。人家对她好,她心里有感应,于是就生活在一起了。可是她对人终究是有要求的,萧军太霸道,她吃不消,端木太绵软,她照样也吃不消;恁是换了谁跟她一起生活,慢慢的她心里总是有苦楚,有委屈……对于男人来说,她其实是很难侍候的。

世人对端木多有指责,——自然了,两次生死关头他都丢下萧红,一个人独自逃命去了。一次是武汉大轰炸,萧红一个人腆着大肚子,混迹于逃难的人群里,从武汉到汉口,到重庆,到江津……惨是很惨的。另一次是在香港,她快要死了,身边

是日本人的炸弹、飞机轰鸣、满城人都在逃难……她亲爱的丈夫又不知哪儿去了。

然而我想情形也许并不那么简单(后来白朗等人也证实了这一点),端木就性情而言,是更能懂得女性,与她们的内心发生共鸣的,他对于萧红的懂得和体谅,自始至终都没有一点改变。他是萧红在世的时候,少数几个看出她才华的人之一,——另一个据听说是胡风。这一点对萧红来说太重要了,我猜她在写作上可能没那么自信,尤其跟萧军一起的时候。

他执意要给萧红一个名分,因而不顾全家人的反对,以未婚少爷的身份娶了一个经历复杂的大肚子女人,并且坚持举行仪式……究其然,是他知道萧红想要什么,喜欢什么,这是他对她的怜惜,不是高高在上的,不是施舍,而是他把她当做自己人,一个同样有才华的自己人。后来萧红说他是“胆小鬼、势利鬼”,那是萧红不识人。

萧红死了以后,他做到了二十年不娶,每年清明都去她的坟头祭奠;后来有了妻子,便跟妻子一块祭奠;香港去不得了,他来广州祭奠,以期离她的墓地更近一点;后来广州也来不得了,他便托朋友代为祭奠……端木这样的人,其实是很稀罕的,即便那个时代都难有;更稀罕的是,对世人对他的非议和误解,他能不着一词,至死都不作解释,我以为这点是很了不起的。

有一个说法不知是否可信,萧红写《呼兰河传》是受了端木的启发,从时间上看,确实是《科尔沁旗草原》在先的,也许端木常跟萧红聊起,关于这篇小说的构思、风格,关于他的家乡,他的童年,他对这一切的思念……无论如何,萧红又开始写了,这已是一九四〇年了。

一九四〇年一月,劫后余生的端木夫妇来到了香港,——此时,张爱玲已在香港待了两年,是港大英文系一名品学兼优的二年级生,照样很沉默的,对这世界采取一种局外人的冷眼旁观的态度;这是中国两位天才文学女性的第二次交接:在同一个时间段,生活在同一个城市。

萧红在香港住了将近两年,身心得以稍稍喘息;这两年里,她完成了她一生中最重要的作品:《呼兰河传》。可以说,没有《呼兰河传》,萧红将不成为萧红;有了《呼兰河传》,呼兰这个不起眼的北方小镇,就成了中国文学版图上最闪亮的地方之一。

也可以说,萧红从十九岁离家出走,漂泊十年,逛遍大半个中国,中间历经饥寒、战争、逃难、逃婚、生育、和男人的伤心事,身体的衰败、内心的动荡……为的就是写这样一部小说,写这一部安稳的、平静的、温暖的、跟她的传奇经历绝无关系、事实上又有绝大关系的小说。

我的意思是,萧红若没有离开故乡——故乡本来就是用来离开的——她就不会去写《呼兰河传》;她若没有后来的坎坷和不幸,《呼兰河传》就不会写得这样有感情,虽然她并不愿为了写得有感情而去经历那些坎坷和不幸。

总而言之,一九四〇年赴港后的萧红,借得短暂安宁——日本人还未打进来——她开始了《呼兰河传》的创作。我能够想象,写这部作品时,她一定是泪流满面,泣不成声;在她抬眼看向窗外的时候,不知她是否意识到,她是来到几千里外的香港,才想起自己也有故乡;身患重病(她得了肺结核,也许常担心自己就要死了),才跟童年有了亲近;回望自己这一生,她所受到的伤害,才知道祖父是这世上唯一对她好的人……她这个时候,整个就又回到了故乡,回到了童年,——某种意义上,她终年都活在童年里,从来就不曾离开过。

我揣摩萧红的写作速度,应该是相当快的,她差不多是一气呵成式的写作,真正做到了"我手写我心",就是心中有的,她就写出来,心中没有,她就不写了。她的语言虽好,却很少讲究,一看便知是喷薄而出的,——喷薄而出的作品,大多气血充足,气脉贯通,语言上却粗鄙简陋,不忍卒读。萧红却是其中少有的例外,她的文字,细观没一字是出彩的,她不肯在字句上做任何的推敲停留,但几段读下来,那个意思便有了,她想表达的便呼之欲出了,甚至超过了她能表达的……这个人对语言的运用是天生的,她的文字是有魔力的。

她写文章就像说话,很口语化的,非常自由,有她自己的调门,颠来倒去,咭咭呱呱,却是怎么说都成文章;她大概有些古典文学的素养,但未必太多,而且看不出师承,却创造了今天"口语化"写作的先例,——不知可否这样说?

而张爱玲正好相反,她自己也承认,她写文章慢而吃力;她熟读诗书,有深厚的中外文学的基底,她是在做足了童子功的情况下开始写作的,有太多的约束,一落笔就想到了前人的影子,然而她却创造了自己的风格;因为讲究,就整体的作品而论,她的成品率大于萧红,少数篇目甚至是字字珠玑,有些字词的应用简直是神来之笔;她也是自由的,只是在百般约束之下获得了自由;她的写作有点像跳芭蕾,捆着,绑着,脚尖踮起来,一圈,两圈,十圈,二十圈……就这么一直跳下去,达到了她这一行的极限。她和萧红的区别就在于,一个是跳芭蕾的,一个是跳自由舞的。

很多年前,我对她们作过比较,我曾经以为,萧红的文字是可能的,张爱玲的文字是不可能的;即,张更具有天才性。然而我现在推翻了这说法,这两人的文字都是不可能的,是我们这些平凡的写作者穷一生之力也难以企及的,因为她们不是在用力,她们是在耗自己的气血和生命!

一九四一年十月,萧红入住玛丽医院,确诊是肺结核,一个月以后,因经济拮据返家养病。

一九四二年一月,香港沦陷。

一九四二年一月二十二日,萧红病逝于香港。临死前,在纸上写了一句话:"我将与蓝天碧水永处,留得那半部红楼与别人写了。"

这个别人她是看不见了:她死后不久,张爱玲即返回上海——萧红生活了两年的、发表成名作的地方;一年以后的一九四三年春天,张爱玲正式登上文坛,发表了以香港——萧红写出了代表作的葬身之地——为背景的小说《沉香屑——第一炉香》,从此光芒耀眼。

巧合乎?天意乎?中国文学的这一对双璧,这两个城市?

名字里面的故事

——关于萧红

金仁顺

萧红的作品从来不是美景如画，但她的根系深扎在泥土中，能从一粒饭粒中间咀嚼、品味出甘甜的人，也必然能体会出她心灵空间的开阔博大。美景和画图，时间久了，有让人看出破绽或者审美疲劳的风险，但粮食不会，粮食对人类的哺育和抚慰，历久弥新。

——金仁顺

本文载《文艺争鸣》2011 年 3 月号(上半月)。题图照片为金仁顺。

金仁顺：当代作家，1970 年生于吉林白山，著有《爱情冷气流》、《月光啊月光》、《仿佛一场白日梦》、《绿茶》、《妈妈的酱汤馆》等。

这个乳名荣华，学名秀环，大名张乃莹的女孩子，本来应该遵从长辈的期望，成为地主太太、小官吏妻子，或者乡间殷富人家的主妇的。张乃莹的身世和成长背景为此准备了充分前提：童年无忧无虑，少年读书学习，长大后嫁人，生孩子，每年随着春华秋实欢欣感慨，在另外半年白雪封门的日子里，和家人围炉取暖，讲故事，教孩子写毛笔字。可张乃莹在学校学习的时候，读书多了一点点，感受力比别人好了一点点，理想主义色彩也重了一点点，胆子又大了一点点，这几个一点点聚合在一起，没有随着时日消解、最终演变成沉默，而是在严苛的父权压制下爆发成了一场自由革命，她脱离了既定的命运轨道，蝉蜕般从温饱庸俗同时又压抑痛苦的家庭生活中逃走。

笼中鸟飞到林中，有点儿像出走的娜拉，但就像鲁迅说的“梦是好的，钱是要紧的”。如果张乃莹的梦想是自由的话，她的得到几乎像是一个讽刺，生活用衣食住行这类最切肤的困难向她证明“钱是要紧的”。她饿，饿到恨不得当小偷，偷人家的列巴，“桌子可以吃吗？草褥子可以吃吗？”食不果腹，其他的方面就更难以为继了，“新做起来的棉袍，一次还没有穿，就跟着我进当铺了”，没有被子，没有木柈，有时连鞋带也没有，“只有饥寒，没有青春”，唯一如影随形着她的是病痛。她向现实妥协，跟从小订了婚的汪恩甲同居，结果又遭到了背叛和抛弃，汪恩甲留给她的，是腹中待产的孩

子，以及巨额的债务。她的孩子生下来就送人了，她自己还是个孩子，自己都吃不饱。最后，连妥协的路也走到了尽头，完完全全的山穷水尽，这时，她遇上了萧军。

至少从中国文学史上，我们可以说萧军被老天爷派到世间，第一个任务是发现一个作家，第二个任务才是成为一个作家。就像萧红永远是个邻家女孩儿一样，热血青年萧军也始终没有真正长大，舞刀弄枪，革命进步，热爱文学和文艺，他的侠肝义胆是他们爱情发生的催化剂。他的到来，让张乃莹这个名字泯灭了，取而代之的，是悄吟、田娣，乃至后来的萧红。

悄吟、田娣、萧红。这三个名字，产生于不同时期，有一定的随意性，但却非常恰切地概括了她文学创作的状况。萧红从来不是强势的作家，她就像个孩子，跟随在萧军的身后，在他发出声音的同时，她也发出些许孱弱的声响。（萧军曾有个笔名叫“刘吟飞”，悄吟恰如“吟飞”的影子），以悄吟为笔名发表的那些作品，与其说是文学创作，不如说是她革命和爱情的手段。她“悄吟”着她所经历的或者看到的苦与痛，因为发自内心，这些文字沾着泪滴着血，很容易引起读者的共鸣，也因此，她的作品题材虽小，却透露出家国情怀，“悄吟”变成了疾呼；田娣，是她第二个重要的笔名。萧红离家出走以后，足迹遍布哈尔滨、北京、青岛、上海、重庆乃至日本和香港等大城市，但她写作的题材中，乡村生活占了绝对的比重，她最重要的两部作品《呼兰河传》和《生死场》都是乡村背景，田娣，与其作品，算是名副其实，萧红不只是热爱抒写乡村，她的视线还总是落在弱势群体身上，城市题材也概莫能外。悄吟，田娣之后，名字最终落在了“萧红”上头，固定住。这个名字来源于萧军，俩人合在一起，是“小小红军”的意思，起因是革命的，但如果单单玩味这两个字的话：“萧”和“红”，灿烂之中混杂着苍凉，凄清之中又爆发出浓彩，形象地概括了作家的写作和生命特质，以及她的爱情生活。萧红吃的苦太多了，身心浸润，笔端自然流露，她的伤痛苦难、离家亡国，在作品中层层铺展，随着时间的流逝，不断地洇开，放大，深入，变成了特定时期的图像，进而又变成了历史本身。

虽然最终分手，但萧军萧红的爱情仍旧是中国现代文学史上的佳话和传奇。没有萧军，张乃莹只是张乃莹，萧军进入到她的生活中，爱情中，张乃莹的离家出走、饥寒交迫和流离失所，都有了意义，张乃莹也脱胎换骨，以萧红的名字进入中国文学史的殿堂。

萧红的文学才华很可能是她在萧军眼中最具吸引力的部分。萧军的大丈夫气概对很多女人而言颇具魅力，像给他们提供过住处的汪家，小姐汪林对萧军的好感明显超出了普通朋友的尺度，而《一个南方的姑娘》中的程女士则是一头扎进了恋情的旋涡中，还有萧军自己说出来的敏子，“小眼眉很黑，嘴唇通红通红”，他们在一起的日子，为基本的生存条件奔走忙碌挣扎，同时又要创作和革命，情感的痛苦

也不肯有片刻放松,从他们相恋开始就袭扰着萧红。他们到上海以后,这方面的问题一度把萧红逼到日本去清净身心,但回国后,他们之间的问题并未得到解决,“痛苦的人生啊！服毒的人生啊！”“这回的心情还不比去日本的心情,什么能救得了我呀！上帝！什么能救得了我呀！我一定要用曾经把我建设起来的那只手把自己来打碎吗?”最终在西安,他们的爱情划上了句号。他们的爱情结束了,但萧红对萧军的情感从未中断,他们相濡以沫的时间太久,他们在一起度过的生活太有意义,爱情以外,他们更多的是家人般的温情,萧红对萧军的信任是彻底的,在她临死的时候,身为人妻,却形单影只,那时候她仍坚信:“如果萧军在重庆我给他拍电报,他还会像当年在哈尔滨那样来救我吧！”

除了萧军,萧红生命中另外一个重要的人物是鲁迅。就像萧军的那句话,“鲁迅是我的父辈,毛泽东只能算我的大哥”。鲁迅更是萧红的父亲。萧红的《回忆鲁迅先生》,是所有写鲁迅的文章中最好的一篇。这篇文章对于人们认识真实的鲁迅意义重大。即使是写这样一个伟大的人物,萧红仍然是一贯的手法,家长里短,点点滴滴,像中国画里的工笔,线条细致,形象整体,血肉丰满。她也是在生活困窘、形势危急的情况下开始与鲁迅的交往,“我们刚来上海的时候,另外不认识更多的一个人了。在冷清清的亭子间里读着他的信,只有他,安慰着两个飘泊的灵魂！一写到这里鼻子就酸了”。这是一九三六年闻知鲁迅死讯后,她写给萧军的信里的话。鲁迅欣赏萧红的写作,在当时的上海,鸳鸯蝴蝶派占据着很多报纸版面,这些作家的创作风格虽然不同,但反映的群体却不乏相近处;萧红本人,以及她所描绘的群体,在当时的上海文坛仿佛盛宴上的不速之客,他们的褴褛、愁苦、挣扎、抗争,带来了新异、冷峻的气息,被鲁迅评价为“力透纸背”。萧红跟鲁迅结识的时间虽然只有两年多,但因为来往频繁,倒比那些认识久远的朋友更加亲近。鲁迅介绍萧红和萧军结识当时文学界知名而又进步的作家,为他们发表作品铺平了道路,更重要的,是他帮助萧红树立了作家的自信,形成了她对文学创作的个人见解,萧红的成熟与鲁迅先生的教诲密不可分。

悄吟、田娣、萧红之于荣华、秀环、张乃莹,何其不幸,穷愁潦倒,颠沛流离,国仇家恨,客死他乡时她年仅三十一岁,“半生尽遭白眼冷遇,身先死,不甘,不甘”。她对自己的不幸心有不甘;与此同时,萧红又何其幸运,跟萧军的爱情,跟鲁迅的友情,是对她所经受的苦难最好的补偿。同样一个萧红,同样在弥留之际,还有另外一句话“我将与蓝天碧水永处,留下那半部‘红楼’给别人写了”。这种豪情与自负,潜伏在她孱弱的身躯内,让人唏嘘不止。

萧红注定要成为作家,她短暂的后半年最缺少的就是平安和温饱,但平安和温饱也未必是她真正需要的,就像她在日本时,写给萧军的信中感叹的:“‘这不就是

我的黄金时代吗？此刻。’自由和舒适，平静和安闲，经济上一点儿也不压迫，这真是黄金时代，是在笼子里过的。从此我又想到了别的，什么事来到我这里就不对了，也不是时候了。对于自己的平安，显然是有些不惯，所以又爱这平安，又怕这平安。”萧红对于平安的感觉，正是读者对萧红经受苦难的感觉。恨这些苦难对女作家的摧残，同时，又不能否认，正是这些苦难造就了作家的作品。

萧红离世近七十年了，她过世后，上海文坛上，张爱玲大红大紫，演绎了文学史上的另外一段传奇，张爱玲的爱情故事也同样曲折，充满戏剧性。相较于张爱玲作品的华丽玲珑，精雕细刻，入木三分，萧红的作品宛若田地里的庄稼，独守中国现代文学史的一隅，静悄悄地生长、结实、成熟。关于中国现代文学史，大家在谈论过鲁迅、沈从文、张爱玲等等作家后，会“……还有萧红”或者“以及萧红……”，所幸的是，“还有”和“以及”之外，在话语权之外，有很多读者热爱萧红，就像饥饿的人们热爱庄稼，珍惜粮食。萧红的作品从来不是美景如画，但她的根系深扎在泥土中，能从一粒饭粒中间咀嚼、品味出甘甜的人，也必然能体会出她心灵空间的开阔博大。美景和画图，时间久了，有让人看出破绽或者审美疲劳的风险，但粮食不会，粮食对人类的哺育和抚慰，历久弥新。

这或许就是越来越多的人热爱萧红的理由吧。

女人的天空是低的

盛可以

飘雪的北方，寒冷刺骨，在这个呼兰河似的寒冷冬日，我有一股不可遏制地冲动，要去广州看一看萧红，跟她谈谈她的文字，跟她谈谈我的悲凉。

——盛可以

本文载《文艺争鸣》2011年3月号（上半月）。题图照片为盛可以。

盛可以：当代作家，2002年开始小说创作，作品有《死亡赋格》、《道德颂》、《水乳》、《北妹》、《火宅》、《无爱一身轻》等。

我最早读萧红应该是一九九八年，她的一本散文集，书做得比较糙，没留下多少印象。二〇〇二年我开始写小说，将一篇千把字的开头给朋友看，反馈说有萧红气质。我这才去找萧红的小说来读。说实话，没被惊着，只是心潮暗涌，荡气回肠，久久不能平复。

她的小说无疑是好的，那样的气象很难跟一个小女子产生关联。然而，就是那个二十三岁的年轻女子写出了《生死场》，三十一岁怀着极大的不甘孤独离世。

她活得那么短，颠沛流离，境遇凄凉，“半年尽遭白眼冷遇”，如今仍躺在寂寞他乡，延续悲凉。

四处蒙着阴云。真想为她放声一哭。

三年前的某一天，我和朋友开车去白云山吃饭，路过一处别致景区，我问这是什么地方，朋友说是银河公墓，里面葬着萧红。我当时心里一凉，她怎么在广州？她怎么没回家？

直觉告诉我，萧红不会喜欢广州。这里没有呼兰河的苍茫辽阔与诗意喧嚣，“整天飞着清雪。人们走起路来是快的，嘴里边的呼吸，一遇着严寒好像冒着烟似的，七匹马拉着辆大车，在旷野上成串的一辆挨着一辆地跑，打着灯笼，甩着大鞭子……这批人马在冰天雪地里边竟热气腾腾的”；广州没有火烧云，没有小团圆媳妇、冯歪嘴子、有二伯，没有教她读诗的祖父和后花园，没有快乐残存的童年，没有脾性暴躁的父亲……这个习惯了冰雪覆盖的北方女子，在四季温暖潮湿拥挤的

南中国一定郁闷坏了。

然而，我在碌碌无为中忘了与她同在一城，并不曾拎着酒菜和鲜花去找她，我像一个非文字工作者一样冷漠，彻底遗忘了一个漂泊的灵魂，在冰冷的墓地，入土不安。

此刻，飘雪的北方，寒冷刺骨，在这个呼兰河似的寒冷冬日，我有一股不可遏制的冲动，要去广州看一看萧红，跟她谈谈她的文字，跟她谈谈我的悲凉。

女孩自小在充满冷漠暴力的父亲的阴影下成长，这样的童年经历是铸就一生颠沛流离和情感动荡的根源。我对此深信不疑。逃离是唯一的反抗。然而，父亲的阴影永远存在，逃离永无止境，在生活中，只要稍有桎梏之感，首先采取的方式便是逃离。逃离环境，逃离爱情，逃离一个人。漂泊便是宿命。

萧红自觉这一生都在别人的屋檐下。她曾经写过一首小诗：

女性的天空是低的/羽翼是稀薄的/而身边的累赘又是笨重的！/而且多么讨厌呵/女性有着过多的自我牺牲精神/……不错，我要飞/但同时觉得……/我会掉下来

不错，女性的天空总是低的，她拼命地飞，没有飞出情感的屋檐，但她飞到了文学的高空。

这几天查看了一些相关的文字，读得越多，内心越沉重，这样了解的萧红也许并不真实，她丰富的内心只能猜度，但那些事情是真实的。

一些优秀的作家面对生活总是低能，萧红便是其中之一。

说实话，从她的情感线性上，我看不出她的独立性，她对男人的依附，是纯普通女人的，意志最强大的女人，怀孕也会将她推至软弱无力的境地，因为她无法逃离自身。

我曾经写过一条微博，询问萧红和汪恩甲的孩子送给了什么人，我很想知道，但没有答案。也许率性、童真、热情的萧红并不需要别人的同情，在哲学家康德眼里，同情是一种可憎的品性，因为同情把一种优越感施与被同情者，我不打算同情她，也没有资格同情她，每个人都有自己的际遇。我只是感到费解，和萧军一起时，萧红怀着汪恩甲的孩子，和端木蕻良时，她又怀着萧军的孩子，她为什么总能怀着一个男人的孩子和另一个男人恋爱？她把孩子生下来，“送人”，不留任何线索，以便将来重逢，这等于把孩子扔了。不知道是萧红母性未萌，还是另有原委……其实我更想知道她到底爱不爱孩子？有人解释说当时养不起孩子，因为贫穷，因为战乱……但我只能假设，这孩子若是萧军的骨肉，定不会遭遗弃。

在女人的天空,男人是太阳,也是风暴。

不管文学意义上的萧军于萧红有多么重要,在孩子的处理上,我对萧军印象极差。

后来萧红随端木蕻良赴香港,萧红产下萧军的孩子,不久夭折,仿佛是个隐喻。

当然,我们不能以现在的或者个人的道德去衡量一个作家,评定一个人。朋友曾说,当作家,尤其是当女作家,是很有风险的,直到今天这种风险也没降低多少,戴上女作家这顶帽子,意味着不可避免的被流言笼罩。也许,我说的无非也是流言飞语。

萧红做过母亲,但从未得到过儿女;死时痛苦万分,萧军和端木蕻良都不在身边。

这个女人的一生,彻骨荒凉。

仅从一个苦难的灵魂出发,我希望萧红回到故里,回到她的呼兰河,不再漂泊。

让世俗的利益纷争从她身边走开。

人间腊月天

马小淘

萧红无法知道，她的作品终被时光擦亮，越发散出天才的光芒，为那么多倾心于她的读者带来惊艳的阅读体验。因为她的名字，逶迤流淌的呼兰河，在现当代文学史里成为了一条永恒的河流。而那些她住过的地方、她去过的地方，因着她的痕迹，让人神往。

——马小淘

本文载《文艺争鸣》2011年3月号（上半月）。题图照片为马小淘。

马小淘：当代作家，原名马天牧，1982年生于哈尔滨，现为《人民文学》杂志社编辑。著有《飞走的是树，留下的是鸟》、《火星女孩的地球经历》等。

几年前，和一个湖南籍的年轻作家吃饭。听说我是哈尔滨人，他说我最喜欢你们那儿的肖恒。我对他的口音不熟悉，很有些费解地问，那个叫肖恒的写过什么？多大了？我怎么没听说过？他大惊失色地盯着我，说起呼兰河。我恍然大悟，转而嘲笑他的普通话。萧红，他说的是萧红。总有作家与我谈及萧红，原因无非我们沾亲带故的来路。时至今日，这位故去多年的女作家，依然是故乡的文学符号。听闻你写作，从哈尔滨来，那么，仿佛条件反射，人们一下子想到的，是萧红。

读书时我不止一次被家长带往萧红故居。彼时我懵懂，每次更热衷于从哈尔滨市区驱车前往呼兰的过程，待到抵达那并不传神的雕像和几间大瓦房，我常常已是兴趣索然。很长一段时间，我误以为她是个敢爱敢恨一生快意恩仇著作等身的女英雄。逃婚、与萧军的琴瑟和鸣、得到鲁迅的嘉许……忘记了是专业的讲解员还是妈妈的只言片语，让我想当然凭借碎片，把她归类为人生得意须尽欢的传奇。少年的我，以为人生简单明了，有一部分人，他们有才，并且幸福，故去后还有需要买票参观的故居昭示着生前的辉煌。课本上有很多这样没有瑕疵的人，我知道自己离他们非常遥远，亦并无发自肺腑的崇敬。

后来，当我对文学对人生都有了点经过自己大脑的认识，面对世界的丰富，我已错过了萧红。或者说，我读萧红的作品太少，并且时机并不合适。我高中时曾热爱张爱玲，为她下笔的妖娆狠辣着迷，对残酷的承受极限无非谁辜负了谁，谁错看了谁，寒凉亦不过爱情的百转千回。看《生死场》、《呼兰河传》便觉过于苍凉，那些衰败凛冽凄厉，让我生出对苦难的畏惧。我虽爱她浑然天成的细腻文笔，却着实不喜血淋淋悲戚戚，萧红的其他作品我都没有读过。所以很多时候，我怕别人谈起她，我不敢说我看得那么少，并且是因为害怕。

读萧红的传记倒是不少。我乐于窥视作家的人生，从切实的人生故事里揣摩他们的起承转合。我常常在传记里发现他们得天独厚的什么，萨冈的轻盈，乔治桑的凌厉，波伏娃的智慧……读着读着就读出羡慕嫉妒恨，这些女作家的人生纵有惊涛骇浪，也总有非凡的华彩。而读萧红的传记，如同经历接二连三的台风，作为遥远的看客，也忍不住生出同情。她从不是孩童的我理解的传奇，她无非一个可怜人，健康和好运，被消耗在一次次重蹈覆辙的爱情里。与表哥出走，又颠三倒四和先前的未婚夫汪恩甲同居，危难中怀着汪恩甲的孩子爱上萧军，几经离合又怀着萧军的骨肉嫁给端木，她的心在最落魄的时刻亦烧着爱情的火，总是跟着一个新男人，在苦难中生下旧人的孩子。她两次分娩，却终究没有做成母亲。她筋疲力尽地一次次自我纠正，一生都没对男人绝望过，被这个狠狠伤害，立刻在另一个身上寻求温暖，是失意的时候也依然祈望遭逢崭新的爱情。如同三流编剧撰写的肥皂剧，萧红是辗转在离谱情节里的苦情女主角，一生的主干情节无非情殇。逃婚、私奔、同居、未婚生子、姐弟恋，她短暂的人生被爱情连缀，每一段都颇具戏剧感。这听起来仿佛只谈风月，却其实并不抒情。

从以拧巴的姿态踏出家门，她的命运被裹挟在一个个男人的人生起伏中。怀揣不假思索的一往情深，萧红疲于奔命，走火入魔，仿佛明了这一切并不长久。一次次多情却被无情恼，多被总结成遇人不淑。然而那多半是后世的人热爱她的才华，进而悲悯她的生命。我们一边给她的写作扣上女性主义的帽子，一边说她的悲剧都是男人的馈赠。她那过于剧烈的人生，不从容，不体面，不能全归咎在别人身上，那些千疮百孔的爱，不会总是这个男人或者那个男人造成的。她鲁莽又脆弱，风情又乖张，气场强大却身体孱弱，是电光石火的好恋人，却或许真的并不适合厮守。她对爱的热望简直让人畏惧，仿佛永远在卖火柴的小女孩濒死的时刻，要奢侈地燃尽所有火柴，哪怕得到的无非一点暖一点亮。

除却爱情的跌宕，她亦要忍受饥饿，习惯流浪。短暂的人生，她不听劝，鲜少吃饱饭。终生居无定所，从这里到那里，故乡遥远，他乡又不宜久留。客死香港时，甚至因骨灰盒紧缺被分装入两个花瓶。仿佛最后的尊严，一生并未怒放的萧红，变成细小的粉末融入花瓶之中，终有了浪漫却凄凉的归宿。那么多烦恼和忧愁，我怀疑她整个人生都在走投无路中，甚至没有百无聊赖的时光。

很多人提及萧红时，都爱联想到张爱玲。一南一北，遥相呼应，这两个女子都藏着旷世的才情，生在兵荒马乱的年代。她们都那么不幸，南辕北辙地经历着肝肠寸断的爱情和人生。而比起萧红，张爱玲还是多了几缕光亮。一九四一年的冬天，是萧红阳寿的尾声，于张爱玲却无非幻化成《倾城之恋》宏大的背景。张爱玲虽也是客死异乡，却至少是长寿的。晚年离群索居的生活，亦富足安逸，据说垃圾桶里还扔着伊丽莎白雅顿的美容胶囊，依然对美怀着偏执和期冀。物质层面上，她不至于忍饥挨饿，也算穿尽了华服美裳。虽同是爱情里的羸兵弱马，但至少在煎熬过后给胡兰成寄了封果决的分手信，还气度非凡地夹了一张支票。或许也是痛苦的，但张爱玲还有姿态上的超脱，银牙咬碎抬起了高贵的头。萧红则不曾游刃有余，总是手足无措指望哪个男子救她于水火，却终究只看见他们落荒而逃的背影。

不要说苦难是一笔财富，这是太过心宽的比喻，有站着说话不腰疼的不得当。如若果真如此，萧红早已进了当年的福布斯排行榜。或许是苦难给她的作品带来眼界和气象，但现实的世界，她终被苦难摧毁，在孤绝和不甘中凋零。

三十一岁，与性命一拍两散。一场一场风花雪月的事，积累出人间腊月天。那时正是故乡的深冬，霜雪凛冽，她死在南国的医院，背井离乡。她走得不安详，也不体面，不仅疼痛，而且难看。她无法知道，她的作品终被时光擦亮，越发散出天才的光芒，为那么多倾心于她的读者带来惊艳的阅读体验。因为她的名字，逶迤流淌的呼兰河，在现当代文学史里成为了一条永恒的河流。而那些她住过的地方、她去过的地方，因着她的痕迹，让人神往。

如果说写作对萧红是一种飞翔的话，她的生活始终是艰难的爬行。甚至我并不惋惜她的英年早逝，倘使活下来，又不知要经历什么。多少始乱终弃的男人，多少不在计划内的孩子，多少颠沛流离，多少爱恨情仇，多少鱼死网破。这场惊心动魄的人生，已是命中注定，是一种零碎的完整。

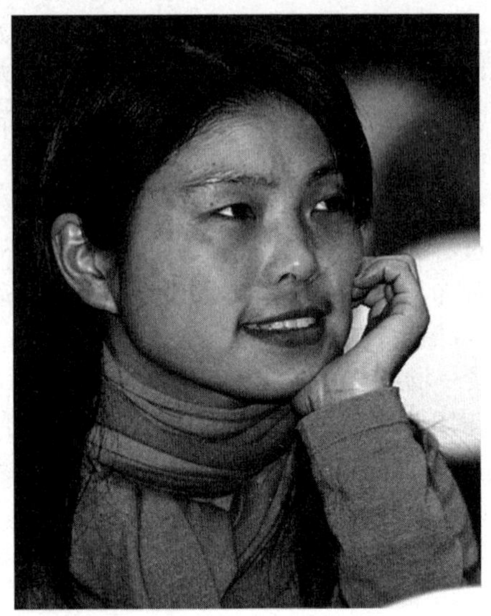

时间秤

鲁 敏

要是萧红还在，以她二十八、二十九岁时的才情，做一个线性的逻辑类推，想想看，我们的小说史、我们的阅读史、我们中国的文学箱子，乃至世界的文学箱子，丢了多大多贵重的一份好东西啊！

——鲁 敏

本文载《文艺争鸣》2011年3月号(上半月)。题图照片为鲁敏。

鲁敏：当代作家，南京市作协副主席，1973年生于江苏东台，主要作品有《博情书》、《方向盘》、《白围脖》、《镜中姐妹》、《思无邪》、《风月剪》、《逝者的恩泽》等。

一

艺术的高下优劣，其实只有一个衡量标准：时间。时间这杆秤是天地间最宏阔且又是最精准的。以它来度量苍莽长河或是当下一瞬、度量古人、前辈或是此际的你我他，一切莫不了然，莫不心平气和，顿去骄躁二字。

诚然，以萧红在世上停留的长度，不过只能算是颗流星，可她在宇宙间划下的轨迹，却是又深又狠又特别，其笔下，有最小的小与最大的大，有血肉与浊泪，却又天真、大方，看得人心慌。

三十一岁的她，加一部《呼兰河传》，放在时间秤的那一边，是压得住的，倏忽百年，她或将可以一直压下去，不论时间累加了多少，甚或宇宙都成为一个黑洞。

二

每次想要写她，却基本上都难以成文，因为写之前，都想着，翻一翻再写吧，可真正一翻，三分钟过去，三十分钟过去，越看就越不想写了。她都已经写成这样了，还再写什么呢。除非你大段大段引用她，照抄她，摘录她，甚或就是搬上她的原文。

这里面，似乎有一个很捉弄人、很为难人的悖论：

一个好的东西，它是那么的好，让我们想要由衷地去赞美、传播；但如果这个好的程度，超过了我们、覆盖了我们——我们再去赞美它，则又是有风险的，也是难以把握的。

但是，一百年了已经，她来到这个世上，照我们文艺界的风气，这是大日子，必须大操办。纪念她、回顾她、放大她，是责任与义务，亦是时令之需，而现代人的智慧都是特别识时务的。于是，在一种不确定的挟裹感中，试着写她……

三

可是，唉，她真的还是个十分十分年轻的人，比我们所有这些老着脸皮在写东西的人都年轻许多！就跟我们的八零后差不多呢。

可是她二十三岁写成《生死场》（正式出版为次年），二十八岁上写的《回忆鲁迅先生》，二十九岁写的《呼兰河传》与《小城三月》。

这么算一算、比一比，我们就好像全都没有活过，或者说，迄今为止，我们还是在写标点符号，字都还没写出来呢。

最近碰到一个前辈，他问了问我的创作，然后半开玩笑地说，嗯，四十岁以前还没有写出成名作的，恐怕也就没什么成名作了。当时好像还不以为然的，面上无所谓地笑笑。可回家来一想，即刻浑身是汗，几天都难以释怀，感到时间的残酷，感到为灵感所奴役的悲剧性。

从这个角度而言，对萧红，我的感受是复杂的。说羡慕或妒忌都不合适，也不准确，不如勉强说是拍案称奇：她的生世，她的文学，她的情爱，她的生死，这是绝对不可复制、不可模拟的宿命！

尤其是她的死，恐怕所有的人都为之难以释怀吧，何以，竟在三十一岁上就死了？以一个在当时并不算是大恶疾的肺结核，在医疗还算先进的香港，并有史沫特莱、柳亚子、端木蕻良、骆宾基等人的关照或张罗，却偏偏遭遇庸医误诊、医院冷淡、转院不力、战争纷乱等殊情，像是不同方向收紧的绳索，最终将她合力致死！

可是，甘冒冷酷心肠的名声，我要说一句：甚或她这样凄惨的离世，也让我称奇、并以为这是最恰当的——似乎，老天爷也暗中考量过了，都已经写出了《呼兰河传》与《回忆鲁迅先生》了！比起那许多耄耋之年的写字人，她的生命好像竟已经是够了的！

不免想到艺术生命与俗世生命间的乖张敌意。

美满平静、寿终正寝的人生，与灵感奇崛、撼动心灵的艺术，似乎是不兼容、不调和的。想到海明威、舒尔茨、凡高、奥康纳……他们残败惨烈的人生具有那样高的审美性，似乎正是便于大众在阅读与景仰时施以深长的叹息和感慨……

这样一想，简直就不能正视现今这肥白的、室内的生活，我们所谓的苦楚，只是头脑里的杯水风波。算了，不谈这个，太可笑！一个人，怎么敢去责备命运所配给的苦难份额？并以此为借口去开脱灵感的欠丰？

四

还是说萧红，说她艺术时间之长与俗世时间之瞬。

……然而，我们能不能作一种假设。

假设萧红竟没有死，她竟从那家红十字会临时医院里给抢救过来，她健康起来，在战争中幸存，并一直活下去，活到了抗战胜利、继而又活过了国内战争，随后又历经着种种的政治变幻，并侥幸地奇迹般地九死一生，并且，像许多少时苦但老来寿的人一样，她顽强地活到了八十年代、九十年代、新世纪……

就那么的，她一直活着，还在写她的东北，写那片土地上绵延不绝的难与黑。也许不了，她写香港，写上海。也许她写她自己，写她曾有的爱与将至的爱，写她死去的孩子或新生的孩子。写她不认识的其他的中国人，写中国人后来这六十年的新“生死场”。又说不定，她去了他国异域，在更遥远的地方，写着她随便想写的什么，她会像是杜拉斯或是莱辛，就算到了晚年，仍用着她最自由最天性最神奇的笔触，追踪世情的苍茫与酷烈——要知道，萧红是个有文学野心的人，她自己在绝笔时甚至写下这么一句：“留下那半部‘红楼’给别人写了……”这当是虚指，但也可视作她的自我期许！

这么一想，马上又要推翻刚才的“拍案称奇”了，忽然感到巨大的丢失感，丢了贵重东西的心悸感——要是她还在，以她二十八、二十九岁时的才情，做一个线性的逻辑类推，想想看，我们的小说史、我们的阅读史、我们中国的文学箱子，乃至世界的文学箱子，丢了多大多贵重的一份好东西啊！

五

当然，也不是没有可能，她后来没有再写了。历史，总是最为喜怒无常、不讲道理的，有太多的可能性——或许她忽然就索然了、想搁笔了，可能她不得不过起另一种生活了，也可能她竟是完全地写不出来了。我们知道沈从文的，知道丁玲的，知道曹禺的。也或者，她选择完全地成为一个家庭里的母亲了。也或者，随便她怎么样、写了什么或不写什么，到后面，她将被供起来、抬上去了，“被”做起了世纪老人、文学祖母等等,也未可知。

这能够接受,能够想象吗。

故而,从审美上看,从人性与世情上看,她那样的戛然而止,于萧红,于文学,于观者,于评者,于历史,可能倒算是好的。

六

查了查以前的日记,发现我是在八年前才看的萧红,在个人的阅读中,其所占比重实在是小,受她多少影响,或也谈不上。

但好东西就是这样,随时可以看,随时看都不迟。在不同的时间,在不同的年纪上看它,它自有它不同的意思。

话题就又回到了时间。在时间这里,萧红的红,是不褪色的。

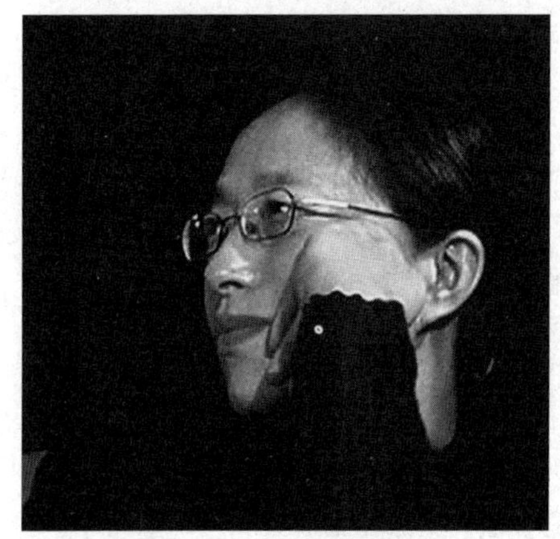

萧红写了两部生死场

——作家被时代浸袭与原态写作的回归

王小妮

一九三九年萧红在武汉说过:“作家不是属于某个阶级的,作家是属于人类的。”我说,真正的作家只是身体被寄存在于他那个时代的独立灵魂,他不是时代的产物,而是把他的精神产物,绵长地留给了后人。

——王小妮

本文载《文艺争鸣》2011 年 3 月号(上半月)。题图照片为王小妮。

王小妮:当代诗人,海南人文传播学院教授,主要作品有《我的诗选》、《浮躁的烟尘》、《人鸟低飞》、《手执一枝黄花》、《目击疼痛》等。

二〇一一年，是作家萧红诞辰一百周年，如果她能活到今天，恰好是一位百岁老人。作为作家萧红的一生不停歇地抗争命运，并节节败退。作为作家，这一结局几乎应和重演了她作品的宿命主题。

一九三五年的上海，在鲁迅的奔波推动下，萧红的《生死场》在萧军的《八月的乡村》和叶紫的《丰收》之后作为"奴隶丛书"的第三本出版，用今天的话说，这是一套经过名家策划的丛书，同时也是一套"非法出版物"。出版者容光书店，是一个被杜撰的出版机构（参见林贤治《漂泊者萧红》）。可以想象，如果没有左翼文学的倾向，没有日本人踏入中国东北疆土的背景与萧红萧军的流亡身份，鲁迅大概不会有兴趣特殊关照他们，更不要说为他们的书作序，并共同谋划"奴隶丛书"的结集出版。时隔六年，到了一九四一年，鲁迅已离世，《呼兰河传》在香港出版，这个时候的萧红已经久病。很快，日本人占领香港岛，萧红在日军入侵当夜病逝于香港玛丽医院。

《生死场》和《呼兰河传》一首一尾，作为萧红的成名作和落幕作，是萧红短暂生命中最重要的两部作品，它们都以位于东北亚冷寒凛冽之地的呼兰为母题背景，这两部作品，可以称为两部生死场。出版周期相隔六年的两部作品，作为作家个性风格和作家生存年代的关联研究也是很好的案例。

一、第一个生死场

《生死场》动笔在一九三三年的哈尔滨，完成在一九三四年的青岛。写作期间，萧红不断受到寒冷饥饿病痛动荡迁徙的侵扰。从不同选本的萧红传记中可以看到，《生死场》的风格形成受到当时聚拢在萧红身边的萧军、舒群等青年作家的影响。几乎在萧红写作的同时，萧军的《八月的乡村》也在动笔，其时正逢日本人占领了中国东北，民意沸腾。这一重大事变激荡着文学青年的内心情绪，也自然地渗透到《生死场》的写作中。假设没有日本人在中国东北的出现，萧红写出来的一定是另一部《生死场》。

《生死场》取材于中国东北空旷辽阔的大地，全书只有八万字。作为长篇小说篇幅相当短小，但作家寄予其中的“野心”并不小，全书视野开阔，人物众多，有动作有对话的人物有二十九个，叙事跨度超过十年，布局从乡村扩展到城市。全书散点似的结构，明显透露出这位文学青年的“企图”：她要展示的是一幅辽阔的、多角度的全景画卷，她要书写那块土地上不同人物的不同命运，包括牲畜们的不同的生不同的死，书写他们无时不在的抗争。

读过《生死场》，有两个突出感受：

一、这位年轻作家有敏锐的捕捉生活细微处的能力。

她的着眼点总是那块土地上的最弱小者，包括女人、孩子、病残者和动物：罗圈腿、王婆、金枝、菱花奶奶、老马、羊、鸡鸭……无论是人还是牲畜，都在生死之间茫然地挣扎，生动活亮的生命们最终只能屈从于活着这一暗淡的本能。

《生死场》前半部，叙述节奏幽静、闲适。其节奏与那块土地本身的基调相当吻合，一切生命都被自然力量无形地推动，而一旦被书写于纸上，它们都成为作家悲悯的对象。萧红最擅长的是站在弱者一边，书写孱弱。这一特征在她后来的作品中越来越鲜明。而对于中国北方乡间农民的另一些生命状态，那些强势者们：乡村中的男人、恶人、入侵者日本人，萧红的笔墨不多。

二、小说的后部分，节奏大变。

十年时光被一笔带过。萧红似乎急于进入一种更切近的时态，进入她情绪激越的当下。小说中出现了突然闯入者：“日本旗子在山冈临时军营前振荡地响着”，这一以象征意味出现的形象急促突兀地强行插入，使得全书的前后两个部分处于均衡的状态，前面是缓慢的，后面是急切的。前面是清晰可见的，后面是恍惚不定的。作为人物，无论入侵者“日本子”，还是反抗入侵的李青山、为抗日献身的

王婆女儿和儿子，都面目模糊，概念人化，明显缺少鲜活的具体的实态，这样也就缺乏了对情节自然有效的推动力，他们的出现使得全书的前后两个部分处于失衡状态。

在《生死场》的后半部，萧红依靠抒情性的描述展示了一段急促的变奏。显然，她期待这部作品背负抗日史诗的使命，于是，这部处女作由于它富有的时代性"野心"而呈现出了另类变形的面貌，也泄露了一个文学青年急于跟进时代而脱离了原态写作的心态。

原态写作，即一个作家对自己能够把握的领域、积累、基调的控制力，即对于写作内存的暗中遵循。如果一位作家出现了偏离，而执意于某种观念或时尚，无论这观念时尚多么崇高或动人，他都会出离了自己的原态，陷入力不从心的写作境况中。

最松弛的写作，一定是原态的，也一定是最佳的。自由松弛，毫无被动，毫无理念的牵引与强加，作家才可能自如地释放自己的动人之处写作理念。也许，让我们得以谅解的是，《生死场》动笔那一年，萧红只有二十二岁，接近今天的"九零后"，还是个初写者。

从上世纪八十年代至今，人们对于萧红的关注始终持续。二〇一一年初，通过"当当购书"网络搜索可以看到，《呼兰河传》有二十一种不同版本同时在售，《生死场》有十一个版本，如此出版密度，很多中外经典作家都难以达到。而在萧红写作的年代，知晓这位东北流亡作家的应当只限于少数人。显然，今天人们对萧红的关注超过了她在世的时代，除了对作家的钟爱之外，还混淆着人们对于悲剧命运所怀有的特殊兴趣，这一兴趣在今天似乎还在衍变升级成为某种精神上的消费观念，这无疑正无意地诋毁淡化着萧红的文本本身，因而对于这位作家作品个性化的细读和由此引发创作问题的研究还远远不够。

二、第二个生死场

我说的第二部"生死场"，是萧红的落幕作《呼兰河传》。

从《生死场》面世后的一九三五年，一直到进入一九四〇年代，从情感到写作到战事爆发，萧红经历了多重磨难。仅仅一九三七年到一九四〇年的三年间，她就经上海到武汉到山西临汾到陕西西安，再折回武汉到重庆，最后落脚香港。《呼兰河传》正是在这一路的流落撤离和情感变故中完成的。《呼兰河传》正是在这一路的流落撤离和情感变故中完成的。《呼兰河传》一九四一年成书出版，从写作时间上看,它和日本人的入侵中国几乎同步,而整本小说的内容完全自成风格,孑然独立于步步紧逼的时世事态,成为一部纯小说。

《呼兰河传》的结构和节奏都不同于《生死场》,它始终舒缓、清晰。人物沉实、生动。《生死场》是散点印象式的,《呼兰河传》是线性写实的。依旧是关照最弱小的个体,而非集体群像,后者更为个人化,完全抛离了动荡年代的政治军事危难的直露笼罩。《生死场》是被嫁接了时代母题的写作,《呼兰河传》是原态的、放弃了非个人的理念、只听凭于作家内心的写作。

《呼兰河传》同样不长,人们习惯称它小说,我看它更像一部大散文。不知道把它划定为小说,是否与上世纪三十年代萧红和好友聂绀弩的一段对话有关。她曾说过:各样的人有各样的小说。

写作《呼兰河传》时的萧红背井离乡已经多年。在一九三〇年被父亲宣布开除族谱之后,她离开家乡再未回头。浓厚的思乡情结使得这部小说有了更舒缓的、老人般的节奏,从开阔无垠的土地到小镇上的风俗,从四季的转换到具体人物出现,始终贯穿着自如松弛的文风,在只属于她的那种持续着的涓涓细流般的语感中,没有突然的生硬闯入的"加塞"者,没有个人记忆以外的闯入者跳出来粗暴地说话。写作者的情绪成为唯一的推动,再没有任何外来的观念扰乱思绪的透明和清晰,这使得萧红的原态写作风格得到了充分的展现。对于她记忆中那块土地上的生和死,她都写得情感更深厚,人物更透彻,节奏更从容。

恢复了原态的写作,展现出来的才是真正的"萧红味儿"。支撑了《呼兰河传》的,是她被茫茫大平原浸泡出来的灰暗而灵跳的内心。像在梦中忽然飞临到故乡平原上空的一只候鸟,萧红带领读者俯瞰了曾经属于她的大地、小城、四季风俗、市井生活、幼年的自己、祖父、团圆媳妇、有二伯、冯歪嘴……所有这些,都自然而然,依仗他们的生命本能生活着、抗争着……而所有的抗争又都是无果的、无谓的。这一切和《生死场》的前半部多么相像。

发生在同一土地上的关于生和死的故事,同样写在逃亡和病痛中,都经历着内心的困扰纠结,都缺少应有的安宁,都深藏着作家的内在敏感、细微和对弱者的悲悯之心——不同的是,与写作《生死场》相比,六年之后的萧红更知道自己要写什么和能写什么。

短短六年间,萧红看清了"人间生死场"的本质:生就生,死就死,一切只有顺从,这就是人所能做的全部。也正是这种看透,使《呼兰河传》放弃了一切"野心"。在这本思乡之作中,萧红找到了对于生和死更有穿透力、更可感受触摸的惊跳描述和灵性感悟。作为一个大动荡时代中的弱者,萧红只有停留在她习熟掌控的文字语感间,凝视着她寄以浓深情感的弱者群体的时候,才能从中获得博大土地上生灵

们本该拥有的自尊、自得、自负，随之找寻到她可寄存的精神家园。

即使是最松弛的原态写作，作家也不能完全抽离宏大的时代背景。相反，越是松弛，时代的印迹越是暗藏在全部的文字背后。正是战火的步步紧逼和流民般的迁徙，如同笼罩在萧红头顶模糊又强有力的阴影，才把敏感、脆弱的萧红一步步逼向自己的内心，时代以潜在的形态迫使她不断涌起强烈的“找寻家园”的祈愿。只有这时，无边的生命磨难和纠结，才脱离了具体概念，成为莫名的动力，渗透到萧红对那块大地的亲密的写作之中，才有了得以跨越时代局限的，有关生和死的著作《呼兰河传》。

三、每个作家都要挣脱时代

人们常常会拿卡夫卡日记说话，从他的“战争爆发，下午游泳”，看到作家的完全游离独立豁达于现实。可谁又拿得出确切的实证，说明战事对卡夫卡的内心没产生丝毫影响。谁能证实，记下那行简短日记的同时，卡夫卡的内心没感到格外的沉重和阴郁。或者，卡夫卡自有的濒临绝境感和战事的突降恰恰完全吻合，人与事英雄所见，惺惺相惜，身边惨烈的战事恰好契合了他内心晦暗低郁的基调。

任何人都不能选择他生命寄存的时代，对于身后宏大的背景，甚至丝毫无力抗拒。这样的挣扎境遇，离我们并没有多远，与萧红同年代的，就有郭沫若或沈从文，还有她身边的作家萧军、端木蕻良、骆宾基、聂绀弩……个个都可以充当最好的现身说法者。

借力，可能是一个真正作家超越时代最好的方式。以萧红为例，她遭遇了强加的婚姻、父权夫权的绝对霸虐、离乡、流亡、病痛、情感纠葛、战乱流亡……所有这些，超负荷地合力压抑着她，同时也塑造着她。从一切苦难中获得超越的力量，凝结成自己作品的本真品质，这是每一个写作者都能面对的美妙可能，但把这可能变成现实千般万般地不容易。是苦难与内心的合谋，协助萧红成为了一个真正的写作者，而不是成为某一个时代的符号。

能够超越自我生存的时代的作家只能是少数的、稀有的，特别在那些风云急速变幻的年代。只有保有鲜明个性和超然底力，才能不被具体的某个时间段的关卡锁定与固留。好的作家总是从他的时代暗中汲取，而不是被他的时代强行介入，因为他自己本身就是一个世界，他的世界和另外那个别人的世界，既能潜在相通又截然隔绝。

东北，作为远离中原文化基源的偏僻疆土，有了作家萧红的出现，见证了微小生命个体才是人类精神传承接续的深远力量。渺小个体本身，可能孱弱敏感，但也恰恰从这孱弱敏感中,写作者获得了超越具体年代的不可见力量。一个作家的超越力有多大,在于他对自身创作内存的依仗力和对外界的挣脱力。也许作家本人并没有自觉地意识到时时刻刻的挣脱,但这挣脱每时每刻都在发生并存在。这其实是生命本身自有的力,它只是不断地被磨损、被消解、被挤迫。显然,现实中这种力的解脱呈现得不多,人类文学史上更多的是无数挣脱者的累累伤痕。他是在不断地自我损伤中不断地自我生长、自我捏合。尽管这对于他的生命本身,是一个悲剧。

从萧红身上,我看到了一个作家被引导、被侵袭的文本扭曲,更看到了她的生命内力的重又复苏,并再次展现的整个过程。这过程的贯穿正是她的两部"生死场"。

四、被忽略的更多生死场

被时代扭曲的,绝不止一个萧红,更不仅限于作家。

在萧红的传记中,有过这样的记载:一九三〇年,萧红被逐离家,再没有回到她的呼兰河,她的父亲张廷举宣布断绝父女关系,把她从族谱上开除。目前没有见到史料证明父女二人再有联系。

萧父张廷举,这位负载命运和时代双重磨难的老人,尝到了逼迫女儿出走的恶果。之后的十六年中,继续领受着、扮演着被女儿命运暗中逼迫的恶果。

有资料显示,在萧红离世后的一九四六年,张廷举以开明绅士的身份参加东北人民代表大会,有人向他转述萧红自己病逝于香港的消息,当时他面无表情。而另有资料说,张廷举老人曾叫人在张家大宅的门上张贴一副对联,以他做过县教育局长和督学的经历,对联很可能出自他手:

惜小女宣传革命粤南殁去
幸长男抗战胜利苏北归来
横批:革命家庭

一九四〇年代末,在这副"时尚对联"下每日进出的张廷举,比起那个曾经在十几年前把萧红赶出家门的老父亲更加难以理解。早年,张廷举的身后站着封建时代父权男权的绝对强势与纲常伦理。在那个年代,类似张父断然驱走女儿的故事并不鲜见,短短十几年过去,外力的突变和胁迫,使这个识过文读过书的"卫道士"原地转了一个一百八十度的弯。他突然摇身一变,逢迎时世,竟然转口怜惜颂赞起夭亡于遥远异地的女儿来了。

另一个悲剧人物是萧红的弟弟张秀珂,他离开日本人占领的东北之后,留学日本。回国后进入新四军黄克诚部,上世纪四十年代末曾经回到故乡呼兰河,衣锦还乡的他就住在萧红笔下的萧瑟宅院里。关于这个人物,相关文字记载惜字如金:张秀珂离乡回归部队,在五十年代中期吞枪自杀身亡。

从老父亲张廷举的境遇到弟弟张秀珂的境遇,都是骨灰已经置于瓮罐,沉于华南红土中的萧红不可能写到的。只有我们后人知道,这亲情中的摇身一变与轰然夺命,都给萧红没有写出来的更新的、无尽无休的生死场添加着情节的丰富、芜杂和一声声叹息。

奋力挣扎于生死场,却浑然不觉的人永远是大多数。敏感的生命,获得了超越力的,只能是绝少数。

一九三九年萧红在武汉说过:“作家不是属于某个阶级的,作家是属于人类的。”我说,真正的作家只是身体被寄存在于他那个时代的独立灵魂,他不是时代的产物,而是把他的精神产物,绵长地留给了后人。

野草一样的童年

孙惠芬

在我1968年遇到萧红的时候，我找到了我心灵里的真正家园，它在我的对面又在我的背后，她是我的记忆却是一个真实的现实的村庄。乡村有自己的秩序，自己的文化结构，可她一旦变成思念和怀想，升腾在现实的文明世界对岸，那里就成了一个自由精神的栖息地，就生成出一个理想的虚构的空间。

——孙惠芬

本文载《文艺争鸣》2011年3月号(上半月)。题图照片为孙惠芬。

孙惠芬：当代作家，辽宁省作协副主席，1982年开始发表作品，著有《孙惠芬的世界》、《伤痛城市》、《还乡》、《台阶》、《歇马山庄》等。

遇到萧红，是一九八六年。这一年三月，我在《上海文学》上发表了短篇小说《小窗絮语》，小说写一个青年在城里读了两年书之后再回到乡下家里的烦恼心绪，她闻不惯乡村恋人身上浓烈的化肥气味，听不惯奶奶、父母哥嫂随地吐痰的声音，看不惯铺满院落的鸡鸭猪狗粪便，更不接受原来有着远大理想的闺中密友已结婚生子、被活生生拉进泥土的现实……那是一部自传体小说，内中许多情节都是我的亲身经历，可我想不到，就是这样一篇小说发表之后，一个读者从大连开发区出发，开车专程来庄河见我。那时已经有了开发区这样的新生事物，这位来访者是开发区管委会一位领导。令我想不到的是，他身在改革开放最前沿，却有闲暇读小说，并且，他还带来了见面礼——萧红的《呼兰河传》。当时，我根本不知道萧红是谁，不清楚他们为什么要送我她的书。那不是书，是本复印件，是来访者专门为我复印的《呼兰河传》。因为不知道萧红是谁，也就不知道这份礼物有多么重要，不但如此，由于刚刚开始写作，刚刚因为写作而从农村走出，到庄河县文化馆上班，两个陌生人的来访不但没有打动我，反而让我惊慌失措——他们一路打听着走进文化馆创编室时，引来许多好奇的目光。

那次，与慕名而来的朋友见面——后来我们成为了无话不谈的朋友，究竟说了什么，坐了多长时间，我全然记不得了，唯一记得的就是把他们送走后，发现土黄牛皮纸封皮上“呼兰河传”四个字向我闪烁着急盼盼的眼神。很显然，急切的是我而不是它，因为急切，我提前离开办公室过起了夜晚。在那个遮蔽了窗帘的昏暗的宿舍小屋，我彻夜无眠，我像吸附在一块磁石上的铁屑，随着磁石的移动微微颤抖不已，萧红笔下一到冬天就裂了口子的大地，一到春天就陷进泥浆的马车，只有秋天才热闹起来的山野，还有黑漆漆的磨房、漏雨的粉房，荒凉的草房人家，还有祖父、祖母，还有在大街上自由串动的蜻蜓、蚂蚱、小燕子，分布在小城街头的金银首饰店、布庄、茶庄、彩纸铺……我不知道是被游走在文字里自由自在的灵魂打动，还是被镶嵌在荒蛮大地上的孤独寂寞感染，我一经走进去，便再也不能自拔。那个夜晚，我被烧着了一般，在床上一会儿趴下一会儿爬起，我走进去的，本是萧红的呼兰河小城，却觉得那小城就是我的家乡小镇，我看到的，本是萧红的童年景象，却觉得那景象正是我童年里的记忆，第二天早上，当我睁着一双熬红了的双眼爬起来上班，我的眼前，已经站立起另一个村庄。她座落在盆地中央，前后街两排草房，她前边有两条细长的河谷，河谷两岸长着丰沛的野草，她就是生我养我的辽南乡村山咀子。

一九八六年，这一年对我实在太重要了，它的重要在于，通过萧红，我看到了自己的村庄。我的村庄一直都在，它位于黄海北岸，却不守海，它属于辽南山区，却没有山，它只是一个盆地里的村庄。它行政上隶属于辽宁省庄河县——庄河、庄河，庄庄有河，所有的河谷都通着大海。我故乡的河谷，两岸长满了野草，顺长满野草的河谷向东南方向走，不出一小时就能走到海边小镇，那小镇叫青堆子。在乡下呆得寂寞厌倦时，被父母管束得喘不过气时，就顺河谷小道逃往青堆子小镇，叛逆的情绪往往随着河谷岸边的野草一起摇曳。我初始写作，抒写的就是这种急于逃离的叛逆情绪。虽然在这种情绪中，也触及到村庄的人和事，也描绘过大街、土地、山野、草丛，可我的情感是厌恶的，憎恨的，我对村庄人事景致的书写是下意识的，不自觉的，朋友喜欢《小窗絮语》，或许是他看到了那里边下意识书写的村庄和萧红笔下的村庄有点像，可他们不知道，他们唤醒了我对属于自己的那个河谷村庄的感情——那天早上，当我满眼都是我故乡的村庄河谷，河谷两岸丰沛的野草，一股挚热的溪流涌进眼角，我一瞬间热泪盈眶。

厌恶也是因为爱，憎恨也是因为爱，就像情人间的爱极生恨，就像亲人间的怒其不争。可是在遇到萧红之前，我看不到自己对河谷村庄的热爱。我甚至不知道，我在小说里不断地书写她，书写那些落后的令我厌倦的人和事，令我反感的畜类和蚊蝇，正因为我在不断地向着外面的逃离中，受到了冲击和伤害，我是因为受到伤害，才愿意回到心底的村庄。

伤害同样来自于一九八六年，这一年五月，我从一个脸朝黄土背朝天的农民摇身一变成了拥有城市户口的城里人,成了天天在文化单位上班的文化人,可是野草一样在山野里长大的我,对按时上下班,对程序和秩序有着天然的抵触,尤其受过教育的小城文化人的假模假式,为一件小事反复争议不断重复的无聊会议……我备感压抑,我因为压抑而生出郁闷,我因为郁闷而神经衰弱,得了严重的失眠症。见到来访的朋友,读到《呼兰河传》,正是失眠最厉害的时期,通过呼兰河小城看到我的河谷村庄,一株在乡野上摇摇晃晃生长了二十多年的野草无异于回到那片自由的土地。

后来我知道,萧红写《呼兰河传》,是她在外面世界疲惫漂泊近十多年之后。十多年来,她追求个性解放,不断地从乡村逃离,她逃脱父亲的专制统治,又感受到男权文化的压迫,她"逃避男权文化的钳制",又遭遇"日本侵略者的铁蹄",最后患病住在香港。巨大的孤独和寂寞扑面而来时,她的笔便回到了虽是寂寞但却无拘无束的乡村大地,她的灵魂在那里自由的徜徉。有研究者说,萧红"是一个有着深刻思想的作家,在短短十年的创作生涯中,写下了一百万字的作品,她由幼稚到成熟,由投身到左翼思潮到逐渐独立,有意识地疏离主流意识形态话语,思想经历了明显的前后两个发展阶段"。而我却宁愿相信,萧红的成熟,萧红的有意识疏离主流意识形态话语,有后天外部环境的影响,更有野草一样自由生长在乡村的因素。在她的童年,虽也有祖母的管束,封建礼教的压迫,可坦荡的大地开阔的原野使她一直保有一颗自由的心灵。萨特说,凡是人都有他的自然地位,这个自然地位的高度不是自尊和才华所能确定的,而是儿童时代确立的。萨特说他的自然地位是巴黎六层楼那么高。童年对一颗自由心灵的培植,使萧红多年来一直有着清醒的内心边界,当某种专制和束缚、程序和秩序伤害了自由,她刀锋一样锋利的神经便撞到哪里哪里滴血,她的笔下便有了饱满的激情,这激情在回到故乡大地时,便再生出一个阔大的艺术世界。

出走因为追求自由,回归依然因为对自由的追求。人在封闭愚昧的乡村,向往的是外面的开放和文明,殊不知开放和文明有自己的程序和秩序,自己的制度和法则。这秩序和程序、制度和法则对身心的自由是另一种束缚和挑战。实际上,在我八六年遇到萧红的时候,我找到了我心灵里的真正家园,它在我的对面又在我的背后,她是我的记忆却是一个真实的现实的村庄。乡村有自己的秩序,自己的文化结构,可她一旦变成思念和怀想,升腾在现实的文明世界对岸,那里就成了一个自由精神的栖息地,就生成出一个理想的虚构的空间。

我不知道,当年驱车而至的来访者,是不是心灵的自由在喧嚣的开发区备受压抑,才在我无意识写到的村庄里找到寄托?也不知道,那位送我《呼兰河传》的朋友,是不是从我的作品里了解了我的压抑,才有意让萧红带我回到身后的村庄?或者,是他们觉得作为一个写作者,必须知道我是谁,我的故乡在哪里,才能在文字里建立起一个自由的艺术王国?我不知道。我只知道,在我刚刚开始写作的时候,有陌生人专程为我送来萧红的书,是老天的眷顾,是上帝的垂青,是命运的奇迹。我还知道,这两位朋友,都出生于中国北方乡村,他们一路北上来庄河看我的时候,正是他们因相爱而不能在心底里苦苦挣扎着的时候。多年之后他们告诉我这一事实,我长时间沉默不语。只要你心里有一颗自由的种子,你终究是一个漂泊者,你终究被现实的浪潮击打得头破血流。原来,当时的他们,也和萧红一样,在寻找自己野草一样的童年,以慰藉遍体鳞伤的心灵。

后　记

读完《萧红印象》丛书最后一页书稿，如释重负。

《萧红印象》丛书包括《记忆》、《研究》、《序跋》、《故家》、《影像》、《书衣》六卷，洋洋二百余万言，从不同视角走近萧红，诠释经典。虽然丛书还有不足，但已经是迄今为止内容最为丰富的萧红研究资料了。

《记忆》卷收录了萧红同时代的作家、友人、亲人以及当代作家、学者的回忆、纪念文字；《研究》卷收录了三部分文字，其一是作品研究，其二为基础研究和萧红研究概况，其三是萧红的年谱和年表等考证文字；《序跋》卷是萧红研究的延伸，收录七十余年来萧红作品文集、传记、研究专著、纪念集等著述的"序"、"跋"，这些文字，有珍贵的回忆，有专业的研究，也有深情的纪念，因为文体特殊，不少"序"、"跋"游离于研究者的视线之外，这次结集出版，弥补了缺憾；《故家》卷收录了叶君撰写的萧红家世的考证，以及萧红自己关于家世、生平的记述，同时介绍了萧红故居的保护、纪念等方面的重要资料；《影像》卷为萧红的纪念图集，很多图片都是第一次面世，其珍贵性不言而喻；《书衣》卷中除了老版和重要版本的书衣外，还是一本关于萧红的迷你"书话"，虽行文短小，但都言之有物。

《萧红印象》丛书的编辑，得到了萧红的侄子、黑龙江省萧红研究会副会长张抗先生，沈阳师范大学教授季红真女士，原文津出版社副总编辑曹革成先生，黑龙江大学文学院副教授、黑龙江省萧红研究会副会长叶君博士，呼兰萧红故居纪念馆馆长李继翔先生，原呼兰萧红故居纪念馆副馆长王连喜先生，绥化学院郭玉斌教授，萧红研究学者袁权女士的帮助和支持。叶君博士亲自为该丛书撰稿，张抗先生、王连喜先生、李继翔先生提供了部分珍贵的图片资料，袁权女士多次到国家图书馆，代为查找、校勘了部分萧红研究资料，张抗先生在百忙中为丛书审定篇目，提出了中肯的意见和建议。黑龙江大学图书馆的肖又莲女士为丛书资料的编选做了很多工作。在此向大家致以衷心的感谢!

还要特别感谢著名学者、诗人林贤治先生,早在编辑《萧红全集》时,林先生就为萧红作品出版、研究提出过很好的建议。他得知笔者在编辑《萧红印象》丛书后,多次给予鼓励和帮助,并欣然为该书作序。

《萧红印象》丛书的出版,得到了黑龙江大学出版社的大力支持。黑龙江大学出版社社长李小娟作为该丛书的总策划,多次为丛书的篇目结构、编选体例等的确定进行研究,并多次组织相关专家、编辑开会研讨。副总编辑刘剑刚对该丛书的编辑出版十分关心,提出了很多宝贵的意见。责任编辑安宏涛、林召霞、张怀宇、王剑慧对书稿的校勘精益求精。对他们为该书的出版付出的努力,表示诚挚的谢意。

还要感谢我的家人。在近半年的编辑工作中,我的家人给予了很大的帮助和支持,如果没有他们的付出,完成这样一项工作,对我来说是难以想象的。

章海宁

2011 年 6 月 1 日于哈尔滨

说明·敬启

《萧红印象》丛书的《研究》、《记忆》、《序跋》分集所收部分文章发表年代较久远，如鲁迅的《萧红作〈生死场〉序》发表于1935年，本丛书编选时皆选自初刊本、初版本或早期版本。本丛书立足于选编内容的完整性和学术性，注重编选文章的文献资料价值。为了向读者展示这些文章的原貌，本丛书在编辑过程中，对这些文章没有按照现代汉语的标准规范进行校改，只是对其中某些明显讹误等作了订正。列举如下：其一，对这些文章中某些特定年代的用语没有按照现代汉语标准予以规范（如“诗片”未改为“诗篇”，“星加坡”未改为“新加坡”等）；其二，原文章中存在对某事件叙述或引用他人文字时的误记现象（如萧红逝世时的年龄有的说三十岁，有的说三十一岁；又如“坚士提反女校”或许为“圣士提反女校”的笔误等），编选时保存其原貌，未予更正等等。特此说明。

另，本丛书编选的都是有关萧红的研究资料或回忆性的文章，以期能从多个层面向读者展现萧红的生平风貌。但由于所收文章作者较多、时代不一，加之本丛书的编辑时间仓促，至今尚有部分收录作品未能与摘选文章的原作者取得联系。为保护原作者的著作权益，黑龙江大学出版社真诚敬启：凡拥有该丛书所选作品著作权的编撰者，请与黑龙江大学出版社联系，我们将按照国家的有关规定及时付酬。在此，特别感谢各位对我们的理解与支持。

黑龙江大学出版社

2011年10月18日